# Queen of Scots, A.D. 1587.

great seale of England shalbe to you or any of you
to all those that shalbe present or that shalbe by
your commaundement to doe any thing apperteyning to the
aforesaid execution a full sufficient warrant and
discharge for ever. And further we are also pleased
and contented and by these presents we doe will
commaund and authorise our Chauncellor of England
att the requeste of you all or any of you the duplicat
of these our lettres pattents to be to all purposes
ever duly made, dated and sealed with our great
seale of England as these presents are. In witnes
whereof we have caused these our lettres to be made
pattents att Grenewich 1° ffebruary anno regni
of our raigne xxix

Elizabeth R

Hermann Schreiber

# Die Stuarts

Hermann Schreiber

# Die Stuarts

## Zwischen Krone und Schafott

Casimir Katz Verlag

Die Deutsche Bibliothek - CIP-Einheitsaufnahme

**Schreiber, Hermann:**
Die Stuarts : zwischen Krone und Schafott / Hermann Schreiber. -
Gernsbach : Katz, 1999
ISBN 3-925825-73-8


Herstellung: Casimir Katz Verlag, Gernsbach
Umschlaggestaltung: Sonnenfroh Werbeagentur
ISBN: 3-925825-73-8

A king of England, who is willing to be the man of his people, is the greatest king in the world; but if he wishes to be more, by heaven he is nothing at all.

*Ein König von England, welcher bereit ist, der Mann seines Volkes zu sein, ist der größte König in der Welt; wünscht er aber mehr zu sein, dann, beim Himmel, ist er gar nichts.*

THOMAS BABINGTON, FIRST BARON MACAULAY, Essays

Before your Majesty subdue the hearts of your subjects,
you must gain a noble victory over your own.

*Ehe Eure Majestät die Herzen Ihrer Untertanen unterwerfen,*
*müssen Sie einen edlen Sieg über Ihr eigenes feiern.*

Letters of Junius (SIR PHILIP FRANCIS)

Ein Herrscher kann gar nicht genug Verachtung für die frivolen Streitigkeiten der Priester beweisen, und er kann nicht genug Aufmerksamkeit darauf verwenden, daß der Aberglaube und der religiöse Wahnsinn, den er in seinem Gefolge hat, sorgfältig vertilgt werden.
FRIEDRICH II. in seinem *Antimachiavel* (1740)

Inhalt

# Vorspiel

Europas geheimnisvollste Küste ist die der Bretagne. Sie beginnt mit einer Bucht, in der so viele Wälder und Dörfer durch Sturmfluten versanken, daß das alte Kloster auf dem Mont-Saint-Michel heute eine Insel ist. Daran schließt sich der Mont Dol, der uralte Sonnenheiligtümer trug, später eine Kultstätte der Druiden und danach eine christliche Kirche. Und auf den Felsen von Cancale, die der Bucht den Abschluß im Westen geben, soll der Riese Gargantua sich mit dem einen Fuß abgestützt haben, als er mit dem anderen Fuß das tiefe Flußtal der Rance eindrückte.

Die Gewalt des Meeres in dieser Bucht ist ungeheuer. In einer einzigen Märznacht des Jahres 709 vernichtete es ein Dutzend Dörfer, die heute unter dem Sand liegen, den das Meer bei Ebbe freigibt. In der Mündung der Rance schießt es mit einer Fluthöhe von vierzehn Meter nach Süden, so daß hier das erste Gezeitenkraftwerk der Welt gebaut werden konnte. Mensch und Meer, Meereslegende, Sage und Geschichte durchdringen einander in der Bucht, die nach dem alten Seeräubernest Saint-Malo benannt ist, so unentwirrbar wie nirgendwo sonst in Europa.

Die Marschen, vereinzelten Felsen und sandigen Küstenländer an dieser Bucht sind die Heimat einer Familie, die später the Stewards genannt wurde, nach dem Beruf, den sie durch viele Generationen ausübte. Es war ein Amt, das in Frankreich die Bezeichnung Seneschall führte, in Deutschland und der Schweiz auch Truchseß genannt wurde und zur Zeit der Merowinger Hausmeier. Der Seneschall stand an der Spitze des gesamten Verpflegungswesens eines Hofes; die auch in Schottland übernommene Bezeichnung Dapifer (lat. für Speisenaufträger) ist aufschlußreich.

In dem Städtchen Dol-de-Bretagne gab es eine aus dem sechsten Jahrhundert stammende Abtei, einen Bischof, der sich als Erzbischof bezeichnete und um diese Ehre sogar mit dem Papst stritt, und einen weltlichen Herrn, der neben dem Kirchenfürsten aber eben kein zweiter Fürst sein konnte, sondern nur ein Seneschall. Das Amt war im elften Jahrhundert an einen Alan gekommen, den einige Dokumente aus der Zeit vor 1080 erwähnen. Als er im Jahr 1097, dem ersten Kreuzzug folgend, ins Heilige Land zog, übernahm sein Bruder Flaald das hohe Amt von ihm.

Flaald le Senechal ist, ohne es zu wissen, der erste Stuart, denn sein Sohn Alan der Jüngere bleibt nicht in Dol, sondern wagt den Sprung über den Kanal an den Hof Heinrichs I. von England. Im Grunde genommen war es kein Wagnis mehr, denn an jener Wende waren England und das westliche Frankreich einander näher verwandt als jemals vorher oder nachher. Nur die schmale Cotentin-Halbinsel liegt zwischen Dol-de-Bretagne und Falaise, dem malerischen Fischerdorf, wo Robert der Teufel, Herzog der Normandie, einer hübschen Gerberstochter namens Arletta ein Kind gemacht hatte. Ein guter Reiter konnte in einem Tag von Dol nach Falaise reiten, und die Männer aus Dol wußten alle, daß Wilhelm, der Bastard aus Falaise, über den Kanal gegangen war und es geschafft hatte, in England König zu werden.

Als Alan der Jüngere seine Heimat in den Marschen verließ, war das große Ordnungswerk des normannischen Eroberers bereits getan. Der angelsächsische Adel war entmachtet, es war in England eine gute Zeit für französische Barone, und neben einem König konnte man mehr werden als neben einem Bischof. Alan der Jüngere heiratete, wohl noch in Frankreich, die Tochter eines Grafen aus der Picardie, der Ernulf de Hesdin hieß, und bot dann Heinrich I. von England seine Dienste an. Er gefiel dem König, war tüchtig und treu und erhielt neben der Herrschaft Mileham eine Baronie in Norfolk.

Das war der Anfang. Von den drei Söhnen Alans des Jüngeren wanderten zwei nach Schottland weiter, der älteste kehrte nach Dol-de-Bretagne zurück. Der zweite Sohn erhielt Mileham und begründete die Linie Fitzalan, aus der die berühmten Earls of Arundel hervorgingen; der dritte, Walter the Steward, wurde Dapifer König Davids I. von Schottland, erhielt Land in Renfrewshire und begründete im Jahre 1163 die Abtei Paisley. Nur hundert Jahre nach der Schlacht von Hastings hat eine bretonische Familie die Normannen beinahe eingeholt und steht an den Stufen des schottischen Königsthrons ...

Es ist der typische Aufstieg eines Ministerialengeschlechts. Es hat in Schottland, wo Inseln und Einöden schon sehr früh geschlossene Herrschaftsbereiche begünstigten, Dutzende älterer Adelsfamilien gegeben, Familien, die, seit man von ihnen weiß, ihren angestammten Besitz hatten und sich diesen später vom König nur bestätigen ließen. Man könnte Hunderte solcher genealogischer Gerippe nachzeichnen, solcher Stammbäume, die unten dürr sind, nur die Namen überliefern und erst weiter oben, in den uns näheren Generationen, das Blattwerk der Lebensumstände, der näheren Kenntnis oder der Legende ansetzen. Manche dieser Familien sind so alt, daß sie - wie es in Frankreich und Großbritannien geschah - die Adelsprädikate, die ihnen Könige verleihen wollten, verächtlich ablehnten, fühlten sie sich doch älter adelig und länger heimisch als die Könige selbst, und es war in vielen Ländern die erste und wichtigste Aufgabe der Könige, die eigene neue Würde gegen diesen alten Adel durchzusetzen. Niemand tat dies schneller und rücksichtsloser als Wilhelm der Eroberer; kein Geschlecht scheiterte an dieser Aufgabe so tragisch wie die Stuarts. Daß sie, die in Schottland niemals unbestritten herrschten, dennoch eine der großen europäischen Herrscherfamilien werden konnten, verdanken sie dem durchaus singulären Umstand, daß sich in mehr als einem halben

Jahrtausend kein Kretin in der direkten Linie zeigt, daß sie in jeder Generation hochbegabte Fürsten hervorbringen, die trotz schwankender Moral und gelegentlich mangelnder Energie stets bemerkenswerte Geistesgaben und meist eine ungewöhnliche Bildung ins Treffen führen können.

Sie sind keine Gewaltherrscher und Haudegen, keine großen Eroberer oder auch nur Soldatenkönige, und doch findet sich in der Reihe der Stuart-Herrscher und unter ihren nicht minder interessanten illegitimen Nachkommen alles, was uns an der Geschichte unseres Erdteils immer wieder fasziniert: Ein Glückskind zum Beispiel, genannt Walter, der sechste Steward. In der gewaltigen Schlacht von Bannockburn kommandiert er auf dem linken Flügel so kühn und stürmt im richtigen Augenblick, daß es zu einem der seltenen Siege der Schotten über die Engländer kommt. Er heiratet Marjorie, die Tochter König Roberts the Bruce, und während James Douglas, der furchtbare Brenner und Plünderer, nach Jerusalem pilgert, um dort das Herz König Roberts beizusetzen, verwaltet Walter the Stewart das Reich, noch nicht Herrscher, aber Regent Schottlands und Vater des ersten schottischen Königs aus dem Geschlecht der Stuarts - Roberts II.

Der Enkel des Glückskinds war Gelehrter und Arzt, die Engländer hatten ihn dazu ausgebildet in seiner langen Gefangenschaft, und als sie ihn endlich, gegen hohes Lösegeld, wieder nach Schottland entließen, bestieg er als Jakob I. den schottischen Thron. Er hatte nur dreizehn Jahre Zeit (man hat ausgerechnet, daß nur acht Stuarts das fünfzigste Lebensjahr erreichten und nur fünf von siebzehn Herrschern eines natürlichen Todes starben). In diesen dreizehn Jahren aber kämpfte Jakob I. den einheimischen Adel nach schottischer Sitte nieder, das heißt er brachte alle Rivalen um, und ordnete das Land, das er als Fremder betreten hatte, wie keiner vor ihm.

Die Pläne, die er nicht mehr ausführen konnte, weil zwei vornehme Herren - Sir Robert Steward und Sir Robert Graham - ihn 1437 in Perth ermordeten, diese Pläne reiften erst unter Jakob IV., weil nämlich Jakob II. durch eine Kanone aus dem eigenen Heer schon als Dreißigjähriger getötet wurde und Jakob III. von der Hand eines unbekannten Mörders im Alter von 37 Jahren starb.

Jakob IV. (1473-1513) könnte man einen schottischen Alexander nennen; sicherlich ist er der erste Ritter dieses Landes zu einer Zeit, da man Kaiser Maximilian bereits den letzten Ritter nannte. Jakob wurde König, als er im Alter von fünfzehn Jahren ein Rebellenheer gegen seinen Vater führte und dieser nach der Niederlage auf der Flucht erschlagen wurde. Aus diesem düsteren Beginn machte Jakob aber sehr viel: einen Hof, der in Europa zu zählen begann, ein Land, in dem Dichtung und Wissenschaft durch königliche Förderung blühten und wo zum erstenmal so etwas wie staatliche Erziehungsmaßnahmen festzustellen sind. Seine Turniere erregten selbst in England und Frankreich Bewunderung. Seine Heirat mit Margarete Tudor, der älteren Tochter Heinrichs VII. von England, begründete den Thronfolgeanspruch der Stuarts in England, verleitete leider aber auch schon Jakob IV., an der Spitze seiner Armee in England einzufallen. Zu Fuß kämpfend wie sein ganzer Adel, fiel er mit beinahe allen seinen Gefolgsleuten in der blutigen Schlacht von Brankston Hill in Erfüllung seines Bündnisvertrages mit Ludwig XII. von Frankreich.

Dieser große und unglückliche König hat die Linien des Stuart-Schicksals vorgezeichnet: die unselige Gegnerschaft zu dem übermächtigen, besser entwickelten, volkreichen England und die unselige Partnerschaft mit dem jenseits des Kanals liegenden, zu tatkräftiger Hilfe unfähigen Frankreich.

Jakob IV. hatte mit der Tudor-Prinzessin einen Sohn, aber daneben eine fröhliche Schar natürlicher Söhne, womit eine weitere, nun aber erfreuliche Stuart-Tradition begründet war. Der einzige gesetzliche Erbe wurde schon mit einem Jahr als Jakob V. gekrönt, es bedurfte aber der kräftigen Hilfe seines Onkels, des energischen achten Heinrich von England, um diesen Knaben über die mächtigen schottischen Clans triumphieren zu lassen. Heinrich VIII. hätte diesen Jakob auch gern als seinen Schwiegersohn gesehen und trug ihm seine Tochter Maria an. Ob Jakob geahnt hat, daß die Prinzessin einmal als the Bloody

Mary in die Geschichte eingehen würde? - Jedenfalls vermählte er sich lieber mit einer Tochter des lebenslustigen Franz I. von Frankreich. Als diese schon sechs Monate nach der Hochzeit starb, kam es zu der zweiten, der eigentlich schicksalhaften Heirat mit Maria, Tochter des Herzogs von Guise.

Durch diese Verbindung mit der Familie der großen Kardinäle akzentuierte sich die protestantenfeindliche und englandfeindliche Politik der Stuarts. In der Auseinandersetzung mit Heinrich VIII. mußte Jakob V. den kürzeren ziehen, vor allem, weil der schottische Adel bereits dem Protestantismus zuneigte und ihn auf dem Schlachtfeld im Stich ließ. Die Niederlage von Solway Moss im November 1542 raubte Jakob V. nicht nur alle Hoffnung, sondern auch den Verstand. Er vernahm eben noch, in einem lichten Augenblick, daß ihm nach frühverstorbenen Söhnen eine Thronerbin geboren worden sei, und starb, drei Wochen nach der unglücklichen Schlacht, in Falkland.

Die Uniformität dieser Königstode ist beklemmend: die Kanone bei Jakob II, Schlachtentod beim dritten und vierten Jakob und Wahnsinn und Tod nach der Schlacht bei Jakob V. Düsternis und Tod, Gewalt und Kampf gegen die zähe Macht großer Sippenbünde, das ist die Sisyphusrolle, die den frühen Stuarts in Schottland zugewiesen ist, und erst mit der spät geborenen, beinahe posthumen Tochter des unglücklichen und vereinsamten Jakob V. geht das Licht einer neuen Zeit auch über Schottland auf, erhellt sich der Horizont dieser so lange im Mittelalter befangenen Landschaften durch den Charme einer jungen, in Frankreich gebildeten Königin.

Schottland wird auch ihr sein düsteres Erbe entgegenstellen: den militanten Puritanismus seiner lebensfeindlichen Kirche, die Machtgier der alten Geschlechter, die schottische Urkraft des Earls of Murray, ihres Halbbruders aus einer illegitimen Verbindung Jakobs V. Das ganze alte Schottland wird es sein, und das Licht der französischen Renaissance wird von einer einzigen Botin, einer Zwanzigjährigen, in den Norden gebracht werden, die sich ahnungslos mit Dichtern und Musikern umgibt, als gelte es, in die Provence zu reisen oder nach Italien.

Mit dieser Begegnung zwischen dem Kontinent und Schottland wird das karge Land im Norden der britischen Insel zu einem Begriff für die Zeitgenossen und ist es seither geblieben. Mary I., mit dem Titel Queen of Scots - nicht of Scotland - ausgezeichnet, hat durch ihr Leben und durch ihren Tod mehr für Schottland getan als alle Stuarts vor ihr, die sich noch Steward oder Stewart schrieben, und während ihre Vorgänger aus den schottischen Zeitläuften nicht eben stark herausragen und Leben führten, wie sie die Douglas, Angus oder Argyll auch hätten führen können, begründete Maria Stuart die Reihe jener Stuart-Herrscher, die man gewiß nicht mehr mit Clanhäuptlingen verwechseln oder als Kleinkönige halbwilden Gepräges bezeichnen kann.

Wieviel sie uns noch bedeuten können, als Menschen, als Träger ihres Schicksals, als Männer und Könige, als Prinzen oder Prätendenten, erkennen wir heute deutlicher als jene Generationen, die noch unter dem Einfluß der dynastischen oder religiös gefärbten Geschichtsschreibung standen. Der tragische Eigensinn der Stuarts, der sie gegen die Religion ihres Volkes ankämpfen ließ, beschäftigt uns heute nicht mehr so sehr wie das, was sie dennoch und ungeachtet dieser Lebenserschwernis zu leisten imstande waren. Sie prägen sich uns deutlicher ein, weil uns die Querelen der Clans, der Bischöfe und der Reformer nicht primär interessieren müssen, und wir sind heute toleranter gegen diese Könige gestimmt, weil es schließlich auch ihren demokratischen Nachfahren und den politischen Systemen der Neuzeit nicht gelungen ist, den Streit der Konfessionen - etwa in Nordirland - zum Schweigen zu bringen.

Es gibt große europäische Familien, die in der Politik stets eine sekundäre Rolle gespielt haben. Schreibt man über solche Familien, so ist man in der angenehmen Lage, das historische Geschehen, den sogenannten Schulbuchstoff, weitgehend ausklammern zu können und sich auf das familiengeschichtliche und anekdotische Material zu beschränken. Die Stuarts lassen dieses für den Autor wie für den Leser gleichermaßen angenehme Verfahren nicht zu; sie herrschten oder wollten herrschen, sie regierten oder konspirierten, und selbst unter den illegitimen Stuarts gab es große Rebellen und große Heerführer. Aber es besteht andererseits für eine Familiengeschichte, die heute geschrieben wird, keine unbedingte Verpflichtung mehr, all jene Details nachzuzeichnen, alle Jahreszahlen abermals zu bringen, die ohnedies längst in die Lehrbücher und in die Lexika aufgenommen worden sind.

Die Menschen hingegen treten uns aus den Nachschlagewerken doch nur als Schemen entgegen, aus Lehrbüchern bestenfalls als Skelette. Die großen Kompendien fühlen sich zu Wertungen verpflichtet, legen Maßstäbe an, die dem Schüler gleich die Abschreckungstheorie mitliefern, und fragen im allgemeinen wenig danach, ob auch das Volk mit seinem Monarchen zufrieden war.

Niemand wird dagegen von einer biographischen Darstellung verlangen, daß sie den Zeigefinger erhebe, weil Karl II. zwei Mätressen und eine Königin zugleich hatte, weil der Sohn der Maria Stuart homosexuell war und Karl Eduard Stuart, der jüngere Prätendent, ein Trunkenbold, der sich zu einer wichtigen Konferenz von zwei Freunden führen lassen mußte, weil er des süßen Weines wegen nicht auf den Beinen stehen konnte. Für uns durften sich die Stuarts wieder in Menschen verwandeln, das Familienporträt brauchte nicht stilisiert zu werden, denn wir erwarten nichts mehr von Herrscherfamilien, wir haben keine Illusionen mehr über die politische Führung in Vergangenheit oder Gegenwart und noch weniger über die Politik selbst. Die Stuarts haben schließlich und endlich den Thron ihrer Religion geopfert; das war vielleicht nicht sehr klug, aber es war jedenfalls nicht schlechter gehandelt, als wenn sie die Religion dem Thron geopfert oder ihre Landeskinder als Söldner verkauft hätten wie so mancher ihrer regierenden Zeitgenossen. Sie haben Anspruch auf Verständnis, Toleranz, ja vielleicht sogar auf Sympathie - und dies alles sei ihnen nicht vorenthalten.

# 1. Buch

# Könige

# Vier Kronen und eine Frau

Das Leben, das nach Kerkerjahren auf dem Schafott enden sollte, begann mit Kinderängsten und Alpträumen. Man hatte der kleinen Mary, die so früh schon Königin war, vier Gespielinnen mit dem gleichen Vornamen gefunden, und die fünf Marien, fünf kleine Schottinnen aus altadeligen Familien, sollten eigentlich zureichen, die hohen, dunklen Gemächer zu erhellen, die dicken, feuchten Mauern zu wärmen, die lastende Stille der weitläufigen Schlösser mit ihrem Lachen und ihren hellen Mädchenstimmen zu erfüllen. Aber es herrschte Unfrieden und Angst. Heinrich VIII. wütete gegen Schottland, weil man ihm die kleine Königin nicht herausgeben wollte, damit er sie für seinen Sohn in London erziehe und durch die Heirat der beiden die zwei Königreiche auf der Insel zu einem einzigen mache. Heinrich, der stets alles bekommen hatte, was er wollte, ließ mit Altmänner-Eigensinn gegen Schottland marschieren, und die kleine Mary wurde immer wieder hastig in Mäntel gehüllt, in Wagen gehoben, bei Nacht und Nebel in immer neue Schlösser und Burgen gebracht und einmal sogar auf eine winzige Insel.

Es war nie zu früh und einmal beinahe zu spät, als nämlich die Rotröcke schon sechs Kilometer südlich von Schloß Stirling standen. Damals hatte die Kleine die Angst auf den Gesichtern der Erwachsenen gesehen, auf den Gesichtern, die ihr sonst zulächelten; seither fürchtete sie die rote Farbe als Zeichen des Unheils und hat einmal, als ein hoher Würdenträger der schottischen Kirche in seinem roten Habit den Raum betrat, die Ärmchen vor das Gesicht geschlagen und geschrien: »Die Engländer kommen!« Sie fürchtete die Engländer wie den Tod, denn sie konnte nicht ahnen, daß die Pläne Heinrichs VIII. sie vor ihrem Schicksal bewahrt hätten ...

Als König Eduard VI., starb, der Sohn Heinrichs, dem Maria Stuart verweigert worden war, weilte die kindliche Königin schon nicht mehr auf der Insel, sondern in Frankreich, um dort für ihre Ehe mit dem Dauphin erzogen zu werden. Nach der von Heinrich VIII. selbst noch geschaffenen Thronfolgeordnung konnten nun seine Töchter Maria und Elisabeth Herrschaftsansprüche erheben.

Mit Maria folgte auf den protestantischen Bruder Eduard eine streng katholische Königin, die blutigste, die je in einem westlichen Staat auf dem Thron saß. Ihr Beispiel, die zahllosen Hinrichtungen von Protestanten unter ihrer Regierung und ihre Ehe mit Philipp II. von Spanien, dem Haupt der katholischen Mächte, waren Gründe für die tiefe Abneigung der Engländer gegen katholische Fürsten und die dem Katholizismus zuneigenden Mitglieder der Familie Stuart. Die für den heutigen Betrachter so schwer zu begreifende Intoleranz der Briten gegenüber den Katholiken, die wütenden Kämpfe, die sie allen Stuarts sogleich lieferten, wenn diese den Katholiken nur die geringsten Zugeständnisse machen wollten, dies alles ist in den wenigen, aber grausamen und blutigen Jahren der Gegenreformation in England begründet, in den Jahren Marias der Katholischen.

Während Hunderte von Holzstößen in England brannten, während Maria gnadenlos alles hinrichten ließ, was ihre Herrschaft oder die der Kirche gefährden konnte, während die Thronrivalin Elisabeth, die Halbschwester der Bloody Mary, im Tower gefangengehalten wurde und ihre Religion verleugnen mußte, lebte Maria Stuart, Königin von Schottland und Braut des Dauphins, das glänzende Leben am Hof der Valois.

Als sie mit sechs Jahren in einem bretonischen Nest den Boden Frankreichs betreten hatte, war von diesem Glanz noch nichts zu spüren gewesen, und sie hätte wohl auch, nach der erschöpfenden Überfahrt, nach der Trennung von der Mutter und den Gespielinnen, kaum viel Sinn dafür gehabt. Aber die muntere und kluge kleine Dame lebte sich bald in den Schlössern des freundlichen Loire-Tales ein, in denen Heinrich II. nicht nur Hof hielt, sondern mit größter Selbstverständlichkeit seine Ehe zu dritt führte, als müsse es so sein.

Die Gattin des ernsten, klugen und männlichen Königs war Katharina von Medici, und sie war vielleicht die einzige, die das Mädchen aus dem fernen Schottland sogleich haßte; sollte die hübsche Kleine, von deren Geistesgaben man soviel zu rühmen wußte, ihr doch den Ältesten wegnehmen, den Prinzen François.

Die Geliebte und eigentliche Herrin des königlichen Haushalts war Diane de Poitiers, nicht mehr ganz jung, aber noch immer eine der schönsten Frauen Frankreichs, vor allem aber eine Frau, von der Maria Stuart sehr viel hätte lernen können: Selbstbeherrschung, Diplomatie, Vorausdenken, Menschenbehandlung.

Diane war schon, ehe der König sie mit seiner Gunst auszeichnete, eine große Dame gewesen. Ihr Gatte war Louis de Brezé, Comte de Maulevrier, Groß-Seneschall der Normandie, ein Enkel König Karls VII., und der berühmt schönen Agnes Sorel. Als junge Frau hatte Diane sich Franz I., dem lebenslustigen ersten Valois ergeben, um das Leben ihres Vaters Jean de Poitiers, Sire de Saint-Vallier zu retten, der in eine Verschwörung verstrickt war; Franz I. hatte nach ruinösen Kriegen und einem bewegten Leben seinem Sohn Heinrich II. kaum Wertvolleres hinterlassen können als die schöne und kluge Geliebte, als Diane de Poitiers, auch »die Seneschallin« genannt.

Durch ihre Mutter war Maria Stuart mit den Guisen verwandt, der neben den Valois mächtigsten Familie Frankreichs und stärksten Stütze des Katholizismus. Die Guisen waren es, die Maria Stuart umhegten und schützten, die hübsche Königin, die dereinst auch Königin von Frankreich sein würde. Sie war bereits mit einigem Pomp in Paris zur Königin von England proklamiert worden, als Maria die Katholische die Augen schloß - denn deren Nachfolgerin Elisabeth I. stammte aus Heinrichs VIII. von den Katholiken niemals anerkannter Verbindung mit Anna Boleyn und galt folglich als illegitim.

Maria Stuart wußte nun, wie schön Frankreich war und wie gut man dort lebte. Zum Unterschied von Schottland war das Klima freundlich, es gab gute Weine, eine hervorragende Küche, einen im ganzen botmäßigen Adel und nicht jene vielen Aufregungen, wie sie der beinahe ununterbrochene schottische Kleinkrieg unter den Clans, zwischen Adel und Krone, zwischen Krone und Kirche mit sich brachte.

Selbst Katharina von Medici, die doch aus der Welt der heimlich blitzenden Dolche und der langsam wirkenden, geheimnisvollen Gifte stammte, tat Maria Stuart nichts zuleide, und als eines Tages ein Mann aufgegriffen wurde, der gestand, als Mörder der jungen Schottenkönigin gedungen worden zu sein, da stellte sich heraus, daß er keine französischen Auftraggeber hatte, sondern daß Elisabeth von England auf diese Weise die Rivalin aus dem Wege schaffen wollte. Zu Marias Schmerz war der Attentäter ein Schotte, hieß obendrein Robert Stewart und war Offizier. Er verstand zu fliehen, aber als Heinrich II. von Frankreich die Auslieferung des Mannes verlangte, gab die englische Königin nach und opferte ihn.

In dem beinahe ununterbrochenen Fest am französischen Hof vergaß Maria bald ihren Kummer. Heinrich II., der König selbst, überhäufte sie mit Geschenken. Sie erhielt Kleider und Kleinodien, und nicht nur der ihr bestimmte François, sondern auch sein jüngerer Bruder - der spätere Karl IX. - war in sie verliebt. Es war vielleicht ein wenig zuviel Liebe und Getriebe an diesem Hof, und die Eindrücke der jungen Jahre, die ja kaum je im Leben verblassen, mögen manchen Fehler, manchen Irrtum aus Leidenschaft erklären, der für Maria später verhängnisvoll wurde. Frankreich war eben anders, ganz anders, und es gab um die Mitte des sechzehnten Jahrhunderts wohl kein europäisches

Land, das sich von Schottland stärker unterschieden hätte als das Frankreich der Valois, das Frankreich der Renaissance.

Wer immer am Hof Heinrichs II. lebte, war zu einem ständigen Vergleich der Königin von Frankreich und der Geliebten des Königs herausgefordert, und es mußte junge und fromme Gemüter wie das Maria Stuarts verwirren, daß die Grande Dame nicht die Königin war, sondern die Seneschallin. Katharina von Medici stammte aus einer Familie von Großkaufleuten und Bankiers, die es nach tüchtigen merkantilen Generationen zu einigen Kardinalshüten, Papsttiaren und dem Herzogstitel gebracht hatte. Katharina war klein, unelegant, sprach das Französisch mit jenem Akzent, der stets ein wenig parvenühaft wirkt, und war in ihrem ehelichen Unglück böse und ungerecht geworden.

Diane de Poitiers hingegen war schon als Kind zu Pferd gesessen und hatte Jagden geritten. Sie war schlank und elegant, und ihr Leib war in seiner Makellosigkeit ein Wunder, das die größten Maler und Bildhauer der Epoche zu feiern nicht müde wurden. Sie hatte, obwohl ganz Frankreich sie aus diesen Kunstwerken nackt kannte, dennoch ihren Ruf bewahrt, unermeßlichen Reichtum angehäuft und als Herzogin von Valentinois Ehren erlangt, wie sie eigentlich nur Mitgliedern des Herrscherhauses zukamen.

Wo war da das Recht? Wer tat das Richtige? Was zählte, wenn man eine bedeutende Frau, eine große Herrscherin, eine gute Landesmutter werden wollte? Ein wenig ratlos ließ Maria Stuart sich mit allem Bildungsgut vollstopfen, das sie nur aufzunehmen imstande war. Schottisch und Französisch sprach sie von Vater und Mutter her schon als kleines Kind; später kamen Spanisch und Italienisch hinzu, und selbst im Lateinischen soll sie bewandert gewesen sein. Lediglich die Erzieherin, die sie in allen weiblichen und standesgemäßen Tugenden unterweisen und eine echte Lady aus ihr machen sollte, bereitete eine peinliche Enttäuschung: Lady Jane Fleming, eine entfernte Tante Marias, war nämlich zu jung und zu hübsch, und als Heinrich II. einmal seine Schwiegertochter in spe besuchte, fiel ihm diese Erzieherin auf.

Diane de Poitiers hatte eben einen Reitunfall gehabt und mußte das Bett hüten, und auf Katharina von Medici nahm der König ohnedies keine Rücksicht mehr. Noch am gleichen Abend wurde Heinrich mit der hübschen Schottin einig und ließ sich, als er dann ging, geschmeichelt versichern, er möge nur recht oft wiederkommen.

Katharina und ihre Partei triumphierten: Der König hatte eine neue Geliebte, die allmächtige Seneschallin schien ausgeschaltet, eine neue Ära angebrochen. Aber die Guisen wachten über ihre zwei Trümpfe, über Diane und Maria Stuart, und als einige Wochen später Heinrich von Lady Fleming in seine eigenen Gemächer zurückkehrte, trat Diane de Poitiers hinter einem Vorhang hervor und machte ihm sehr deutliche Vorhaltungen.

Brantôme, der alles weiß, geht in seinem Bericht soweit, die Worte zu zitieren, mit denen sich Jane Fleming zunächst vom Hof verabschiedete (der Abschied von Frankreich ließ danach auch nicht lange auf sich warten), sehr offene Worte, in denen die Erzieherin einer Königin immerhin zugibt, alles getan zu haben, um von Heinrich II. ein Kind zu empfangen. Mit diesem Kind, einem dicken Knäblein, reiste sie dann nach Schottland.

Man hätte die Episode vergessen, wäre der Sohn nicht später in sein Geburtsland zurückgekehrt. Als Bastard von Angoulême, wie man ihn nannte, spielte er eine der scheußlichsten Rollen, die sich je für einen Priester fanden. Henri d‘ Angoulême unternahm nicht nur einen heimtückischen Mordanschlag auf einen Guise - mit einer Arkebuse -, der fehlschlug, aber politische Folgen hatte. Er war es auch, der in der Bartholomäusnacht die Mördergruppe zu Admiral Coligny führte, dem ersten Toten dieser blutigsten Tage in der Geschichte von Paris. Später wurde der Mann, der dem todwunden Coligny den Absatz ins Gesicht gestoßen hatte, Großprior von Frankreich - tatsächlich einmal ein Bastard, der besser nicht zur Welt gekommen wäre.

Soweit also Jane Fleming und ihr Sohn. Als Erzieherin der jungen Schottenkönigin wurde, nach solchen Erfahrungen, eine besonders häßliche, ältliche und auch als Mensch nicht sehr einnehmende Dame gewonnen, eine Madame de Paroys, über die sich Maria, obwohl erst dreizehnjährig, alsbald bitter bei ihrer Mutter beklagte:

»Schloß Blois, den 28. 12.1555

Gnädige Frau!

Zu Beginn meines Briefes muß ich Euch mitteilen, daß ich seit Eintreffen Eures Schreibens, in dem Ihr mich anhieltet, von meinen Gewändern einige zu verschenken, nach Euren Worten zu handeln suchte und den Anfang machte mit meiner Tante, Frau von St. Pierre, der ich eine Robe gab; zwei Kleider gab ich meiner Tante, Frau von Faremoutier, zur Verwendung in ihren Kirchen, drei weitere verschenkte ich an meine Diener. Hierüber war Madame de Paroys derart erbost, daß sie sagte, ich schiene zu fürchten, sie bereichere sich, und daß ich sie der Armut preisgeben wolle; auch müsse das Gewissen der von mir Beschenkten überaus belastet sein durch diese Gaben. Kurz, es ist zum Erbarmen, was sie darüber alles zu sagen wußte ...

Gnädige Frau, in aller Bescheidenheit bitte ich Euch, glauben zu wollen, daß es mit all diesem nichts auf sich hat. Denn zunächst habe ich ihr nie verboten, sich auch um meine Garderoben zu bekümmern ..., wohl aber gebot ich meinem Kammerdiener Jean, daß er mich‘s wissen läßt, wenn sie etwas entfernt; denn als ich unlängst Geschenke machen wollte, war nichts mehr vorhanden. Und was die Klagen der Madame de Paroys über meine Selbstherrlichkeit betrifft, so bin ich von ihr aus auch nie berechtigt gewesen, eine einzige Stecknadel fortzuschenken, so daß mir dies den Ruf des Geizes einbrachte und den Vorwurf, ich sei Euch wenig ähnlich ...«

Zwischen diesen Extremen, einer hübschen Kurtisane und einem alten Geizkragen, aufzuwachsen, verwöhnt, umworben, aber auch bevormundet zu werden, kann der temperamentvollen jungen Königin nicht lange behagt haben, und zweifellos begrüßte sie aufatmend den Tag ihrer Vermählung mit dem Dauphin, der sie zur Reine Dauphine von Frankreich machte: Es war der 14. April 1558, und Maria war noch nicht sechzehn Jahre alt.

François, knapp fünfzehn Jahre alt, war ein Jüngling mit rundem Kindergesicht, bei dem ein spät und plötzlich einsetzendes

Wachstum einen grotesken Widerspruch zwischen Größe und Reife hervorgebracht hatte. Da Polypen ihn zwangen, den Mund unausgesetzt leicht geöffnet zu halten, wirkte er wie ein Idiot und neben der schönen, früh erblühten Schottin wie ein dünner Popanz oder ein trauriger Harlekin.

Dieser Dauphin, dem Erbkrankheiten und Kretinismus ins Gesicht geschrieben waren, folgte seinem tüchtigen Vater unerwartet früh auf den Thron. Schuld daran trug jener Turnierunfall vom 30. Juni 1559, von dem ganz Europa sprach, weil ihn zwei berühmte Astrologen vorhergesagt hatten. Heinrich II., der - ganz im Gegensatz zu seiner Gemahlin - von Astrologie wenig hielt, ritt bei den festlichen Ritterspielen aus Anlaß der Vermählung seiner Schwester Elisabeth mit Philipp II. von Spanien dreimal in die Arena. Die ersten beiden Kämpfe bestand er mit Bravour und warf seine Gegner aus dem Sattel. Sein dritter Gegner war, auf Heinrichs ausdrücklichen Befehl, Graf Montgomery, Freund des Königs und Kapitän seiner Garden. Montgomerys Lanze brach, der Graf senkte den Stumpf zu spät, und dieser drang durch das Visier in das Auge und das Gehirn des Königs.

Ambroise Paré, der berühmteste Chirurg seiner Zeit, soll vier zum Tod Verurteilte als Versuchsobjekte benützt haben, ehe er die Operation an seinem königlichen Patienten wagte. Aber der große Arzt hatte nach den Möglichkeiten der Zeit nur das primitivste Handwerkszeug zur Verfügung, und Heinrich starb wenige Tage nach dem Eingriff. Am 10. Juli 1559 war Franz II. König von Frankreich, Maria Stuart Königin.

Franz II. regierte Frankreich nicht einmal eineinhalb Jahre, und sein früher Tod im Dezember 1560 hat zu verschiedenen Deutungen Anlaß gegeben. Die Hugenotten sagten natürlich, Gott habe den König für das Massaker von Amboise gestraft. - Nach einem mißlungenen Handstreich, der den katholischen Guisen gegolten hatte, waren dort die Hugenotten zu Dutzenden und auf die grausamste Weise hingerichtet worden: gehängt, zerhackt und in der Loire ertränkt. Die Klatschmäuler bei Hof gaben Katharina von Medici die Schuld, von der bekannt war, daß sie Maria Stuart haßte und es nicht ertrug, daß die junge Schottin nun Königin und Erste Dame des Reiches sei. Die Medici also habe ihren eigenen Sohn vergiftet, damit ihr Lieblingssohn Charles König werde und sie Regentin. Einige französische Historiker aber fanden die typisch französische Erklärung, die schöne Maria habe ihren zurückgebliebenen Gemahl sexuell überfordert. »François II est mort de cette grande chamelle rousse de Marie Stuart« kann man bei Michelet lesen; doch muß man zugunsten der so ungalant als »große rote Kamelstute« bezeichneten Schottin anführen, daß die Liebe dann am anstrengendsten ist, wenn man nichts von ihr versteht, und daß dies der Fall war, dafür konnte wiederum Maria Stuart nichts ...

Noch ehe der jugendliche Greis ausgelitten hatte, dem Geschwüre im Ohr und allgemeine Entkräftung den Tod brachten, erhielt Maria Stuart vorsichtige Heiratsangebote aus einer Reihe europäischer Staaten, darunter auch von Spanien, wo sie in dem Thronfolger Don Carlos einen ähnlich hoffnungsvollen Jüngling wie ihren verblichenen Gatten hätte ehelichen sollen.

Aber so aussichtsreich sich diese Stunde auch darbot und so jung Maria Stuart noch war, ihr Schicksal war bereits besiegelt, und es war die glückliche Jugend in Frankreich, in der alle Fallstricke gelegt worden waren.

Als nach dem Tod der Maria Tudor die von Anna Boleyn abstammende Elisabeth den englischen Thron bestiegen hatte, war Maria Stuart mit knapp sechzehn Jahren für ihre politische Handlungsweise zweifellos noch nicht verantwortlich.

Sie war schlecht beraten, als sie von diesem Zeitpunkt an das englische und das irische Königswappen auf ihre Karossen malen ließ und neben dem schottischen Königswappen führte; es war ein Affront, den ein Mann vielleicht belächelt hätte, den eine Königin illegitimer Abkunft aber niemals verzeihen konnte. Von diesem Augenblick an war wegen einer durchaus überflüssigen und nutzlosen Demonstration Maria Stuart für Elisabeth I. von England die Feindin par excellence, die Gegnerin, die es zu vernichten galt, wenn Elisabeth Königin bleiben wollte.

Die zweite Schlinge hatte sich Maria um den Hals gelegt, als sie unmittelbar vor ihrem unverdächtig gehaltenen Ehekontrakt eine Reihe von Geheimartikeln unterzeichnete, die ihre Heimat Schottland von Frankreich abhängig machten. Schon Marias Mutter, eine Lothringerin aus dem mächtigen Familienverband der Guise, schaltete in Schottland, als handle es sich um eine französische Kolonie, und wenn sie auch nicht so viel Blut fließen ließ und im ganzen geschickter war als Maria Tudor in England, so war doch das Rekatholisierungsregime der beiden Frauen auf der protestantischen britischen Insel bereits zutiefst verhaßt, als Maria Stuart als junge Witwe schließlich die Lage neu überdenken mußte.

Was den Ausschlag bei diesen Überlegungen gab, war zweifellos der Umstand, daß im gleichen Jahr wie Franz II. auch Marias Mutter gestorben war, die für ihre in Frankreich weilende Tochter das schottische Erbe verwaltet hatte. Als sie starb, war der Kampf der schottischen Protestanten gegen ihre Politik auf einem Höhepunkt angelangt. Das Land drohte den Stuarts verlorenzugehen und sich der englischen Königin zuzuwenden, wenn Schottlands Königin nicht selbst in ihr Land kam und dem Volk neues Vertrauen zur schottischen Krone gab.

In Stefan Zweigs Biographie der Maria Stuart, dem noch immer lesbarsten und verständnisvollsten aller Bücher über die unglückliche Königin, steht der als Formel unübertreffliche Satz: »Nichts hat die Lebenslinie Maria Stuarts so sehr ins Tragische gewendet, als daß ihr das Schicksal alles an irdischer Macht so trügerisch mühelos in die Hände gibt.« Trügerisch mühelos war es auch, dem Drängen der Gesandten aus Schottland nachzugeben, ja vielleicht glaubte die Achtzehnjährige tatsächlich, sie werde in den schottischen Schlössern so leben können wie hier, und wenn dort auch nicht die mächtigen Verwandten aus dem Hause Guise ihre Schritte leiten konnten, so besaß sie doch einen tüchtigen Halbbruder, den nachträglich legitimierten James Stuart, Earl of Murray, Sohn Jakobs V. mit Margaret Erskine. Und in Schottland würde sie wieder sein, was sie in Frankreich zu kurz gewesen war (aber immerhin lange genug, um Geschmack daran zu finden) - nämlich Königin.

Den Abschied der Maria Stuart vom französischen Hof haben Dichter und Biographen mit bewegten Worten geschildert. Ihre Berichte fußen auf Pierre de Bourdeilles, dem unheiligsten aller Chronisten, der seit dem Tod seines Bruders von den Pfründen der Abtei Brantôme lebte und darum kurzweg Brantôme genannt wird. Die Abtei jedoch machte Brantôme keineswegs zum Abbé; er lernte das Hofleben neben Margarete von Navarra, der geistvollen Schwester Franz‘ I., kennen und focht in den sechziger Jahren seines Jahrhunderts auch einige Male tapfer gegen Hugenotten und Türken. Als das Alter ihm ein ruhigeres Leben nahelegte, zog Brantôme sich dann tatsächlich in seine Abtei zurück und brachte das letzte Vierteljahrhundert seines Lebens (er wurde beinahe neunzig Jahre alt!) damit zu, seine Erinnerungen an die Höfe von Navarra und Valois und an Hunderte von Herren und Damen niederzuschreiben, die er in dem Band »Vie des hommes illustres et grands capitains français et étrangers« und in den berühmter gewordenen Sammlungen »Vie des dames galantes« und »Vie des dames illustres« unterbrachte. Ein Sonderbändchen widmete er Duell-Affairen, ein weiteres den Redensarten und Flüchen der Spanier. Im ganzen sind es mehr als ein Dutzend Bände ...

Dieser muntere und kundige Herr, der für das sechzehnte Jahrhundert leistete, was Saint-Simon für das siebzehnte und Casanova für das achtzehnte tat, hatte eine besondere Zuneigung zu Maria Stuart gefaßt und folgte ihr, in allen Ehren, auf Schritt und Tritt. Sie taucht in seinen Werken immer wieder in einer Reihe bezeichnender Szenen und Begegnungen mit anderen Damen auf, und wir sind nicht sonderlich überrascht, daß der galante Autor, der 1561 erst vierunddreißig Jahre zählte, den einigermaßen abenteuerlichen Entschluß faßte, mit anderen Herren und Damen der schönen Königin das Geleit über den Kanal in ihre Heimat zu geben.

Ein Abenteuer war die Reise, weil diese schmale Wasserstraße zu allen Zeiten ihre Launen hatte, und weil der widrige

Wind - den man bald den protestantischen nennen sollte - nur jene Schiffe zu den Britischen Inseln gelangen ließ, die dort willkommen waren. Zudem aber hatte Elisabeth von England ihrer Kusine Maria Stuart den safe conduct, die sichere Überfahrt, verweigert.

Das ist die erste harte Tatsache in der Auseinandersetzung zwischen den beiden jungen Königinnen - oder soll man in dem Verhalten Elisabeths nur eine Antwort auf Marias kindliches Spiel mit den englischen Königswappen erblicken? Schon längst, noch zu Lebzeiten ihres Gemahls, hat sich Maria Stuart davon distanziert. Ihre Vertrauensleute in Schottland haben eine Erklärung vorbereitet, in der Maria Stuart und Franz II. freiwillig darauf verzichten, sich als Könige von England und Irland zu bezeichnen und die Wappen dieser Länder zu führen. Die Sache ist beschlossen, nur eine Kleinigkeit fehlt noch: die Unterschrift Maria Stuarts, und darin wird die Schottin nun genauso kleinlich wie die Engländerin. Stichelt die eine, so stichelt die andere zurück, und auch als Königinnen sind sie beide rechte Frauen und in das Gezänk verliebt.

Als Maria erfährt, daß ihr der safe conduct verweigert worden ist, erfaßt sie Zorn und Trotz. Sie hält den englischen Gesandten, die diese Nachricht gewunden überbringen, eine kleine Ansprache, die von Drohungen strotzt und eine Beleidigung Elisabeths auf die andere häuft, und geht dann in See - womit sie, angesichts der britischen Korsaren, Kopf und Kragen riskiert.

Elisabeth, vielleicht nicht die Klügere, aber doch ruhiger, älter, vorsichtiger, gibt sogleich nach, als sie sieht, wie Maria den Affront aufnimmt. Elisabeth hatte die schriftliche Anerkennung ihrer Legitimität erreichen wollen, und tatsächlich hätte solch ein Dokument Frieden zwischen den Königinnen stiften können. Aber Maria Stuart läßt sich eben nicht erpressen, und die Drohung, sie nicht nach Schottland, in ihr angestammtes Königreich, segeln zu lassen, muß tatsächlich als die übelste aller Herausforderungen aufgefaßt werden.

Mit einem Eilkurier befördert Elisabeth I. nun den Paß für Maria und ihre Begleitung über den Kanal nach Calais, aber als der englische Schnellsegler an der Mole anlegt, schwimmen die zwei Schiffe Maria Stuarts mit den begleitenden Lastschiffen bereits im Kanal. Die Lage ist ernst. Es gibt keine drahtlose Telegraphie, die den kreuzenden Korsaren neue Weisungen geben und Maria eine sichere Überfahrt garantieren könnte. Aber mit dem sechsten Sinn erfassen diese besten Leute, die Elisabeth unter den Fahnen hat, daß sie sich in diesem Fall abseits halten sollen. Nur ein ganz kühner Pirat schnappt sich das Lastschiff mit den herrlichen Pferden, die Maria und ihre Suite nach Schottland mitzunehmen gedachten; das hat zur Folge, daß nur die Königin ein akzeptables Pferd erhält, als sie sich an Land beritten machen wollen. Die Damen und die Seigneurs müssen schottische Ackergäule besteigen, sehr zum Gaudium der kleinen Zuschauergemeinde.

Überhaupt war diese Landung in Leith bei weitem nicht jener glückliche Tag, den sich Maria erträumt, den ihr Bruder James ihr verheißen hatte. Im Ohr klangen ihr noch die sehnsüchtigen Verse, mit denen Ronsard und andere Poeten sie verabschiedet hatten, und neben ihr zupfte der verliebte Chastelard auf seinem Saiteninstrument, unbekümmert um den schottischen Nebel, ein Liebeslied aus der sonnigen Touraine.

Ein Teil der Herren und Damen kehrte angesichts der leeren Mole von Leith, der kleinen Stadt ohne Gaststätten und Fremdenbetten, der rauhen Bevölkerung und des seltsamen Augustwetters gleich wieder um; wirkten die Schiffe, mit denen sie gekommen waren, doch geradezu heimelig gegen dieses unbekannte Land. Maria, die schon in Calais, bei der Abfahrt, fassungslos, beinahe krampfartig geweint hatte und schwer zu trösten gewesen war, gewann ihren Mut zu Schottland wohl erst in dem Augenblick wieder, da Murray, ihr Halbbruder, angesprengt kam, um sie nach Holyrood zu geleiten.

James Stuart, Earl of Murray, das war im Augenblick das Beste, was Schottland ihr zu bieten hatte, und hätte Maria diesen prächtigen Mann heiraten dürfen, so wäre das Problem ihres Lebens gelöst gewesen. Aber sie und James hatten den gleichen Vater ...

Er war aus keinem flüchtigen Abenteuer geboren, sondern von der Frau empfangen, die Jakob V. sein Leben lang geliebt hatte, von Margaret Erskine, der Tochter des Earls of Mar. James hatte also rein schottisches Blut von drei Großeltern und englisches Königsblut von seiner Großmutter Margaret Tudor. In einem Buch über die Karrieren natürlicher Söhne wäre ihm ein Ehrenplatz sicher, neben dem Marschall von Sachsen, dem Generalmajor von Löwendahl und dem Herzog von Berwick; für Maria aber, die junge Witwe, die als Königin einen Gatten brauchte, war er nur der Statthalter eines anderen. Eines anderen, der doch nicht der Bessere sein konnte.

In den ersten schottischen Jahren der jungen Königin kam es zu auffallend wenigen kritischen Situationen, weil James Stuart, der meist Moray oder Murray genannt wird, noch deutlich das Übergewicht hatte. Maria hatte keine andere Wahl, als sich ihm anzuvertrauen, und wer dieses durch Mord zu früh beendete Leben eines fähigen Stuart näher betrachtet, muß sagen, daß weder vor noch nach ihm einer seiner legitimen Verwandten tüchtiger über dieses Land geherrscht hat als er. Aber seine illegitime Geburt setzte ihn so deutlich in Nachteil gegenüber Maria, daß er das letzte Wort, das Machtwort, das alles Unheil verhindert hätte, doch nicht sprechen konnte.

Zunächst sah es ganz so aus, als würde sie ihn gewähren lassen, solange man sie gewähren ließ. Ihr Herz war noch in Frankreich. Der verliebte Dichter, den sie sich mitgebracht hatte, beschäftigte sie mit seinen Kühnheiten à la française nur zu sehr, denn sie wußte, daß er mit seinem Leben spielte, er ahnte es vielleicht nicht einmal. Maria tat alles, um sich einen Abklatsch des französischen Hofes aufzubauen, der sie über die Trennung trösten könnte. Wer ihr dies übelnimmt (und die Historiker haben bisher wenig Verständnis für diese Phase in ihrem Leben gezeigt), der möge bedenken, daß einer der klügsten Männer des achtzehnten Jahrhunderts, nämlich der Abbé Galiani, genau dasselbe tat, als er seinen Attachéposten in Paris verloren hatte und als Diplomat nach Neapel geschickt worden war. Er spielte dort im Café mit seinen Freunden »Paris«, jahrelang - und das Neapel der Königin Karoline war ein Paradies gegen das Schottland des John Knox ...

Die Schotten hatten ihre schöne Königin auf ihre Manier begrüßt, Feuer angezündet und allerlei nächtliche Gesänge angestimmt und der feinen Dame aus Frankreich manchen Schrecken vor der protestantisch-provinziellen Primitivität ihrer Untertanen eingejagt. Als es Tag wurde, lösten sich aus den Nebeln wieder die vertrauten Umrisse der Freunde, die schmeichelnden französischen Worte übertönten das Gepolter der schottischen Prediger und ihres Anhangs, und Maria ging soweit, im Land des John Knox Theater zu spielen.

Knox, der Eiferer, der unbeugsame Reformator, der Maria die Katholische und Maria Stuarts Mutter gleichermaßen gehaßt hatte, Knox hatte Schottland zu einem freudlosen Land gemacht, in dem weltliche Lieder ebenso verboten waren wie Theaterspiel und Tanz. Und da kam nun eine hübsche Achtzehnjährige mit einem geschniegelten Hofstaat und spielte Theater, wobei in einem Stück sogar sie den Kavalier spielte, ihre langen, schlanken Beine in schwarze Strümpfe steckte und mehr von ihnen sehen ließ, als man je von einem Frauenbein gesehen hatte. Und das Liebchen spielte jener Dichter Pierre de Boscosel de Chastelard, der Frankreich wegen seiner Leidenschaft für die Schottenkönigin aufgegeben hatte.

Chastelard war ein Enkel jenes Bayard, der als einer der mutigsten französischen Heerführer zu einem Inbegriff ritterlicher Tugenden geworden ist. Aber während Bayard für Karl VIII., Ludwig XII. und Franz I. gekämpft hatte, kämpfte sein Enkel ausschließlich um die Königin von Schottland. Sie scheint ihn mit kleinen Gunstbeweisen abgespeist und nie wirklich erhört zu haben, sonst wäre es unerklärlich, daß er wiederholt Versuche machte, seine Angebetete beim Auskleiden zu beobachten. Immer wieder versteckte er sich in dem Schlafzimmer der Königin und wurde gelegentlich aufgestöbert und unter Spott und Scheltworten von den Hofdamen hinausgetrieben. Einige Male aber scheint er, begünstigt durch die riesigen Möbel, hohen Gardinen und halbdunklen Winkel von Holyrood, auch Erfolg gehabt zu haben.

Eines Tages wurde er in einem Augenblick entdeckt, da Maria Stuart über seine Frechheit nicht mit der Nonchalance von Blois oder Amboise hinweggehen konnte; sie hatte nämlich nichts mehr auf dem Leib, und ihre Damen sahen sich einer unbekleideten Königin und einem entdeckten Beobachter gegenüber. Chastelard muß erkannt haben, was das bedeutete, und Maria wußte ebenso, daß es nun galt, von dem skurrilen Bewunderer Abschied zu nehmen.

Der Hof war auf der Reise, die Gemächer Marias und ihres Halbbruders lagen nahe beisammen, und ehe ein Versuch der Vertuschung gemacht werden konnte, war Murray zur Stelle. Er hielt die blanke Waffe in der Hand, denn in Schottland war der Mord, wie man so schön lesen kann, im sechzehnten Jahrhundert noch ein Volksbrauch. Als Murray die Schwester sah, die sich das Nachthemd vor den Leib preßte, und den Kavalier vom Kontinent, den er ohnedies nicht leiden konnte, da war Chastelards Leben schon nicht mehr viel wert. Aber Murray, der stets an alles dachte, wollte keinen Leichnam im Boudoir der schönen Schwester. Das wäre ein zu prächtiges Thema für die nächste Sonntagspredigt des alten Knox gewesen. Also ging alles öffentlich zu und nahm seinen ordentlichen Gang.

Dieser ordentliche Gang war ein Gang zum Richtplatz. Man schrieb das Jahr 1563, Maria Stuart weilte schon über ein Jahr in ihrem Land, und der erste Mann, der für sie den Kopf auf den Block legte, war kein Kriegsmann, sondern ein Dichter, kein Schotte, sondern ein Franzose.

Pierre de Boscosel de Chastelard starb zu früh, um ein ruhmsicherndes poetisches Werk zu hinterlassen; aber sein Gang zum Richtplatz war seines mutigen Großvaters würdig. Ohne Priester, Verse Ronsards auf den Lippen, ging Chastelard gefaßt zum Block, sah Maria Stuart ein letztes Mal an, sagte seufzend »Cruelle Dame!« im Stil der Troubadours und wartete dann gefaßt auf das Beil. Weder er noch sonst einer ahnte damals, daß jene, die ihm dieses Schicksal bereiteten, ebenfalls gewaltsame

Tode sterben würden: schon sieben Jahre später James Stuart, Earl of Murray, und vierundzwanzig Jahre später die schöne Königin selbst ...

Ehe es soweit kommt, zeigt Maria aber, daß sie sich wenigstens einen der schottischen Volksbräuche durchaus zu eigen machen will. Sie schwört dem französischen Getändel ab, sie erwacht zu der schottischen Wirklichkeit, sie rechnet mit Mord und befiehlt Mord wie in alten Zeiten, wie in den Zeiten von Robert the Bruce und von Jakob I. von Schottland. Um sie, die junge, schöne Frau aus dem sonnigen Land der Valois, ist bald so viel Brand- und Blutgeruch, so viel Haß und Männertod wie um die uralten, waffenkundigen Weiber der gälischen Sagen, bei denen die unbesiegbaren Helden und Streitwagenkämpfer das Waffenhandwerk und den Zweikampf erlernt hatten.

Der leidenschaftlichste Gegner dieses erstaunlichen Weiberregiments tausend Jahre nach den heidnischen Zeiten war der schottische Reformer John Knox. Er hatte Maria Tudor und Mary of Lorraine gekannt, wie man Maria Stuarts Mutter in Schottland nannte, und er kannte Elisabeth so gut wie die junge Königin Schottlands. Mary of Lorraine hatte ihm gnädig gestattet, in seiner Heimat ganze sechs Monate lang zu predigen (und sie hätte auch das nicht getan, wenn sie gewußt hätte, welche Saat aus diesen Predigten aufgehen sollte). Als Knox nach diesen sechs Monaten die Regentin in einer Denkschrift aufforderte, der protestantischen Religion mehr Spielraum zu gewähren, da mußte der glühende Prediger sich von der Lothringerin verspotten lassen, ja er wurde in Abwesenheit zum Tode verurteilt und *in effigie* als Ketzer verbrannt.

Als Maria Stuart nach Schottland zurückkehrte, war keine Rede mehr davon, Knox zu verbrennen, ja man mußte froh sein, von ihm nicht verbrannt zu werden. Bei der ersten Messe, die Maria Stuart in der Kapelle von Holyrood Palace für sich und ihre französischen Begleiter lesen ließ, versuchte das Volk, das Gotteshaus zu stürmen und anzuzünden, und der Earl of Murray mußte sich mit dem gezogenen Schwert auf den Vorplatz stellen, damit seine Schwester ihre Messe ungestört zu Ende hören konnte.

Murray und Knox waren Männer von gleichem Mut, und solange Murray seine Schwester schützte, drohte ihr auch keine Gefahr von dem Reformer und seinen Anhängern. Gefahr drohte ihr von ihrer eigenen Natur, von dem unseligen Hang der Stuarts (aber auch vieler anderer Fürsten des Jahrhunderts), aus der Religion eine Staatsaffäre zu machen und die eigene Religion auch für die Untertanen als verbindlich anzusehen. John Knox war nämlich intelligent und gebildet genug, um Maria Stuart mit ihrem Hofstaat bei ihrem Glauben zu lassen. Er wollte eine Frau von ihrer Erziehung, ihren Ansprüchen an das Leben und ihrem Umgang gar nicht in seiner strengen Gemeinde haben, aber er verwahrte sich gegen das Ansinnen, daß das schottische Volk, zu dessen harter Wesensart, zu dessen genügsamem Leben der Kalvinismus in seiner besonderen Abwandlung durch Knox ungleich besser paßte als der Katholizismus, daß dieses auf ihn hörende und ihn verehrende Volk nun papistisch werden oder in jahrzehntelangen Zwiespalt und Unsicherheit gezwungen werden sollte.

Knox war so intolerant wie sein Lehrer Calvin, aber doch großzügiger und menschlicher, als der Genfer Theoretiker es in seinem Fanatismus sein konnte. Daß Knox Maria Stuart eine Chance geben wollte, geht aus den vier Dialogen hervor, die er mit der jungen Königin führte und die sich in seiner History of the Reformation in Scotland, sonst aber in keiner anderen Quelle, aufgezeichnet finden. Obwohl es also für den Historiker keine Vergleichsmöglichkeit gibt, darf man der Niederschrift des Reformators trauen; nach Alexander Tailor Innes trägt sie »den strengsten Stempel der Wahrheit«. Knox zitiert das Argument, mit dem Maria Stuart beim ersten Gespräch sogleich zum Angriff auf ihn überging: »Ye have taught the people to receive an other religion than their princes can allow; and how can that doctrine be of God, seeing that God commands subjects to obey their princes?« (Sie haben das Volk gelehrt, einen anderen Glauben anzunehmen, als seine Fürsten erlauben können. Und wie kann diese Lehre von Gott sein, wenn Gott doch gebietet, daß die Untertanen ihren Fürsten gehorchen?)

Maria also fürchtete sich nicht, Maria war entschlossen, sich für ihren Glauben einzusetzen, und sie war vom Gottesgnadentum der Könige durchdrungen. Wenn Knox eine andere Religion lehrte als jene, die der Fürst für sein Volk wünschte, so mußte er unrecht haben, denn Gott gebot, der Obrigkeit zu gehorchen. John Knox hingegen fühlte sich in der Rolle des Elia vor Isebel. Er erklärte, die Religion komme unmittelbar von Gott, und wer den rechten Glauben habe, sei Gott mehr verantwortlich als jeder irdischen Macht. Als später zwar nicht Maria Stuart, wohl aber ihr (ebenfalls katholischer) Gemahl Darnley gelegentlich die Predigten des John Knox besuchte, um den einflußreichen Mann milde zu stimmen, da mußte er sich von der Kanzel herab als Ahab bezeichnen lassen.

Heute wären solche Anspielungen relativ gefahrlos. Für ein Volk aber, dem so gut wie nichts gestattet war als das Singen von Psalmen und die Lektüre der Bibel, die Knox selbst ins Schottische übertragen hatte, waren solche Parallelen deutlichste Schmähungen, ja Verdammungen. Isebel tritt uns im Alten Testament als Tochter des Priesterkönigs von Sidon und überzeugte Anhängerin des Baalsdienstes entgegen. Sie kam mit 450 Baals-Dienern nach Israel, zwang ihren Gatten Ahab zum Bau eines Baalstempels in Samaria und trieb unter Todesandrohung den Propheten Elia aus dem Land. Aus dem Mund dieses Propheten verkündet Gott dann den fürchterlichen Untergang des Hauses Ahab und im besonderen einen schauerlichen Tod der Isebel.

Von seiner Prophetenrolle durchdrungen, wurde John Knox zwangsläufig im Lauf der Jahre zum unversöhnlichen Gegner der jungen Frau, die sich ihm so standhaft widersetzte; er ist einer der Hauptverantwortlichen für ihre Vertreibung und ihren Untergang.

Zunächst freilich zeigte sich die Wirkung seiner Autorität in erster Linie in der Prüfung der Heiratsanträge, die Maria Stuart noch immer vorlagen, ohne daß sie zu einer Entscheidung gelangt wäre. Neben Don Carlos, dem spanischen Thronfolger, hatte ein österreichischer Erzherzog um ihre Hand angehalten, aber auch der Prinz Condé, ein unermeßlich reicher Franzose königlichen Geblüts, und einige Herzöge: Ferrara, Nemours, Orléans - große Namen, aber Fremdlinge für Schottland und vor allem - Katholiken. Maria Stuart und ihr auf der Seite der Protestanten stehender Halbbruder waren sich in dieser Frage einigermaßen einig: Die Heirat mit einem katholischen Fürsten vom Kontinent würde den endgültigen Bruch mit dem schottischen Volk bedeuten und die Lage der Königin außerordentlich erschweren.

Der erste Vorschlag, einen Landsmann zu ehelichen, kam Maria Stuart von einer Seite, die sie mißtrauisch machen mußte: Niemand geringerer als die Königin Elisabeth machte sich um ihre Heiratspläne Sorgen und warb durch einen Sondergesandten im März 1564 für Robert Dudley, den sie zu einem Grafen Leicester zu machen versprach. Auch dieser Schritt war mehr weiblich als klug und vor allem so unköniglich und gehässig wie jene Verweigerung des safe conduct, denn Dudley war nicht irgendein kleiner Adeliger, sondern er war seit Jahren Elisabeths Günstling, ihr in steter Abhängigkeit und Unterwürfigkeit gehaltener Anbeter, hübsches Spielzeug und in schwachen Stunden Geliebter der »jungfräulichen Königin«.

Elisabeth mutete Maria Stuart also zu, einen englischen Untertan zu heiraten, einen Mann, den Elisabeth selbst ausgekostet und verschmäht, jedenfalls aber einer Ehe für unwürdig gehalten hatte, einen Mann überdies, dessen Frau Amy unter ungeklärten, aber auffälligen Umständen 1560 zu Tode gekommen war.

Dieser Tod - Unfall, Selbstmord oder Mord in einem Augenblick, da Elisabeth erkennen ließ, daß sie Dudley tatsächlich heiraten wollte -, dieser Tod war wohl der Grund dafür, daß die vorsichtige und stets lang abwägende Königin schließlich auf den Geliebten verzichtete. Die tote Amy stand einer Ehe Dudleys mit Elisabeth mehr im Wege als die lebende Gattin.

Maria Stuart schäumte ob Elisabeths Angebots. Man offerierte ihr einen abgelegten Liebhaber von zweifelhaftem Ruf, der obendrein ein fünfter Sohn war, also nach dem Brauch der Insel ein Habenichts, mochte sein Vater auch Herzog von Northumberland gewesen sein.

Während der fügsame Dudley alles unternahm, um sich mit den schottischen Protestanten gut zu stellen und den zeitweise chancenreich plazierten österreichischen Erzherzog Karl auszustechen, sann Maria Stuart auf einen Gegenzug, der Elisabeth besonders treffen mußte, und damit waren die hochgeborenen Herren vom Kontinent endgültig aus dem Spiel. In einem Jahrhundert, in dem die Genealogie noch kein Hobby für pensionierte Generale war, sondern ein reales Moment in der Politik, sprachen die Stammtafeln bei Maria Stuarts Entscheidung das letzte Wort.

Unter den Schreiben, mit denen um ihre Hand angehalten wurde, war ein Brief von Margaret Douglas, nun Lady Lennox, die ihren Sohn Henry, Lord Darnley, ins Spiel zu bringen trachtete. Maria Stuart kannte Darnley flüchtig; vor allem aber wußte sie, daß Lady Lennox eine Tochter von Margaret Tudor war, der älteren Schwester Heinrichs VIII. Während die Ehe der Anna Boleyn mit Heinrich VIII. immerhin diskutiert worden war, stammte Darnley auf völlig einwandfreie Weise von Heinrich VII. ab, auf der Vaterseite wiederum stammte er aus einer der ältesten schottischen Familien. Darnleys Mutter, Lady Lennox, war obendrein eine eifrige Katholikin, war mit der verstorbenen Königin Maria der Katholischen eng befreundet gewesen und hatte sich vor der protestantischen Königin Elisabeth nach Yorkshire zurückgezogen. Darnley zu heiraten, einen Urenkel Heinrichs VII., aus dem Kreis der katholischen Opposition gegen Elisabeth I., das hieß nicht nur Schottland einen König geben, sondern auch den Kampf der Königinnen nach England hineintragen und Marias Ansprüche auf die englische Krone betonen.

Während Elisabeth erwartungsgemäß zürnte und protestierte, Pässe verweigerte und Repressalien androhte, erhob Maria Stuart Lord Darnley ziemlich überflüssigerweise zunächst zum Earl of Ross (welchen Titel einer ihrer Halbbrüder getragen hatte) und, neun Tage vor der Hochzeit, zum Herzog von Albany. Der Mann, der König von Schottland werden sollte, hätte diese Titel entbehren können, aber wenn Dudley Earl of Leicester wurde, so mußte Darnley Herzog werden, das war Maria schon der weiblichen Rivalität mit Elisabeth schuldig.

Am 29. Juli 1564 fand in Holyrood die Trauung nach katholischem Ritus statt, und Elisabeth ging in ihrem Zorn gegen die Jüngere, die sich nun schon zum zweitenmal vermählte, so weit, die alte Lady Lennox in den Tower zu werfen. Der zweite Unzufriedene, James Stuart, Earl of Murray, ließ niemanden einsperren, aber wer ihn kannte, der wußte, daß die Folgen nicht ausbleiben würden. Gegenüber seiner Schwester war er stets und ohne Auseinandersetzung zurückgetreten.

Solange sie ihm die Politik überließ, hatte er nichts dagegen gehabt, daß sie die Ehre einheimste, daß sie repräsentierte und sich feiern ließ. Aber er, ein Stuart und Sohn Jakobs V., war nicht bereit, einem Zwanzigjährigen das Feld zu räumen oder gar vor ihm das Knie zu beugen, sein Schottland einem Jungmann aus England auszufolgen und sich mit der Rolle eines absetzbaren Ministers zu begnügen.

Von dem Augenblick der Entscheidung für Darnley an hatte Maria Stuart zwar ihre eigene Partei und ihre Selbständigkeit, aber auf ihren Halbbruder konnte sie nicht mehr zählen.

Aber nicht nur Murray distanziert sich von Maria und wird ihr Gegner. Mit dem Augenblick, da sie einen Gemahl wählt, scheint ein unausgesprochener, aber jahrelang eingehaltener Waffenstillstand urplötzlich beendet. Nun hat die junge Frau vom Kontinent sich entschieden, nun hat sie einen Beschützer gewählt, nun greift alles wieder zu den Waffen. Es ist nicht überraschend, daß Schottland, dieses gesellschaftlich noch so archaisch organisierte Hirtenkönigreich, so reagiert, und es ist faszinierend, zu sehen, wie schnell diese leidenschaftliche Frau, die sich immer stärker auf sich selbst zurückzieht, den Gesetzen dieses Landes verfällt.

Wäre Darnley ein starker Gatte, dann wären die Würfel ein für allemal gefallen, und es begänne, wie so oft in Schottland oder auch im frühen England, der Kampf der Sippenverbände gegeneinander, bis zur Vernichtung einer Partei. Aber alle Titel, alle neuen Würden vermögen aus diesem Muttersohn, der aus England gesteuert wird, keinen König zu machen, der der Königin eine wirkliche Hilfe, ja die natürliche Schutzwehr für sie wäre. In all den Dokumenten jener Jahre liest sich nichts merkwürdiger als das »Henricus Rex«, mit dem Darnley selbst die Briefe an seine Eltern unterzeichnet; und sehr schnell wird sich Maria darüber klar, daß sie diesem Mann nur eben so viel Rechte einräumen darf, wie unbedingt nötig ist. Mit einem starken Mann hätte sie eine starke, feste und haltbare Verbindung eingehen können. Der Schwächling Darnley aber würde ihr über kurz oder lang entgleiten, nicht nur, weil sie selbst als Frau sich ihm entziehen mußte, sondern vor allem, weil andere Macht über ihn gewinnen würden. Darnley entpuppt sich als eine zusätzliche Gefahr.

Der Mann, der anstelle Darnleys Maria Stuart zur Seite steht, ist dem Amt nach nur ihr Sekretär. Er heißt David Rizzio oder Riccio, ist etwa zehn Jahre älter als Darnley und stammt aus Turin; er war ursprünglich wohl Hofmusiker, bald aber Vertrauter und Favorit in der zusammengeschmolzenen Suite der Königin. Rizzio muß das Schicksal Chastelards kennen und die Gewalttätigkeit der schottischen Großen, für die ein Fremder praktisch schutzlos ist und auf einen bloßen Verdacht hin ungestraft erschlagen werden kann. Der kluge Italiener, so fremd in diesem nördlichen Land wie seine Königin, glüht für Maria, berät sie, schreibt ihre eleganten Briefe und erschauert wie sie vor den geharnischten Halbwilden, die aus einem anderen Jahrtausend übriggeblieben zu sein scheinen.

Dafür, daß Rizzio ihr Geliebter war, gibt es so lange keine Beweise, bis Maria Stuart sie selbst liefert. Denn von allem, was Darnley ihr antut, fordert nichts ihre tiefste Leidenschaft, das Verlangen nach Rache, so sehr heraus wie die Ermordung des Italieners. Maria weiß, daß Darnley mit seiner Mutter und dem ganzen Lennox-Clan ständig intrigiert, um seine Position neben der Königin zu stärken. Nach der Geburt des Kindes wird er versuchen, Maria zugunsten des Neugeborenen zu entthronen und für den unmündigen König die Regentschaft zu führen. Er ist brutal, unaufrichtig, beleidigend gleichgültig und zweifellos kein Mann für diese nun voll erblühte, energische und temperamentvolle Frau. Das alles aber fordert sie nicht so heraus wie der eine Abend, an dem er über eine Hintertreppe die Mörder in den Saal führt und hämisch zusieht, wie ihr Freund und Vertrauter auf das grausamste umgebracht wird. Marias Erregung verrät noch der Brief, den sie beinahe einen Monat nach dem Mord an den Bischof von Glasgow schreibt:

»Am 9. März [1566], gegen sieben Uhr abends, saßen Wir bei der Abendmahlzeit in Gesellschaft Unserer Schwägerin, der Gräfin Argyll, Unseres Schwagers, des Komturs von Holyroodhouse, des Lord Creich, Arthur Erskines und einiger anderer Personen Unserer Umgebung, die zwanglos von Uns zur Tafel zugezogen worden waren. Wir enthielten Uns des Fastens auf Weisung der Ärzte hin, wegen Unserer Schwangerschaft und Unseres häufigen Übelbefindens, denn Wir befanden Uns im siebenten Monat. Da trat der König in Unser Kabinett und stellte sich neben Unseren Sessel. Ein wenig später brachen Graf Morton und Lord Lindsay an der Spitze von hundertsechzig Leuten in das Schloß ein, gewalttätig wie Feinde. Sie besetzten alle Ausgänge, damit niemand ihnen entkommen könnte, zum wenigsten planten sie dies. Lord Ruthven drang zu gleicher Zeit mit Getöse in Unser Kabinett; er erzwang sich den Eintritt mit seinen Leuten, und als er Unseres Sekretärs Riccio ansichtig ward, sagte er diesem, er habe mit ihm zu reden. Wir baten den König, Uns ehrlich zu gestehen, ob er von diesem Anschlag wüßte; nachdem er Uns versichert hatte, er wisse nichts [!], befahlen wir Ruthven, augenblicklich das Gemach zu verlassen, wenn er nicht Gefahr laufen wolle, als Rebell behandelt zu werden. Wir versprachen ihm überdies, Riccio werde dazu angehalten, sich, wenn nötig, dem Staatsrat zu stellen, und er solle sich auch verantworten wegen der Übergriffe, deren man ihn beschuldigte.* Ruthven jedoch kehrte sich nicht im geringsten an Unseren Befehl, sondern stürzte sich mit seinen Gefolgsleuten auf Riccio, der hinter Unserem Sessel Schutz gesucht hatte. Sie warfen den Tisch auf Uns und hieben über Unsere Schultern hinweg mit Degen auf ihn ein, andere standen mit gezücktem Dolch vor Uns. Sie zerrten den Unseligen roh aus dem Kabinett und brachten ihm auf der Schwelle Unseres Schlafgemachs sechsundfünfzig Degenstiche bei. Wir wurden von Schmerzen und Ängsten ergriffen, wie Ihr es Euch leicht vorstellen könnt, und zitterten für Unser eigenes Leben. Danach betrat Ruthven wiederum das Zimmer und war unverschämt genug, Uns zu eröffnen, er und die anderen Standesherren seiner Partei seien Unserer Tyrannei überdrüssig, so daß sie übereingekommen seien, sie künftig nicht mehr zu dulden. Mit Riccio seien sie besonders unzufrieden gewesen. Deshalb sei er eben von ihnen getötet worden ...«

Ruthven berief sich überdies auf Darnley, der allen Aufrührern Straffreiheit zugesagt habe, verlangte für ihn die Regentschaft und drohte Maria und ihren wenigen Getreuen an, sie in Stücke zu hacken und über die Mauer zu werfen, wenn sie aus der Stadt Edinburgh Hilfe zum Schloß heranrufen würden. Es war ein Handstreich, der Darnley an die Macht bringen sollte. Murray traf erst ein, als alles vorüber war, und verhielt sich neutral. Lediglich die Grafen Bothwell und Huntly standen treu zu Maria Stuart und halfen ihr bei ihrer kühnen Flucht aus dem besetzten Schloß.

Mittels Stricken und Leitern floh die Königin in der Nacht nach Dunbar. Ihre Getreuen stießen zu ihr, und als sie stark genug war, kehrte sie nach Edinburgh zurück. Murray, Argyll und andere, die sich neutral verhalten hatten, wurden begnadigt; die Verschwörer flohen mit Darnley, Ruthven gar nach England.

Damit war die Lage zunächst bereinigt, soweit sie überhaupt bereinigt werden konnte, denn das gefährlichste Unsi-

---

* Die Lords sahen in ihm nicht nur den Geliebten Marias, sondern schrieben ihm auch Intrigen zu.

cherheitsmoment war ja Marias Gatte. »Es war Uns bekannt«, schreibt Maria Stuart an den Bischof von Glasgow, »daß der König selbst geheime Verbindung mit Unseren Feinden unterhielt, und Wir fühlten Uns nicht stark genug, hier Gegenwehr zu leisten.« Und einige Zeilen später findet sich die aufschlußreiche Behauptung »Wir sind zur Zeit Unseres Gatten durchaus versichert ...«

Kann eine Frau mit einem Mann leben, dessen sie nur zeitweise sicher ist? Kann eine Königin dulden, daß ihr Thron praktisch unausgesetzt gefährdet ist durch einen intriganten und schwachen Gatten, der zum Werkzeug ihrer Gegner worden ist, weil diese ihm den einzigen Triumph versprechen, den er je über sie erringen kann?

Alle Entscheidungen sind in den Tagen dieses kurzen, blutigen Aufruhrs gefallen. Darnley hat sich als Verräter erwiesen, und zwar gleich doppelt, indem er zuerst Maria verriet und danach dann seine rebellischen Freunde. Darnley hat Maria vielleicht das Leben gerettet, aber offensichtlich nur deshalb, weil sie den Thronerben noch zur Welt bringen mußte. Darnley stand neben ihr, während Rizzio wie ein Tier abgestochen wurde, und tat nichts für sie, als Ruthven sie unter Druck setzte. Bothwell hingegen verhalf ihr zur Flucht und stieß mit seinen Leuten zu ihr. Wenn Darnley in Rizzio einen Nebenbuhler ausgeschaltet hatte, so nur, um, ohne es zu wollen oder zu wissen, gleichzeitig Maria zu zeigen, welchem Mann sie sich künftig anvertrauen konnte: James Hepburn, Earl of Bothwell.

Der vierte Earl of Bothwell ist die Abenteurerfigur in dem nun anhebenden Schauerdrama, und ein wenig von Magie geistert auch um ihn. Er ist nach Murray der mächtigste Vasall der schottischen Krone, besitzt vier feste Schlösser und ausgedehnte Ländereien, und die Eltern des Reformers John Knox waren Leibeigene der Bothwells. Seine Ahnenreihe weist nach Skandinavien; er ist unter vielen gälischen Herren der Wikinger, und seine Unrast, sein Ungestüm und seine Großzügigkeit lassen dieses ferne Erbe in ihm noch immer wirksam erscheinen. Maria

Stuart wird ihn, wenn alles überstanden ist, zum Herzog der Orkneys und der Shetland-Inseln erheben.

Dies ist ein Adelstitel, der tatsächlich zu ihm paßt und der sogar eine Strecke seines Lebens vorzeichnet, denn Bothwell wird sich später nach Dänemark wenden, dem König seine Inseln antragen und skandinavische Rückendeckung suchen, obwohl an den schottischen Händeln schon seit geraumer Zeit nur England und Frankreich beteiligt sind.

Dieser Bothwell also, rücksichtslos, dämonisch, aber ein Mann, der sich voll einsetzt, stand schon Maria Stuarts Mutter in ihrem Kampf um Schottlands Rekatholisierung zur Seite; er stand ihr bei, obwohl er selbst Protestant war. Maria Stuart hatte er bereits auf einer Reise nach Frankreich kennengelernt. Beim Überfall Ruthvens, dem Rizzio zum Opfer fiel, bewahrte Bothwell Maria vor Gefangenschaft und Erpressung, ja vielleicht vor dem Tod, und je mehr Darnley sich als feige, verräterisch und feindselig erwies, desto entschiedener suchte Maria bei Bothwell Halt, weil sie ja irgend jemanden haben mußte, auf den sie sich verlassen konnte.

Aber Maria war nicht nur Königin, sie war auch eine Frau von vierundzwanzig Jahren. Darnley vernachlässigte sie seit Monaten. Rizzio, der sie in manch einsamer Nacht mit südlicher Zärtlichkeit getröstet haben mochte, war tot. Die Gedanken an Rizzio nährten immer wieder den Haß gegen Darnley, dem sie Rache geschworen hatte, und ließen sie einen Mann suchen, der die Rache ausführen würde.

Die schöne Königin, die im Frankreich der Renaissance aufgewachsen war, erscheint jetzt in das alte schottische Blutrachedenken verstrickt. Im März war Rizzio ermordet worden, im Dezember desselben Jahres werden die ersten Pläne zu Darnleys Ermordung geschmiedet. John Imrie, kenntnisreicher Edinburgher Archivar und Bothwell-Spezialist, sagt es diskret, aber deutlich mit der Formulierung: »Die Beseitigung Darnleys wurde im Dezember 1566 in Craigmillar von einem Kreis beschlossen, dem die Königin, Bothwell und Lord Gordan angehörten; es wurde später erklärt, daß eine Verschwörung von

Bothwell und anderen unterzeichnet wurde. Unbezweifelt aber ist, daß Bothwell selbst die Vorbereitungen für den Mord an Darnley in Kirk o'Field in der Nacht vom 9. zum 10. Februar 1567 überwachte.«

An der ersten Absprache über die Beseitigung Darnleys ist Maria also beteiligt. Der Mord ist unwiderlegbar das Werk ihres Geliebten, den sie bald darauf heiratet, den sie drei Monate nach dem Mord an ihrem Gatten zum Herzog erhebt. Und sie will Bothwell so ungeduldig zum Mann, daß auch dessen Gattin zu ihrer Feindin wird. Eine andere Feindin, Königin Elisabeth I., läßt sich inzwischen von Patrick, 3. Earl of Ruthven, ausführlich und schriftlich Bericht über die Mordnacht erstatten und bekundet damit ein vielsagendes Interesse an den blutigen Vorgängen.

Es gibt nicht viele Persönlichkeiten in der englischen Geschichte, bei denen der tragische Untergang so vollständig das Leben exkulpierte, wie es in der Legende Maria Stuarts geschah. Richard Löwenherz, Karl I., der Herzog von Monmouth, sie alle treten uns als Märtyrer entgegen; aber da sie Männer waren, wurde durch ihren Tod und ihr Lebensschicksal die historische Kritik nicht in dem Maße eingeschläfert wie bei Maria Stuart. Nur ihre ersten Biographen, nur der hochgebildete und rücksichtslose Wahrheitssucher Buchanan und ihr Gegner Knox, nannten das Kind beim Namen; dann folgten Jahrhunderte der Lobpreisung, ein Chorus mysticus der Verehrung aus französischen, englischen, ja sogar russischen Kehlen.

Noch heute stehen die fleißigen Arbeiten der verehrungsvollen Biographen als eine zahlenmäßig ungleich größere Bibliothek den wenigen wirklich kritischen Untersuchungen gegenüber. Das siebenbändige Werk des Fürsten Labanoff (London 1852) wird trotz seiner Parteinahme für Maria stets unentbehrlich bleiben.

Jedenfalls hat es erstaunlich lange gedauert, bis nach der offenen Diskussion der Zeitgenossen jenes Tabu durchbrochen wurde, das der grausame Tod Maria Stuarts über ihr Leben und ihre Taten legte; dieses Faktum ist in seiner jahrhundertelangen Wirksamkeit um so bemerkenswerter, als die Kette der Tatsachen verhältnismäßig früh zweifelsfrei feststand:

Am 19. Juli 1566 brachte Maria Stuart im Schloß von Edinburgh einen Sohn zur Welt, als dessen wirklichen Vater Gerüchte sogleich den Sekretär Rizzio bezeichneten. Bei den Tauffeierlichkeiten im Dezember auf Schloß Stirling war Darnley zwar anwesend, hielt sich aber ostentativ von den Gästen und von dem ganzen festlichen Treiben fern, so daß Bothwell bereits den Hausherrn machte. Beim Taufakt selbst war Darnley nicht zugegen, obwohl alle wußten, daß er auf Stirling-Castle weilte. Das war ein stärkerer Affront, als wenn er zum Beispiel eine Reise vorgeschützt oder sich an einem anderen Ort aufgehalten hätte. Darnley hatte das Kind zwar als seinen Sohn anerkannt, was er tun mußte, da es ja nur dann sein Trumpf war, wenn es als legitimer Erbe galt. Das Fernbleiben vom Taufakt aber war eine persönliche Demonstration, die angesichts der kursierenden Gerüchte nichts anderes bedeuten konnte als eine bewußte Distanzierung von der Vaterschaft, ja es war von allen Möglichkeiten, die Vaterschaft zu leugnen, die einzige, die Darnleys eigene Interessen nicht schädigte und dennoch von allen verstanden werden mußte.

Darnley hatte fortan mehr Feinde, als seiner Sicherheit zuträglich war: Maria hatte ihm nach Rizzios Tod Rache innerhalb eines Jahres zugeschworen, und außerdem trugen sich die Mitglieder der Ruthven-Verschwörung, die Maria bis auf zwei amnestiert hatte, mit dem Gedanken, Darnley den Lohn dafür zukommen zu lassen, daß er sie an Maria verraten hatte. Diese beiden Gefahren kannte Darnley, und er erwog deshalb, sich zu seiner Familie zurückzuziehen, also Schottland zu verlassen. Die akute Gefahr, den Beweggrund Marias für eine schnelle Aktion, konnte Darnley nicht kennen: Maria war seit etwa Dezember 1566 wieder schwanger, diesmal von Bothwell, und da Darnley sich von ihr seit Monaten ferngehalten hatte, war nicht zu erwarten, daß er einen Nachkommen aus einer ehebrecherischen Beziehung der Königin legitimieren und damit dem Erstgeborenen einen legitimen Rivalen an die Seite stellen würde.

Diese Sachlage hat Maria gegenüber ihrem späteren Sekretär Nau bestätigt; sie wird durch spanische Gesandtschaftsberichte vom 21.6.1567 erhärtet. Darnley mußte also verschwinden, und zwar so schnell, daß Maria noch Zeit hatte, vor der für den Spätsommer 1567 zu erwartenden Niederkunft Bothwell zu ehelichen. War Darnley tot, der im Dezember immerhin zusammen mit Maria auf Schloß Stirling geweilt hatte, so konnte alles im Guten abgehen, Darnley als der Vater des Kindes gelten und die Beziehung zu Bothwell ein Geheimnis zwischen Maria und ihrem Geliebten bleiben.

Am 24. Dezember 1566 hatte Maria Stuart die letzten der Rizzio-Mörder begnadigt. Da diese nun in Freiheit waren, fühlte Darnley sich bedroht und verließ Stirling-Castle, um sich nach Glasgow zu begeben, wo der Lennox-Clan mächtige Freunde hatte. Dort angekommen, erkrankte Darnley jedoch an den Pokken, und Maria Stuart mußte mit einiger Ungeduld zusehen, wie die Zeit verstrich und sie an Darnley nicht heran konnte. Um ihn wieder in ihre Gewalt zu bekommen, machte sie dem Gatten, mit dem sie längst keine Beziehungen mehr hatte, ja den sie als Feind ansah, einen Krankenbesuch und führte quer durch Schottland eine Krankenbahre mit sich, woraus zu erkennen ist, daß sie schon mit der Absicht, ihn zurückzuholen, nach Glasgow reiste.

Wegen der Gefahr der Ansteckung konnte Darnley nicht verlangen, in Edinburgh, in der Nähe von Maria und ihrem kleinen Sohn, untergebracht zu werden. Das einsam gelegene Kastell von Craigmillar aber war Darnley ein zu gefährlicher Aufenthaltsort, darum brachte man ihn nach Kirk o'Field, in ein Haus am Stadtrand von Edinburgh. Bothwell hatte es vorher besichtigt, um sich darüber Klarheit zu verschaffen, ob der für Craigmillar erdachte Plan einer Sprengung auch in diesem neuen Domizil durchführbar sei.

Am 31. Januar oder 1. Februar 1567 trafen Maria Stuart und Darnley in dem Haus von Kirk o'Field ein; der kleine Prinz blieb, obwohl Darnley die Pocken im wesentlichen überstanden hatte, in Edinburgh. Eine Woche gemeinsamen Lebens in jenem

Ausweichquartier sollte dem Volk eine Versöhnung von König und Königin vorspiegeln. Erst im letzten Augenblick, am Abend des Anschlages selbst, verließ Maria Stuart das bereits unterminierte Haus ...

Es ist der 9. Februar 1567, ein Sonntag, und Neumond. Der Tag steht seit langem für die Hochzeit eines Dienerpaares fest, die auf Holyrood stattfinden soll und bei der Maria Stuart, um die treuen Leutchen zu ehren, ihr Erscheinen zugesagt hat. Den frühen Abend aber verbringt sie noch mit Darnley und einigen anderen in fröhlicher Runde. Darnley ist glücklich, daß Maria sich ihm wieder zugewendet hat, er trinkt, um die Warnungen zu vergessen, die ihm aus der Familie Stuart zukamen, und betäubt die schleichende Angst, die in ihm ist.

Während im ersten Stock, in Darnleys Gemächern, die Becher klirren und laute Stimmen ertönen, schaffen Bothwells Leute, voran sein Kammerdiener Paris, große Pulversäcke ins Erdgeschoß, und zwar in Marias Schlafzimmer, das unter dem Darnleys liegt. Es muß aus diesem Verfahren geschlossen werden, daß die Königin im Bilde ist und daß man wegen einer Entdeckung nicht besorgt sein muß. Selbst wenn sie im Verlauf des Abends aus irgendeinem Grund, um sich umzukleiden oder auch nur um ein Taschentuch zu holen, ihr Schlafzimmer betreten würde: Paris und seine Kumpane hätten nichts zu befürchten. Gegen eine Ahnungslosigkeit Marias spricht auch, daß sie bedacht ist, ihre wertvolle Marderdecke zu retten; sie entsendet eine Kammerfrau eigens zu dem Zweck, das schöne Stück von Kirk o'Field nach Holyrood zu bringen ...

Um elf schließlich macht Maria sich auf, um noch vor Mitternacht auf der Hochzeit zu sein. Im Garten trifft sie Paris, dessen Gesicht mit Pulver beschmiert ist, und macht ihn, da andere in der Nähe sind, in absichtlich scherzhaftem Ton auf diesen verräterischen Umstand aufmerksam. Dann steigt sie auf und reitet mit ihrer Suite, die Fackeln trägt, durch die Winternacht nach Holyrood. Dort ist der festliche Trubel auf dem Höhepunkt. Auch Bothwell und sein Kammerdiener sind eingetroffen, Paris allerdings reichlich verstört, denn ihm ist aus der Bemerkung Maria Stuarts über sein Gesicht klargeworden, daß die Frau, die eben noch mit dem Gatten scherzte und die Becher klingen ließ, vollkommen im Bilde ist, daß sie sich lachenden Mundes von einem Todgeweihten verabschiedet hat.

Bothwell bemerkt die Veränderung im Wesen des vertrauten Dieners und fährt ihn an, sich nichts anmerken zu lassen. Die Königin soll nicht erkennen, daß außer Bothwell noch jemand um ihr Geheimnis weiß. Nach Mitternacht geleitet Maria die Braut zum Brautbett, und Bothwell macht sich mit seinen Helfern auf nach Kirk o'Field. Um das Alibi nicht zu gefährden, das ihnen die Hochzeit auf Holyrood gewährt, klettern sie über die Stadtmauer von Edinburgh; nur Bothwell, der den akrobatischen Akt wegen einer noch nicht verheilten Duellverletzung nicht schafft, muß sich das Stadttor aufsperren lassen. In Kirk o'Field legen seine Helfer Hay of Tallo und John Hepburn (ein Verwandter Bothwells) die Lunten, verbinden sie und stecken sie gegen zwei Uhr an.

Als die Explosion die Nachtstille durchbricht und ganz Edinburgh auf die Beine bringt, schafft es Bothwell, der sich wohl niedergelegt, aber bestimmt nicht ausgekleidet hatte, mit seinen Leuten als erster am Tatort zu sein - eine weise Maßnahme, denn unter den verstümmelten Toten in den Trümmern des Hauses ist Darnley nicht zu finden. Erst gegen Morgen, als das Dunkel sich lichtet, werden die Leichen Darnleys und seines Pagen auf dem Gartengrundstück unweit des Hauses entdeckt.

Kirk o'Field liegt so einsam, daß unmittelbare Zeugen des Geschehens nicht zu erwarten waren, und das nächste Anwesen gehört obendrein Freunden Bothwells. Dennoch berichten einige Frauen, daß sie Geräusche eines Handgemenges und Rufen gehört, vor allem aber einen Satz genau verstanden hätten: »O meine Verwandten, habt mit mir Erbarmen.« Darnley kann damit nur seine Mörder Morton und Douglas gemeint haben, denen er in die Arme lief, als er - wegen eines verdächtigen Geräusches, oder weil er die Zündschnüre entdeckt hatte - mit seinem Pagen im letzten Augenblick aus dem Haus floh.

Diese Aussagen ändern allerdings nichts an der Behandlung des Falles. Bothwell nämlich läßt, schnell gefaßt, die beiden Leichname unter Bewachung aus dem Garten nach Holyrood schaffen, noch ehe irgend jemand sich überzeugen kann, auf welche Weise der Tod eingetreten ist. Niemand kann zunächst den Nachweis erbringen, daß Darnley den Sprengstoffanschlag überlebt hat.

Ähnlich geheimnisvoll geht es bei der Bestattung des ermordeten Königs zu. Darnley wird nicht, wie es einem Märtyrerkönig gebührt, unter großer Anteilnahme des Volkes zu Grabe getragen; Maria zeigt nicht öffentlich ihre Trauer und ihre Empörung und schwört den Mördern Rache, sondern alles geht in Nachtdunkel und Stille vor sich und ohne daß auch nur ein einziger Lennox es wagt, an dem Begräbnis teilzunehmen.

Diese Faktenkette wird nicht mehr angezweifelt. Für die Mitschuld oder gar die Anstifterrolle der Königin allerdings gibt es nur Indizien. Blind Zufallsgläubige können die ganze ziemlich perfekte Regie für ein Werk der Vorsehung halten, die Maria Stuart retten wollte. Schwerer ist es schon, zu beweisen, warum die Vorsehung sich auch der Marderfell-Decke annahm. Und vollends unhaltbar wird die Reinwaschungstheorie, wenn man sich auszumalen versucht, wie Maria Stuart einen lebendigen Darnley mit der Tatsache hätte vertraut machen wollen, daß er ohne jegliche Bemühung von seiner Seite abermals Vater geworden sei. Mit einem Toten hatte sie es da zweifellos sehr viel leichter.

Die historische Diskussion um Schuld oder Unschuld der Maria Stuart bewegt sich um eine kleine Gruppe von Dokumenten, um acht Briefe Marias an ihren Geliebten Bothwell. Da sie in einem verschließbaren silbernen Kästchen aufgefunden wurden, nennt man sie die Kassettenbriefe (Casket-Letters). Was die Prüfung ihrer Stichhaltigkeit, vor allem aber ihrer Echtheit besonders erschwert, ist der Umstand, daß die ursprünglich französisch geschriebenen Briefe nur noch in schottischer und in englischer Übersetzung erhalten sind.

Die Briefe und die ihnen beigegebenen Sonette der Königin beweisen zunächst, daß sie Bothwell liebte, ja daß sie fast als ihm hörig und unbedingt ergeben bezeichnet werden kann. Brief Nr. 2, der sogenannte Glasgow-Brief, enthält zudem ein klares Eingeständnis ihrer Mitschuld an Darnleys Ermordung, andere Briefe beweisen die Mitwisserschaft. Peter Grant Brass MacNeill, ein Edinburgher Jurist, der sich mit der Echtheits- und Schuldfrage besonders intensiv beschäftigt hat, sagt: Sind die Briefe echt, so ist Maria Stuarts Schuld ohne weiteres bewiesen. Sind sie aber gefälscht, so bleibt die übrige Kette der Schuldbeweise, wie die Indizien, die Zeugenaussagen und der ganze Ablauf, in ihrer Beweiskraft dennoch ungemindert.

Als einen Wendepunkt in der Diskussion bezeichnen deutsche, englische und französische Forscher übereinstimmend Harry Breßlaus Anwendung der kritisch-diplomatischen Methode auf die Kassettenbriefe. Der hervorragende Gelehrte, dem unter anderen einschlägigen Werken ein Handbuch der Urkundenlehre zu danken ist und der jahrelang im Direktorium der Monumenta Germaniae historica wirkte, erbrachte den unwiderleglichen Beweis dafür, daß alle acht Kassettenbriefe französisch abgefaßt gewesen waren, in der gleichen Sprache wie die etwa gleichzeitig entstandenen Sonette Marias, an deren Echtheit bis heute nur Ronsard gezweifelt hat.

Mit diesem Nachweis war naturgemäß für die Echtheitstheorie sehr viel gewonnen, denn Französisch war nun einmal die Sprache Marias, vor allem in vertraulichen und hastigen Äußerungen. Überdies verlor die Fälschungs-Theorie dadurch an Wahrscheinlichkeit, daß es in den bewegten Wochen zwischen der Ermordung Darnleys und der Auffindung der Briefe (also zwischen dem 10. Februar und dem 21. Juni 1567) nicht ganz leicht gewesen sein kann, so komplizierte Fälschungen in einer fremden Sprache anzufertigen und all jene Fakten in ihnen unterzubringen, die zum größten Teil erst viele Jahre später, beim Prozeß gegen Maria Stuart, zur Sprache kamen.

Ludwig Rieß geht über Breßlaus Beweisführung noch hinaus. Er bemängelt, daß Breßlau nur Vergleiche zwischen den Briefen und jenen Schriften Maria Stuarts gezogen habe, die bis 1567 vorlagen: »Er [Breßlau] hätte gerade solche Stellen aus ihren späteren Briefen zitieren müssen, für die sich außer in den Kassettenbriefen früher keine Analogie findet.« Rieß vergleicht dann einen Brief von 1567 (Kassettenbrief Nr. 3) an Bothwell mit einem unzweifelhaft von Maria Stuart stammenden Liebesbrief, den sie etwa ein Jahr später an Thomas Howard, Herzog von Norfolk, schrieb und in dem die gleichen Gedanken, Bilder und Wendungen vorkommen wie in dem Brief an Bothwell, obwohl sie sich hier der englischen Sprache bediente. »So konnte doch«, folgert Rieß, »kein Kanzleibeamter sich in Marias Seele versetzen, als er einen Liebesbrief in ihrem Namen fälschte, daß er genau die Gedanken und Worte traf, die sie später in ähnlicher Lage dann wirklich wählte. Daß aber Maria 1569 in Coventry Gedanken aus einem in ihrem Namen gefälschten Brief von 1567 stahl, ist ebenfalls ausgeschlossen. Also ist die Folgerung zwingend: Dieselbe Person, die den Brief an Norfolk schrieb, verfaßte auch [Kassetten-]Brief 3.«

Die einzige Rückzugsposition, die den Verteidigern Marias nach diesen und anderen Beweisführungen noch offen stand, war die Behauptung, daß die Briefe an sich echt seien, daß man aber belastende Passagen interpoliert habe. Diese Behauptung kann nicht mehr widerlegt werden, weil die Originale der Briefe, vermutlich für Jakob VI., den Sohn Maria Stuarts, von einem schottischen Adeligen erworben wurden und verschwunden sind. Warum aber der Sohn der Königin eben jene Dokumente hätte verschwinden lassen sollen, die einzig und allein, als die Originale, jene Einfügungen offenbar machen konnten, wäre unbegreiflich. Nur aus dem französischen Originalbrief hätte sich ersehen lassen, wo Maria schrieb und wo jemand einfügte, und Jakob VI., ein gebildeter und schreibfreudiger Monarch, der keine Polemik scheute, wäre der letzte gewesen, der solch eine Erkenntnis verschwiegen hätte, da sie seine Mutter entlasten mußte.

Deutlicher als alle Briefe aber sprach Marias Verhalten für ihre Schuld oder Mitschuld, so deutlich, daß sich ihre treuesten

Parteigänger, der König von Spanien, der König von Frankreich und selbst der Papst, von ihr abwandten. Und diese waren zweifellos imstande, zwischen Verleumdungen der Gegenseite und unanzweifelbaren Tatsachen zu unterscheiden. James Beaton, letzter katholischer Bischof von Glasgow, schrieb aus Frankreich, wo er seit sechs Jahren als Gesandter Marias weilte, an die Königin:

»Aus dem, was mir Eure Majestät selbst berichten, kann ich nichts entnehmen. Da es Gottes Wille war, Euch zu erhalten, nehmt strenge Rache. Geschieht dies nicht, so schiene mir besser, Ihr hättet das Leben und alles verloren.« Das ist aus dem Munde eines alten und ehrlichen Freundes so deutlich, wie man es nur wünschen kann, und gleicht im Tenor durchaus den Forderungen, die Lennox, der Vater des ermordeten Darnley, an Maria richtete.

Und wie kam sie diesen gerechten Forderungen nach? Wie erfüllte sie ihre eigene, in Briefen abgegebene Versicherung, »mit Seinem [Gottes] Beistand werden Wir so schwere Strafen ersinnen, daß es der Nachwelt zum Beispiel dienen kann«? Als Lennox als Ankläger mit seinem Clan in Edinburgh erscheinen wollte, wurde ihm dies verboten und nur eine so schwache Vertretung zugelassen, daß er, mit Recht für sein Leben fürchtend, dem Prozeß fernblieb. Die Königin, Witwe des Ermordeten, schloß sich nicht der Klage der Lennox-Leute an, was an sich schon so auffällig ist, daß es einem Eingeständnis der Mitschuld gleichkommt. Der mit der Untersuchung des Mordes betraute Staatsrat war so zusammengesetzt, daß die Anhänger Bothwells eine sichere Mehrheit hatten. Rund um das Gerichtsgebäude waren zweihundert Scharfschützen verteilt und viertausend(!) ausgesuchte Männer Bothwells. Wer in dieser Situation für einen Schuldspruch über Bothwell plädierte, sprach sich sein eigenes Todesurteil.

Wie nicht anders zu erwarten, wurde Bothwell freigesprochen und scheute sich nicht, jeden zum Zweikampf herausfordern, der ihn künftig einer Schuld am Tod Darnleys zeihen sollte.

Wenige Wochen nach dem Scheinprozeß, im April 1567, wurde während eines Gelages schon für den Gedanken einer Heirat zwischen Maria und Bothwell geworben, und die betrunkenen Edelleute wurden sanft genötigt, ihr Einverständnis durch ihre Unterschrift zu bekunden. Höher konnte Bothwell nicht mehr steigen; Murray weilte im Ausland, seine Gegner waren uneins, Maria aber war ihm offensichtlich hörig. Nie hat eine Königin, ja auch nur eine Frau königlichen Geblüts sich so sichtbar ihrer Ehre, ihrer Geltung und ihrer Zukunft berauben lassen wie Maria Stuart mit der Einwilligung, den Mörder ihres Gatten zu heiraten. Einzig ihre Sonette geben Aufschluß über ihre inneren Kämpfe und ihr Verlorensein. Bothwell und die Neigung zu ihm waren eben stärker als alle Grundsätze, ja selbst als ihre Religion. Als angesichts der kompromittierenden Heiratspläne Marias Bitte um einen eigenen päpstlichen Nuntius und um die Entsendung von Missionaren abschlägig beschieden wurde, als Frankreich und Spanien sich von ihr abwendeten, suchte sie Verbindung mit den schottischen Protestanten, die ihre Mutter so heftig bekämpft hatten, und versuchte, sich in ihrem Kampf um eine gemeinsame Herrschaft mit Bothwell auf die eingeschworenen Feinde der Stuarts zu stützen. Ihre Haltlosigkeit brachte Maria binnen weniger Wochen um Land und Thron ...

Es gelang ihr noch, James Hepburn, Earl of Bothwell, zum Herzog der Orkneys und der Shetlands zu erheben. So brauchte sie keinen simplen Grafen zu ehelichen. Auch die Hochzeit verlief noch ungestört, wenn auch in größter Heimlichkeit und zu nächtlicher Stunde. Dann aber brach in ganz Schottland ein Sturm der Entrüstung los, der durchaus echt, ja beinahe spontan genannt werden kann und in dem sich alte und neue Gegner zu gemeinsamem Kampf zusammenfanden.

Während Maria verzweifelt Geld für die Kriegführung aufzutreiben suchte, während sogar das goldene Tafelgeschirr, das Elisabeth von England ihr geschenkt hatte, in die Münze wanderte, nahmen die Treuesten der Treuen Abschied. Edinburgh ging ohne Kampf an die aufständischen Lords über, und Maria sah mit immer größerer Unruhe ihrer Niederkunft entgegen.

Die Einnahme von Edinburgh lockte Bothwell aus dem Schloß Dunbar. Maria hatte ihn erst einige Monate zuvor zum Kommandanten dieser Festung ernannt, der sichersten in Schottland, und Bothwell hatte nach seiner Art gerade diese Ernennung mit einem Monstergelage gefeiert. Nun aber zog er dem Feind entgegen; Dunbar-Castle, das Klippenschloß am Firth-of-Forth, die siebenhundert Jahre alte Zwingburg und Zuflucht schon Davids II., blieb leer zurück und hätte doch mit seinen starken Mauern so manches wenden können.

In dem wegearmen Schottland mit seinen tief ins Land einschneidenden Buchten kam es stets an denselben Orten zu Schlachten. Auf den Höhen von Pinkie, wo Bothwells Leute sich eingruben, hatten zwanzig Jahre zuvor schon Engländer und Schotten gegeneinander gekämpft. Unweit des alten Schlachtfelds, auf dem Carberry-Hill, standen Bothwell und der geschickte Kirkaldy of Grange einander gegenüber; zahlenmäßig waren die Truppen gleich, in der Ausbildung und der Ausrüstung waren Kirkaldys Truppen überlegen.

Es war die letzte Schlacht, die Maria Stuart noch eine Chance bot, und mutig nahm sie selbst daran teil, im kurzen roten Schottenrock, zu Pferd, eine blasse, abgespannte Frau, die wußte, daß es um alles ging: um den Mann, den sie liebte, um das Land, das sie lieben gelernt hatte, um ihren Thron.

Noch ehe viel Blut fließen konnte, hatte Kirkaldy Bothwells Stellungen weitgehend umgangen, so daß die Truppen des neuen Prinzgemahls sich aus dem Staub zu machen begannen, um nicht in Gefangenschaft zu geraten.

Maria erfaßte die Situation schneller als Bothwell und ließ den gegnerischen Feldherrn um eine Unterredung bitten. Gerda Doublier hat in einer der jüngsten und sympathischsten Maria-Stuart-Biographien die große Szene ohne unzulässige Ausschmückung und doch voll Farbe beschrieben:

»Durch Lord Ormistoun sucht sie um eine Unterredung mit Kirkaldy of Grange nach. Er reitet ihr entgegen. Bei ihrem Anblick sind die wegwerfenden Worte, die er über sie an Elisabeth geschrieben hat, vergessen, denn die Frau, die in vollendeter

Haltung zu Pferde sitzt, ist jeder Zoll eine Königin. Und als sie den eigentümlich schrägen, schwermütigen Blick ihrer hellbraunen Augen auf ihn richtet, sinkt er, unwillkürlich von Ehrfurcht für die Tochter seines angestammten Herrscherhauses ergriffen, in die Knie.«

Im Angesicht Tausender Soldaten vollzieht sich eine private und eine politische Tragödie. Maria sieht keinen anderen Ausweg, als sich von Bothwell zu trennen, aber sie verlangt freies Geleit für ihn. Kirkaldy gibt ihr sein Ehrenwort, daß man Bothwell nicht verfolgen werde, und Maria revanchiert sich, indem sie einen der gefürchteten Bothwellschen Scharfschützen daran hindert, den Feldherrn zu töten, der in diesem Augenblick ja Parlamentär ist. Binnen Minuten muß sie Bothwell zu dem bekehren, was sie abgemacht hat, und von dem Mann Abschied nehmen, für den sie soviel opferte. Als Bothwell davonsprengt, verfolgt ihn tatsächlich niemand, und als Maria Stuart sich in das Lager der Lords begibt, beugen diese vor ihr das Knie.

Einen Augenblick lang könnte man glauben, daß alles noch gut würde. Aber die Lords sind nicht einig, und Maria ist mit sich selbst nicht im reinen und zürnt dieser Männerschar, daß sie ihr den Mann nicht ließen, den sie liebt. Sie bricht plötzlich in Beschimpfungen aus und schwört ihnen nach ihrer Art, daß sie binnen Jahresfrist alle hängen werde. Daraufhin wird die Behandlung schlechter, man führt die hohe Frau mitten durch Edinburgh in Gewahrsam, so daß die Bevölkerung ausgiebig Gelegenheit hat, der Katholikin, Ehebrecherin und Gattenmörderin ihre Meinung ins Gesicht zu sagen.

Maria ist zum erstenmal so gut wie wehrlos, vom guten Willen der Wachen abhängig und fürchtet den Pöbel wie alle, die mit dem Volk selbst wenig in Berührung kommen.

Sie weiß, daß man sie als Hexe verbrennen oder lynchen könnte und daß es nachher, wenn alles geschehen ist, keinen Schuldigen geben würde, weil die Volkswut eben anonym ist.

Dieser Weg durch die High-Street von Edinburgh und die anschließende kurze Haft im Gemeindehaus, wo ihr niemand zu essen oder zu trinken gibt, sind die schwersten Stunden ihres

Lebens und werden entscheidend für ihre Zukunft sein, denn fortan wird sie alles tun, um nie wieder in so eine Lage zu kommen, und wird nichts so sehr fürchten wie das Volk, ihr Volk.

Halbtot erreicht die hochschwangere Frau Loch-Leven-Castle, das ihr als Gefängnis bestimmt ist, ein kleines, festes Schloß auf einer Insel des gleichnamigen Sees inmitten der anmutigen Hügellandschaft von Kinross. Heute führt die Autobahn Edinburgh-Perth, von Süden her über die Forth-Road-Bridge kommend, an dem See entlang. Vor vierhundert Jahren waren der See und seine Ufer das ruhige Herz einer Schlösserlandschaft, die idyllische Mitte zwischen den Bereichen großer Herren: Stirling und Dunfermline waren die Königsschlösser der Stuarts, in Kirk(c)aldy saß der Feldherr, der Maria noch ein zweites Mal schlagen sollte, und in Loch Leven selbst war sie in der Hand von Murrays Mutter.

Margaret Erskine, spätere Lady Douglas, war viele Jahre die Geliebte Jakobs V. gewesen und hatte ihm jenen hochbegabten und energischen Sohn geboren, der als Earl of Murray zuerst Marias tüchtigster Helfer, dann aber ihr gefährlichster Gegner wurde. Nun, seit ihrer Selbstauslieferung an die Lords, ist er Regent von Schottland, wie er es in ihrer Abwesenheit gewesen ist; jetzt regiert er für ihren einjährigen Sohn, der in aller Eile zum König gekrönt wurde und den Namen Jakob VI. führt.

In den Sommertagen des Jahres 1567, vermutlich nach dem Abschied von Bothwell und kurz nach dem Eintreffen auf Loch Leven, kommt es zu jener verfrühten Niederkunft, die bis heute in Dunkel gehüllt ist. Nach der Biographie von Nau, der ersten und teilweise noch von Maria selbst autorisierten, war es eine Fehlgeburt von Zwillingen, die sie so sehr schwächte, daß sie den Lords keinen Widerstand entgegensetzte und die Abdankungsurkunde unterzeichnete. Nach so gründlichen Forschern wie Fürst Labanoff und Clifford Bax brachte Maria eine Tochter zur Welt, die später in ein Kloster ging.

Wie immer es sich damit verhielt - das Schlimmste war nun vorbei. Da das Schloß rings von Wasser umgeben war und Maria in ihren zwei Zimmern im Westturm leicht überwacht werden konnte, gab es keine strenge Haft. Ruthven, der rüdeste ihrer Bewacher, näherte sich ihr schon in den ersten Tagen mit eindeutigen Anträgen und wurde von Lady Douglas darauf aus dem Haus gewiesen; fortan hatte es Maria nur noch mit Lady Margaret und ihren Söhnen zu tun. Es ist gewiß eine richtige Deutung, in den Monaten von Loch Leven eine Art Einkehr zu sehen. Maria hatte einen Arzt und ein paar Mägde, die sie versorgten, sie hatte wenig Ansprache und viel Muße. Sie dachte nach, erholte sich, schrieb viele Briefe, aber nur an Menschen, deren Herz sie noch zu besitzen glaubte, und machte bewundernswerte Handarbeiten.

Im Winter, da Loch Leven wochenlang beinahe abgeschnitten war und auch keine Besucher kamen, schlossen sich die Bewacher und die Gefangene wie zu einer Familie zusammen. Marias Schönheit war wiedergekehrt, ihr Charme gewann ihr die Herzen der Männer - Männer aber brauchte sie, um zu fliehen, denn in dem Maß, als ihre Kräfte wiederkehrten, begannen auch die Gedanken an Bothwell sie zu plagen, und der Zorn auf die Lords nagte mehr an ihr, als sie zeigen durfte.

Nach einem gescheiterten Fluchtversuch ist es dann im Mai 1568 soweit. Nicht nur William und George Douglas, die Söhne Lady Margarets, sind Maria behilflich, sondern auch eine Tochter und eine Nichte der Hausherrin: Maria hat alle gewonnen, alle außer der alten Lady selbst. Diese macht nicht mit ihren ehelichen Kindern gemeinsame Sache, sondern mit Murray, dem Sohn, den sie als Geliebte des Königs empfangen hat. Sie weiß, daß dieser energische Mann sich Schottland unterworfen hat und im Begriff ist, Ordnung im Land zu machen, sowenig dies auch vielen gefällt. Da darf sie ihm nicht in den Rücken fallen, indem sie die Flucht von Maria Stuart begünstigt.

Aber Maria, William Douglas, George Douglas und die Helfer vom Festland haben auch ohne sie die Intrige gut gesponnen. Flach in einem Boot liegend, entkommt Maria über den See, schwingt sich im Schutz der Nacht auf ein Pferd und reitet über Kinross und Niddrie, bis sie bei den Hamiltons, eingeschworenen Gegnern Murrays, in Sicherheit ist.

Da die Hamiltons und Huntly, der schon bei Rizzios Ermordung zu Maria hielt, den Zeitpunkt der Flucht im voraus kannten, haben sie alles vorbereitet, und binnen wenigen Tagen verfügt die Königin über ein Heer von sechstausend Mann, zu denen noch die Truppe Huntlys stoßen wird. Aber ihre Gegner sind der Earl of Murray, der in Schottland Wunder an Organisation vollbracht hat, und abermals Kirkaldy of Grange. Murray handelt schnell, ja noch schneller, als man vermutet hat. Er wirft sich mit den Soldaten, die er zur Hand hat, den Truppen Hamiltons entgegen, auf die Gefahr hin, daß Huntly ihn im Rücken packt, und siegt am 13. Mai 1568 bei Langside - heute ein Vorort der Stadt Glasgow - über seine Halbschwester.

Nun erst ist Maria am Ende. Vergeblich bieten ihre Getreuen ihr feste Schlösser an. Man kann sich im schottischen Hochland viele Monate lang verteidigen, man kann in Ruhe abwarten, bis die Opposition gegen Murray wächst, man kann neue Bündnisse vorbereiten. Ihnen allen, den treuen Herries, Hamilton, Huntly, ist diese Art Leben in ständigem Kampf tägliches Brot; Schottland kennt keinen wirklichen Frieden, die Clans sind uralte Kampfbünde, und kreuzen sie die Waffen nicht, so rüsten sie für den nächsten Gang. Aber Maria ist eine Frau. Sie will nicht noch einmal erleben, was ihr die Niederlage des vorigen Jahres beschert hat, die Schmähungen, die Bedrohung durch den Pöbel; sie will überhaupt nicht mehr. Niemand, nicht einmal Elisabeth von England, kann schlimmer sein als dieses unversöhnliche, puritanische, von seinen Bußpredigern verhetzte Volk, das ihr schon auf Erden die Höllenstrafen bereiten will.

In drei Tagen und drei Nächten flieht Maria, kopflos, nur von Lord Herries und ein paar Dienern, aber keiner einzigen Frau begleitet, zu Pferd durch die heute noch unendlich einsamen, menschenleeren Hügel von Ayr und Kirkcudbright bis an den Solway Firth, wo die Abtei von Dundrennan sie aufnimmt. Vom Abbey-Head aus sieht sie weit hinaus in die Irische See; zur Linken hat sie den Firth, und vor ihr, im Süden, liegt Cumberland, England, das Land, das ihr als Zuflucht erscheint.

John Maxwell, Sohn des vierten Lord Maxwell und erst seit 1567, durch seine Heirat, Lord Herries, stand lange Zeit auf seiten der schottischen Protestanten. Marias Mutter hatte ihn in den Kerker geworfen. Er verurteilte Marias Ehe mit Bothwell, aber er führte bei Langside ihre Kavallerie und wich ihr nach der Schlacht nicht mehr von der Seite, ein echter Ritter und kluger Freund.

Auf seine Bitten schreibt sie an Elisabeth, ehe sie sich der mächtigen Feindin in die Arme wirft; es ist ein rührender und mit Recht berühmter Brief, der bei einer anderen Frau seine Wirkung nicht verfehlt hätte:

»Aus Dundrennan, den 15. Mai 1568: Meine sehr liebe Schwester!

Ohne Euch mit all meinen Kümmernissen belästigen zu wollen, die Euch ja doch bekannt sein dürften, möchte ich Euch sagen: Jene meiner Untertanen, denen ich die meisten Wohltaten erwiesen habe und die mir am tiefsten verpflichtet sind, haben mich, nachdem sie mich gefangen hielten und auf das unwürdigste behandelten, aus meinem Königreich vertrieben und in solche Lage versetzt, daß ich nach Gott nur noch auf Euch zu hoffen wage. Wollet also gestatten, liebe Schwester, daß ich Euch sehen darf, so bald als möglich, um Euch Genaues über meine Angelegenheiten zu sagen. Indessen will ich Gott bitten, er möge Euch seine Gunst erweisen und mir Geduld verleihen und die Tröstungen, deren ich durch Eure Mittlerschaft von Seiner heiligen Gnade gewärtig bin ...«

Unfähig, eine Antwort abzuwarten, die trotz der Eile des Boten Wochen dauern muß, bittet Maria schon am nächsten Tag ihre Freunde, ein Boot zu beschaffen. Entgegen allen Vorstellungen von Lord Herries läßt sie sich über den Firth of Solway rudern. Nur William Douglas, der ihr schon bei der Flucht aus Loch Leven behilflich war, jubelt, als man englischen Boden betritt. Maria ist müde, mutlos und unruhig und läßt dem ersten Schreiben von Workington aus gleich den nächsten, ausführlicheren Brief folgen, den sie nicht mehr mit der Anrede »Meine sehr liebe Schwester« beginnt, sondern mit »Gnädige Frau und

Schwester«. Er schließt mit erschütternden Zeilen, hinter denen die Verzweiflung erkennbar ist:

»...Inständig bitte ich Euch, laßt mich zu Euch kommen, so bald Ihr es irgend ermöglichen könnt, denn meine Lage ist verzweifelt und nicht nur einer Königin, sondern überhaupt einer Frau von Adel unwürdig. Denn mir ist nichts belassen als das, was ich am Leibe trage; am ersten Tag meiner Flucht legte ich, querfeldein reitend, wohl sechzig Meilen zurück, und danach ritten wir nur noch nachts, wie ich Euch in Bälde selbst berichten will, wenn Ihr Euch, wie ich hoffe, meines äußersten Mißgeschicks erbarmen wollt. Ich will es aber nicht ausführlicher beklagen, um Euch nicht lästig zu fallen. Nur Gott will ich im Gebet angehen, damit er Euch Gesundheit und ein langes und glückliches Leben verleihe und mir Geduld, auch Tröstung, die ich mir ersehne von Euch, der ich meine demütigen Empfehlungen entbiete ...«

Dieser Brief, aus Workington vom 17. Mai datiert, ist das letzte, was Maria in Freiheit tut. Am nächsten Tag schon ist sie Gefangene, wenn auch eine Gefangene, der man königliche Ehren erweist. Aus dem kleinen Städtchen an der Mündung des Derwent wird sie nach Carlisle geleitet, Dienerschaft wird für sie aus Schottland nachgeholt, englische Geschäftsleute versorgen sie mit Stoffen und allem Nötigen. Aber hinter all dem steht eine ungewisse Zukunft, lauert Marias eigene Angst, daß alles ganz anders sein könnte, als sie es sieht und glauben möchte.

In den nun folgenden achtzehn Jahren, den letzten ihres Lebens, war Maria Stuart nicht einen Augenblick frei oder auch nur unbeobachtet. Ihre Post wurde gelesen, ihre Besucher registriert, über die Gespräche, die sie führte, wurde Bericht erstattet, und auch das, was die Gefangene auf kunstvoll-geheimen Wegen aus den Schlössern ihrer Leidenszeit hinauszuschmuggeln verstand und was sie in Stoffballen oder sonstwie versteckt erhielt, wurde nur zu oft dem Personenkreis bekannt, der sie beaufsichtigte.

Die Beschäftigung mit dieser Lebensphase der temperamentvollen Königin ist nicht erfreulich und setzt ein großes Interesse

Maria Stuart. Kupferstich nach einem Gemälde von Grévédon

James Stuart,
Earl of Murray.
Kupferstich
von H. Robinson
nach einem
Gemälde in
Holyrood Palace

John Knox.
Kupferstich
nach einem
Gemälde in
Holyrood Palace

Elisabeth. Gemälde von Porbus

Henry Stuart,
Lord Darnley.
Kupferstich

James Hepburn,
Earl of Bothwell.
Miniatur

an ihrer Person voraus. Die Aktionen der unglücklichen Königin verliefen alle im Sand, und was immer sie anzettelte, führte nur dazu, ihren Freunden und schließlich auch ihr selbst den Untergang zu bringen. Oberflächlich ist die Behauptung, an der Gefangenschaftsgeschichte der Maria Stuart seien heute nur noch die Schlösser selbst interessant und vielleicht auch noch der Umstand, daß zu jener Zeit bereits Fußball gespielt wurde (die Königin wohnte tatsächlich als Zuschauerin einem Fußballspiel ihres Personals bei, und die Engländer fanden die Schotten recht gut). Aber es ist richtig, daß die Geschehnisse von Marias Ankunft in Workington bis zu ihrer Hinrichtung neunzehn Jahre später uns mit jenem Mißbehagen erfüllen, das ein Kampf ungleicher Gegner hervorruft.

Waren sie durch die äußere Situation ungleiche Gegner, so waren die Königinnen doch einander ebenbürtig. Elisabeth war wie Maria hochgebildet, und was Maria durch die legitime Geburt und die Jugend in Frankreich der Engländerin voraus hatte, wurde bei dieser durch die leidvolle Erfahrung ihrer gefährdeten Jugend und die Gefangenschaft unter Maria Tudor aufgewogen. Maria war zweifellos die Anziehendere. In den ersten Jahren ihrer Gefangenschaft konnte sich kaum ein Mann, der in ihre Nähe kam, dem Charme ihrer Persönlichkeit entziehen. Die mächtigen Herren des Nordens, denen sie anvertraut wurde, erwiesen sich einer um den anderen als ihre Freunde, und einer der reichsten Magnaten, der Herzog von Norfolk, verfiel ihr vollkommen. Siegen mußte in diesem Kampf aber die zurückhaltende, abwägende, ja oft entschlußscheue Elisabeth; während sie zuwartete, wurde die andere immer schwächer, einsamer, verzagter. Maria, die stets viel zu schnell handelte, ihr Herz und ihr Vertrauen bedenkenlos verschenkte und ihre Hoffnungen auf die unsicherste Chance setzte, mußte als Gefangene ihren Feinden in die Hände arbeiten: Schon als freie Königin hatte sie unbedachte und riskante Handlungen gewagt. Im Gefängnis hatte sie keine Wahl mehr und ließ sich auf alles ein, was immer herantrieb oder bis zu ihr durchdrang.

Elisabeth selbst hat diesen Umstand offensichtlich nicht ausgenützt. Sie war anfangs durchaus mitleidvoll berührt von dem, was die mit ihr verwandte Königin des Nachbarlandes zu erdulden hatte, und war empört über die Erhebung in Schottland und die Vertreibung der rechtmäßigen Herrscherin. Bei etwas anderen Umständen wäre Elisabeth gewiß ohne Zaudern in Schottland einmarschiert, um Maria wieder auf den Thron zu setzen; zumindest aber hätte eine unbefangene englische Königin nichts dagegen haben können, daß ein vertriebener schottischer Souverän um sichere Durchreise an die englische Ostküste und nach Frankreich bat.

Elisabeth aber war nicht unbefangen. Überwog in den ersten Monaten nach Marias Flucht aus Schottland auch noch das Mitgefühl einer Herrscherin mit der anderen, so konnte Elisabeth doch nicht vergessen, daß Maria Stuart als junge Königin von Frankreich die englischen und irischen Wappen an ihrer Karosse geführt hatte, ja daß Maria als Königin von England ausgerufen worden war, ohne später je auf diesen Anspruch in eindeutiger Weise zu verzichten.

Elisabeth war nicht die Frau, die Aufwallungen nachgab, und schon gar nicht positiven, warmherzigen Regungen. Zudem hatte sie in William Cecil, Lord Burleigh, und in Sir Francis Walsingham zwei Berater neben sich, die kühl und konsequent alle weibliche Emphase aus der britischen Politik ausgeschaltet hatten und für die Maria Stuart nichts anderes war als ein Gegner, den man glücklicherweise in Gewalt hatte und den zu überführen und zu vernichten jedes Mittel recht sein mußte.

Auch durch diese Minister war Elisabeth die Überlegene. Sie waren im Gegensatz zu den ungebildeten, selbstsüchtigen oder ihrem Clan verpflichteten Adligen, die Maria Stuart in Schottland umgeben hatten, hervorragende Berater; sie waren durch die besten englischen Schulen gegangen, hatten sich auf italienischen Universitäten und auf Reisen weitergebildet. Lord Burleigh und Walsingham dienten Elisabeth ihr ganzes Leben lang; sie gaben der englischen Politik dadurch nicht nur jahrzehntelange Stabilität, sondern sie hatten auch Zeit, den Apparat, dessen sie sich bedienten, so weit wie möglich zu vervollkommnen.

Es ist eine überraschende historische Tatsache, daß Burleigh und vor allem Walsingham (und nicht, wie man oft liest, Cromwell) die Schöpfer des britischen Geheimdienstes waren. Walsingham besoldete zeitweise 53 Agenten an fremden Höfen, 18 weitere Sonderagenten, die in verschiedenen Ländern zu Spezialaufgaben eingesetzt wurden, und eine zahlenmäßig nicht erfaßbare Schar von Spitzeln und Provokateuren im eigenen Land. Während in Schottland nach Darnley die Regenten Earl of Murray und Lennox gewaltsamen Anschlägen zum Opfer fielen (von weniger spektakulären Mordfällen ganz zu schweigen), verstand es Walsingham, seiner Königin das Schicksal zu ersparen, das nicht nur die schottischen Machthaber erlitten, sondern etwa gleichzeitig auch Wilhelm der Schweiger, Prinz von Oranien, Heinrich III. und Heinrich IV. von Frankreich und andere Fürsten.

Es war also ein sehr ungleicher Kampf, den Maria gegen die inmitten ihrer Minister und ihres Apparats thronende Elisabeth kämpfte, und es ist darum besonders erstaunlich, daß sie die erste Runde, den ersten Prozeß, den man ihr wenige Wochen nach der Überschreitung der Grenze machte, zumindest zu einem Remis gestalten konnte. Die von Elisabeth eilends nach Norden, an die Grenze, geschickten Räte hatten zu prüfen, ob Maria sich in Schottland schuldig gemacht habe, vor allem aber - das war der uneingestandene Nebenzweck der Untersuchung -, welche Absichten sie mit ihrer Flucht nach England verband.

Daß diese Untersuchung trotz der schottischen Verstrickungen Marias nur zu einem bald eingestellten Verfahren führte, war ein bedeutender Erfolg für Maria. Sie verdankte ihn Thomas Howard, dem vierten Herzog von Norfolk, einem der reichsten Männer Englands. Er hatte sich, bevor er Maria Stuart kannte, mit dem überaus angenehmen Leben begnügt, das ihm seine beinahe unbegrenzten Mittel gestatteten; einmal, weil er nach seinen Geistesgaben keine Chance hatte, neben Elisabeths luziferischen Ministern eine Rolle zu spielen, zum andern aber, weil sein Vater, Henry Howard, Earl of Surrey, von Elisabeths Vater enthauptet worden war.

Die schöne Königin von Schottland, die er bald nach ihrer Ankunft in England kennenlernte, veränderte Norfolks Leben von Grund auf. Er sah sich als den Gatten dieser herrlichen Frau, als König von Schottland und Thronanwärter in England und setzte für dieses Ziel seinen Einfluß und seine Mittel rücksichtslos ein. Es gelang ihm, mit dem Earl of Murray, dem Führer der Ankläger im ersten Prozeß, ein Agreement zu treffen, ihm im Namen Marias alle seine Rechte und seinen ungeheuren Besitz in Schottland zu garantieren und auf diese Weise die Untersuchung zu einer Farce zu machen. Damit war der Hauptankläger ausgefallen. Elisabeth, die sah, daß sie neue Ankläger und neue Beweise gegen Maria Stuart so schnell nicht finden konnte, befürchtete einen glatten Freispruch und befahl die Einstellung der Untersuchung. Murray entließ sie nach Schottland.

Norfolk wurde immer tiefer in die Konspiration hineingezogen, die Maria Stuart unbedacht, ja dilettantisch von ihren komfortablen Kerkern aus spann, und es war Walsingham ein leichtes, durch Doppelagenten wie Roberto Ridolfi Belastungsmaterial gegen den Herzog von Norfolk zu sammeln. Als er am 2. Juni 1572 das Schicksal seines Vaters erlitt, zog die Krone auch seine ausgedehnten Güter ein. Maria Stuart aber trug Trauer wie um einen Gemahl ...

In ihrem offiziellen Hauptzweck war die Untersuchung gegen Maria gescheitert, weil Murray von der Anklage zurückgetreten war und weil bekanntlich kein Richter ist, wo kein Ankläger auftritt. In allen übrigen Punkten, die Elisabeth interessierten: Marias Ansprüche auf den englischen Thron, ihre geheimen Absichten bei der Flucht, ihre Verbindungen in England, hatten sich zumindest in den Augen Walsinghams und Elisabeths schwerwiegende Verdachtsmomente ergeben. War Elisabeth auch einige Monate lang unsicher gewesen, so begann sie sich nun der Ansicht ihrer Ratgeber zu beugen, daß Maria Stuart für sie eine Gefahr bedeutete. Jeder Aufstand, jede Gruppierung der katholischen Opposition innerhalb Englands, würde von vornherein die gewaltsame Befreiung Maria Stuarts zum Ziel haben, denn Maria Stuart war für Englands Katholiken die rechtmäßige Gegenkönigin zu Elisabeth I.

Diese Argumente wurden durch die Bartholomäusnacht in Paris unterstützt, durch diesen Massenmord an den Hugenotten, bei dem die Guisen und der Bastard von Angoulême nur den Anstoß hatten zu geben brauchen, während den Rest der mordlustige und plünderungsgierige Mob der Millionenstadt an der Seine besorgt hatte. Elisabeth hatte mit der allen Souveränen eigenen Abneigung gegen Volksbewegungen die Geschehnisse jenseits des Kanals verfolgt und selbst begonnen, die katholische Aggression zu fürchten. Es ist also fast erstaunlich, daß Maria Stuart ihren Mitverschworenen Norfolk um ganze zwölf Jahre überlebte, zwölf Jahre, die mehr dem Zaudern Elisabeths als dem Willen zuzuschreiben sind, Maria zu schonen.

Maria Stuart hatte, von Schloß zu Schloß geschleppt, rein äußerlich gesehen keine allzuharte Gefangenschaft. Bis auf das schlecht gebaute Tutbury, wo sie die Fenster verhängen und an kalten Tagen das Bett hüten mußte, um sich zu wärmen, waren die Adelssitze die man ihr zuwies, durchaus komfortabel. Sie hatte stets mindestens zehn, meistens aber bis zu dreißig Bedienstete, durfte jagen, ihre eigene Küche führen, war von ihren Teppichen, Gobelins und Devotionalien umgeben und bis kurz vor dem Ende auch von Freunden aus ihrer schottischen Heimat wie dem treuen William Douglas. Die Familien, denen man sie anvertraute, waren viel zu vornehm und zu großzügig, um sich als Kerkermeister aufzuspielen oder einen Zwang auszuüben; Shrewsbury zum Beispiel, auf dessen Schlössern sie die meiste Zeit zubrachte, fand es sogar unter seiner Würde, ihre Post zu lesen, obwohl ihm dies aufgetragen worden war.

Selbst ihr letzter Bewacher, Sir Amyas Paulet, verhielt sich durchaus korrekt, und es ist ungerecht, daß er immer wieder, selbst in sonst sehr kritischen Biographien, als Kerkermeister charakterisiert wird. Paulet hatte das schwerste Amt, denn als er mit der Aufsicht über Maria Stuart betraut wurde, war ihr Untergang, zumindest für Walsingham und Burleigh, bereits beschlossene Sache, und die Anweisungen, die er erhielt, waren entsprechend streng. Er war auch nicht, wie seine Vorgänger, selbst der Schloßherr, sondern nach Tutbury beziehungsweise Chartley als Bewacher entsendet und in dieser Rolle nicht nur für Maria verantwortlich, sondern für ihren ganzen unausgesetzt konspirierenden Stab und für die Sicherheit der beiden Schlösser. Paulet war Puritaner, aber er bewachte die katholische Königin ohne Haß, bot ihr sogar sein eigenes Zimmer auf Tutbury an, weil dieses besser zu heizen war, und verwahrte sich entrüstet gegen das Ansinnen, die unbequeme und ohnedies kränkelnde Gefangene durch Gift aus dem Weg zu schaffen.

Da Maria nicht resignierte, sondern unentwegt weiter Hilferufe nach Frankreich und Spanien sandte und die diplomatischen Vertreter dieser Länder in London wie ihre eigenen Gesandten in Frankreich unausgesetzt beschäftigte, war es für einen Virtuosen des geheimen diplomatischen Spiels wie Francis Walsingham relativ einfach, die Gefangene ins Messer laufen zu lassen. The Babington Plot, eine katholische Verschwörung, auf deren Programm auch die Ermordung der Königin Elisabeth stand, war nicht ausschließlich das Werk von Provokateuren. Der Papst, der Herzog von Parma und vor allem Spanien, das sich auf die große Abrechnung mit England vorbereitete, unterhielten Agenten in England, von denen immer wieder einige aufgegriffen wurden, und die katholische Opposition gegen Elisabeth war zweifellos organisiert und bereit loszuschlagen, wenn sich eine Gelegenheit bot.

Sir Anthony Babington selbst war ein Idealist, der an seine Sache, an die Befreiung Maria Stuarts und die Beseitigung des protestantischen Regimes in England, aufrichtig glaubte. Aber in den Reihen seiner Mitverschworenen gab es undichte Stellen. Walsingham hatte einen Agenten eingeschmuggelt und überdies einen Sekretär der französischen Gesandtschaft in London gekauft, durch dessen Hände Maria Stuarts Post ging. Nun brauchte man nur noch der Gefangenen unbeschränkte Schreiberlaubnis zu geben und Sir Amyas Paulet verbieten, ihre Briefe zu lesen, und die unglückliche Königin lieferte sich, statt durch derartige Erleichterungen mißtrauisch zu werden, durch ihre Babington-Korrespondenz so vollständig an ihre Feinde aus, wie Walsingham und Burleigh es nur wünschen konnten.

Die Franzosen nennen solch ein Spiel cousu de fil blanc, aber Maria Stuart, die so feine Stickarbeiten zu machen verstand, sah den weißen Faden nicht und diktierte ihrem Sekretär Nau am 17. Juli 1586 die Antwort auf Babingtons ersten Kontaktversuch. Selbst wenn einzelne Stellen, die Maria besonders belasten, interpoliert sein sollten, so bleibt der Brief an sich das eindeutige Dokument einer Verschwörung, und es ist darum nicht sonderlich wichtig, ob diese Verschwörung den Mord an Elisabeth in ihre Pläne einbezog oder nur die Absetzung der Monarchin. Das eine wie das andere und das eine ohne das andere war und ist noch heute Hochverrat und rechtfertigte juristisch das Todesurteil. Den Prozeß im einzelnen zu diskutieren ist darum heute überflüssig. Maria Stuart hatte sich der Begünstigung des Mörders Bothwell, der Verschwörung mit Norfolk und der Verschwörung mit Babington schuldig gemacht, und da Babington selbst kein Spitzel war und Norfolk eher Marias Werkzeug als sie das seine, konnte das Todesurteil ohne Rechtsbeugung gefällt werden.

Aber Elisabeth I. fürchtete nichts so sehr wie unpopuläre Maßnahmen und taktierte gegenüber dem Volkswillen und der öffentlichen Meinung ungleich besorgter als ihre Minister. »Wir waren gerade dabei, das Urteil abzugeben«, schreibt Sir Francis Walsingham Anfang Oktober 1586 an Lord Leicester, Statthalter der Niederlande, »als wir einen königlichen Gegenbefehl erhielten, der uns veranlaßte, unseren Beschluß unter einem Vorwand aufzuschieben und für den 15. Oktober nach Westminster zu vertagen. Dieses perverse Geschöpf ist, wie ich sehe, von Gott gesandt, um uns für unsere Sünden und unsere Undankbarkeit zu strafen, denn Ihre Majestät wagt es nicht, gegen sie so hart vorzugehen, wie es ihr eigenes Wohl erfordert.«

Elisabeth hatte gar nichts gegen ein hartes Vorgehen; sie wünschte nur, die Verantwortung dafür von sich abzuwälzen. Als Walsingham sie von der Weigerung Paulets unterrichtete,

Maria heimlich durch Gift zu beseitigen, weil dies ihm und seiner Familie Unehre bereiten würde, erwiderte Elisabeth bitter: »Wie ich diese guten Redner verabscheue, diese halsstarrigen und spitzfindigen Leute, die alles versprechen und nichts halten und die die ganze Last auf meine Schultern abwälzen.«

Der Brief von Walsingham und Davison an Sir Amyas Paulet enthält die Rüge, daß er Maria nicht beseitigt habe, obwohl er Elisabeths Scheu kenne, das Blut einer Verwandten zu vergießen; Paulets Antwort ist ebenfalls aktenkundig, und Elisabeths Äußerung dazu überliefert Patrick Tytler in seiner Geschichte Schottlands, die durch sorgfältige Quellenauswertung berühmt wurde. Es ist demnach pure Farce und allerhöchste Scheinheiligkeit, wenn Elisabeth nach dem Todesurteil das Parlament fragt, ob es denn keinen anderen Weg gebe, und wenn sie zwar das Urteil unterzeichnet, aber keinen formellen Befehl zur Hinrichtung gibt.

Die Gesandten Jakobs VI. von Schottland bitten vergeblich um Gnade für die Mutter des Königs, die Gesandten Heinrichs III. von Frankreich werden noch ungnädiger empfangen, weil ein neues französisches Komplott gegen Elisabeth bekannt geworden ist. Aber Elisabeth befiehlt trotz allem die Hinrichtung nicht, Walsingham entzieht sich allen Aufregungen und der Verantwortung und kuriert seine strapazierten Nerven in einem Erholungsurlaub aus, und Burleigh tut, was er in den Jahrzehnten seiner Ministerschaft schon so oft tun mußte: Er handelt ohne seine unschlüssige Königin.

Daß er und William Davison, sein Staatssekretär, ohne höhere Weisung die Hinrichtung befehlen, wird ihnen Ungnade und Davison eine Geldstrafe einbringen, die ihn ruiniert. Für Maria Stuart bedeutet die Eigenmächtigkeit der beiden aber das Ende einer Leidenszeit, die zum Schluß, nach dem Prozeß und durch die strenge, demütigende Haft auf Fotheringhay, unerträglich geworden ist.

Die unglückliche Königin findet im Angesicht des Todes alle Kraft und Würde wieder und scheint die Entscheidung mit Erleichterung hinzunehmen. Die überflüssigen, ja unbegreiflichen

Drangsale der letzten Stunden verhärten ihren Stolz und festigen ihre Haltung die Bekehrungsversuche, das Verbot, auf die Vulgata zu schwören, der Versuch, ihr protestantische Geistliche aufzuzwingen und die Verweigerung eines katholischen Beistands. Bis zum Schluß hat sie - die diesen Brauch kennt - Mord im Gefängnis gefürchtet, obwohl Sir Amyas ihr versichert hat, er werde keinen Finger breit vom Recht abweichen.

Ein Hinrichtungsaufschub, den Maria zur Ordnung ihrer Angelegenheiten erbittet, wird abgelehnt, und dann kommt der 18. Februar (8. Februar des alten Kalenders) 1587 heran. Marias Leibarzt Dominique Bourgoing hat in seinem Tagebuch einen Augenzeugenbericht der letzten Stunden gegeben, der als verläßlich gilt:

»In der Nacht, nachdem sie unausgekleidet einige Stunden ausgeruht hatte, legte sie schriftlich ihren Letzten Willen nieder, so ausführlich, als ihr dies in der kurzen Zeitspanne, die sie zur Verfügung hatte, eben möglich war. Danach traf sie ihre Anordnungen über ihre bewegliche Habe und die Abreise ihrer Dienerschaft und teilte jedem eine Summe Geldes zu.

Am Morgen sprach sie abermals mit ihren Dienern und versuchte, sie zu trösten; danach zog sie sich zurück und verharrte allein im Gebet, bis ungefähr um neun Uhr der Sheriff kam, [der Richter, der die Vollstreckung zu überwachen hatte] der sie dann wegführte, ohne zu erlauben, daß auch nur eine Kammerfrau sie begleitete.

Am Fuße der Treppe trafen sie Melville, den Vertrauten und Ratgeber der Königin, der sich vor seiner Herrin auf die Knie warf und von ihr Abschied nahm. Man sah, wie schwer dieser Abschied ihm fiel und wie sehr dieser Anblick ihn nach so langer Trennung schmerzte. Ihre Majestät hatte tags zuvor den Wunsch geäußert, ihn vor ihrem Tod wiederzusehen. Auf ihr dringendes Begehren wurde ihr zugestanden, daß Melville, Bourgoing [der Erzähler], Gervais, Georgeon, Didier, Jehanne Kennedy und Espez Curlle bei ihrem Tode zugegen sein dürften, so ferne die Königin sich für sie verbürgte, daß sie nicht durch Wehklagen den Hinrichtungsvorgang stören würden.

Nachdem sie sich gegen die Herren, die sie abführten, ähnlich geäußert hatte wie an früheren Tagen und insbesondere am Tag vorher, weigerte sie sich schlankweg, den protestantischen Pfarrer anzuhören, der sich ihr aufdrängen wollte, indem sie eifriger denn je ihren Glauben bezeugte. Ihr Gebet verrichtete sie abgewandt auf lateinisch, während die Anwesenden es ihrem Glauben gemäß sprachen.

Nach ein paar Worten empfahl sie den Herren ihre Diener, gab diesen ihren Segen und betete noch einmal, wobei sie das Herz eines jeden rührte. Dann erhob sie sich und ließ sich Schleier, Mantel und Oberkleid von ihrer Kammerfrau abnehmen und bat diese, nicht zu schluchzen. Hierauf warf sie sich wieder auf die Knie, erhob die Hände, in denen sie ein hölzernes Kruzifix hielt; sie hatte es aus ihrer Kammer mitgebracht und ließ es bis zu ihrem Ende nicht mehr aus den Händen.

Nachdem ihre Kammerfrauen ihr die Augen verbunden hatten, erhob sie, ganz ohne gefesselt zu sein, den Kopf. So erwartete sie, leise weiterbetend, den Todesstreich, ohne sich im geringsten zu bewegen. Sie dachte, daß man ihr den Schwertstreich versetzen würde, wie es in Frankreich Brauch ist, bis man ihr bedeutete, sie müsse sich vornüber beugen und ihr Haupt auf den Block legen. Als sie dies getan, wurde ihr der Kopf mit einer kurzgestielten Axt abgeschlagen, wie man sie verwendet, um Holz zu spalten. Solange sie sprechen konnte, hatte sie den Bibelvers wiederholt: Herr, in deine Hände befehle ich meinen Geist.«

# Der Geisterseher

Jakob VI. von Schottland wuchs in England auf und kam, als er seine Herrschaft antrat, als Fremder in sein Heimatland. Jakob I. von England wurde in Schottland erzogen und betrat bei seinem Einzug in London die Hauptstadt seines Reiches wie eine fremde Welt.

Mit ihm, diesem merkwürdigsten Monarchen, den es je auf der britischen Insel gegeben hat, verlassen die Stuarts endgültig die Rolle der kleinen Hochlandkönige, der königlichen Partner oder Gegner übermächtiger Sippenbünde, und treten hinaus in das volle Licht der europäischen Geschichte. Nach Maria Stuart, der unsicheren, umhergetriebenen Nachfahrin der Guisen, erhält das Geschlecht mit Jakob I., Karl I., Karl II. und Jakob II. jene Könige, von denen nicht nur die englische, sondern auch die europäische Geschichte spricht.

Prüft man die Ursachen dieses plötzlichen Aufstiegs mit der Unbefangenheit, zu der uns der große zeitliche Abstand berechtigt und verpflichtet, dann verliert die Diskussion darüber, wer Jakobs Vater war, alle Peinlichkeit und gewinnt rein familiengeschichtlichen Charakter. Dem Genealogen aber muß der wahre Ahnherr der liebste sein, weil er uns den wahren Jakob erkennen läßt.

Lord Henry Darnley, Gemahl der Maria Stuart im Geburtsjahr Jakobs, war, nach allem, was wir von ihm wissen, nicht nur roh, ungeschliffen und ungebildet wie der schottische Adelige jener Zeit im allgemeinen, sondern auch bar jeden Hausverstands, nach manchen Autoren sogar ausgesprochen beschränkt. Er war zudem, als Jakob geboren wurde, knapp einundzwanzig Jahre alt, ein infantiler, jähzorniger junger Mensch. Maria Stuart, Jakobs Mutter, haben wir als eine Frau von Temperament und Kultur kennengelernt, aber niemand rühmt ihr eine scharfe Intelligenz, ja auch nur einen Verstand nach, der ihre Leidenschaften hätte zügeln können. Aus der Vereinigung dieser beiden jungen Menschen soll der frühreife, als Jüngling ausgesprochen geniale Jakob hervorgegangen sein, ein Polyhistor und Linguist von hohen Graden, der als Achtzehnjähriger bereits Verse und einen Traktat über Poesie veröffentlichte und vier Jahre später seine berühmte, ein Jahrhundert lang zitierte Dämonologie.

In der Zeit, in der Henry Stewart, Lord Darnley, seine Kusine und Gemahlin gelegentlich besuchte, war der italienische Musiker David Rizzio bereits jahrelang ihr vertrauter Freund und wurde nicht nur von Darnley, sondern von den meisten Gästen auf Stirling für ihren Geliebten gehalten. Rechnet man vom 19. Juni 1566, dem Geburtstag Jakobs, die ominösen 266 Tage zurück, so kommt man auf den 26./27. September 1565 als vermutlichen Empfängnistag, einen Zeitpunkt, der bereits drei Wochen nach dem Ausbruch der Septemberrebellion liegt, die Darnley häufig von Maria trennte. In einem leider undatierten Brief vom September 1565 ruft Maria, die offensichtlich allein ist und auch allein unterzeichnet, Lord Barnbarroch mit seinen Männern dringend nach Sterling. Beinahe Gewißheit aber gibt ein Brief Maria Stuarts vom 1. April 1566 an den Bischof von Glasgow. Es ist der große Brief, in dem sie die Ermordung Rizzios mit auffälliger Zurückhaltung berichtet (vgl. S. 44) und erklärt, nur um ihr eigenes Leben gefürchtet zu haben, ganz so, als sei Rizzio ihr gleichgültig, obwohl ihre späteren Handlungen und ihre Rache an Darnley doch das Gegenteil beweisen. In diesem Brief berichtet sie über den Abend des 9. März und erklärt, im siebenten Monat schwanger gewesen zu sein, während es zu diesem Zeitpunkt erst knapp fünfeinhalb Monate waren. Irrte sie sich tatsächlich, oder wollte sie den Zeitpunkt der Empfängnis verschleiern?

Nimmt man hinzu, daß Maria Stuart für David Rizzios Tod eine Rache übte, wie sie für den Mord an einem Sekretär völlig unverständlich wäre, dann wird uns vollends klar, warum sich seit Jakob I. der physiognomische Typus und der geistige Habitus in der männlichen Hauptlinie der Stuarts mit einem Mal ändern. Die schöne Königin und ihr gutaussehender junger Gemahl hatten einen Nachkommen mit den charakteristischen Spinnenbeinen Rizzios - die dünnen Beine haben noch bei Karl I. und bei Karl II. den Ärzten Sorgen gemacht. Auf schmächtigem Körper saß bei Jakob I. wie bei Karl I. ein guter Kopf, ein schmales Gesicht, ohne Schönheit, aber mit ausgeprägter Mund- und Kinnpartie; und beide Herrscher waren mit einer Intelligenz begabt, wie sie die geschlossene Reihe der legitimen Eltern und Großeltern nicht zeigt: Jakob wurde schon als junger Mann als der Gelehrte auf dem Throne gefeiert, Karl I. hielt noch als Gefangener und malträtierter Angeklagter mit seiner überlegenen Intelligenz und Schlagfertigkeit siebzig Richter in Schach, die ihm den Tod geschworen hatten. Derlei konnte für Jakob nicht von Darnley, konnte für Karl I. nicht von der hübschen und oberflächlichen Anna von Dänemark kommen: Es beruhte auf der glücklichen Mischung mit dem völlig fremden savoyardischen Blut des Turiners David Rizzio.

Die Geschichte hat sich bei solchen Erwägungen nie gerne aufgehalten. Gilt doch auch Ludwig XIV., der mit Ludwig XIII. überhaupt keine Ähnlichkeit aufweist und aus einem degenerierten Stamm urplötzlich zum größten Monarchen seines Landes aufstieg, als der legitime Sohn, obwohl man weiß, daß nur eine einzige (!) zweckdienliche Zusammenkunft der Gatten stattgefunden hat, eben jene einzige, die es Mazarin gestattete, den Nachkommen als legitim auszugeben. Nun, in Schottland war man nicht so fein und schon gar nicht so zurückhaltend, und

Jakob, nach der erzwungenen Abdankung seiner schönen Mutter schon mit elf Jahren als Jakob VI. zum König von Schottland gekrönt, litt sein Leben lang unter dem Schimpf, der sein Glück war und ihn in jeder Hinsicht aus der Reihe seiner Vorgänger heraushob.

»Der britische Salomo«, wie man Jakob wegen seiner Gelehrsamkeit bald nennen sollte*, ging in die Schule des Humanisten George Buchanan (1506-82), eines bemerkenswerten Mannes, der keineswegs eine Studierstubenkarriere hinter sich hatte. Er hatte schon einen natürlichen Sohn Jakobs V. unterrichtet, hatte dann wegen unbotmäßiger Satiren Festungshaft auf sich nehmen müssen und war nach abenteuerlicher Flucht in Bordeaux gelandet, wo kein Geringerer als Michel de Montaigne zu seinen Schülern gehörte. Einer Berufung an die Universität von Coimbra stellte sich die Inquisition entgegen, die ihn 1549 bis 51 in ihren Kerkern schmachten ließ, so daß er nur zu gerne nach Schottland zurückkehrte. Er war einer der Ersten, welche die sogenannten Kassettenbriefe für echt erklärten, und auf seinen Einfluß geht es wohl hauptsächlich zurück, daß der ihm seit 1570 acht Jahre lang anvertraute Jakob so wenig Gefühl für seine Mutter zeigte.

Buchanan hatte in St. Andrews und in Paris studiert und hatte vor allem der Seinestadt zeitlebens ein begeistertes Andenken bewahrt, so schwer er es auch als Student gehabt hatte. Jakob wurde in der Schule dieses Mannes glücklich, weil er die Gaben hatte, die der umfassenden Bildung und der Persönlichkeit Buchanans entsprachen. Mit einem Unbegabten hätte sich der Lehrer Montaignes gewiß nicht abgegeben. Jakob war für ihn eine Hoffnung, war in Buchanans Augen der erste schottische Monarch mit wahrhaft europäischer Bildung, unter dem das so arg zurückgebliebene und unglückliche Land den Anschluß an die im Humanismus erwachten glücklicheren und reicheren Länder Europas finden würde.

---

* Heinrich IV. von Frankreich allerdings sagte einmal, Jakob I. habe mit Salomo nur gemein, daß er ein Sohn Davids sei (Rizzio hieß David).

Bei der Ermordung Rizzios war Jakob noch im Mutterleib, bei der Ermordung Darnleys im Steckkissen. Zweifellos hat man ihm schon früh geschildert, daß David Rizzio buchstäblich zerfleischt wurde - Maria Stuart gibt ja sogar die Zahl der Einstiche im Leib des Geliebten an -, und daß man Lord Darnley erdrosselte, nachdem es nicht gelungen war, ihn mit seinem Haus in die Luft zu sprengen.

Die merkwürdige Wendung dieses jungen Geistes zu allem Nächtigen, Geheimnisvollen, Unerklärlichen, zu Hexen und Dämonen, mag sich durch die zweifache väterliche Himmelfahrt erklären, vielleicht auch durch das aus diesen Geschehnissen abzuleitende Bedrohtsein. Die frühe schottische Geschichte, Zeile für Zeile gelesen, ist der blutigste historische Bericht, der sich seit den Tagen der Merowinger auf europäischem Boden findet, und die zweckdienlichen Ermordungen, Totschläge, Einkerkerungen und Revolten folgen so dicht aufeinander, daß man mit ihnen allenfalls einen Computer, nicht aber die Schülerhirne füttern kann. Der junge König, der halb unbewußt diese gefährlichste aller Kronen trug, mußte schon früh zu der Überzeugung gelangen, ein König von Schottland könne mit einer normalen Regierungszeit nur rechnen, wenn er ein Wunder einkalkulierte. Schottland mußte Jakob als eine undurchdringliche Landschaft erscheinen, in der die Feinde kamen und gingen wie Gestalten der Zwischenwelt, unerfaßbar, unabwehrbar, eine Brüderschaft des Grauens und in ihrer Mitte er, der Gesalbte, der das einzige Lichtwesen war, ohne Unterlaß gefährdet.

Unser Jahrhundert steht auf dem Standpunkt, daß Dämonenfurcht und Intelligenz einander ausschließen. Das siebzehnte Jahrhundert aber, die letzte, von tiefen äußeren und inneren Wirren heimgesuchte Epoche vor dem Siècle des lumières, ist reich an scharfsinnigen Traktaten über das Hexen- und Geisterwesen, über den Teufelsglauben und die Mächte der Finsternis. Jakob hatte das Glück, geistig früh zu erwachen, dennoch war auch George Buchanan nicht imstande, die ständige Durchdringung des jungen Fürsten mit den Emanationen uralten schottischen Aberglaubens zu verhindern, und vor allem war es ihm unmöglich, die allwöchentliche Schauerlektion der Sonntagspredigt von seinem Schützling fernzuhalten. Und die schottischen Prediger leisteten das Ihre, wenn es darum ging, die Schrecken der Unter- und Zwischenwelt, der irdischen Abgründe und des Bösen schlechthin auszumalen.

Dank dieser Einwirkungen teilen sich also an der Wende vom sechzehnten zum siebzehnten Jahrhundert zwei bürgerliche Autoren mit einem fürstlichen Schriftsteller in den zweifelhaften Ruhm, die abstrusesten Traktate über Teufels- und Hexenglauben und über die Hexenverfolgung publiziert zu haben: Peter Binsfeld, Generalvikar der Diözese Trier, Nikolaus Remigius, herzoglich lothringischer Geheimrat und Oberrichter, und Serenissimus Iacobus VI., Dei gratia Scotorum Rex, wie er in der Umschrift des sauber gestochenen Porträts heißt, das im Berliner Kupferstich-Kabinett aufbewahrt wird.

Jakob unterscheidet in seiner Daemonologia zwischen der Magie, auch Necromantia genannt, und der Hexerei, auch als Veneficium oder Incantatio bezeichnet. Die Venefici sind für den königlichen Geisterseher die Sklaven oder das Fußvolk des satanischen Bereichs, die Nekromanten sind die Herren und Gebieter. Sie üben jedoch keine persönliche und absolute Gewalt aus, sondern haben diese lediglich durch einen Vertrag mit dem Teufel erworben. Dieser trachtet nach Leib und Seele der Nekromanten und ist dafür bereit, ihnen während ihrer Lebenszeit gewisse übermenschliche Fähigkeiten zu verschaffen, ja sogar ihnen zu gehorchen und Gehilfen zu stellen, sofern es nicht um das Wesentliche, nämlich ihr Seelenheil, geht.

In diesen Grundanschauungen unterscheidet sich Jakob noch nicht sonderlich von seinen schreibenden Kollegen in Italien, Frankreich, Holland oder Deutschland. Aber als systematischer Geist gelangt er bald über seine Mitstreiter hinaus und stößt zum Beispiel zu der bemerkenswerten Theorie vor, auch die Astrologie und die Aufstellung von Horoskopen gehörten zum Abc des Teufels, der mit solchen Dingen, eben, weil sie verbreitet sind und unschuldig wirken, die Ahnungslosen in seine Netze lockt.

Den Teufel deutet Jakob nicht als einen abgefallenen Engel, wie die Gnostiker ihn sahen, sondern einfach als den Affen Gottes. Daß man den Herrn der Hölle beim Hexensabbat auf die Kehrseite zu küssen habe, »erklärt« König Jakob aus der Bibel: Moses habe den Herrn nur von hinten sehen können, und die satanische Welt sei eben eine absurde Entsprechung der göttlichen. Goethe hat mit diesem Kuriosum in Entwürfen zur gotischen Walpurgisnacht gespielt, es aber leider in die Faustdichtung dann doch nicht aufgenommen:

»*Einzelne Audienzen, Zeremonienmeister:* ... und kann ich, wie ich bat
mich unumschränkt in diesem Reiche schauen,
So küß ich, bin ich gleich von Haus aus Demokrat,
Dir doch, Tyrann, voll Dankbarkeit die Klauen.
*Zeremonienmeister:* Die Klauen! Das ist für einmal,
Du wirst dich weiter noch entschließen müssen.
Was fordert denn das Ritual?
*Zeremonienmeister:* Beliebt dem Herrn den hintern Teil zu küssen.
Darüber bin ich unverlorn
Ich küsse hinten oder vorn.«

Da die Paralipomena zu dem großen deutschen Weltgedicht verhältnismäßig wenig bekannt sind, ist der obszöne Bogen von dem shakespearischen Hexen- und Geisterwesen bis hin zum deutschen Blocksberg, dem Brocken niemals theatralische Wirklichkeit geworden.

Für König Jakob ist sein Vordringen ins Geisterreich eine Entdeckungsfahrt, und er geht im Aufspüren der Gesetzlichkeit dieser Zwischenwelt so weit wie nur irgendeiner.

Er unterscheidet zwischen zwei Hexenfahrten: Die eine, gleichsam die Kurzstreckentechnik, besteht in dem bekannten Besenritt durch die Lüfte, doch gibt es auch Hexen, die sich ihrer Füße oder eines Pferdes bedienen. Weitere Strecken legen die Hexen im Geiste zurück, und zwar immer dann, wenn die

Reise so weit ist, daß sie mit einer das Atmen nicht mehr gestattenden Schnelligkeit vor sich gehen muß.

Man sieht, König Jakob sorgt sich um das Wohlergehen seiner Hexen und macht sich über die Erfordernisse ihres Berufs Gedanken. Shakespeare hat diese Vertrautheit Jakobs mit den Hexen in der Tragödie Macbeth, die gegen 1606 beendet wurde, ohne jede Ironie, ja als einen Tribut an des Königs Gelehrsamkeit auf die Bühne gebracht, und in der letzten großen Hexenszene dieses Stückes ist es bezeichnenderweise ein gekröntes Kind, das aus dem Hexenkessel steigt und das Orakel spricht.

Wäre das die Liebhaberei eines reichen Kauzes, der sich für Alraunwurzeln und anderen Zauberkram interessiert, Astrologen fördert und kabbalistische Schriften liest, so könnte man auch über Jakobs Dämonologie hinweggehen. Aber unglücklicherweise war dieser Hexengläubige König und Gesetzgeber. Er glaubte zwar nicht an die ungeheuerliche Nachkommenschaft aus dem Umgang von Hexen und Teufeln, aber an das ganze übrige Sammelsurium, an Inkuben und Sukkuben, und er ging soweit, in dem geistigen Vermächtnis für seinen Sohn und Nachfolger die Zauberei als das oberste und scheußlichste aller Verbrechen zu bezeichnen, bei denen eine Begnadigung Sünde sei.

In seinem Hexenglauben wurde Jakob auch ein Förderer der Hexenprozesse und der Hexenproben, ja sogar der Folter. Er bekannte sich zu dem scheußlichen Gottesurteil der Wasserprobe, bei dem Frauen oder Mädchen, die der Hexerei verdächtig waren, entkleidet und, zu Körbchen geschnürt, ins Wasser geworfen wurden. Versanken sie, so waren sie unschuldig, und man versuchte, sie zu retten. Schwammen sie oben, so war dies ein Zeichen, daß das Wasser sie, »gemäß besonderer Anordnung Gottes« (Jakob), nicht dulden wollte, weil sie ja auch das heilige Weihwasser von sich schüttelten.

Man schreibt Jakob auch besonders raffinierte Torturen zu und behauptet, er habe zum Beispiel seine Henkersknechte das Ausreißen der Fingernägel mit Schmiedzangen üben lassen, damit es bei den peinlichen Befragungen dann funktionierte. Von solchen Schriften und Praktiken führt ein direkter Weg zu

Matthäus Hopkins, dem berüchtigten englischen Hexenjäger, aber auch zu Jakobs Enkel Jakob II., in dem dieses Interesse für die Foltern wieder wach wurde. Er bewies einen Hang zur Grausamkeit, ja zum Vergnügen an den Qualen anderer, wie er sich vor Jakob I. in der ganzen Linie der Stuarts nicht feststellen läßt.

Als Jakob I. heiraten sollte, standen eine ältliche katholische Prinzessin und die sehr hübsche Anna von Dänemark zur Wahl, und Jakob, wiewohl früh Jünglingen zugeneigt, wählte das hübschere Weibchen. Bei der Überfahrt über die Nordsee geriet die Dänenprinzessin in die fürchterlichsten Stürme und wurde an die norwegische Küste getrieben. Jakob war sogleich überzeugt, dies sei die Rache der Hexen für die Unbill, die er ihnen angetan. Der sonst so Ängstliche ging gegen den Rat aller Paladine an Bord eines Schiffes und nahm den Kampf gegen die Wetterhexen auf. Sie zausten sein Fahrzeug zwar ebenso wie Annas Schiff, aber schließlich konnte er seine Braut doch in einem norwegischen Städtchen in die Arme schließen.

Da Jakob niemals ernsthaft gegen Elisabeth I. aufgetreten war, hatte sie den Sohn der Rivalin schließlich als Thronfolger akzeptiert.

In London, wo Jakob in einem Triumphzug sondergleichen im Frühjahr 1603, wenige Wochen nach dem Hinscheiden Elisabeths I., einzog, herrschten freundlichere Geister, und es spricht für die wissens- und schönheitsdurstige Natur dieses Monarchen, daß er sich der ihm fremden Welt des Elisabethanischen England offenherzig aufschloß. Das düstere Schottland, wo freche Vettern ihn geplagt, die Galane seiner Frau ihn verhöhnt, rüde Anschläge ihm immer wieder Angst eingejagt hatten, lag hinter ihm. All die Todesdrohungen und Drangsale, die Tag-und-Nacht-Ängste, verblaßten unter dem freundlicheren Himmel über der großen, weltoffenen Stadt an der Themse.

Beifällig stellten die Londoner fest, daß dieser undurchsichtige Mann aus dem Norden, bei allen Gerüchten, die über ihn im Umlauf waren, doch kein Hexenjäger, Polterer, Teufelsaustreiber, Spökenkieker und Hochlandfinsterling war, sondern ein gebildeter Herr mit hoher Stirn, feinen Zügen, einem modischen Bärtchen und offensichtlicher Neigung zum Theater. Er besuchte es nicht nur fünfmal so oft wie die verstorbene »jungfräuliche Königin«, sondern er machte auch die beste Truppe zu einer königlichen und erwarb sich damit um William Shakespeare etwa jene Verdienste, die sich einige Jahrzehnte später Ludwig XIV. um Molière zuschreiben durfte. Dem Sonnenkönig war Molière durch Pocquelin senior, den Hoftapetenkleber von Versailles, empfohlen worden; Shakespeare aber war Jakobs I. höchstpersönliche Entdeckung, zumindest für den Hof.

Schon in Schottland war des Königs Lieblingsschauspieler ein Engländer gewesen. Er hieß Lawrence Fletcher, und als Jakob nach London ging, nahm er Fletcher mit sich und bestimmte, daß er sich einer der berühmten Londoner Truppen anschließen solle. Seine Wahl fiel auf die Theatertruppe des Lordkämmerers, der auch Shakespeare angehörte, und Jakob war von den Leistungen der Schauspieler und von ihren Stücken so begeistert, daß er schon zwei Wochen nach seiner Ankunft in London, also beinahe als erste Maßnahme seiner neuen Regierung, der Truppe ein königliches Privileg ausstellte und sie unter seinen persönlichen Schutz nahm.

Die Truppe wurde damit zwar zur berühmtesten in England und Schottland, und alle ihre Mitglieder waren fortan Hofbedienstete, aber das bedeutete noch nicht, daß sie Sold erhielten. Sie durften lediglich die königliche Livree tragen, Mäntel aus scharlachrotem Tuch mit karmesinrotem Samtkragen, und genossen den Vorzug, daß Jakob ihre Vorstellungen häufiger besuchte als die aller anderen Theater zusammengenommen. Da mit dem König naturgemäß auch die Hofgesellschaft kam, war mit dieser Protektion auch eine wirtschaftliche Sicherung verbunden. (Wenn die Theater trotz ihrer Förderung durch Jakob I. später Schwierigkeiten bekamen, dann lag das an den Epidemien, während deren sich niemand ins Theater wagte, und gegen die zu jener Zeit auch ein gelehrter König machtlos war.)

Das schauerlichste Theater, das die Londoner ihrem neuen König boten, war allerdings kein Renaissancedrama, sondern schon beinahe ein barockes Feuerwerk: The Gunpowder Plot, deutsch meist die Pulververschwörung genannt, mit der fanatische englische Katholiken den schottischen König vom britischen Thron hinwegsprengen wollten, aber nicht nur ihn, sondern, um reinen Tisch zu machen, auch die Lords und das Unterhaus, wenn sie am 5. November 1605 zur Parlamentseröffnung zusammenkommen würden.

Der Plan stammte aus den ersten Wochen des Jahres 1604 und war der Enttäuschung der englischen Katholiken entsprungen, die sich von Jakob I., dem Sohn der Maria Stuart, eine schnelle und durchgreifende Änderung der religiösen Situation, nämlich die Einführung absoluter Toleranz in England, erwartet hatten. Aber die religiösen Fragen lagen in Schottland wie in England ungeheuer kompliziert und wurden dadurch nicht vereinfacht, daß Jakob I., wiewohl offiziell der anglikanischen Staatskirche verbunden, insgeheim jene Sympathien für den Katholizismus hegte, die seinen Nachfahren noch so viele Schwierigkeiten bereiten und schließlich das ganze Haus Stuart aus England verdrängen sollten. Jakob neigte als gebildeter Herrscher und als Gelehrter unbedingt zur Toleranz in Religionsfragen, aber es gab der Gruppen genug, die in der Tolerierung vor allem der Katholiken einen ungeheuren Affront sahen, ja eine Sünde wider den Geist englischen Königtums.

Der Gunpowder Plot plante also, alle Gegner der Toleranz, die gesamte britische Obrigkeit vom Unterhaus über die Lords bis hinauf zur königlichen Familie, ihrer Intoleranz oder Feigheit wegen auf einmal in die Luft zu jagen, was naturgemäß nur möglich war, wenn alle in einem Gebäude zusammenkamen und wenn dieses Gebäude im richtigen Augenblick in die Luft flog. Dieser richtige Augenblick aber ließ auf sich warten, weil das Zusammentreten des Parlaments immer wieder verschoben wurde. In dieser Zeit erhielt William Parker, vierter Lord Monteagle und elfter Baron Morley, einen kurzen, etwas mysteriös stilisierten Brief:

»Obwohl alles ganz ruhig zu sein scheint, kann ich dem Parlament sagen, daß es einen gewaltigen Bums geben wird, und keiner wird sehen, woher der Stoß kommt ...«

William Parker hatte mit Essex in Irland gekämpft, sich dann 1601 mit Catesby und anderen an einer Verschwörung beteiligt und war mit Gefängnis und einer Geldstrafe von 8000 Pfund belegt worden. Jakob I. hatte sich aber mit dem jungen Edelmann versöhnt und ihn eingeladen, an der neuen Sitzungsperiode in der neuen Würde eines Lord Monteagle, also im Oberhaus, teilzunehmen. Monteagle hatte somit Verbindungen zu Verschwörerkreisen, besaß zugleich aber die Sympathie des Königs und war offenbar für Jakob I. eingenommen. Als er den Brief erhielt (den vermutlich sein Schwager Francis Tresham geschrieben hatte), brachte er ihn nach Whitehall und zeigte ihn Lord Salisbury und anderen Ministern.

Das war am 16. Oktober 1605. Neun Tage darauf - so langsam mahlten in diesem Fall die Mühlen der Polizei - wurde die Durchsuchung der Kellergewölbe unter dem Parlamentsgebäude befohlen. Lord Suffolk leitete die Untersuchung, Monteagle war mit von der Partie. Die Herren sahen einen Mann, der sich später als Guy Fawkes vorstellte, mit offenem Licht zwischen zwei Dutzend Pulverfässern hantieren, die er mit Reisig und Stroh bedeckte.

Fawkes hatte in der spanischen Armee gedient und war als Artillerist ausgebildet. Dennoch muß man bezweifeln, ob er mit simplem Schießpulver an den soliden Fundamenten des Parlamentsgebäudes nennenswerte Schäden hätte anrichten können. Er jedenfalls glaubte es fest und versicherte den Herren, die ihn festnahmen, er habe die Absicht gehabt, King James I. und die ganze schottische Bettlerbrut, die er sich mitgebracht, mit einem Mal in den Himmel zu blasen. Der Mann bewies auch in der Folge Mut und Standhaftigkeit, denn selbst die Folter unter einem so sachkundigen König, wie Jakob I. es nun einmal war, vermochte Fawkes nicht die Namen seiner Mitverschworenen zu entreißen.

Diese wären somit alle mit heiler Haut davongekommen oder hätten zumindest Zeit gehabt, sich abzusetzen, aber sie griffen zu den Waffen und verrieten sich dadurch selbst. Catesby, der Urheber des Gunpowder Plots, hatte das Glück, im Kampf zu fallen, viele andere wurden gefangengenommen und verhört, und acht von ihnen (nach einigen Quellen elf) wurden schließlich, nach der Sitte der Zeit, öffentlich hingerichtet.

Lord Monteagle erhielt für die Dienste, die er der Krone erwiesen hatte, eine jährliche Prämie von 700 Pfund, bekam also seine einstige Geldstrafe verzinst, und wurde 1609 in den Rat der Virginia Company berufen. Der katholischen Sage blieb er jedoch treu und hatte später noch beträchtliche Schwierigkeiten, weil er Studenten des berühmten Seminars von St. Omer in sein Haus aufnahm und längere Zeit beherbergte.

Es gibt Autoren, die Jakobs Haltung gegenüber den Verschwörern kritisieren. So Louis B. Wright: »Elisabeth hätte vielleicht die Missetäter begnadigt, denn sie zeigte sich sehr geschickt in der Kunst des gütlichen Vergleichs. Jakob aber setzte die Nation in Furcht durch die öffentliche Hinrichtung der Verschwörer.«

Dazu ist zu sagen, daß öffentliche Hinrichtungen der Sitte oder Unsitte der Zeit entsprachen, und zwar in allen europäischen Staaten. Jakob hätte durch eine nichtöffentliche Hinrichtung der Attentäter und Verschworenen lediglich Gerüchten Vorschub geleistet, daß ihr Tod besonders grausam gewesen wäre. Und zweitens sei bemerkt, daß von all der Versöhnlichkeit der großen Elisabeth in dem wenige Jahre zuvor abgehandelten Fall ihres einstigen Günstlings Essex herzlich wenig zu erkennen gewesen war. Wenn sie einen Grafen Essex und schließlich auch eine Maria Stuart den Kopf auf den Block legen ließ, hätte sie bei Fawkes und Genossen keinen Augenblick gezaudert.

Eine Verschwörung, die so rücksichtslose Methoden anzuwenden entschlossen war, rechtfertigte damals zweifellos ein Dutzend Todesurteile, und obwohl die Rechtsprechung sich im Lauf der letzten drei Jahrhunderte fühlbar gemildert hat, darf man mit einiger Sicherheit annehmen, daß es noch heute in europäischen Staaten Todesurteile geben würde, soferne man unter einem Parlamentsgebäude einige Zentner Sprengstoff oder Bomben mit den dazugehörenden Verschwörern fände.

In seiner Politik half Jakob die Entdeckung dieser Verschwörung jedenfalls nichts. Die Protestanten wurden noch wütender auf die Katholiken und auf König wie Königin, die beschuldigt wurden, heimlich mit Rom zu sympathisieren. Jakobs Friedenspolitik, die nach Jahrzehnten beinahe ununterbrochenen Seekriegs zu erträglichen Verhältnissen zwischen England und Spanien geführt hatte, war durchaus unpopulär, und seine Vernachlässigung der Kriegsflotte war zweifellos ein Bruch mit der britischen Tradition.

Dennoch war er nicht der schwache, in seine Hirngespinste verlorene König, als den ihn manche sehen wollen und für den man ihn halten könnte, wenn man lediglich die Flottenrüstung im Auge hat oder die Tatsache, daß er seinen Schwiegersohn, den Winterkönig, so unzureichend unterstützte, als der große Religionskrieg in Deutschland ausbrach. In der glorreichen Epoche der Königin Elisabeth konnte nicht eine einzige überseeische Kolonie erfolgreich gegründet werden: Sir Humphrey Gilbert war in Neufundland gescheitert, Walter Raleigh in Virginia. Dagegen kamen die kolonialen Bestrebungen britischer Kaufleute und Abenteurer unter Jakob I. zu Bedeutung und Erfolg. Jakobs Politik hatte zwar die militärischen Machtmittel verringert, aber durch den Frieden mit Spanien von 1604 den Briten immerhin die dauernde Bedrohung durch das katholische Weltreich vom Halse geschafft. Englische Kauffahrer waren zwar in Spanisch-Amerika als Händler noch immer nicht willkommen, aber sie konnten immerhin spanische Stützpunkte anlaufen, ohne gleich als Ketzer gehängt zu werden, und in Indien bewährte sich die britische Zusammenarbeit mit den sonst nicht eben englandfreundlichen Niederländern ausgezeichnet, da der gemeinsame Gegner dort Portugal hieß.

Die großen Erfolge der Britisch-Ostindischen Kompagnie, die noch Elisabeth I. privilegiert hatte, fallen in die Regierungszeit der ersten Stuarts; die blühende Niederlassung in Surat

(Vorderindien) wurde unter Jakob I. gegründet, die Seefestung Saint George bei Madras unter Karl I. Und schließlich ist es nicht ohne Bedeutung, daß neben dem religiösen Lieblingsbuch der Epoche, dem Book of Martyrs des John Foxe, kein Werk in England eifriger gelesen und schneller verbreitet wurde als die dreibändige Sammlung Principal Navigations, Voyages and Discoveries of the English Nation des Richard Hakluyt, Archidiakon zu Westminster. Die bis heute berühmte und in ihrem Quellenwert unübertroffene Sammlung lenkte das Bewußtsein des englischen Volkes auf das Gebiet der Reisen, Entdeckungen und Kolonisierungsaufgaben. Und während Jakob I. als Schotte von Seefahrt und Weltgeltung herzlich wenig hielt, war es die Lektüre der Hakluytschen, immer wieder herausgegebenen Sammlung, die den großen neuzeitlichen Aufgaben Großbritanniens bei der Bevölkerung den Boden bereitete.

Man muß es bedauern, daß ein solchermaßen zum Welt-Bewußtsein erwachtes und zu seinen bedeutenden Möglichkeiten aufgerufenes Volk sich immer noch im kleinlichen Konfessionsgezänk verbrauchte, statt die Chancen der Weltstunde wahrzunehmen. Konfessionell in sich geschlossene Länder wie die Niederlande errangen in diesem siebzehnten Jahrhundert sensationelle Erfolge, obwohl sie klein waren und eine geringe Bevölkerung hatten. Aber da sie sich nicht in innerem Streit verbrauchten, konnten sie ihre ganze Kraft auf die Eroberung der Welt richten. Die Niederlande erwarben binnen weniger Jahrzehnte einen Reichtum, der alle Großmächte verblüffte und die niederländischen Börsen bis tief ins achtzehnte Jahrhundert hinein zum Mekka Europas machte.

Das Problem der konfessionellen Einigung ihres Volkes aber hatten größere Herrscher als Jakob I. vergeblich zu lösen versucht, ja dabei oft mehr Schuld auf sich geladen als der Sohn der Maria Stuart.

Die unbezweifelbare Schuld Jakobs I. als König, nicht als Mensch, müssen wir in seiner Günstlingswirtschaft erblicken. Sie begann früh sein Leben zu kennzeichnen, bald nach Abschluß seiner Erziehung, die ihn vielleicht zu wenig mit dem anderen Geschlecht zusammenbrachte, ihn zu sehr von den natürlichen Vergnügungen junger Menschen fernhielt.

Die ersten Günstlinge spielten ihre Rolle lediglich in den schottischen Wirren, in den Anschlägen auf den König, in den Intrigen um die hübsche, aber leichtfertige Königin, die, als Jakob den englischen Thron bestieg, noch nicht einmal dreißig Jahre zählte. Jakob VI. von Schottland, später Jakob I., »König von Großbritannien und Irland«, hatte immer Günstlinge, einen nach dem anderen, und er wählte sie leider alle nicht nach ihren Gaben oder ihrer geistigen Bedeutung, sondern nach Gesicht, Gestalt und Gehaben. Nur zwei von ihnen errangen nennenswerten Einfluß auf die englische Politik und auf die Handlungen des Königs: der Graf von Somerset und der Herzog von Bukkingham.

Robert Carr, Earl of Somerset, konnte zu seinen Gunsten anführen, daß er immerhin aus einer alten schottischen Familie stamme. Er war der jüngste Sohn aus der zweiten Ehe von Sir Thomas Carr (oder Ker) of Ferniehurst, und seine Mutter kam aus der seit vielen Jahrhunderten reich begüterten Familie der Scott of Buccleugh, die später zur Herzogswürde gelangten. Wie Robert Carr und Jakob I. bekannt wurden, weiß man nicht, doch datiert ihre Freundschaft schon aus schottischer Zeit und erregte besonderen Unwillen in London, weil der König sich diesen Günstling gleich mitgebracht hatte.

Die Frühzeit der Karriere unseres schönen jungen Mannes liegt ein wenig im dunkeln, was eine gewisse Legendenbildung begünstigte. Carr soll sich, noch in Schottland, als er für Jakob zu Pferd unterwegs war, ein Bein gebrochen und seither die Gunst des Königs in besonderem Maße genossen haben. Carr soll auch besonders witzig und ein amüsanter Plauderer gewesen sein (wogegen die ernsthaften Geschichtswerke ihm böse bescheinigen, daß ihm höhere geistige Qualitäten vollkommen fehlten). Erstaunlich bleibt der schnelle Aufstieg in jedem Fall, und er ist zweifellos nur durch Jakobs besondere Veranlagung zu erklären; wie wäre es sonst möglich, daß der neunzehnjährige Jüngling bereits den herrlichen Besitz Sherborne als Geschenk erhielt, wo Walter Raleigh die glücklichste Zeit seines Lebens zugebracht hatte?

Im März 1611, zu seiner Großjährigkeit, wurde Carr Viscount of Rochester und ein Jahr darauf Nachfolger Lord Salisburys als Sekretär des Königs. 1613 erhielt er die Grafschaft Somerset und trat die Nachfolge Lord Dunbars als Schatzkanzler von Schottland an, dessen Page Carr einst gewesen war.

Neben der Gunst des Königs brauchte Carr naturgemäß eine praktische Hilfe, um sich in diesen Ämtern überhaupt halten zu können, also gleichsam einen Günstling des Günstlings. Dieser Mann - Sir Thomas Overbury - wurde Mittelpunkt einer der berühmtesten Hofintrigen der Zeit und schließlich die Ursache von Carrs Sturz. Overbury war kein Schotte, sondern Engländer, ein begabter Poet und Essayist, der in Oxford eine hervorragende Ausbildung genossen hatte. Overbury lernte Carr in Edinburgh kennen, ging dann aber mit Sir Robert Cecil auf Reisen und schrieb nach diesen Eindrücken später seine Observations in »His Travailes Upon the State of the XVII Provinces«, die ihren Wert bis heute behalten haben. Nach seiner Rückkehr fand er Carr bereits fest in der Gunst des Königs etabliert, wurde sein Sekretär und bald auch sein einflußreichster Ratgeber. 1608, als Siebenundzwanzigjähriger bereits geadelt, wurde Overbury zur grauen Eminenz von Whitehall, und die Londoner sagten: »Overbury beherrscht Carr, und Carr beherrscht den König.«

Die Konstellation war immerhin günstiger, als wenn Carr selbst sich ein Urteil angemaßt hätte (wie später Buckingham), und das seltsame Triumvirat mit dem königlichen Gelehrten an der Spitze hätte wohl noch ein Weilchen weiterregiert, wäre nicht eine Frau dazwischengetreten, eine der schönsten Frauen ihrer Zeit - Frances Howard, Countess of Essex.

In seiner Neigung zu blaublütigen Epheben hatte Jakob I. dem Sohn des unglücklichen, von Elisabeth hingerichteten Grafen Essex sämtliche Güter des Vaters zurückgeben lassen und für seine völlige Rehabilitierung gesorgt. Der nun wieder bei Hof erscheinende junge Graf hatte eine wunderschöne Vierzehnjährige geheiratet, eben Frances Howard, aber da sie für die

Konsumation der Ehe noch zu jung erschien, hatte Essex zunächst eine Kavaliersreise auf den Kontinent angetreten. Nach London zurückgekehrt, fand er Frances voll erblüht. Der Hof lag ihr zu Füßen, und der junge Gatte schätzte sich glücklich, dank dieser Frau urplötzlich in den Mittelpunkt des Geschehens gerückt zu sein. Aber wie groß war seine Enttäuschung, als die schöne Frances sich ihm im ehelichen Schlafgemach verweigerte und erkennen ließ, daß sie Essex nicht mehr liebe.

Der Mann, der ihr Herz erobert hatte, war Robert Carr, neugebackener Earl of Rochester, und wäre Essex klug gewesen, so hätte er dem allmächtigen Günstling, zumindest für den Augenblick, das Feld überlassen. Aber er bestand auf seinem Recht; ihre Eltern zwangen Frances, sich ihrem Gatten hinzugeben, und die junge Schöne hielt es für richtig, Essex ein Tränklein ins Essen zu mischen, das ihn impotent machte. Das Jahrhundert war noch jung, die Gräfin war jung, die Leidenschaften ungestüm. Später, am Hof Karls II., schliefen die schönen Damen lieber mit allen ihren Verehrern, ehe sie einen für immer außer Gefecht setzten; aber Frances reservierte sich für den mächtigen Günstling, und Essex wurde das zu allem Unglück noch reichlich verspottete Opfer einer geschickten Giftmischerin, angeblich einer Arztwitwe.

Und hier, inmitten dieser Intrige, wie sie andere Höfe auch kannten, setzte Sir Thomas Overbury plötzlich alles aufs Spiel, was er bis dahin durch seine treuen Dienste erreicht hatte. War er nun eifersüchtig auf Frances Howard, die ihrerseits und für ihre Familie den Günstling zu beeinflussen suchte, oder regte sich in ihm das Rechtsempfinden zugunsten des Grafen von Essex, - Overbury jedenfalls, der Mann, der alles wußte, trat gegen Frances auf und schrieb als geschickter Poet das Gedicht »A Wife«.

Ein Hof ist eine kleine Welt. Jedermann verstand den Angriff und erkannte sein Objekt. Jakob I. versuchte den begabten Mann zu retten und bot ihm einen gutbezahlten Regierungsposten in der Provinz an. Aber Overbury, »ein unbändiger und schamloser Geist«, wie Francis Bacon ihn nennt, wich nicht von der Stelle, bis die Howards seine Verhaftung durchsetzten. Im April 1613 warf man ihn in den Tower.

Einmal im Kerker, war er wehrlos, mußte essen und trinken, was man ihm brachte, und es kostete die schöne Frances nur ein geringes Bestechungsgeld, die langsam wirkenden Gifte der Arztwitwe Turner in seine Nahrung gelangen zu lassen. Overburys gute Konstitution wehrte sich monatelang. Er erkannte seine Lage und wandte sich in einem Schreiben, in dem er um Gnade bat, an seinen einstigen Herrn, den inzwischen zum Earl von Somerset erhobenen Robert Carr. Die einzige Antwort aber war ein Pulver, das ihn angeblich heilen sollte, und als Overbury es nicht nahm, wurde ihm durch einen Apothekergehilfen ein vergiftetes Klistier verabreicht. Er starb am 15. September 1613.

Acht Wochen später heiratete Carr seine Angebetete. Man hatte den impotenten Essex examiniert, man hatte mit zweifellos größerem Vergnügen auch die schöne Lady begutachtet und festgestellt, die Schuld an der Nichtkonsumation der Ehe liege ausschließlich beim Gatten, worauf selbst der Erzbischof von Canterbury keinen Anstand nahm, die Ehe zu scheiden ...

Wieweit Somerset in all diese Vorgänge eingeweiht worden war, ist bis heute nicht klar. Daß er von den Verbrechen seiner Geliebten so rechtzeitig erfuhr, daß er Overbury noch hätte retten können, gilt heute als unwahrscheinlich, so daß auch er als ein Werkzeug der Howards erscheint. Der König gab es nun auf, Carr zu verteidigen, nicht nur, weil die Angriffe sich mehrten und immer massiver wurden, sondern wohl auch, weil er es ihm verübelte, daß er um einer Frau willen die Männerfreundschaft gesprengt hatte. Und im übrigen gehörte sein Herz bereits einem neuen Günstling. Robert Carr, Earl of Somerset, und seine junge Frau fielen in Ungnade, und Jakob verzieh ihnen erst 1624, ein Jahr vor seinem Tod. Der so schnell aufgestiegene Page fiel in die Bedeutungslosigkeit zurück, aus der Jakobs Gunst ihn gerissen hatte, und als er 1654 starb, wußte man kaum noch, wer er gewesen war.

Jakobs Empfänglichkeit für die Ausstrahlung mancher Männer führte zu einer Reihe freundschaftlicher und sentimentaler Verbindungen, die durchaus nicht alle kompromittierend waren. Des Königs Vorliebe für den genialen Architekten Inigo Jones bescherte der Residenz an der Themse die herrlichsten Zeugnisse englischer Renaissance-Architektur. Aber Jakob erwartete noch mehr von ihm. Für ihn war Jones ein Zauberer, einer, der die Sprache der Ewigkeit in Stein ausdrücken konnte und jede architektonische Sprache auch zu deuten vermochte, und darum kam es zu dem berühmt gewordenen Ritt des zauberkundigen Monarchen nach Stonehenge. Dort, in den bis heute rätselhaft wirkenden und nur hypothetisch gedeuteten Resten jenes uralten Sonnenheiligtums, wollte Jakob wissen, wer diese Steine aufgerichtet habe. Inigo Jones war begreiflicherweise überfragt. Für ihn war das A und O der Baukunst Palladio, und in der Erinnerung an seine Eindrücke aus Italien deutete er auch Stonehenge als »toskanisch«, womit er vielleicht etruskisch meinte ...

Ein anderer Großer, der sich offensichtlicher königlicher Sympathie erfreute und durch Jakob nicht nur erhoben, sondern auch aus dem Tower befreit wurde, war Francis Bacon, einer der hervorragendsten politischen, historischen und philosophischen Schriftsteller des ganzen Zeitalters - wenn auch kaum, wie von einzelnen Autoren noch immer angenommen wird, Verfasser der Dramen Shakespeares.

Bacon war einer jener jüngeren Söhne, die bei ihrem Lebenskampf von älteren Verwandten mehr behindert als gefördert wurden. Als Berater des Grafen Essex hatte Bacon wiederholt jede Rebellion verdammt und den Freund zur Treue gegenüber Elisabeth ermahnt, woraus er für sich das Recht ableitete, in dem abschließenden Prozeß gegen Essex auszusagen. Jakob, der von Carr und anderen ganz andere Schurkereien gewöhnt war, wurde durch eine Reihe politischer Denkschriften auf Bacon aufmerksam, und obwohl er sich nur teilweise an Bacons Anregungen hielt, die der Zeit oft weit vorauseilten, förderte er den eifrigen Parlamentarier, gab ihm hohe juristische Ämter und machte ihn zuerst zum Baron Verulam, später zum Viscount von Saint-

Albans. Als das Parlament den gefährlich klugen, alle parlamentarischen Schliche kennenden Berater des Königs schließlich in den Tower intrigiert hatte, war es Jakob I., der Bacon mit Hilfe eines Generalpardons wieder ans Tageslicht holte.

Von diesem Zeitpunkt an bekleidete Francis Bacon allerdings keinen Abgeordnetenposten mehr, sondern widmete sich seiner wissenschaftlichen Arbeit mit solchem Eifer, als wüßte er, daß ihm nur noch fünf Lebensjahre vergönnt seien. Bei einem improvisierten naturwissenschaftlichen Experiment mit Schnee, von dem Bacon glaubte, daß er die Fäulnis hemmen könne, zog der immer wache und immer interessierte Mann sich im März 1626 eine Erkältung zu und starb wenige Tage darauf.

Verwunderlich bleibt, daß Jakob I., der von Männern wie Inigo Jones, Francis Bacon und William Shakespeare umgeben war, der hochgebildet war, viel las, Latein wie seine Muttersprache sprach, sich dennoch keinen Brain-Trust schuf, sondern jene Schönlinge heranzog, die doch nur ausnahmsweise auch noch andere Gaben als ihren Charme ins Treffen führen können. - Es war zu Beginn des Jahres 1615, auf dem Höhepunkt der Vertrauenskrise zwischen Robert Carr und dem Monarchen, daß Jakob die Universität Cambridge besuchte. Die Scholaren ehrten ihn mit einer Komödie, in der das englische Rechtsleben und die Privilegien des Parlaments von den (adeligen) Studenten arg gezaust wurden, und Jakob I. freute sich an dieser geistvollen Huldigung für das Königtum. Mindestens ebenso wie das Spiel aber interessierte ihn ein sehr gut aussehender Student, der als Edelmann gekleidet war und den man ins Blickfeld Jakobs plaziert hatte.

Vielleicht fiel in dieser Stunde in Cambridge die Entscheidung über das Schicksal Robert Carrs, Earl of Somerset, denn der schöne Unbekannte erhielt ein Billet, das ihn an den Hof einlud. (Nach einer anderen Quelle soll Jakob den Jüngling 1614 auf der Jagd bei Apthorpe in Northumberland kennengelernt und noch im selben Jahr zum Mundschenk gemacht haben.) Jedenfalls begann nun für George Villiers, wie der junge Mann zunächst noch hieß, jener steile Aufstieg, der ihn bald zum ersten Herzog von Buckingham machen sollte.

George Villiers war 1592 geboren, somit zwei Jahre jünger als Robert Carr. Villiers' Mutter war eine sehr schöne, aber auch galante und ehrgeizige Frau, und ihr hübscher Sohn George wurde mit ähnlicher Beharrlichkeit und Zuversicht auf die Karriere eines Favoriten vorbereitet wie hundert Jahre später Fräulein Fisch, französisch Mademoiselle Poisson, spätere Marquise de Pompadour.

Im Oktober 1615 machte Somersets Fall den Weg frei für neue Ehren. George Villiers, Sohn von Sir George Villiers, Sheriff of the County, wurde zunächst Baron Whaddon, 1616 Viscount Villiers und 1617 Earl of Buckingham, dazu Mitglied des Geheimen Rates mit Jahresbezügen von 15.000 Pfund: noch heute eine beachtliche Summe, nach damaligem Geldwert ein Vermögen. Sir Francis Bacon warnte den Neuling ein wenig maliziös: »Sie sind wie ein eben aufgegangener Stern, Buckingham, und die Augen aller sind auf Sie gerichtet; seien Sie auf der Hut, damit aus dem neuen Stern kein Meteor wird ...!«

Buckingham kam also nicht, wie man gelegentlich lesen kann, von ganz unten. Bauernburschen, für die sich Peter der Große erwärmte, hätten bei dem feinnervigen Jakob so gut wie keine Chancen gehabt. Dennoch kann kein Zweifel darüber bestehen, daß Buckingham, der ungleich mehr Ehrgeiz besaß als Somerset, nicht die Fähigkeiten besaß, all die großen Rollen zu spielen, die er sich anmaßte. Wäre er ein simpler Günstling, eine Erscheinung bei Hofe geblieben wie Somerset, so hätte seine Existenz das Königtum bei weitem nicht in dem Maße belastet und vor der Öffentlichkeit kompromittiert, wie es durch die unglücklichen Abenteuer Buckinghams dann tatsächlich geschah. Die Epoche sollte noch eine ganze Anzahl bemerkenswerter Homoerotiker zu Gesicht bekommen: Monsieur, den Bruder Ludwigs XIV., Peter den Großen mit seinen Günstlingen Lefort und Menschikow, William III. und als vornehmste Erscheinung den Prinzen Eugen von Savoyen. Buckingham aber kompromittierte den alternden Jakob I. und machte ihn zu einem lächerlichen Spielzeug, da er bald kaum noch in das Geschehen eingriff; ja Buckingham ruinierte auch noch Jakobs Thronfolger Karl.

Als Henry, Prince of Wales, fast noch als Knabe gestorben war, hatte das Volk von London einerseits den König, andererseits aber den Earl of Somerset des Giftmordes bezichtigt. Der Leichnam des Prinzen mußte geöffnet werden, um darzutun, daß er eines natürlichen Todes gestorben war. Der nun zum Thronfolger aufgerückte Prinz Charles wurde von Buckingham zwar nicht vergiftet, geriet aber so früh unter den Einfluß des ehrgeizigen und ungestümen Günstlings, daß schwere politische Fehler den Übergang der Macht von Jakob auf Karl kennzeichnen. Sie waren es, die Karl I. praktisch jede Chance nahmen, sich mit dem Volk zu versöhnen und dem englischen Königtum das verlorengegangene Vertrauen zurückzugewinnen. Sowohl die unpopuläre und ungeschickte Brautwerbung in Madrid, auf die Buckingham und Charles gemeinsam auszogen, als auch Bukkinghams Abenteuer an der französischen Atlantikküste blieben politisch ergebnislos und diskreditierten den alten, immer einsamer werdenden Monarchen.

An den von strenger Etikette beherrschten Höfen von Madrid und Saint-Germain gab es nur ein Kopfschütteln über das seltsame Gespann junger Leute, die Albion zu Beginn dieses Jahrhunderts beherrschten. Englands Volk und seine Vertreter aber waren nicht willens, es beim bloßen Staunen und Mißbilligen zu belassen. Jakobs I. Erbschaft war im Grunde schon dahin, ehe er die Augen schloß, und Karl I. war schlecht beraten, als er mit dem Erbe auch den Mann in sein Vertrauen und in seine Verantwortung übernahm, der seinen Vater zugrunde gerichtet hatte.

# Tyrann oder Märtyrer?

An dem Tag, da Elisabeth I. die Augen für immer schloß, wurde - nach den »Anecdotes Angloises« des J. Fr. Delacroix Oliver Cromwell geboren, der Mann, der den Kampf der Tudor-Königin gegen die Stuarts vollenden und Karl I., den Enkel der unglücklichen Königin Maria, hinrichten lassen sollte. Die neueren Forschungen über Cromwell haben ergeben, daß er bereits vier Jahre zählte, als Königin Elisabeth starb, daß aber immerhin sein Geburtstag und ihr Todestag auf den gleichen Apriltag fallen. Bedeutungsvoller als solch umstrittene Koinzidenz waren jene zweihundert Guineen, die Jakob I., König von England, nach einer schönen lateinischen Ansprache dem Studiosus Cromwell anweisen ließ, weil er nie zuvor jemanden getroffen habe, der mit so natürlicher Eloquenz diese alte Sprache zu seiner eigenen gemacht habe: Diese zweihundert Guineen waren nämlich viel Geld, und Cromwell erinnerte sich später, als Farmer und Vater von fünf Kindern, noch oft jenes Tages, da ein Aufblitzen königlicher Gnade ihm den Glanz der Stuarts und die eigene Misere vor Augen geführt hatte.

Eineinhalb Jahre darauf, im November 1600, brachte die dänische Gemahlin Jakobs I. im schottischen Schloß Dunfermline ihren zweiten Sohn zur Welt, der den Namen Karl erhielt und sogleich zum Herzog von Albany ernannt wurde, obwohl es, wie so oft bei Geburten im Hause Stuart, an Gerüchten nicht fehlte, die dem Knaben einen illegitimen Vater andichten wollten. Die gleiche Behauptung hatte kursiert, als Jakob I. in den Mauern von Schloß Dunfermline zur Welt gekommen war; aber gegen Maria Stuart, in deren kurzem Leben so viele Männer eine Rolle gespielt hatten, war Anna von Dänemark trotz ihrer Schönheit, ihrer Untugenden und ihrer Vergnügungssucht doch eine relativ harmlose Natur, bei der man nicht annehmen möchte, daß das Gerücht zu Recht umlief.

Es war ein seltsames Jahr, dieses Geburtsjahr Karls I. und jedenfalls kein glückliches. Es war das Jahr, da sein Vater um ein Haar das Opfer einer Adelsverschwörung geworden wäre, und es war das Jahr, mit dem das düsterste Jahrhundert der neueren Zeit anbrach. Es war seit dem Mittelalter von einem Säkulum zum anderen immer ein wenig heller geworden, im vierzehnten durch die Denker und die Künstler des Humanismus und der Frührenaissance, im fünfzehnten durch die Entdeckungsfahrten um Afrika und jenseits des Atlantischen Ozeans, im sechzehnten durch die großen Reformbewegungen in England und auf dem Kontinent. Im achtzehnten Jahrhundert sollte die Aufklärung das große Werk der Erhellung und des Fortschritts fortsetzen, im neunzehnten die Naturwissenschaft und die Industrie. Aber das siebzehnte Jahrhundert war mit seinem mächtigen Gegenschlag der restaurativen Kräfte von den blutigen Auseinandersetzungen um jenen Glauben erfüllt, der allen friedfertigen und vernünftigen Menschen als ihre Privatsache heilig ist, die nicht besser, wichtiger oder größer wird, wenn man sie anderen aufnötigt.

Es war vorauszusehen, daß der Nachfolger Jakobs I. keine leichte Regierungszeit haben würde. Dieser Nachfolger hieß, als Karl geboren wurde, noch Heinrich, bald darauf Prinz von Wales, und für den zweiten Sohn Karl, der obendrein schwächlich war und wegen seines Stotterns zunächst wie ein Idiot wirkte, schien es keine andere Laufbahn zu geben als die eines kirchlichen Würdenträgers.

Was es mit diesem späten Sprechen auf sich hatte, das zudem anfangs ein mühsames Stammeln war, wurde damals nicht untersucht. Man war von Prinzen allerlei gewohnt, und König Jakob I. war zweifellos kein alltäglicher Monarch, sondern eher ein Sonderling auf dem Thron, dem auch eine sonderbare Nachkommenschaft zugetraut werden konnte. Aber es fand sich glücklicherweise eine Hofdame, die mit fraulichem Instinkt das erkannte, was später die Psychologie zur Gewißheit werden ließ, und die dem kleinen Karl, den viele Jahre von seinen Geschwistern trennten, sehr viel Wärme und Zärtlichkeit gab und dazu jene Heiterkeit, die in den Mauern des uralten Schlosses kaum je eine Stätte gehabt hatte.

Niemand hat diesen Männern und Frauen ein Denkmal gesetzt, die gegen die Sterilität königlicher Haushaltungen mit ihrer blutvollen Menschlichkeit ankämpften und in jeder Generation immer wieder ein paar Prinzen und Prinzessinnen vor dem seelischen Ruin retteten. Lady Carey, die Erzieherin des Prinzen Charles, rettete ihm obendrein noch die Sprache, denn der experimentierfreudige Vater hatte vorgeschlagen, an seinem Zweitgeborenen solche Operationen vorzunehmen, wie sie bei Singvögeln heute noch üblich sind.

Lady Carey hatte eine gewisse Macht über den König, denn dieser schuldete ihrem Gatten noch den Lohn für die schnelle Übermittlung der Nachricht vom Tod Elisabeths I. Ganz England hatte damals über Careys unfromme Hast gelästert, Jakob VI. aber war sie zugute gekommen, und als er Jakob I. wurde, versprach er Carey dafür allerlei, was der durch sein Handeln kompromittierte Eilbote niemals erhalten hat.

Dem Prinzen kamen diese an sich nichtswürdigen Kabalen insofern zugute, als er wenigstens einige Jahre lang eine kluge, energische, aufrichtig um ihn bemühte Frau an der Seite hatte, deren Fürsorge die Unpersönlichkeit und die Schematismen der höfischen Erziehung milderte. Daß Karl als Monarch bei allen Fehlern, die er beging, immerhin Würde, Ernst und Selbstvertrauen bewahrte, verdankte er mehr Lady Carey als seinem ungleichen Elternpaar.

Der Prinz, nach wenigen Jahren aus dem stillen Schottland nach London verpflanzt, konnte auf diese Weise noch Shakespeare erleben und war sechzehn Jahre alt, als der größte Untertan Englands die Augen schloß. In dem letzten Stück, das Shakespeare allein verfaßt hat, in seinem dramatischen Märchen »Der Sturm«, ließ sich der Dichter von einem fait divers anregen, von den Erlebnissen von Schiffbrüchigen, die in der Karibischen See zehn Monate auf einem unheimlichen Eiland zugebracht hatten, das sie in ihren Ängsten und Verwirrungen von bösen Geistern bewohnt wähnten. In Shakespeares Drama sind es nicht simple Schiffbrüchige, die auf solch eine Insel gelangen, sondern es ist ein König mit seinem Gefolge, der auf dieses Spukeiland verschlagen wird, in das Reich des Zauberers Prospero.

1609 hatte sich jener Schiffbruch ereignet, der Shakespeare angeregt hatte, 1616 wurde die weihnachtliche Festspielzeit im Palast von Whitehall mit Shakespeares »Sturm« eröffnet. Karl hat mit seinen größeren Geschwistern an der Aufführung teilnehmen dürfen, aber es ist sehr fraglich, ob er, ja selbst Prinz Heinrich, die geheimen Lektionen des Stückes begriff: das Wort »Misery acquaints a man with strange bedfellows« (Die Not bringt einen zu seltsamen Schlafgesellen) in dem gleichsam nebenher die Misere Jakobs I. und seines Privatlebens in die Diskussion geworfen wurde, und die erstaunliche Vorausahnung der Gestalt Buckinghams, der bald darauf als selbstherrlicher Zauberer in England schalten sollte.

Ein Jahr später war Heinrich tot, und Karl wurde Prinz von Wales und Thronfolger. Auch Rudolf II. starb, der kontinentale Seelenbruder Jakobs I., wie er geister- und wundergläubig, versponnen und zeitweise dem Wahnsinn nahe. Karl begann zu erkennen, daß die Welt keine Zauberinsel sei, daß die Geister, die in ihr wirkten, Gesetzen gehorchten und Ziele hatten, und er begann sich scheu und zaudernd auf die Wirklichkeit einzustellen in eben jenem Augenblick, da in anderen Gehirnen die großen Utopien reiften: Von der kommunistischen Staats-Vision »Civitas Solis« (Der Sonnenstaat) des Campanella wird Karl in England kaum Kenntnis erhalten haben; »Nova Atlantis« von Francis Bacon, Viscount von Saint-Albans und Baron von Verulam, erschien erst zwei Jahre nach Karls I. Thronbesteigung, als er bereits andere Sorgen hatte, als sich mit den geistvollen Vorstellungen eines hohen Richters über einen philosophischen Idealstaat auseinanderzusetzen. Und doch hatte das Schicksal eben diesen König, den König zwischen Shakespeares und Bacons Visionen, dazu ausersehen, das Opfer einer neuen Staatsform zu werden, die in seinem Land noch nie zuvor exerziert worden war.

Es fehlte nicht an Vorzeichen, aber wir als die Späteren haben nun einmal leicht reden; auch die französischen Könige, der fünfzehnte und der sechzehnte Ludwig, verstanden ungleich deutlichere Anzeichen nicht zu deuten. Darum müssen wir es ohne Verdikt als Tatsache hinnehmen, daß ein junger Fürst in ein neues Zeitalter hineinlebte, ohne es zu erkennen.

Als Karl I. mit fünfundzwanzig Jahren den Thron bestieg, tobte in Europa schon der Dreißigjährige Krieg, der in seinen Anfängen Karls Schwester und Schwager als Hauptakteure hatte. Jakob I. hatte nicht zugunsten seines Schwiegersohnes, des »Winterkönigs«, in den großen Krieg eingegriffen, als dieses Eingreifen noch einen Sinn gehabt und Englands König den Ruhm verschafft hätte, den sich später Gustav Adolf von Schweden errang. Aber das waren die Fehler oder Unterlassungssünden des Vaters. Als Karl selbst zu regieren begann, gab es nur noch die Möglichkeit, der protestantischen Sache durch ein Abenteuer beizuspringen, wie es chancenlos König Christian IV. von Dänemark in eben diesem Jahr tat. Karl war noch kein Jahr auf dem Thron, als er sich, verleitet von Buckingham, bis an den Rand der Selbstvernichtung gebracht hatte, und zwar durch ebenso wirkungslose und jünglingshaft-heroische Aktionen wie Christian IV. Und die puritanischen Untertanen und Abgeordneten begeisterten sich nicht für den protestantischen Eifer ihres Monarchen, sondern geizten mit jedem Goldstück, weil sie bei aller Verachtung der irdischen Güter doch alle recht gute Rechner waren ...

So schlug gleich in den ersten Regierungsjahren Karls alles fehl, was den König und sein Volk, vor allem aber, was König und Parlament zu gemeinsamer Arbeit hätte bringen können. Geht etwas schief, dann muß immer ein Sündenbock gefunden werden. Hätte es nur den König und das Parlament gegeben, so wäre vielleicht der eine oder andere der selbstzufriedenen Abgeordneten auf der Anklagebank erschienen. Aber da war ja noch eine dritte Instanz: Da war der seit König Jakobs Zeiten so unbeliebte, weil hübsche, reiche und arrogante Herzog von Bukkingham. Dieser wurde zum Sündenbock Nummer eins. Der König aber, der sich in höchster Kriegsnot das Geld für Schiffe und Truppen eben ohne das Parlament besorgt hatte, wurde ernsthaft und mit erhobenem Zeigefinger verwarnt durch jene »Petition of rights«, die er schon drei Jahre nach seiner Thronbesteigung entgegennehmen mußte und die ihm fortan das Regieren sauer machte:

»Unseren Souverän und Herrn König«, heißt es darin, »machen wir, Geistliche und Weltliche, Lords und Gemeine, die im Parlament versammelt sind, darauf aufmerksam, alldieweil es erklärt und verordnet ist durch eine Verordnung aus der Zeit König Edwards I. [1272-1307], daß keine Auflage oder Beihilfe auferlegt werden solle durch den König oder seine Erben in diesem Reiche ohne den guten Willen und die Zustimmung der Erzbischöfe, Bischöfe, Earls, Barone, Ritter, Bürger und anderen Freien ... Ferner ist durch die Autorität eines Parlamentes im 15. Regierungsjahre König Edwards III. [1327 bis 1377] erklärt und verordnet, daß künftighin niemand veranlaßt werden dürfe, wider seinen Willen dem Könige Darlehen zu geben ... Durch diese Verfügungen und andere gute Gesetze und Verordnungen dieses Reichs haben Ihre Untertanen das Recht ererbt, daß sie nicht gezwungen werden können, Zoll, Steuer oder Beihilfe zu entrichten, die nicht durch gemeinsamen Beschluß im Parlamente festgesetzt ist.

Trotzdem sind in letzter Zeit verschiedene Anordnungen mit Ausführungsbestimmungen an verschiedene Beamte in einigen Grafschaften ergangen, infolge deren Ihre Untertanen an verschiedenen Orten versammelt und aufgefordert wurden, bestimmte Geldsummen Eurer Majestät darzuleihen, und manche von ihnen bekamen, auf ihre Weigerung, dem nachzukommen, den Eid zugeschoben, der nach den Gesetzen und Verordnungen des Reichs nicht zulässig ist, und sie wurden gezwungen, sich ... zu verantworten vor Ihrem Geheimen Rate und an anderen Orten, und andere von ihnen wurden deshalb eingekerkert, verbannt und auf verschiedene andere Arten belästigt und beunruhigt. Es ist alldieweil auch durch die Verordnung ›der Große Freiheitsbrief von England‹ [die Magna Charta von 1215] erklärt und verordnet, daß kein freier Mann verhaftet, eingesperrt oder seiner persönlichen Freiheit, seiner Rechte oder seiner freien Bewegung beraubt werden oder geächtet oder verbannt oder in irgend welcher Weise geschädigt werden dürfe, außer nach gesetzlichem Urteil seinesgleichen oder nach dem Landesgesetz.

Und im 28. Regierungsjahre König Edwards III. wurde erklärt und verordnet durch die Autorität des Parlaments, daß niemand, wes Standes oder Ranges er auch sei, aus seinem Eigentum oder aus seiner Pachtung vertrieben oder verhaftet oder eingekerkert oder hingerichtet werden dürfe, ohne daß er sich in einem gesetzlichen Verfahren habe verantworten dürfen.

Nichtsdestoweniger wurden in letzter Zeit verschiedene Ihrer Untertanen ins Gefängnis geworfen, ohne daß ein Grund angegeben wurde. Und wenn sie zum Zweck ihrer vorläufigen Freigebung vor ihre Richter gebracht wurden aufgrund Ihrer Habeas-Corpus-Erlasse, um hier sich dem Urteile des Gerichtshofes zu unterziehen, und ihre Gefangenenwärter eine Bescheinigung der Ursachen ihrer Haft forderten, wurde keine solche bescheinigt, sondern lediglich angegeben, sie würden auf Eurer Majestät besonderen Befehl gefangen gehalten. Und sie wurden in verschiedene Gefängnisse zurückgeführt, ohne daß man irgend eine Anklage erhob, gegen die sie sich, entsprechend dem Gesetze, verantworten konnten.

Und alldieweil in letzter Zeit große Abteilungen von Soldaten und Matrosen in verschiedene Grafschaften des Reiches verlegt worden sind und die Einwohner wider ihren Willen genötigt wurden, sie in ihre Häuser aufzunehmen und sie sich dort aufhalten zu lassen wider die Gesetze und Gewohnheiten dieses Reiches und zu großer Beschwerde und Bedrückung der Leute ...

... So bitten wir deshalb ehrerbietig Eure Erhabene Majestät, es möge künftig niemand genötigt werden, zu machen oder zu geben ein Geschenk, Darlehen, freiwillige Gabe, Steuer und eine ähnliche Auflage ohne gemeine Zustimmung durch Parlamentsbeschluß; und es möge niemand zur Verantwortung gezogen, zum Eid gezwungen, persönlich in Anspruch genommen oder verhaftet oder sonstwie belästigt und beunruhigt werden, deshalb oder weil er sich geweigert, diese zu erledigen. Kein freier Mann soll in einem der vorerwähnten Fälle im Gefängnis gehalten werden. Eurer Majestät möge es gefallen, Soldaten und Matrosen zu entfernen und Ihr Volk nicht mehr in Zukunft so zu belasten, und die vorerwähnten Weisungen wegen des Verfahrens nach dem Kriegsgesetze zurückzuziehen und für ungültig zu erklären und in Zukunft keine Weisungen ähnlicher Art an Personen zu erlassen, um sie in vorerwähnter Weise zu vollstrecken, damit nicht aufgrund solcher einige Untertanen Eurer Majestät zu Grunde gerichtet oder getötet werden können im Widerspruch mit den Gesetzen und Freiheiten des Landes.

Um all dies bitten wir untertänig Eure Erhabene Majestät als um unsere Rechte und Freiheiten, in Übereinstimmung mit den Gesetzen und Verordnungen dieses Reiches. Möge Eure Majestät geruhen zu erklären, daß die Urteile, Handlungen und Prozeduren, zum Nachteile Ihres Volkes in einem der erwähnten Fälle, künftig nicht als Beispiel oder zur Ableitung von Konsequenzen angezogen werden.«

Die »Petition of rights« spiegelt einen Kampf wider, dessen Grundlagen für uns interessanter sind als seine einzelnen Stationen, Peripetien und Scharmützel. Ja selbst die Personen verblassen vor dem Hintergrund einer Entwicklung, die zum erstenmal weltweit genannt werden muß, denn sie setzt die direkten Wirkungen der Entdeckungszeit auf das Volksvermögen und die Position der Regierungen in Umwälzungen teils gewaltsamen Charakters um.

Mit einer Langsamkeit, die uns in Erstaunen versetzt, weil die moderne Weltwirtschaft binnen Stunden reagiert, hatten die großen Entdeckungen des fünfzehnten Jahrhunderts und ihre Erschließung im sechzehnten Jahrhundert das Volumen der Weltwirtschaft ansteigen lassen. Man vergißt heute, mit wie kleinen Mitteln die Welt erobert wurde, wie viele Geldgeber zusammensteuern mußten, um ein einziges Schiff über den Ozean zu schicken, wieviel privates Geld noch nötig war, um zum Beispiel Kolumbus ausfahren zu lassen. Geld war ungemein rar, die Gewinne waren zumindest im europäischen Raum sehr klein, selbst die Hansestädte hatten einen nur sehr geringen Anteil reicher Bürger gegenüber einer Bevölkerung, die im ganzen sehr arm war und wirtschaftlich keinerlei Bewegungsfreiheit genoß.

Nach etwa hundert Jahren einer Kolonialwirtschaft, in die zunächst nur investiert worden war, sank der Geldwert langsam ab. Die mittelalterliche Wirtschaft, wo Heller und Pfennig regierten, wich dem Großraumhandel, und die großen Mengen amerikanischer Edelmetalle drückten vor allem auf den Silberpreis. Die natürliche Folge waren langsame, aber schließlich merkliche Preissteigerungen für lebenswichtige Güter. Das sechzehnte Jahrhundert wurde eine Zeit der schleichenden und endlich offenbaren Teuerung. Nachdem Elisabeth I. dank ihrer klugen Minister über diese Schwierigkeiten eben noch hinweggekommen war, wurde die Rechnung den Stuart-Königen präsentiert. Jakob I. vermochte den Wechsel prolongieren zu lassen, Karl I. mußte ihn bezahlen.

Die Preise für Nahrungsmittel waren 1610 mehr als dreimal so hoch wie 1510; die für Textilien waren um die Hälfte gestiegen, obwohl inzwischen mehr erzeugt wurde (man produzierte für die Ausfuhr); Grund und Boden begannen als Geldanlage interessant zu werden.

Allein das bedeutete schon eine kleine Revolution, war schon die Revolution, die unter Karl I. dann offenbar wurde. Denn wann hatte jemals ein englischer Grundbesitzer ans Verkaufen gedacht? Wann hatte jemals ein Bürger oder Handelsmann daran denken können, einen Landsitz zu erwerben, mit bloßem Geld zu bezahlen, was einzig der König als Lehen verleihen konnte?

Im Norden und im Westen Englands blieb es auch im wesentlichen bei der alten Erbfolge vom Vater auf den Erstgeborenen und bei den Zusammenlegungen der Besitztümer durch Heiraten. In den fortgeschrittenen, wirtschaftlich aufgeschlossenen Gebieten Ost- und Südenglands aber war die Entwicklung zu beinahe modernen Formen gedienen. Die bisher nicht eben einflußreiche Mittelschicht, die Gewerbetreibenden und die Kaufleute, hatten ein Jahrhundert lang gut verdient und feststellen dürfen, daß ihre Waren und Produkte immer weiter im Preise stiegen. Die Beamten und die kleinen Bauern hingegen waren schlechter dran als früher, weil die einen feste Bezüge hatten, die sich entwerteten, und die anderen mit ihrem Miniatureinkommen nun gar nichts mehr kaufen konnten.

Der große Verlierer aber war der König, dessen Einkünfte nur noch die Hälfte von dem wert waren, was sie einst bedeutet hatten. Als Hüter der alten Ordnung waren Hof und Adel nicht bereit, zu neuen Wirtschaftsformen überzugehen. Auch im sechzehnten und siebzehnten Jahrhundert hätte man aus dem Land schon sehr viel mehr Nutzen ziehen können, als König und Adel im allgemeinen zustande brachten. Auf den Gütern saßen große Familien, von denen kaum ein Mitglied arbeitete; amüsante Vettern reisten durch die Lande, Renten und Pensionen an andere Nichtstuer belasteten den Grundbesitz, und alle zusammen standen unter der Hut des Königs.

Welche Möglichkeiten es selbst damals schon gab, veranschaulicht das Beispiel der Earls of Bedford, deren Nachfahren heute abermals in der unkonventionellen Nutzung ihrer großen Landsitze vorausgehen. Graf Francis und sein Sohn William investierten in der Regierungszeit Karls I. und während der Ära Cromwell die Erträge ihrer Güter, um sie vor Entwertung zu schützen, vor allem in gigantischen Unternehmen zur Urbarmachung von Land. Sie machten in jahrzehntelanger Arbeit unter der Leitung holländischer Ingenieure aus Sumpf- und Schilfland

Ackerland und hatten noch vor dem Jahr 1660 nicht nur alle Hypotheken abgezahlt, die sie aufgenommen hatten, sondern auch ihren Besitz um Zehntausende von Acres vergrößert.

Eben diese Bedfords aber mußten, wenn sie die Erträge ihrer in ganz England verteilten Güter in London zusammenzogen, die Geldreiter von Bewaffneten begleiten lassen und das Geld in Taschen und Truhen transportieren, weil es noch keine Banken in England gab. Da Karl I. in seiner Geldnot die im Tower deponierten Goldbestände der Kaufmannschaft angegriffen hatte, nahmen sich fortan die Goldschmiede in der Lombard-Street des Geldes der Landadeligen an. Zweihundert Jahre nach der Blüte des Bankwesens in Rom oder Florenz mußte man in London sein Geld zum Goldschmied bringen, der es aufbewahrte und verzinste; erst im frühen achtzehnten Jahrhundert wurde in England der erste gedruckte Scheck ausgegeben!

Die Transaktionen der Goldschmiede waren mitunter recht beachtlich. Sie liehen das ihnen anvertraute Geld Cromwell oder - was sich besser bezahlt machte - der Ostindiengesellschaft; im Jahr 1656 zum Beispiel kauften die Goldschmiede Thomas Viner und Blackwell gemeinsam spanisches Beutesilber (also Piratengut) im Wert von 60.000 Pfund.

Zeiten des Übergangs zu neuen Formen stellen an die gekrönten Häupter besonders hohe Anforderungen. Die Tradition des Alleinherrschers steht in einem natürlichen und unvermeidlichen Gegensatz zu allen Umwälzungen, und seien sie auch zunächst durchaus inoffensiv. Für Karl I. kam hinzu, daß die Lage in England besonders schwierig war. Das einströmende Kapital entstammte nur zum geringsten Teil dem Export, der besteuert werden konnte; zum größten Teil kam es aus im alten England sehr beliebten Aktivitäten, die sich dem königlichen Zugriff jedoch erfolgreich entzogen: Britische Piraten und Korsaren erbeuteten auf den Weltmeeren meist spanisches, aber auch holländisches, portugiesisches und französisches Gut, und soweit es sich dabei nicht ohnedies um Barren- oder Münzmetall handelte, versilberten die Briten ihre Beute in den großen Hehlerhäfen des neutralen Europa.

Andere Kapital-Lieferanten waren die Sklavenhändler, die zwischen dem freien (das heißt ungeschützten) Afrika und Mittelamerika hin und her fuhren und ihre hohen Gewinne dann in der Heimat anlegten. Erst nach ihnen kamen die Kaufleute, die in Indien und Ostasien, in Südostafrika und zum Teil auch in Rußland beträchtliche Gewinne erzielten und damit heimkehrten, um sich irgendwo in den freundlicheren Landstrichen Englands zur Ruhe zu setzen.

All diese sehr englischen Betätigungen, die den Ruhm eines Drake und seiner Nachfahren ausmachten, ließen die Preise steigen, und mit den Preisen stieg Karl I. das Wasser bis zum Hals. Da Könige im allgemeinen wenig Erfahrung im bargeldlosen Dahinleben haben, wurde der sonst sittsame, ernsthafte und fromme Stuart, ein echter Gentleman und guter Christ, mit einemmal zum Tyrannen. Was er alles tat, um zu Geld zu kommen, könnte im modernen Europa die Kabinette zu Dutzenden stürzen. Er tat es ungestraft elf Jahre lang, weil er das Parlament beurlaubt hatte, das ihm in einem fort nur Rechnungen präsentierte und ihm alle Rechte verweigerte. Eine Versammlung von Volksvertretern aufzulösen und diese heimzuschicken galt damals wie heute als fluchwürdiges Verbrechen und stempelte den, der es tat, ohne weiteres zum Tyrannen. Indessen hat sich in der neueren englischen Geschichtsschreibung die Meinung durchgesetzt, daß Karl I. mit der Maßnahme an sich recht hatte, ja, gar nicht anders konnte, daß er jedoch die ihm damit gegebene Aktionsfreiheit schlecht genützt habe.

»Der Punkt war erreicht, über den hinaus der König nicht weiter zurückweichen konnte, ohne faktisch zugunsten der Bourgeoisie abzudanken«, schreibt der marxistische Historiker Christopher Hill. Aber es gab noch einen anderen Grund, der Karl I. kein Zurückweichen gestattete, und dieser andere Grund hieß Buckingham.

Der ehemalige Günstling Jakobs I. war Karl I. zweifellos ein aufrichtiger älterer Freund; er war intelligent, engagiert, keiner jener arbeitsscheuen Schmarotzer, zu denen Günstlinge an allen Höfen so schnell wurden. George Villiers, Herzog von Buckingham, ist aber auch der Beweis dafür, daß aktive Günstlinge politische und militärische Erfolge ebenso nötig brauchen wie Usurpatoren; dies bewies Buckingham ebenso wie Potemkin in Rußland oder Godoy in Spanien. Buckingham wurde auf diese Weise in aller Augen der Verantwortliche für den leichtsinnig begonnenen Krieg gegen Spanien und für die abenteuerliche Expedition gegen La Rochelle und die Ile de Ré.

Vor allem bei dem mißglückten Schlag gegen Frankreich hatte Buckingham große Teile seines Privatvermögens eingebüßt und war nun mit durchaus unenglischer Eile bemüht, die Verluste auf andere Weise wettzumachen. Er beteiligte sich mit dem ihm verbliebenen Geld an Piraten-Unternehmungen und strich die Gewinne aus diesen Kaperfahrten ein; vor allem aber begann er einen schwunghaften Handel mit Titeln und Ämtern und begab sich damit auf die Stufe jener Günstlinge, die ihre Position zum Gelderwerb ausnützen. Das Parlament war im Recht, als es eine Untersuchung dieser Machenschaften forderte, und König Karl I. konnte die Eröffnung eines Verfahrens gegen seinen Freund und Minister nur dadurch verhindern, daß er den Commons ganz einfach verbot, Namen und Handlungen des Herzogs von Buckingham überhaupt zu erwähnen. Damit hatte Karl nicht nur das Parlament aufgebracht, sondern auch seine eigene Schwäche eingestanden und zugegeben, daß auch er von einer Untersuchung gegen Buckingham einen Schuldspruch erwartete.

Im Verlauf des von Parlamentsquerelen ausgefüllten Jahres 1628 zeigte es sich allerdings, daß der König das Opfer für den Freund vergeblich gebracht hatte. Mitten in neuen Vorbereitungen gegen Frankreich, im Kriegshafen Portsmouth, wurde am 13. August 1628 der Herzog von Buckingham von einem Einarmigen erdolcht. Der Attentäter war ein Marineleutnant namens Felton, der vor Tanger und auf der Ile de Ré gekämpft hatte; er trug einen Brief bei sich, der seine Beweggründe verriet: »Jeder«, schreibt Felton, »ist ein elender Feigling und verdient nicht, ein Edelmann oder Soldat genannt zu werden, der nicht bereit ist, sein Leben für die Ehre Gottes, seines Königs oder seines Landes hinzugeben. Niemand lobe mich für das, was ich soeben getan habe. Alle sollten lieber sich selbst anklagen, die Ursache dieser Handlung gewesen zu sein. Denn hätte Gott uns nicht, um uns für unsere Sünden zu bestrafen, die Tapferkeit des Herzens genommen, so wäre dieser (Buckingham) nicht so lange straflos geblieben.«

Ein gewandter Monarch, ein biegsamer Taktiker wie etwa Napoleon III., hätte alle Schuld auf den Toten geschoben und sich mit dem Parlament geeinigt. Karl I. aber war tief getroffen, nahm den Mord an dem Freund als Kampfansage und diskutierte nicht mehr, als das Parlament nach der Winterpause 1629 wieder zusammentrat.

In der Bedeutung für König und Hof wird der Tod Buckinghams von der Geschichtsschreibung geringer eingeschätzt als von den Zeitgenossen. Der in vielen seiner Briefe und sonstigen Äußerungen so leichtfertig, ja oberflächlich wirkende Herzog hatte sich unter zwei Königen doch in sehr hohem Maße der allgemeinen Aufmerksamkeit erfreut. Als Karl I. den Thron bestieg, ging in England das Wort um, daß das Land zwar einen neuen König erhalten, dabei aber seinen gewohnten Herrn behalten habe, und zumindest in den ersten Jahren der Regierungszeit Karls ist der König die ungleich blassere Figur und beschäftigt die Legende wesentlich weniger als der Herzog.

Dem Tod Buckinghams sollen einige Zwischenfälle vorangegangen sein, die zeigen, wie wenig der Herzog auf seine Sicherheit bedacht war. So habe er im Jahr seines Todes auf dem Platz vor Whitehall einmal einem Matrosen eine Ohrfeige gegeben und dieser habe den Herzog wütend, und ohne die Folgen zu überlegen, mit einem Stock auf die Schulter geschlagen. Karl wollte den Mann hinrichten lassen, aber der Herzog bat für sein Leben.

Wenig später waren Karl und Buckingham beim Ballspiel; einen besonders gelungenen Abschlag begleitete der Herzog, sich Karl zuwendend, mit dem Ruf »Sire, voilà un beau coup«. Der schottische Hofnarr Buckon, der dies mitangesehen hatte, sprang in diesem Augenblick zu Buckingham, riß ihm den Hut vom Kopf und rief: »Man spricht nicht bedeckten Hauptes mit einem König von Schottland!« Diesmal war es der König, der Buckingham hinderte, den Mann zur Rechenschaft zu ziehen.

Wie stets bei Attentaten, wurde zunächst nach einem politischen Motiv gesucht. Es gab ja Gruppen und Parteien genug, denen der Herzog ein Dorn im Auge war. Vor allem aber dachte man seltsamerweise an französische Hintermänner, nicht nur, weil Buckingham auf der Ile de Ré und vor La Rochelle gegen Frankreich gekämpft hatte, sondern vielleicht auch, weil er seinerzeit das französische Gefolge von Karls Gattin Henrietta Maria recht unsanft über den Kanal zurückbugsiert hatte. Als Buckingham nach dem tödlichen Stoß selbst das Messer aus der Wunde zog und noch drei Schritte tun konnte, ehe er zu Boden stürzte, rief er, wie im Schauerdrama »Ha, Schurke, du hast mich getötet!« Die Diener des Herzogs schrien jedoch sogleich »Die Franzosen haben unseren Herrn umgebracht. Man muß sie alle töten!«, woraufhin der wirkliche Attentäter, der es natürlich besser wußte, kaltblütig erwiderte: »Es ist nicht wahr, daß die Franzosen den Herzog umgebracht haben, ich weiß, daß es ein Engländer war, und dieser Engländer bin ich. Ich habe dafür eigens ein Messer mit zwei Schneiden und einem weißen Griff anfertigen lassen ...«

Der König sagte, nach so vielen Worten und so großer Aufregung, nur: »Der Herzog hat das Leben verloren, ich aber ein Auge.«

Zweifellos waren die Männer, die Karl fortan, nach dem Tode Buckinghams, berieten und nun mehr Einfluß auf ihn hatten als in der Herrschaftszeit des Günstlings, an Bildung, Intelligenz und Verantwortungsgefühl dem gewandten Parvenü turmhoch überlegen. Thomas Wentworth, späterer Earl of Strafford, brachte durch seine zielbewußte Politik den Stuarts die feste Hausmacht Irland zu, was sich noch jahrzehntelang, bis in die letzten Tage Jakobs II., auswirken sollte. Strafford ging in seiner Treue zu Karl I. so weit, daß er sich in der Krise von 1640/41 selbst opferte. Die Commons hatten, wie 1628 gegen Buckingham, zwölf Jahre später gegen Strafford die Anklage wegen

Hochverrat erhoben, um Karl dieses tüchtigsten Ministers zu berauben und den König an seiner empfindlichsten Stelle, nämlich in seinen Helfern, zu treffen. Aber Strafford konnte nur vom House of Lords verurteilt werden und verteidigte sich vor seinen Standesgenossen so souverän und kenntnisreich, daß die ungerechte Anklage sich sehr bald als unhaltbar herausstellte. In diesem Augenblick agierte das um seine Rechte stets so besorgte. Unterhaus genauso bedenkenlos wie die absolutistischen Herrscher Frankreichs und erließ eine Bill of attainder, einen Ächtungsbeschluß zur Bestrafung des Hochverrats.

Unter dem Druck der Straße votierte bald darauf auch das Oberhaus, wenn auch mit der geringen Mehrheit von sieben Stimmen, für Straffords Tod. Aber der König weigerte sich, das Urteil zu bestätigen. Erst auf einen Brief Straffords hin, in dem der Minister selbst um das Todesurteil bat, weil er annahm, dies würde die Schwierigkeiten Karls beseitigen, unterzeichnete der König, und Thomas Wentworth, Earl of Strafford, wurde am 10. Mai 1641 hingerichtet.

Die kirchlichen Angelegenheiten Englands leitete in der parlamentslosen Phase William Laud, den schon Jakob I. geschätzt hatte. Karl hatte ihn im Todesjahr Buckinghams zum Bischof von London und 1633 zum Erzbischof von Canterbury gemacht. Laud war ebensowenig wie Strafford ein Günstling, obwohl beide oft diese Bezeichnung erhalten, die durch Buckingham doch eben zuvor einen besonders negativen Beigeschmack angenommen hatte. Laud sympathisierte mit dem katholischen Bekenntnis, und zwar weniger mit dem Geist als mit den Formen, und brachte vor allem die Schotten gegen sich auf, weil er seine Reformen der Liturgie nach dem katholischen Ritus auch auf Schottland auszudehnen versuchte.

Lauds Wirken ist einer der Hauptgründe dafür, daß Karl I. als einzigem Stuart das Unheil aus dem Norden kam, dorther, wo sie alle die Verehrung als autochthone Königsfamilie genossen und wo sie in späteren Generationen mit beinahe wütender Beharrlichkeit gegen die englischen Königsfeinde unterstützt wurden. Mit ihrer Kirche ließen die Schotten nicht spaßen: 1637 begann die allgemeine Unruhe, und 1638 war bereits klar, daß Laud das Königtum nicht gestärkt hatte, sondern ihm durch seine Reformen und die Stärkung der anglikanischen Hochkirche die unversöhnliche Feindschaft der Covenanters einbrachte, der Schotten, die sich auf ihre alte, von Jakob I. durch Eid bekräftigte Autonomie in geistlichen Dingen beriefen.

Laud wurde zugleich mit Strafford angeklagt und ebenfalls durch eine »Bill of attainder«, unter Umgehung des Oberhauses, zum Tode verurteilt. Nach beinahe vierjähriger Haft fiel sein Kopf am 10. Januar 1645 auf dem Towerhill.

Historisch gesehen, hat Karl sowohl Strafford als auch Laud seinen Gegnern geopfert, und der Hauptvorwurf, der ihm daraus zu machen ist, besteht in der offenbaren Nutzlosigkeit dieses doppelten Opfers, in der Fehleinschätzung der Gegenströmung, in einem Mangel an Urteil, der einem Selbstbetrug gleichkommt. Schon ein Jahr nach den beiden Gewaltstreichen des Parlaments verließ Karl I. London, und der offene Konflikt brach aus; die Nutzlosigkeit aller Zugeständnisse war offenbar geworden. Die angespannte Finanzlage bot dem Parlament so viele Möglichkeiten zu Pressionen, die Position des Königs war so schwach, daß Verhandlungen keine Chancen bargen: Die eine Seite konnte Unterwerfung verlangen, die andere hätte ihre Würde nur durch eine Abdankung retten können. In dieser Situation konnte Karl nur vom Ausland Hilfe erhoffen, und daß er dies tat, brachte seinen Gegnern neue Argumente gegen ihn. Ein Stück Ausland aber war auch die Königin. Die zumindest moralische Hilfe, die von dieser tapferen Frau, einer Tochter Heinrichs IV. von Frankreich, für Karl I. kam, ist ein Zeugnis für die Loyalität, die oft aus dynastischen Heiraten erwuchs und die als eine Art von Liebe unter Königen angesprochen werden kann.

Karl hatte für die kleine Prinzessin, die man ihm nach England brachte, auf den ersten Blick nicht so viel empfunden wie für die schöne Infantin, die er in Madrid vergeblich umworben hatte. Henrietta Maria aber war ein echtes Kind des französischen Landes, herzlich, unbefangen, mutig und treu, und seit der ersten, noch ein wenig förmlichen Umarmung im Angesicht der versammelten Untertanen hat Karl I. an dieser Frau den besten Freund gehabt, den das Leben ihm bescherte.

Unmittelbar nach Karls Abreise aus London hatte Henrietta noch Verbindung mit dem Gatten. Im Sommer 1642 riß der Nachrichtenaustausch ab, was nicht verwunderlich ist, da es eine Post im heutigen Sinn ja noch nicht gab und Karl seinen Aufenthalt absichtlich oft wochenlang geheimhielt. Am 31. August 1642 schrieb Henrietta aus London an ihren Gemahl:

»Ich hatte einen Boten ausgesandt, der Euch aufsuchen sollte, aber der Sturm hat ihn nicht zu Euch gelangen lassen. Ich befinde mich in äußerster Besorgnis, da ich keine Nachrichten von Euch empfange; und was aus London zu mir dringt, lautet nicht günstig für Euch. Vielleicht will man mich in ängstliche Verwirrung stürzen und so zu einem Ausgleich bewegen. Aber darin täuscht man sich. Ich habe noch niemals in meinem Leben irgend etwas aus Furcht getan, und ich hoffe, daß ich um einer Krone willen, die verlorengehen könnte, nicht damit beginnen werde. Was Euch betrifft, so wisset Ihr wohl, daß einige Leute Eurer Natur eine solche Weichheit zugetraut haben; wenn das den Tatsachen entspricht, so ist es mir jedenfalls niemals bei Euch aufgefallen; und selbst wenn es einmal so gewesen ist, so hoffe ich zuversichtlich, Ihr möget jetzt das Gegenteil beweisen: auf daß Ihr durch Euer ängstliches Gemüt nicht den eigenen Untergang und den Eurer Nachfahren heraufbeschwöret. Ich für meinen Teil spreche diesen Herren Rebellen nicht viel Verstand zu, wenn sie sich einzubilden vermögen, auf Euch durch Gewalt einwirken zu können und auf solche Weise zu ihrem Ziel, zu einer Einigung, zu gelangen; denn so lange Ihr auf der Welt seid, kommt England gewißlich nicht zu Ruhe und Frieden ohne Eure Zustimmung; die aber könnt Ihr nicht erteilen, ehe Ihr Euch Eurer Vorrechte nicht aufs neue versichert habt; und gesetzt, Euch träfe dabei am Anfang Mißgeschick, so werdet Ihr immer noch genug Freunde haben, die Euch bei der Wiederaufrichtung Eurer Macht zur Seite stehen. Mir ist kein Beispiel bekannt, das mich auch nur im mindesten daran zweifeln ließe. Zwar sind dafür zwei Dinge not: Entschlossenheit und Standhaftigkeit; das übrige wird die Gerechtigkeit unserer Sache bewirken. Weder Gott noch irgendein ehrenhafter Mensch wird Euch verlassen, vorausgesetzt, daß Ihr Euch nicht selbst untreu werdet.

Ihr bemerket wohl, ich befürchte nicht einmal, daß dies bekannt werden könnte; ich bin kühn genug, zu behaupten: obschon man es gewiß nicht für ›gut‹ erachtet, wird man es nicht drucken; womit man zum Gegenteil dessen gelangt wäre, was man heute zu tun gewohnt ist: denn was für ›gut‹ und ›gerecht‹ befunden wird, verbirgt man; was man hingegen für ›schlecht‹ hält, wird gedruckt. Dies ist ein klarer Beweis, daß die Gerechtigkeit mit uns leidet. Gebet immer wohl Obacht, daß wir sie auf unserer Seite haben; denn sie ist eine gute Waffe, welche letzten Endes die ganze Welt überwinden wird und keine Furcht kennt. Wenn sie sich auch für eine Zeit vielleicht verborgen hält, so geschieht das nur zu ihrer eigenen Erstarkung: mit größerer Macht wird sie sich eines Tages offenbaren. Sie ist mit Euch - und deswegen dürfet auch Ihr die Furcht nicht kennen: Ihr werdet beide siegreich aus dem Kampf hervorgehen, und Eure Macht wird herrlicher sein denn je. Dessen bin ich ganz gewiß. Betrachtet dies als die Früchte einer betrübten Einsamkeit, nicht im mindesten aber als die einer sorgenvollen Unruhe; denn wenn ich all das, was ich Euch geschrieben habe, wohl überdenke, so befinde ich mich am Ende so zufrieden, daß keine schlechte Stimmung Gewalt über mich gewinnen könnte - und wären es die Verordnungen des Parlaments, die wahrlich als Folgen schlechtester Stimmung in der Welt überhaupt anzusehen sind. Betrachte ich mir so recht den Stil meines Briefes an Euch, so müßte ich ihn eigentlich mit einem lateinischen Wort beschließen, sofern ich dieser Sprache mächtig wäre; da ich sie aber nicht beherrsche, so will ich mit einem französischen Satz schließen, der in alle fremden Zungen übertragen werden kann: Ich bin Euer, auch nach dem Tode, wenn das möglich ist!«

Noch sah es nicht so aus, als würden die auf seltsame Weise prophetischen Worte der mutigen Königin so bald ihre volle Bedeutung erhalten. Karls Entschluß, sich aus der Stadt London abzusetzen, wo er unter dem Diktat seiner Gegner stand, seine

Einberufung eines Gegenparlaments nach York, sein Regieren von Oxford aus, das alles waren Aktionen, die den jungen Träumer von Dunfermline auf dem Höhepunkt der Entschlossenheit zeigen, nicht nur für sich, sondern auch für seine Nachkommen das Verhältnis zum Parlament ein für allemal zu wandeln.

Das Jahr 1644 sah den Bürgerkrieg in blutigen Schlachten kulminieren. Am 2. Juli mußten Karls Truppen bei Marston-Moor eine schwere Niederlage hinnehmen, am 1. September siegte Karl in Cornwall über das Parlamentsheer. Da die Lage dadurch einigermaßen ausgeglichen erschien, hatten im Januar 1645 zu Uxbridge neue Verhandlungen begonnen, die aber ergebnislos beendet wurden. Das Parlament stellte hohe Forderungen, das einzige Auskunftsmittel Karls war seine sogenannte Doppelzüngigkeit, das heißt der Versuch, Hintertüren zu finden, wo das Tor verrammelt war.

Im Sommer 1645 wurden die königlichen Truppen bei Naseby, unweit Northampton, vernichtend geschlagen; und vor allem die Tatsache, daß der Parlamentsarmee Karls I. Briefwechsel mit Freunden auf dem Kontinent in die Hände fiel, schwächte die Stellung des Königs und sollte in dem späteren Hochverratsprozeß verhängnisvoll werden. Karl floh im April 1646 in das Lager der Schotten - zu diesem Zeitpunkt die einzige Macht, die neben dem Parlament noch bestand; aber auch die Schotten verlangten Zugeständnisse in ihrer religiösen Sache, was einer Unterwerfung Karls I. unter die Grundsätze der Covenanters gleichkam. In dieser Situation zwischen zwei Mühlsteinen, am Ende seiner Machtmittel und in der Erkenntnis der begangenen Fehler, schrieb Karl I. aus Newcastle an seine Frau:

»Während dieser beiden letzten Wochen kam mir weder Nachricht von Dir noch über Dich zu, was meinen gegenwärtigen Zustand noch peinvoller gemacht hat, als er schon war; doch erwarte ich täglich den Trost, von Dir zu hören. Wahrlich - ich bedarf einigen Trostes; hatte ich doch noch niemals zuvor erfahren, was es heißt, grausam gequält zu werden; aber diese letzten fünf oder sechs Tage haben alles übrige, was sich ereignete, seit ich zur schottischen Armee stieß, durch den unbarmherzigen Gewissenszwang, den man gegen mich ausübte, um vieles übertroffen. Es kann mir ... nichts anderes mehr helfen, als daß ich den Covenant unterzeichne ... womit ich mich bedingungslos und rückhaltlos zur presbyterianischen Verfassung bekenne und mich verpflichte, die Liturgie für die ganze Dauer meiner Regierung in meine Familie aufzunehmen. Tue ich das alles nicht, so muß - ohne Rücksicht auf mich* - augenblicklich eine Vereinbarung mit dem Parlament getroffen werden, denn sie [die Schotten] behaupten, daß sie sonst nicht auf einen Frieden oder einen gerechten Krieg hoffen dürfen. Es ist freilich wahr: sie machten mir, für den Fall, daß ich nach ihrem Willen täte, viele ehrlich gemeinte Versprechungen (obwohl sie, was die Kriegführung angeht, täglich nachgeben); ich aber antwortete ihnen, ihre Forderungen gingen durchaus gegen mein Gewissen, und dieses Gewissen ließe sich wohl mit guten Gründen überzeugen, aber es würde sich von ihnen weder durch Worte noch durch Taten zwingen lassen. Dieses war der Inhalt der mannigfachen Auseinandersetzungen und Schriftstücke, die zwischen uns gewechselt wurden, und über die ich Dir jetzt nicht im einzelnen berichten kann. Schließlich gaben sie sich damit zufrieden, daß ich eine zweite Botschaft nach London sandte: ich ersuchte darin um Antwort auf meine frühere Botschaft und machte das Angebot, ich wolle mich unter ehrenhaften und gerechten Bedingungen dorthin begeben. Das einzige, was ich tun kann, ist, daß ich durch Krankheit eine Verzögerung bewirke, das aber werde ich nicht lange ohne Deinen Beistand durchführen können. Ich kann Dir nur abermals ins Gedächtnis zurückrufen, daß kein Mensch jemals so einsam gewesen ist wie ich; und dies mag mir auch sehr als Entschuldigung dienen für jeden Irrtum, den ich etwa begangen habe; habe ich doch Grund, jeglichem, das man mir hier anrät, mit Argwohn zu begegnen und meinem eigenen Urteil zu mißtrauen, denn ich habe ja keine

---

* Diese Andeutung läßt darauf schließen, daß man schon während dieser Besprechungen damit drohte, ihn im Falle seiner Weigerung, den Covenant zu unterzeichnen, an die Parlamentsarmee auszuliefern.

Seele, die mir hilft. Zum Beschluß will ich Dir sagen, daß all mein Trost in Deiner Liebe und einem reinen Gewissen liegt. Ich weiß, am ersten wird es mir nicht fehlen und (so Gott in seiner Gnade will) auch am zweiten nicht. Nur sehne ich mich nach Deiner persönlichen Hilfe, auf daß ich so wenig wie möglich Qual erdulden muß; denn wenn Du mir nicht hilfst - an der Hilfe anderer liegt mir nicht viel. Ich mag und kann jetzt nicht mehr darüber sagen, als daß ich auf ewig Dein bin.«

Ein Mann, der mit seinen Freunden so wenig Glück hatte wie Karl I., wäre seinen Feinden auch ausgeliefert gewesen, wenn diese - wie so oft in der englischen Geschichte - uneins, unfähig oder wankelmütig gewesen wären. Karl war vom Unglück geschlagen, vereinsamt, von seiner Frau getrennt und mit sich selbst zerfallen, weil es keinen Mann glücklich machen kann, mit zwei Zungen reden zu müssen, der Gefangene seiner Untertanen zu sein und dem Diktat von Frömmlern zu gehorchen. Aber seine Feinde waren weder unfähig noch wankelmütig und nur gelegentlich uneins. Sie hatten einen Führer, der die sehr seltene Mischung von Intelligenz, Tatkraft und innerer Festigkeit in die Waagschale zu werfen hatte: Oliver Cromwell.

Angesichts seines durchaus singulären Erfolges, das alte britische Königreich in eine Republik verwandelt zu haben, ist es müßig, viel von seiner historischen Bedeutung zu sprechen. Vor ihm und nach ihm hat niemand mehr die Herrschaft der Könige auf der Insel zu gefährden oder gar zu unterbrechen vermocht, und aus England eine Republik zu machen, das war, auf dem Hintergrund von eineinhalb Jahrtausenden Königtum, schon beinahe so viel, wie wenn England aufgehört hätte, eine Insel zu sein. Darum ist es erstaunlich, mit welcher Verehrung bis heute alle englischen Geschichtsbücher und Chrestomathien von diesem Mann sprechen, der doch der größte Ketzer gegen den Staatsgedanken der Briten gewesen ist, der einzige Vermessene, der luziferische Untertan, der seinem Herrn und Meister den Kopf vor die Füße legen ließ und für diese Tat noch den Segen Gottes vom Himmel erflehte.

Cromwell, Gegner der Stuarts und Gegner des Königtums, entstammt einer Familie der Gentry, die seit etwa zweihundert Jahren einen geachteten Namen führte und immer wieder Mitglieder in den Dienst des Königs entsandte. Einer seiner Vorfahren, nämlich Morgan Williams, zählte zum engsten Kreis um König Heinrich VII, und die Schwiegertochter dieses Paladins brachte den Namen Cromwell in die Familie, weil ihr Bruder Thomas Cromwell Premierminister Heinrichs VIII. war, womit die Cromwells nun das Übergewicht in der Familie gewonnen hatten.

Man sieht, es war alles ein wenig verwickelt im alten England, die Namen wechselten nach Verdienst, die ältesten Söhne waren reich, ihre Brüder arm, und Robert Cromwell (Olivers Vater) heiratete als jüngerer Sohn ohne Vermögen ein Mädchen namens Elizabeth Steward.

Cromwells Jugend erinnert ein wenig an die Bismarcks: gute Studien, wenig Vermögen, aber da und dort kleine Erbschaften, erste Verdienste in der Lokalpolitik und erster Parlamentssitz für Huntingdon, seine engere Heimat, im dreißigsten Lebensjahr, etwa in dem Alter, in dem Bismarck Landtagsabgeordneter wurde. Oliver Cromwell galt zu jener Zeit als ein ausgezeichneter Landwirt, hatte aber so gut wie keine militärische Erfahrung oder auch nur Ausbildung.

Er tat sich zunächst als scharfer Redner hervor, arbeitete eifrig in verschiedenen Komitees und schritt 1642 zum erstenmal zur Tat, als er auf eigene Faust seine Wahlkreise Huntingdon und Cambridgeshire gegen den König mobilisierte und vor dem Zugriff der Royalisten schützte. Aber erst in den Schlachten von 1642 und 1643 sah er wirklich, worauf es ankam, und begann mit dem Spezialtraining der ihm, dem zum Obersten beförderten Kapitän und Abgeordneten, unterstellten Reitertruppen. Sein Doppelregiment wurde bald unter dem Namen »The Ironsides« (Eisenseiten) berühmt und war lange Zeit die einzige Einheit in dem Bürgerkrieg, die stets richtig uniformiert, wohlversorgt und den Bestimmungen gemäß entlohnt war. Allerdings durften die Ironsides sich auch nicht das geringste zuschulden kommen lassen, denn der Kalvinist Cromwell ging auch im Feld von seinen strengen religiösen Anschauungen um keinen Deut ab, eben, weil er kein Haudegen, kein Mann aus dem Feldlager war.

»Meine Ehrenwerten«, schrieb Cromwell aus Nordharn, einer kleinen Stadt unweit des Flüßchens Tweed, an die Stände des Königreiches Schottland in Edinburgh, »Wir hören, daß bei unserem Marsch nach der Grenze am vergangenen Sonntag ein Teil der Reiterei sich ein sehr unerlaubtes Betragen zuschulden kommen ließ, indem er sich über den Tweed schlich und in mehreren schottischen Ortschaften plünderte, und seitdem haben sich einige Nachzügler ebenfalls schlecht aufgeführt und haben die Einwohner geschädigt, zu unserem großen Kummer.

Ich habe mein Möglichstes getan, um die Schuldigen herauszufinden, und bin noch damit beschäftigt, und Ihr werdet sehen, daß ich nichts unterlassen werde, um Euch zu beweisen, wie sehr wir Derartiges verabscheuen. Nach allem, was ich bis jetzt in Erfahrung bringen konnte, trifft die Regimenter dieser Armee nicht die geringste Schuld, sondern es sind solche von der nordischen Reiterei, die erst, seit wir hier sind, unter unserem Befehl und unserer Disziplin stehen. Ich habe diese Truppen nach England zurückgeschickt und hoffe, daß eine derartige exemplarische Bestrafung unseren ganzen Unwillen über das Geschehene kundtun wird. Was die übrigen Truppen anbelangt, die unseren alten Regimentern angehören, so können wir dafür gutstehen, daß die Offiziere sie daran hindern werden, irgend etwas Derartiges zu tun, und wir sind überzeugt, daß sie von den Einwohnern nichts verlangen werden, ausgenommen die Lebensmittel, und auch darin werden sie nicht ihre eigenen Küchenmeister sein, sondern das nehmen, was man ihnen geben und zuteilen wird, nach den Weisungen der Landedelleute und Behörden der Gegend ...«

Noch deutlicher ist die Sprache, die Cromwells Proklamationen an seine eigenen Leute sprechen; nichts charakterisiert Cromwell besser als sein Verhältnis zu seinen Untergebenen und sein Betragen im Feld, denn dort und bei diesen Gelegenheiten durfte er das sein, was er seinem Charisma nach so deutlich war wie wenig andere, nämlich ein Menschen-Führer und ein Soldat. Wir zitieren eine der kürzesten Proklamationen.

»Nun, da wir mit der Armee des Parlaments das Königreich Schottland betreten, um die noch übrigbleibenden Feinde, die kürzlich das Königreich England überfielen, zu verfolgen und um die Festungen Berwick und Carlisle wiederzunehmen, geben wir hiermit bekannt:

Wenn irgendein Offizier oder Soldat, der unter meinem Kommando steht, irgend Geld nimmt oder verlangt, oder gewaltsam, ohne Befehl, Pferde, Lebensmittel oder andere Habe nimmt oder irgendwie Leute plagt, so wird er vor das Kriegsgericht gestellt werden und für solches Vergehen nach den Kriegsartikeln bestraft werden, die für die Leitung der Armee im Königreich England aufgestellt wurden - also mit dem Tod.«

Diese Proklamation wurde erlassen, als in Deutschland der Dreißigjährige Krieg tobte, der Krieg, der an Drangsalen für die Zivilbevölkerung schlimmer war als jeder bisherige. Mitten im siebzehnten Jahrhundert, dieser düsteren Landschaft voll von Religionshader und Fronten quer durch die Völker, setzte ein Mann seinen Glauben und seine Entschlossenheit gegen die seit Jahrzehnten wachsende Verrohung des Menschen und verlangte von seinen Soldaten, daß sie sich im Feindesland nicht anders aufführten als in der eigenen Heimat. In keinem Feld seiner Tätigkeit und in keinem Abschnitt seiner Herrschaft wirkt Cromwell deutlicher als sittliche Instanz. Ihm gelang tatsächlich, was kein Monarch der Zeit auch nur zu erreichen versuchte: den Menschen, die plötzlich gegen Landsleute kämpfen mußten, weil diese an etwas anderes glaubten, den zutiefst verwirrten und vom Konfessionshader um alle Maßstäbe gebrachten Soldaten eine neue Skala der Werte zu geben. Hätte Kontinental-Europa solche Heerführer gehabt, so wäre das Grauen der Religionskriege, wie es Schlesien, Hessen, Pommern und viele andere Landschaften erleben mußten, nicht über Deutschland hereingebrochen, hätte es Gemetzel wie die von Magdeburg oder in den brandenburgischen Städten nicht gegeben.

Neben Edward Montagu, Earl of Manchester, dem reichsten Mann seines Wahlbezirks Huntingdonshire, war Cromwell als Lieutenant-General zu ersten Kommandeursehren gelangt (1644), hatte nach den Erfahrungen des Kriegsjahres 1644 mit der Reorganisation der Parlamentsarmee begonnen und den Kampf, den seine Kollegen auf den Abgeordnetenbänken führten, den Kampf gegen den König, entschlossen als militärisehe Aktion verstanden und durchgeführt.

Erst, als er sich die Armee zum Machtinstrument geschmiedet und seinen Einfluß auf die Offiziere gesichert hatte, kehrte er an die Verhandlungstische zurück und versuchte, die verschiedenen Gruppen des Parlaments zu einigen, aber auch dem König akzeptable Vorschläge zu unterbreiten. Im Parlament gab es natürlich eine gemäßigte Gruppe, die mit einer konstitutionellen Monarchie einverstanden gewesen wäre, und eine starke Gruppe von Radikalen, die überhaupt keinen König, sondern eine demokratische Republik wollten. Ebenso schwierig war der König, der jedes Anzeichen von Uneinigkeit auf seiten der Gegner sogleich für sich ausnützte, Zusagen zurücknahm, zu anderen Aufenthaltsorten floh und damit auch Cromwell in den Rükken fiel, wenn dieser eben hoffen durfte, zu einem Arrangement zu gelangen.

Ein Mann von der Intelligenz und Unbedingtheit Cromwells mußte sich zu gut sein für den Verschleiß in solchen Verhandlungen, und er besann sich rechtzeitig auf seine Armee. Im Januar 1647 hatten die Schotten ihren König für 400.000 Pfund an das Parlament ausgeliefert und sich damit den bis heute bestehenden einzigartigen Ruf eines vor allem am Geld interessierten Volkes erworben. Karl also befand sich, trotz gelegentlicher Eskapaden, doch im Machtbereich Cromwells. Mit dem in seine Querelen verbissenen Unterhaus machte Cromwell im Dezember 1648 kurzen Prozeß, indem er das Parlament besetzte. Damit war der Weg frei für ein Zweiergespräch, aber der König, verbittert, am Ende seiner Kräfte, sah in Cromwell nur noch den Diktator und entzog sich ihm durch seine Weigerung, Zugeständnisse zu machen.

Wie mancher andere Herrscher, fand er in seinen letzten Handlungen zu jener Größe, die er während der Phase der Aktionsfreiheit vermissen ließ. Manches, was er in den letzten Wochen vor dem Prozeß schrieb, ist kaum anders aufzufassen als der Versuch, dem Parlament die Schuld an einem Königsmord unmißverständlich zuzuschieben.

»Nach den Gesetzen«, schrieb Karl I. im Herbst 1648, »sollen sämtliche Personen, denen ein Vergehen gegen das Recht vorgeworfen wird, von Ebenbürtigen oder Gleichgestellten gerichtet werden; wie steht es aber mit dem Gesetz, wenn die fragliche Person keinen Ebenbürtigen hat? Und wenn ihn das Gesetz zu verurteilen scheint - welche Macht soll das Urteil sprechen, und wer soll es sprechen?«

Wenn diese Zeilen nicht als pure Herausforderung eines Stuart an die unbotmäßigen Engländer aufzufassen sind oder gedacht waren, dann konnten sie nur eine Schlinge sein, in der sich Cromwell fangen sollte, der Mann, der die Macht hatte, der aber auch für seinen unbeugsamen und mitunter starren Rechtssinn bekannt war. Was Karl unterschätzte, waren die Wechselwirkungen zwischen einem Mann und seiner Macht, zwischen einem Mann und seinem Instrument. Cromwell hatte sich eine Armee geschaffen, und sie war seine Armee, mochten auch ein Montagu oder ein Fairfax nominell die Oberbefehlshaber sein. Die Armee aber war nicht aus Abgeordneten zusammengesetzt; nur zwanzig von Hunderten Offizieren waren Politiker, alle anderen waren Soldaten. Die Soldaten wollten den Untergang des Königs; das stand bereits fest, als die Armee ihn auf der Insel Wight gefangensetzte.

Die Insel Wight vor der englischen Südküste war ein allzu freundlicher Rahmen für den letzten Akt, in dem sich das blutige Ende bereits abzeichnete. Das Eiland mit seinen großen Eichenwäldern, nur sechs Kilometer von der großen Insel entfernt, ist unenglisch, beinahe mediterran, es ist bis heute mehr das alte römische Vectis als das britische Wight. Karl I. hat hier eine letzte, trügerische Phase relativer Freiheit genossen und mit den Delegierten des Parlaments verhandelt, als sei er tatsächlich noch der Souverän; er hat vor allem durch den melancholischen Charme, der allen Stuarts eigen war, und durch die majestätische Ruhe seines Gehabens die Offiziere für sich eingenommen, die ursprünglich nichts als Gefangenenwärter waren. Bald dachten sie nicht mehr daran, seine Flucht auf den Kontinent zu verhindern, sondern waren mit seinen engsten Vertrauten verzweifelt bemüht, das den Untergang suchende Gemüt des Königs aufzurichten und den Wunsch zur Flucht wieder in ihm erstarken zu lassen.

Aber die Anzeichen des bitteren Endes waren stärker und fügten sich mit so unheimlicher Logik aneinander, daß Karl selbst kein Entrinnen mehr suchte. Es war am 18. November 1648, wenige Wochen nach dem Westfälischen Frieden, daß die Delegierten des Londoner Parlaments Seiner Majestät zu verstehen gaben, sie sähen keine Möglichkeit weiterer Gespräche, und baten, wieder abreisen zu dürfen: Man wolle die Stellungnahme des Königs in Westminster bekanntgeben.

Rede und Gegenrede vollzog sich im Rathaus der kleinen Stadt Newport auf der Insel Wight, und Karl I., den man in den letzten Jahren so selten vernommen hatte, würdigte die Abgesandten des Parlaments einer wohlgesetzten kurzen Ansprache:

»Sie, meine Herren«, sagte er leise, in seiner stockenden Sprechweise, »sind hierhergekommen, um von mir Urlaub zu nehmen, aber es ist ein Abschied. Ich nämlich glaube nicht, daß wir uns wiedersehen werden. Alles, was geschieht, ist Gottes Wille. Ich für meine Person habe meinen Frieden mit dem Allerhöchsten gemacht und werde ohne Angst alles auf mich nehmen, was er nach seinem Gefallen den Menschen, die gegen mich sind, an Taten auferlegen wird.

Es kann Ihnen, meine Herren, nicht entgehen, daß mein Fall und mein Untergang Vorboten Ihres eigenen Falles und Unterganges sind, und das, was Ihnen widerfahren wird, steht ebenfalls nahe bevor. Ich will beten, damit Gott Ihnen in dieser Stunde bessere Freunde an die Seite stelle als mir. Über Plan und Ausführung des Anschlags gegen mich und die meinen bin ich vollkommen im Bilde; mehr als dies alles schmerzt es mich, meine Untertanen leiden zu sehen und meine drei Königreiche im Elend zu wissen. Es ist ein Elend, für das diejenigen verantwortlich sind, die immer das Allgemeinwohl im Munde führen, dabei aber rücksichtslos und ausschließlich ihren eigenen Interessen dienen.«

Die Parlamentsdelegation wußte demnach, daß der König sich keinen Illusionen hingab, seine Umgebung wußte dasselbe, und die Geistlichen des kleinen Hofes auf Wight hielten es für ihre Pflicht, mit ihrem absichtsvollen Zuspruch immer auf der Höhe des Augenblicks zu bleiben. Sie hatten in früheren Wochen Karl Würde und Auftrag seines Königtums vor Augen geführt und ihn als den Gesalbten in eine Art irdischer Unsterblichkeit hinaufgepredigt, um ihn für das Jammertal zu entschädigen, das ihn nach den militärischen Niederlagen und der Untreue der Schotten umgab. Und nun, da das Scheingefecht mit dem Parlament ebenfalls nichts anderes erbracht hatte als die Besiegelung des Untergangs, da predigte Henry Ferne vor König und Offizieren über Habakuk 2, 3 wo geschrieben steht: »Die Weissagung wird noch erfüllt werden zu ihrer Zeit und wird endlich frei an den Tag kommen und nicht ausbleiben. Wenn sie sich auch hinzieht, so harre ihrer doch, denn sie wird gewißlich kommen.« Das war deutlich und doch noch taktvoll, wenn man bedenkt, daß der gelehrte Doktor Ferne bei Habakuk auch gelesen hatte: »Sie werden der Könige spotten und der Fürsten werden sie lachen. Alle Festungen werden ihnen ein Scherz sein, denn sie werden Erde aufschütten und sie erobern« (1, 10).

Schon achtundvierzig Stunden nach dem Ende der Verhandlungen und der Abschiedsaudienz der Parlamentarier schlug die Armee zu, um sich des Königs zu versichern. Es war eine Aktion von moderner Schnelligkeit und Exaktheit, die neben vielen anderen gleichartigen Einsätzen beweist, wie sehr Cromwell und seine ständig trainierten Truppen der Zeit voraus waren. Was hätten diese Regimenter für England vermocht, wenn sie gegen äußere Feinde eingesetzt worden wären!

In einer brillanten amphibischen Aktion, die trotz Regen und Finsternis mit größter Schnelligkeit ablief, besetzten zweihundert Mann Infanterie und vierzig Reiter Newport. Zugleich wurde Oberst Hammond, ein Neffe Cromwells und Kommandeur der Königsbewacher, von General Fairfax abberufen. Das konnte nur das Ende der Hofhaltung von Wight bedeuten.

Karl I. war in diesen Jahren der Machtlosigkeit zu einem relativ geschickten, wenn auch letztlich harmlosen Konspirateur geworden, wie seine Großmutter Maria Stuart. Er hatte gelernt, Briefe in Geheimschriften abzufassen und durch dichte Bewachung hinauszuschmuggeln, aber es war vielleicht auch nur darum möglich gewesen, weil Karls Gegner ziemlich genau über die Nutzlosigkeit all dieser Versuche im Bilde waren. Was mit Hilfe von Telefonen und Schnellbooten, Geheimsendern und Unterwasserfahrzeugen zweifellos ein leichtes gewesen wäre, nämlich den todgeweihten König von der einsamen Klippenküste der Insel wegzuholen und in Frankreich in Sicherheit zu bringen, das war für das siebzehnte Jahrhundert und seine Möglichkeiten eine so unlösbare Aufgabe, daß sie auch der verzweifelte Eifer des ins Ausland geretteten Prinzen von Wales nicht zu lösen vermochte.

Als Firebrace, der treue Diener, hereinstürzte und Karl meldete, Newport wimmle von Soldaten und die ganze Insel sei von der Armee besetzt, da muß Karl angenommen haben, man werde die düstere Komödie eines Fluchtversuches aufführen und ihn irgendwo in den Klippen umbringen. Denn Königs- und Prinzenmord, das waren für die britische Geschichte keineswegs unerhörte Dinge; ein Prozeß gegen den König und die nachfolgende Hinrichtung hingegen mußte etwas Neues, etwas Unerhörtes sein.

Ein Wachoffizier, der sein Herz für Karl entdeckt hatte, eilte auf die Nachricht von der Besetzung Newports in die Stadt, konnte aber nur erfahren, daß die Truppen unter dem Befehl eines Obersten Ewer stünden, der als unversöhnlicher Gegner des Königs bekannt war.

Um Mitternacht, es war die Nacht zum 1. Dezember, fand sich Karl zu Beratungen über eine Flucht in letzter Minute bereit. Zwei seiner engsten Vertrauten, ein Herzog von Richmond

- ein Verwandter - und ein zweiter Schotte, ein Earl of Lindsay, scheinen ihm zugeredet zu haben, und Karl hätte in diesem Augenblick wohl auch zugestimmt, wenn er eine Chance gesehen hätte. Sie war in dieser nassen, finsteren Spätherbstnacht und angesichts der zahlreichen Soldaten auf der Insel kleiner denn je zuvor, und Karl wäre wohl schon im Morgengrauen wieder gefangen gewesen, wenn nicht gar tot.

Die Worte des Propheten Habakuk, von Doktor Ferne ahnungsvoll verkündet, erfüllten sich in den ersten Morgenstunden, als Oberst Ewer und Hammonds Nachfolger, ein Major, gestiefelt und gespornt beim König Einlaß begehrten. Daß er es nicht mehr mit Parlamentariern, sondern mit der Armee zu tun hatte, merkte Karl auch an dem barschen Ton und an der ehrfurchtslosen Eile. Seine Majestät durfte weder frühstücken noch die vertrauten Höflinge mitnehmen, selbst für den Handkuß des treuen Firebrace blieb keine Zeit, man stieß den hohen Gefangenen in den Wagen, als sei das Urteil über ihn schon gesprochen.

Als der Major neben Karl in der Kutsche Platz nehmen wollte, erwachte noch einmal der Stuart, und Karl I. erbat sich im Befehlston, alleingelassen zu werden. Um den Abtransport nicht zu verzögern, stieg der Major aus, und wenige Stunden später wurde der König, von Schwerbewaffneten umringt wie ein Räuberhauptmann, in das enge und feuchte Sperrfort Hurst Castle eingeliefert, eine Festung mit dunklen Mauern und finsteren Kasematten am Meeresarm Solent, nördlich der Insel Wight.

Während Karl I., von allen seinen Freunden getrennt, ohne Möglichkeit vertrauten Gesprächs, allein aß und in melancholischen Spaziergängen auf den Wällen den Blick über den kleinen Meeresarm und die vorüberziehenden Schiffe schweifen ließ, ging die große Aktion der Armee planmäßig weiter. Sie war weder das Werk des Generals Fairfax noch das Cromwells. Diese beiden schrieben einander vielmehr Briefe mit großen Worten, die so unbestimmt klingen, als habe jeder für spätere Miß- und Umdeutungen sorgen wollen. Der Mann dieser entscheidenden Aktion war vielmehr Henry Ireton, Cromwells Schwiegersohn und von allen Mitstreitern jener, der mit Crom-

Jakob I. Gemälde von D. van Mytens

Karl I. Gemälde von A. van Dyck

Die Hinrichtung Karls I. Kupferstich

Oliver Cromwell. Kupferstich von J. Faber
nach einem Gemälde von P. Lely

well die stärksten Ähnlichkeiten aufwies. Ireton hatte eine ebenso hervorragende Schulbildung genossen wie sein Schwiegervater, war ein General mit Oxford-Graduation und hatte bei Naseby den linken Flügel befehligt, während Cromwell den rechten kommandierte. Als Mann der unerschrockenen Tat war Ireton in dieser Schlacht verwundet in Gefangenschaft geraten, während Cromwells Kavallerie-Attacke aber wieder entflohen und war seither Partisan seines Schwiegervaters und wie er mit Energie geradezu geladen.

Ireton marschierte in den ersten Dezembertagen nach London, ließ sich durch Bestechungsversuche des Parlaments nicht beirren und besetzte in der Nacht zum 6. Dezember Westminster und das Parlamentsgebäude. In der City beschlagnahmte er die Goldvorräte der Goldschmiede, um den Truppen ihren rückständigen Sold auszahlen zu können, und quartierte die Männer, die im allgemeinen gutgelaunt und diszipliniert waren, in leerstehenden Lagerhallen und Schuppen ein. Ein Winter in London war auch für die Härtesten der Harten bei weitem angenehmer als ein Winterfeldzug. Die Soldaten fühlten, daß ihre Führer nun das Heft in der Hand hielten, und es kam nirgends zu Scharmützeln. Als Cromwell mit wohlkalkulierter Verspätung den Schauplatz betrat, hatte sein Schwiegersohn bereits ganze Arbeit geleistet und übergab ihm die volle Macht, ohne daß der große Mann sich die Hände hatte schmutzig machen müssen.

Niemand weiß bis heute, ob all das, was Ireton mit so bemerkenswerter Einsicht und Energie durchführte, genau das war, was Cromwell wollte. In einem wenige Tage zuvor an Fairfax gerichteten Brief hatte er geschrieben: »Ich glaube wirklich, ja ich bin davon überzeugt, daß es Dinge gibt, die Gott uns ans Herz gelegt hat. Ich will Eurer Exzellenz darüber gar nicht viel sagen, denn ich weiß: Gott belehrt Sie ... Der gute Gott senke Ihnen seinen Willen ins Herz und schließe Sie diesem auf; die Gegenwart des Allmächtigen sei mit Ihnen ...«

Was für Fairfax der Allmächtige, das war für Cromwell jedenfalls Ireton. Der feine Unterschied, daß das Parlament nur von Cromwell-Gegnern gesäubert, nicht etwa aufgelöst wurde, hat wenig zu sagen. Ein gesäubertes und folglich williges Parlament ist ungleich nützlicher als eines, das man in die Ferien geschickt hat, denn es liefert ein Alibi. Ireton wie Cromwell hatten vielleicht niemals darüber gesprochen, nicht einmal untereinander, aber es war ihnen klar, daß sie für das, was bevorstand, Rückendeckung brauchen würden ...

Ireton und Cromwell, die Führer der sogenannten Independenten, also Unabhängigen, hatten die Presbyterianer aus dem Parlament vertrieben und beherrschten es nun. Die Verantwortung für den bevorstehenden Prozeß gegen den König mußte also in erster Linie auf Cromwell fallen, zu dem Ireton als Schwiegersohn und militärischer Untergebener in einem gewissen Abhängigkeitsverhältnis stand.

Cromwells Haltung unmittelbar vor Prozeßbeginn ist vielleicht gerade wegen dieser schweren Bürde nicht ganz konsequent oder doch von heimlichem Schwanken nicht frei. Ein französischer Agent in London berichtete im Dezember 1648, Cromwell habe ihm die persönliche Sicherheit Karls in Aussicht gestellt, falls Frankreich den König dazu bringen könnte, abzudanken. Und tatsächlich ist nicht recht klar, warum Cromwell so ausschließlich auf den Tod eines Königs hinarbeiten sollte, dessen Sohn und natürlicher Rächer in aller Freiheit und inmitten mächtiger Freunde auf dem Kontinent weilte. In dem Augenblick, da Karl I. starb, war Karl II. König. Cromwell hatte dann keinen Gefangenen und keine Geisel mehr, sondern einen Leichnam und einen unversöhnlichen Gegner, der die Sympathien aller Monarchen auf seiner Seite haben würde. Denn welcher König konnte in dem unruhigen siebzehnten Jahrhundert einen Vorgang gutheißen, in dem ein rechtmäßig auf den Thron gelangter Herrscher aus einer alten Königsfamilie von seinen Untertanen vor ein improvisiertes Gericht gestellt und wie ein Verbrecher hingerichtet wurde?

Alle Handlungen Cromwells in den entscheidenden Tagen zeugen von dem Bestreben, sich im Diesseits wie im Jenseits abzusichern, und die zeitgenössischen Kommentare zeihen ihn rücksichtslos der Scheinheiligkeit. Man darf aber auch nicht verkennen, daß er vor großen verfassungsmäßigen Schwierigkeiten stand. Die britische Historikerin C. V. Wedgwood hat in einer Untersuchung von größter Akribie und vorbildlicher Objektivität erst vor einigen Jahren darauf hingewiesen, wie ungesetzlich und allen britischen Rechtstraditionen hohnsprechend der ganze Prozeß eingefädelt wurde und verlief:

»Der König hatte bereits erklärt, er werde weder das Gericht anerkennen noch sich zur Anklage äußern. Falls er in dieser Haltung verharrte, konnte es genaugenommen gar keinen Prozeß geben, da es in keinem englischen Gericht ein Mittel zur Fortführung der Verhandlung gab, wenn sich der Angeklagte nicht verteidigte.«

Angesichts der doppelten Kalamität: seiner Verantwortung und der Verfassungswidrigkeit des Prozesses, ist es unverständlich, warum Cromwell nicht auf den Ausweg der Abdankung hinarbeitete, auf Benennung eines jungen Prinzen als Thronfolger, den man hätte bevormunden können, oder auf irgendeine andere der für solche Fälle längst vorexerzierten Lösungen. Es strömte eben Cromwell selbst schon genug Verehrung und Vertrauen aus seiner nächsten Umgebung und aus seinen Truppen zu, er hatte jahrelang den gefährlichen Rausch der Macht und des Befehlenkönnens gekostet, und er war in dieser entscheidenden Stunde nicht bereit, sich in ein erprobtes Klischee zu flüchten und damit sich selbst auf das Niveau einer Intrige zu begeben. Er fühlte sich als Werkzeug der Vorsehung und als der Mann, auf den England seine größten Hoffnungen setzte.

Nun ist die Vorsehung ein Begriff, mit dem sich hienieden relativ gefahrlos operieren läßt, und wenn Cromwell erklärte, Gott habe Karl I. verworfen und er, Cromwell, führe den Willen der Vorsehung aus, indem er diesen verbrecherischen Monarchen zur Verantwortung ziehe, so gab es keine irdische Instanz, die ihm das Gegenteil beweisen konnte. Schwieriger war es schon, ganz England zu bemühen und hinter den Richtertisch zu bringen, und das Allerschwierigste war zweifellos, daß es wiederum nicht das ganze England, sondern nur eine zweckdienliche Auswahl aus den Gauen und Berufsgruppen sein sollte.

Ireton und Cromwell haben in den betriebsamen Dezembertagen des Jahres 1648 das vorgemacht, was heute zum Handwerk der großen amerikanischen Anwälte gehört. Während Ireton dafür sorgte, daß die Armee bei der Stange blieb und somit die Machtposition sicherte, stellte Cromwell mit ein paar kundigen Helfern eine Liste von 135 Laienrichtern auf, die den König mit Sicherheit verurteilen würden. Aber schon im ersten Anlauf gab es Pannen: Drei hohe Richter, die als erprobte Königsgegner galten, weigerten sich, bei einem Schauprozeß mitzumachen, und nach der zweiten Verhandlungsrunde war es klar, daß sämtliche Peers von der Liste gestrichen werden mußten - und das ist wohl das beste Zeugnis, das sich je der Adel eines Landes ausstellen konnte.

Als endlich eine brauchbare Liste ermittelt war, »mokierten sich Presbyterianer und Royalisten übereinstimmend über die Armut und niedrige Herkunft dieser Leute, hatten damit aber unrecht, denn die Männer dunkler Herkunft waren in der Minderzahl« (Wedgwood). Man kann freilich auch der Meinung sein, daß Männer dunkler Herkunft überhaupt nicht über andere zu Gericht sitzen sollten, aber so genau nahm es Cromwell nicht, da er sich ja mit der Vorsehung einig wußte.

Eine der Versammlungen zur Zusammensetzung des Gerichtshofes mußte, der Eile wegen, am Weihnachtstag stattfinden, und bei aller Ehrfurcht meldete sich doch eine Stimme, die Cromwell auf das Unchristliche dieser Hast aufmerksam machte. »In Dingen, die Gott und die Religion angehen, darf man auch eines Festes wegen keinen Aufschub dulden«, war die Antwort. Cromwell war von der Gottwohlgefälligkeit dieses Prozesses so sehr durchdrungen, daß die berufenen Richter am 9. Januar 1649 auf sein Geheiß allesamt fasten mußten. Auch er selbst, der mit Ireton auf der Liste der Richter stand, nahm an diesem Tag keine Nahrung zu sich und ließ Geld und Kleidung unter die Armen verteilen. Dabei bat er sie, die Sache des Gerichts durch ihr Gebet zu unterstützen: »Geht in die Kirche und bittet Gott, daß es ihm gefalle, im Guten auf uns zu blicken und unsere Richter zu erleuchten, damit wir vom Papismus befreit werden und beim Prozeß gegen den König gute Arbeit leisten.«

Neben diesen frommen Vorbereitungen behielt Cromwell aber auch den König im Auge, und da dieser eine Möglichkeit gefunden hatte, den Text einer Flugschrift aus Hurst Castle zu schmuggeln, die in London heimlich gedruckt und verbreitet worden war, zauderten die Independenten nicht, Karl I. in sein Schloß Windsor holen zu lassen, wo man ihn besser zu beaufsichtigen hoffte.

Diese letzte Reise des Königs durch sein Land war ein letzter Triumph, und sie weckt noch heute Zweifel an der Behauptung der Independenten von einer Einmütigkeit der Engländer, die den Prozeß rechtfertigen sollte

Man reiste langsam zu jener Zeit, und da es an größeren Gasthöfen fehlte, in denen ein König mit Suite und Bewachern untergebracht werden konnte, hatten einige Royalisten an der Strecke von Redbridge über Winchester, Farnham und Bagshot Gelegenheit, ihren Souverän ein letztes Mal nicht nur zu sehen, sondern zu bewirten und zu beherbergen. In der letzten Etappe war dies Lord Newburgh; er hatte ein bekanntes Gestüt und hervorragende Rennpferde und versuchte so, den König zur Annahme seines besten Renners zu überreden und eine Flucht ins Werk zu setzen. Aber der Leiter des Transports, ein ebenso kluger wie eleganter Oberst Harrison, vereitelte diesen Plan (und vielleicht war es dieser Umstand mehr als seine Unterschrift unter dem Todesurteil, der Harrison später, in der Restauration, verhängnisvoll wurde: Der elegante Oberst ist einer der neun Königsmörder, die den grausamsten Tod, das Aufhängen an einer Rippe und die Vierteilung, erleiden mußten).

Während Karl I., ein wenig getröstet durch die vertraute Umgebung, seine Wohnräume in Schloß Windsor bezog, gingen die letzten Vorbereitungen für den Prozeß ihrem Ende zu. Am 8. Januar 1649 trat der Gerichtshof zum erstenmal zusammen, aber nur 53 von den 135 ausgesuchten Richtern waren anwesend. Man hat später festgestellt, daß 47 nominierte Gerichtsmitglieder an keiner Sitzung teilgenommen haben, daß weitere acht rechtzeitig vor Prozeß-Ende ausschieden und schließlich einundzwanzig zwar anwesend waren, aber das Todesurteil nicht unterschrieben - und daß sie damit alle eine gute Nase gehabt hatten, denn keinem dieser Männer krümmte später Karl II. auch nur ein Haar ...

Man stand unter Zeitdruck, denn das Sondergesetz über das einberufene Gericht gab diesem nur einen Monat lang Vollmacht. Als am 20. Januar endlich die Verhandlungen begannen, war die Hälfte dieser Frist verstrichen, und in einer Winterkälte, wie sie London seit langem nicht erlebt hatte, wurde nun der eigentliche Prozeß, wurden Verhör und Verurteilung Karls I. mit hitzigem Eifer durchgepeitscht.

In der großen Westminster-Hall drängten sich die Neugierigen auf der Galerie, und schon zu Beginn kam es zu einem Zwischenruf: eine verschleierte Dame - Lady Fairfax - rief nach der Verlesung des Namens Lord Fairfax dem Speaker zu, ihr Mann sei nicht so dumm, an dieser Komödie teilzunehmen, und man habe Unrecht getan, ihn zu nominieren. Dann erschien der König in dunkler Kavalierskleidung, mit zwei Orden und einem großen Hut, der sein Gesicht für die Zuschauer weitgehend verdeckte. Die Presse war durch ein Halbdutzend Berichterstatter vertreten, von denen aber nur einer einigermaßen objektiv genannt werden kann und zumindest über den ersten Verhandlungstag einen Bericht veröffentlichte, der Karl I. nicht als Hochverräter abstempelte. Zu weiteren Artikeln in diesem Sinn erhielt der Mann allerdings keine Gelegenheit mehr.

Die Anklageschrift war kurz, ihre Verlesung soll nur zehn Minuten gedauert haben, aber der König erfuhr bei dieser Gelegenheit immerhin zum erstenmal, was man ihm eigentlich vorwarf. Für einen Nicht-Juristen, der sich selbst verteidigte, kam diese Information jedenfalls sehr spät.

»Charles Stuart, König von England, die im Unterhaus versammelten Abgeordneten Englands sind sich der großen Nöte bewußt, die dieser Nation auferlegt wurden, und des unschuldigen Blutes, das in dieser Nation vergossen wurde, und das wird Ihnen als dem Urheber zur Last gelegt; und sie haben gemäß der

Pflicht, die sie Gott, der Nation und sich selbst gegenüber haben und gemäß der Macht und dem grundsätzlichen Vertrauen, das das Volk in sie gesetzt hat, dieses Hohe Gericht einberufen, vor das Sie nun gestellt wurden, und Sie sollen die Anklage gegen Sie hören, mit der sich das Gericht befassen wird ... Herr Präsident, im Namen der englischen Abgeordneten und daher des ganzen Volkes klage ich den hier anwesenden Charles Stuart wegen Hochverrats und Kapitaldelikten an.«

Bemerkenswert ist das Geschick, mit dem Karl sich gegen die wohlvorbereiteten Anwürfe seiner Untertanen zur Wehr setzte, aber auch der Mut, mit dem er jeden Kompromiß von sich wies. Er war entschlossen, es ihnen so schwer wie möglich zu machen, damit die Rechtsbeugung offenbar werden sollte, und er weigerte sich auch, ihnen die Hintertüre eines Kompromisses zu öffnen, nur um sein Leben zu retten. Sein einziger Kummer war - nach seinen Worten -, daß seine Gegner eine Inszenierung zuwege gebracht hatten, die ganz England für den Justizmord an einem König verantwortlich machen würde, während diese Tat doch das Werk einiger weniger Männer war.

Der Angeklagte reagierte so geschickt und hatte, wenn auch vielleicht nicht immer das Naturrecht, so doch das englische Recht so deutlich auf seiner Seite, daß Bradshaw, der Vorsitzende, mit seinen Ausfällen, Drohungen und Beschimpfungen uns bei der Lektüre des Prozeßberichts bezeichnenderweise an Roland Freisler, den Präsidenten des sogenannten Volksgerichtshofes während des Verfahrens gegen die Attentäter vom 20. Juli 1944, erinnert. Karls erste Worte nach der Verlesung der Anklageschrift ließen deutlich erkennen, wie er über seine Richter dachte:

»Ich möchte wissen, durch welche Macht ich hierher gestellt worden bin. Ich möchte wissen, durch welche Autorität, ich meine: durch welche rechtmäßige. Denn ungesetzliche Autoritäten gibt es viele auf der Welt, Diebe zum Beispiel und Straßenräuber ... Mir ist von Gott und einer alten und rechtmäßigen Tradition etwas anvertraut; das will ich nicht verraten, indem ich einer neuen, unrechtmäßigen Autorität antworte; klären Sie das, und Sie werden mehr von mir hören.«

Bradshaw war von diesen präzisen und aggressiven Antworten so irritiert, daß er nervös wurde und ihm Irrtümer unterliefen. Als er Karl als den gewählten König von England bezeichnete, mußte er sich die Berichtigung gefallen lassen, daß England seit nahezu tausend Jahren ein Erbkönigreich sei und niemals ein Wahlkönigtum hatte. Am zweiten Verhandlungstag behauptete Bradshaw, Karl und alle seine Vorgänger seien der Autorität der englischen Abgeordneten verantwortlich, worauf Karl konterte: »Nennen Sie mir einen einzigen Präzedenzfall!« - was Bradshaw nicht konnte. Verärgert verbat er sich die Unterbrechung, worauf Karl weiter attackierte: »Das englische Unterhaus war niemals eine rechtsprechende Körperschaft. Ich möchte wissen, wie es dazu geworden sein soll.«

Damit war die ganze Legitimierung der Autorität der Abgeordneten vor allen Zuhörern kläglich zusammengebrochen, und Bradshaw, der Mann, der in voller Freiheit und assistiert von siebzig Gesinnungsgenossen über den verlassenen und geschmähten Monarchen zu Gericht saß, wußte keinen anderen Ausweg mehr, als Karl von den Wachen abführen zu lassen. Ähnlich war es am dritten Verhandlungstag, und schließlich mußte man das Volk auf der Galerie sogar mit Gewehren bedrohen, Karl gewaltsam das Wort entziehen und andere Willkürmaßnahmen anwenden, um den Prozeß überhaupt zu Ende bringen zu können, der längst zum offenen Skandal geworden war. Französische und holländische Sondergesandte intervenierten, Presbyterianer und Royalisten protestierten in Flugschriften und Kundgebungen.

Nach einer dreiviertelstündigen Anklagerede, zu der Karl I. sich nicht mehr äußern durfte (!), wurde schließlich am 19. Januar 1649, wenige Tage vor dem Ablauf der gesetzlichen Frist für die Machtbefugnis des Gerichtes, das Todesurteil verkündet. Cromwell erließ darauf folgenden Tagesbefehl:

»Da Karl Stuart, König von England, des Hochverrats und anderer Staatsverbrechen beschuldigt, überführt und ihretwegen verurteilt ist und bleibt, und das Urteil über ihn am letzten Samstag durch diesen Gerichtshof gesprochen wurde, nämlich zum Tode durch Enthauptung, und dieses Urteil nun zu vollziehen ist, so heißen und gebieten die Unterzeichneten euch, dafür zu sorgen, daß besagtes Urteil voll und ganz vollzogen werde, auf offener Straße vor Whitehall, morgen, am dreißigsten Tag des laufenden Monats Januar, in der Zeit zwischen zehn Uhr morgens und fünf Uhr abends dieses selben Tages ...«

Der Befehl, an den Obersten Francis Hacker und andere Offiziere der Verfügungstruppe gerichtet, ist außer von Cromwell von einem halben hundert Mitgliedern des Gerichtshofes unterzeichnet. Über die Art der Hinrichtung war bereits beraten worden, noch ehe der Prozeß begonnen hatte, und das Urteil selbst hatte mit aller Deutlichkeit festgesetzt: »Für all seine Verrätereien und Verbrechen sei der genannte Karl Stuart als Tyrann, als Verräter, als Mörder und als Staatsfeind mit dem Tode bestraft, indem das Haupt vom Rumpf getrennt werde.«

In ihrem Mitgefühl meldeten französische Chronisten, Karl habe in der letzten Nacht seines Lebens nicht schlafen können, weil man unter seinem Fenster das Blutgericht aufstellte. Das ist ein Irrtum. Er schlief im Saint-James-Palast und wurde erst am Morgen des 30. Januar nach Whitehall geführt. Die Absicherung dieser Überstellung hatte Cromwells eigenes Regiment übernommen, zur Rechten des Königs ging der Bischof von London, zur Linken der Gardeoberst Matthew Tomlinson, einer der Richter, die das Todesurteil nicht unterschrieben hatten und später vollen Pardon erhielten.

Der Zug bewegte sich so langsam, daß Karl selbst schneller vorwärts zu kommen verlangte; als man aber an der Richtstätte eintraf, stellte sich heraus, daß die Herren Richter schneller gearbeitet hatten als die Zimmerleute: Das Schafott war noch nicht fertig! Soweit also erstreckte sich die perfekte Cromwellsche Organisation doch nicht, oder der mächtige Mann hat nach dem Urteil, das in einem beispiellosen Energieeinsatz von zwei Monaten erreicht worden war, trotz aller Hilfe von oben einen kleinen Schwächeanfall erlitten.

Whitelocke, einer jener Würdenträger, die sich dem Prozeß vorsichtshalber ferngehalten hatten, berichtet uns in seinem Tagebuch, den »Memorials of the English affairs from the beginning of the reign of Charles Ist« von den letzten Minuten des Königs. Karl war trotz der starken Anspannung der letzten Tage und der ganzen Szene ruhig. Er war von zwei Wünschen beherrscht, dem zu sprechen und dem, in einem würdevoll ablaufenden Hinrichtungsvorgang sein Ende zu finden.

Zu dem Volk zu sprechen gab er auf. Zu weit hatten die Truppen die Zuschauer abgedrängt, zu dicht waren die Reihen des militärischen Aufgebots. So wandte sich Karl nur noch an die Offiziere und schließlich an den Henker, mit dem es zu einem Dialog kam, den manche nur wunderlich, andere aber schauerlich finden mochten. Karl wußte oder konnte sich denken, daß man ihn nicht einem berufsmäßigen Scharfrichter ausliefern würde. Das sollte es in England auch nie geben. Mitglieder des Königshauses und Personen königlichen Geblüts (wie später Karls II. natürlicher Sohn Monmouth) wurden von Laien gerichtet, die weder vorher noch nachher das schimpfliche Amt des Henkers ausgeübt hatten.

»Sind meine Haare jetzt in Ordnung?« erkundigte sich Karl, als er die Mütze aufgesetzt hatte, die sein Nackenhaar bändigte. Dann legte er Mantel und Orden ab, reichte diese dem Bischof und entledigte sich schließlich auch noch des Wamses. Als sein Blick auf den Richtblock fiel, befahl er dem Henker: »Rücken Sie ihn so zurecht, daß er nicht wackelt« - ein Zug begreiflicher Vorsorge für einen schnellen Tod, oder aber ein unerwartetes Aufflackern jener Pedanterie, wie sie seinem Vater, Jakob I., eigen gewesen war.

»Er steht fest, Sir«, antwortete der Henker.

»Wenn ich meine Hände auf diese Weise ausstrecke ...«, sagte der König und vollführte die Gebärde, »dann ...«

Er vollendete den Satz nicht, sprach vielmehr leise ein paar Worte zu sich selbst und hob dann den Blick zum Himmel. Nach wenigen Sekunden fiel er in die Knie und legte den Kopf auf den Richtblock. Der Henker griff zu, um das Haar wieder unter die Mütze zu schieben, und Karl, der wohl glaubte, jetzt komme der Schlag, sagte ruhig, aber leicht verweisend:

»Warten Sie doch auf mein Zeichen!«

»Ich werde warten, bis es Eurer Majestät gefällig ist«, antwortete der Mann, ein wenig verwirrt von soviel Ruhe und Autorität. Er brauchte nicht lange zu warten. Karl I. streckte die Hände aus, wie er es vorher gezeigt hatte, der Nachrichter hob das Beil und ließ es auf den Nacken des Königs niedersausen. Ein einziger Schlag genügte, das Haupt vom Rumpf zu trennen.

Im Augenblick des Schlages ging ein leises Stöhnen durch die Menge, und Freunde wie Gegner des Königs waren noch so stark im Bann dieses Geschehens, daß keiner jubelte, als der Henker das Haupt aufhob und der Menge zeigte. Als hätten Cromwells Reiter nur auf diesen Beweis mangelnder Anteilnahme gewartet, machten sie Front gegen das Volk und drängten es in die umliegenden Straßen ab.

Sieben Wochen später beschloß Cromwells Rumpfparlament die Abschaffung des Königtums in England, enterbte Karls I. Söhne Karl und Jakob und schaffte zwei Tage später, am 19. März 1649, auch das Oberhaus ab, weil »das Haus der Lords für das englische Volk nutzlos und gefährlich« sei.

# Der fröhliche Stuart

Der Mai des Jahres 1660 war der schönste Frühlingsmonat, den England seit vielen Jahren erlebt hatte. Es war so mild, daß die Londoner im Hyde Park kampierten, und die See war so ruhig, daß die Themse täglich von dichten Schwärmen kleiner und kleinster Boote belebt war und die Droschkenkutscher nur wenig Geschäft machten. Es war Königswetter, freundliche Zeit für freundliche Monarchen, und die ganze Nation warf sich mit beinahe einmütiger Begeisterung dem großen, schlanken Mann in die Arme, der als Karl II. auf den Thron seines Vaters zurückkehrte - in einer so friedlichen Restauration, daß er sie nach Wunsch einzurichten vermochte und auf den Tag seines dreißigsten Geburtstags ansetzte. Am 19. Mai 1660, dem Tag, da Karl II. seinen Einzug in London hielt, endete die Ära Cromwell, die Großbritannien zum ersten und zum letzten Mal in seiner langen Geschichte zur Republik gemacht hatte, und auch das für nicht einmal ein Dutzend Jahre. Es waren nicht die Tudors und nicht das Haus Hannover, es waren die Stuarts, die eine blutige Unterbrechung ihrer Herrschaft hatten hinnehmen müssen. In ihr war die große Französische Revolution des nächsten Jahrhunderts schon in vielem vorweggenommen worden.

Es ist erstaunlich, daß gerade Karl II. mit dem Vierteljahrhundert, in dem er faktisch regierte, England die glücklichste Epoche im siebzehnten Jahrhundert bescherte. Das will in einem so blutigen, von dauernden Kämpfen bestimmten Zeitabschnitt zwar nicht allzuviel besagen, steht aber doch in einem bemerkenswerten Widerspruch zu den Prognosen, die moderne Psychologen einem Regenten stellen würden, dessen Großvater mütterlicherseits an einer Straßenecke ermordet worden und dessen Vater auf dem Schaffott gestorben war.

Henrietta Maria, Tochter Heinrichs IV. von Frankreich, hatte Karl I. drei Söhne geboren: Karl (1630), Jakob (1633) und Heinrich; seit 1649 betrachtete Karl sich nicht mehr als Prinz von Wales, sondern als König, Jakob war Herzog von York und Heinrich Herzog von Gloucester. Im Jahr der Restauration starben zwei Geschwister des jungen Königs, seine ältere Schwester Marie und sein jüngster Bruder, als habe das Schicksal dem Geschlecht der Stuarts einen Blutzoll dafür abgefordert, daß es noch einmal, ein letztes Mal, in den vollen Glanz der Geschichte zurückkehren durfte, und so standen vom ersten Regierungsjahr Karls II. an die zwei Stuartbrüder, nur durch wenige Jahre getrennt, nebeneinander: Karl und Jakob, der vorletzte und der letzte König, der konziliante Stuart und sein unversöhnlicher Bruder, der geschickte Diplomat und der unbelehrbare Fanatiker, der Karl mehr Schwierigkeiten bereiten sollte als alle Gegner zusammengenommen.

Karls II. Kindheit war noch glücklich, erst die Jünglingsjahre wurden von den inneren Wirren Englands überschattet. Der Monarch, dem man später seine vielen Mätressen vorwerfen sollte, wurde schon früh an weibliche Gesellschaft gewöhnt, ja blieb ihr bis etwa in sein achtes Lebensjahr so gut wie ausschließlich ausgeliefert. Eine muntere und kluge Kinderfrau verhinderte dennoch die schlimmsten Verzärtelungen. Prinz Charles war die Seele der großen, düster-prächtigen Paläste, in denen er sein Leben begann, und der Hof widmete ihm schon früh eine schmeichelhafte Aufmerksamkeit.

Eine glückliche Wendung in dieser Kindheit bedeutete es, daß Karl I. sich entschloß, die Erziehung seines Erstgeborenen in die Hände eines Schöngeistes zu legen. William Cavendish, späterer Herzog von Newcastle, war achtunddreißig Jahre älter als sein Zögling; aber was ihm an jugendlichem Elan fehlte, ersetzte er durch seinen weltmännischen Charme. Er war einer der reichsten Männer Englands und hatte zeitweise Jakob I. und Karl I. auf seinen Besitzungen Welbeck oder Bolsover mit schrankenloser Großzügigkeit freigehalten. Cavendish hatte die in seiner Zeit noch keineswegs übliche Kavalierstour absolviert und den Kontinent bereist, die wichtigsten Höfe kennengelernt und sich eine weit über dem Durchschnitt seiner Klasse stehende Bildung erworben. Als vollendeter Edelmann beherrschte er die ritterlichen Fertigkeiten wie Fechten und Reiten, war aber auch ein vorzüglicher Tänzer und liebte die schönen Künste. Das waren glänzende Voraussetzungen für einen Prinzenerzieher.

Die Aufgabe eines Prinzenerziehers in diesem Jahrhundert war alles andere als leicht, und die Direktiven, die Karl I. dem Herzog gab, waren nicht dazu angetan, sie zu vereinfachen. Je mehr sich der König in innere Schwierigkeiten und Kämpfe verstrickte, desto stärker sorgte er sich um den Sohn, der seine Nachfolge antreten sollte. Zu viele Bücher, zu umfassende Bildung und allzuviel Nachdenken, meinte der König, könnten dem Prinzen gefährlich werden, weil dieser Ballast die Tatkraft und die Entscheidungsfreude lähmen müsse. Das waren Bedenken, aus denen der Zwiespalt eines sonst einsichtigen Monarchen deutlich wird, der mit guten Vorsätzen angetreten war, dann aber in der Gewalt der Verhältnisse nicht mehr die Kraft und Unbefangenheit fand, sich über die politischen Strömungen seiner Zeit zu erheben.

Der Prinz also lernte mit Muße und mit Maßen, wobei ihm die Umgangsformen im wesentlichen von Cavendish beigebracht wurden, die eigentlichen Lernstoffe aber nach der Sitte der Zeit von einem geistlichen Würdenträger. Die Hauptsorge, das prinzliche Gehirn nicht allzusehr zu strapazieren, war in diesem Fall zweifellos fehl am Platz, denn Charles faßte schnell und vertrauensvoll auf, liebte seine Lehrer und geriet nur einmal in tiefere Opposition, als nämlich er als Prinz von Wales dazu ausersehen wurde, die Bitte des Königs um eine Begnadigung des Ministers Strafford zu überbringen. Charles war damals noch nicht elf Jahre alt, hatte den Hochverratsprozeß gegen den fähigen und treuen Staatsmann so gut wie gar nicht begriffen und reagierte auf das Todesurteil fassungslos mit einer langen und hartnäckigen Depression. Daß sein Vater, als er das Todesurteil bestätigte, ebenso unter dem Druck der Straße stand wie die Lords, als sie es fällten, das begriff Charles erst viele Jahre später, und vielleicht ist diese frühe Enttäuschung im sensibelsten Alter der Hauptgrund für die offenbare Unlust an seinem Beruf, die Karl II. in späteren Jahren wiederholt an den Tag legte.

Der so sorgfältig vor geistiger Überanstrengung behütete Prinz wurde aber nicht nur den seelischen Belastungen eines ungerechten Prozesses und eines Justizmordes ausgesetzt, sondern hätte auch um ein Haar das Leben verloren, weil sein sonst so besorgter Vater ihn während der Schlacht von Edgehill im Oktober 1642 ausgerechnet seinem Leibarzt William Harvey anvertraut hatte. Harvey hatte den Blutkreislauf entdeckt und beschäftigte sich intensiv mit Vererbungsproblemen. An jenem Oktobertag tat er es mit solcher Inbrunst, daß er, in die Lektüre vertieft, beinahe die Erben des Reiches, nämlich Charles und James, den Gegnern der Krone überlassen hätte.

Es währte Jahre, bis Karl I. die Lektion dieses gefährlichen Tages begriff und den Thronfolger aus dem unruhigen England fortschickte, und zwar auf die Insel Jersey. Böse Zungen behaupten, der König hätte sich auch 1645 noch nicht von seinem Lieblingssohn getrennt, wäre nicht eine Hofdame, die beträchtlich älter war als der Prinz, mit Charles in einer Situation ertappt worden, die mit dem Wort Umarmung nur unzureichend beschrieben ist.

Jersey, die größte und südlichste der britischen Kanalinseln, liegt zwischen der Westküste der Normandie und der Nordküste der Bretagne, sehr viel näher an Frankreich als an England. Die hohen Klippen im Norden halten die rauhen Nordsee-Winde ab, und flache Strände im Süden öffnen sie den milden Winden, die mit dem Golfstrom heranwehen. Auch der Regenfall ist weit geringer als in England. Der Prinz konnte mit seinem Exil um so zufriedener sein, als Jersey eine der treuesten Burgen der Stuarts war und sich auch in republikanischen Zeiten nur für wenige Jahre dem Parlament ergeben hatte.

Auf dieser glücklichen kleinen Insel konnte der Prinz die unglückliche große Insel vergessen und sich zwar nicht, wie es seinem Alter entsprochen hätte, in den Waffen üben, aber immerhin jagen und anderen Sport treiben. Er liebte es, Jersey mit einem kleinen Boot zu umfahren, und man schreibt sein späteres Interesse für alle Fragen der Seefahrt diesen zwei Verbannungsjahren auf Jersey zu. Ist auch nicht anzunehmen, daß er auf der milden Insel mit ihren gefälligen Fischermädchen die Lektionen vergaß, die ihm kurz vor der Abreise am englischen Hof noch zuteil geworden waren, so haben diese Abenteuer, die man auch gern Ausschweifungen nennt, seinem Charakter doch offensichtlich nicht geschadet.

Die Jahre in Jersey und die darauf folgende turbulente Prinzenzeit am französischen Königshof fanden ein jähes und bitteres Ende, als sich das Märtyrerschicksal Karls I. abzuzeichnen begann. Prinz Charles handelte so schnell und entschlossen und so völlig ohne Rücksicht auf die eigene Person, daß man von ihm, dem nun Achtzehn- und Neunzehnjährigen, den besten Eindruck gewinnt. Als Chef einer kleinen Flotte kreuzte er drei Monate lang vor der englischen Kanalküste, um seinem Vater die Flucht zu ermöglichen, und als im Winter 1648/49 der Prozeß gegen Karl I. begann, bot der Prinz sich von Holland aus dem Parlament als Geisel an. Daß er den Männern, die über seinen Vater zu Gericht saßen, eine Blankounterschrift zusandte, über die sie nur ihre Bedingungen zu setzen brauchten, war zweifellos mehr als eine Geste. Es war der ernsthafte Versuch, Königsmacht zu opfern, um ein Königsleben zu retten, und es ist nicht einzusehen, warum das Parlament nicht einen von dem Thronfolger unterschriebenen Verzicht auf den Thron jener Hinrichtung vorzog, die eine ganze Welt mit Recht gegen Cromwell aufbringen sollte.

Weder Holland noch Frankreich hatten sich hinter den Sohn Karls I. gestellt, trotz mancher Sympathien und verwandtschaftlicher Beziehungen. Die Covenanters aber, die um die Autonomie ihrer Kirche und ihres Landes besorgten Schotten, trafen sich mit Karl in Breda und rangen ihm die Zusage ab, sich ihnen zu unterwerfen.

Um darzutun, was dies bedeutet, müßte man sich so ausführlich mit den Zuständen Schottlands im siebzehnten Jahrhundert beschäftigen, wie sie uns etwa Buckle in ihrer ganzen grotesken Düsternis geschildert hat. Was immer religiöser Wahn und frömmelnde Borniertheit an allgemeiner Verdummung leisten können, wurde in diesem Lande übertroffen, da es ja noch gar nicht zum Licht des Geistes und des Fortschritts erwacht war, da ein wilder und rücksichtsloser Raubadel es ebenso beherrschte wie eine engstirnige Sektiererei, die sich als Staatsreligion gebärdete und auf Erden nach biblischen Grundsätzen verfahren zu können meinte.

»Während des siebzehnten Jahrhunderts«, schreibt Buckle, »pflegten die Schotten nicht die Künste des Lebens, bildeten nicht ihren Geist, erhöhten nicht ihren Wohlstand, sondern brachten den größten Teil ihrer Zeit mit sogenannten religiösen Übungen hin. Die Predigten waren so lang und so häufig, daß sie alle Muße verschlangen, aber das Volk wurde nicht müde, sie anzuhören. Wenn ein Prediger einmal auf der Kanzel war, so gab es für seine Redseligkeit keine andere Grenze als seine Kraft. Er war einer geduldigen und ehrfurchtsvollen Versammlung gewiß, und fuhr fort, so lange er es aushalten konnte. Wenn er zwei Stunden ununterbrochen fortsprach, so galt er als ein eifriger Pastor, dem das Wohl seiner Herde am Herzen läge; und mehr konnte ein gewöhnlicher Prediger nicht leisten, denn man erwartete, daß er seine Gefühle mit großer Gewalt ausdrücke und seinen Ernst durch gehörige Arbeit und reichlichen Schweiß bekunde.«

Die Namen dieser gewaltigen Prediger finden sich alle in Woodrows unübertrefflicher Geschichte der Schottischen Kirche, und ein jeder hatte seine Eigenarten und besonderen Vorzüge, welche zum Lebensinhalt seiner Gemeinde wurden (da diese ja kaum andere Eindrücke oder Lebensinhalte zu verzeichnen hatte). Von John Menzies, dem berühmten Professor der Theologie zu Aberdeen, war bekannt, daß er nach jeder seiner Predigten das Hemd wechseln mußte und daß die Tränen, die seine Zuhörerschaft vergoß, einige Tischtücher zum Auswinden naß gemacht hätten. Mit besonderem Eifer und gottgefälligem Schweißausbruch predigte auch James Forbes, der es, als ziemlich kräftiger Mann, auf fünf bis sechs Stunden brachte. Sehr oft aber waren bei besonders festlichen Anlässen zwei oder drei Prediger in der Kirche zugegen, so daß einer den anderen ablösen konnte, damit die Gemeinde in den Genuß von sechs Predigtstunden kommen konnte.

»Ein solcher Eifer und doch soviel Geduld zeigen uns einen ganz eigentümlichen Zustand der Gesellschaft; wir finden nichts Ähnliches in der Geschichte irgendeines zivilisierten Landes. Dieser heiße Wunsch, zu hören, was ihre Prediger nur irgend zu sagen hätten, war an sich schon eine höchst schmeichelhafte Huldigung und wurde natürlich von dem Glauben begleitet, daß sie mit einem Lichte begabt seien, welches ihren weniger begünstigten Landsleuten vorenthalten bliebe. Es kann uns nicht überraschen, daß die Geistlichen, die sich zu keiner Zeit und in keinem Volk durch ihre Demut oder durch Mangel an Selbstvertrauen ausgezeichnet haben, unter diesen Umständen, die ihren Anmaßungen so überaus günstig waren, etwas übermütig wurden und selbst eine Macht in Anspruch nahmen, die über das Maß hinausging, welches man ihnen zugestand.«

Das Zeugnis Buckles, des Hofhistoriographen der frommen Königin Victoria, ist wichtig, weil man sonst annehmen könnte, es sei die später zutage getretene Leichtlebigkeit, ja Frivolität Karls II., die seine Reibereien mit den Covenanters verschuldete. Als er sich ihnen in Breda - reichlich widerwillig und insgeheim zur Rache entschlossen - unterwarf, war er ein durchaus einwandfreier, wohlerzogener und von Idealen erfüllter junger Monarch, der sich sein erstes Land um einen hohen Preis erkaufte - um den Preis seiner treuesten Freunde, die Gegner der Schotten waren. Es scheint, daß er diesen Verrat weder sich selbst verziehen hat noch jenen, die ihn dazu zwangen.

Zunächst war Karl, seit 1. Januar 1651 gekrönter König der Schotten, ebenso ein Untertan der Geistlichkeit wie alle anderen Bewohner des Landes, und wenn er in Breda geglaubt hatte, es werde damit abgehen, täglich einen Gottesdienst anzuhören, während seine Landeskinder bis zu dreißig Stunden wöchentlich in den Kirchen absaßen, dann hatte Karl sich getäuscht. Die Geistlichen und ihre Vertrauensleute, die sogenannten Ältesten, übten nämlich eine Kontrolle über das gesamte Leben aus, wie man sie sich auf dem Kontinent einfach nicht vorstellen konnte. Die Dörfer und Städte waren in Viertel eingeteilt, in denen die Ältesten die Aufsicht führten und den Geistlichen berichteten. Sie hatten das Recht, unangemeldet bei den Familien einzudringen, die Wohnräume und alle Habseligkeiten zu visitieren und vor allem zu kontrollieren, ob einer während der Predigt zu Hause geblieben war. Die Dienerschaft, ja die Kinder wurden zu Aussagen gegen die Familienoberhäupter herangezogen. Jede leise Kritik an einem Prediger galt als Ketzerei, ihn nicht zu grüßen galt als ein Verbrechen.

»Die Welt«, schreibt Buckle, »bot nichts, was des Ansehns wert gewesen wäre, außer der Schottischen Kirche, the true visible Kirk, die ohne Vergleich das Schönste unter dem Himmel war. Ihr Anblick war eine erlaubte Freude, aber alle andere Freude war sündig. So war es zum Beispiel ein schweres Vergehen, Gedichte zu schreiben - es bedeutete die sichere Verdammnis. Musik anzuhören, war ebenso unrecht ... Tanzen war so äußerst sündhaft, daß von der Generalversammlung ein ausdrückliches Verbot dagegen erlassen und in allen Kirchen Edinburghs verkündet wurde ... Bei den Hochzeiten der Armen gestattete die Geistlichkeit überhaupt keine Fröhlichkeit, und zu den Hochzeiten der Reichen pflegte einer von ihnen zu gehen, mit dem ausdrücklichen Zweck, übermäßige Heiterkeit zu verhindern.

Weil das Baden sowohl angenehm als gesund war, so galt es für ein besonders schweres Vergehen ...«

Wer weiß, zu welchen Konflikten zwischen dem Trübsal heischenden Geist dieser Religion und dem weltläufigen jungen König es gekommen wäre, hätte Oliver Cromwell mit seinen Siegen das Beisammensein so ungleicher Kräfte nicht schon neun Monate nach der Krönung beendet. Um Cromwells Vordringen in Schottland Einhalt zu gebieten, hatte Karl mit vierzehntausend Mann einen kühnen Einfall in England unternommen. Leicht war es nicht, mit dieser Armee zu marschieren, denn man hatte ihm alle guten Offiziere verwehrt und dafür heiligmäßige Männer zu Dutzenden als Führer eingesetzt. Aber Karl hatte Schwung und Intelligenz und gelangte im Spätsommer 1651 bis Worcester, einer kleinen Stadt am Severn-Fluß. Hier allerdings erreichte ihn das Schicksal so vieler Stuarts, die alle vergeblich aus ihrer Hausmacht, dem schottischen Raum, gegen England vorzubrechen versucht hatten.

Cromwell und seine tüchtigen Generale Lambert und Fleetwood waren mit der Kavallerie unter Thomas Harrison genau doppelt so stark wie die Schotten, deren Bestände sich auf dem Marsch vermindert hatten. Karl mußte vom Kirchturm der Stadt Worcester aus zusehen, wie die Parlamentstruppen seine Schotten erst in die Stadt zurückwarfen und schließlich mit den Kanonen des eroberten Forts Royal zusammenschossen. Die Sache der Stuarts verlor an diesem schwarzen Tag etwa achttausend Mann an Toten und Verwundeten, der Rest floh vor der englischen Reiterei und verstreute sich unter großen Verlusten in alle Winde.

Karl auf seinem Kirchturm sah sich schon das Schicksal seines Vaters teilen und nach nicht einmal zwei Jahren zweifelhafter Königsherrlichkeit das Blutgerüst besteigen. Hundertmal war er in den nun anbrechenden vierzig Tagen einer kühnen und verzweifelten Flucht mit dieser Möglichkeit konfrontiert, er, der hochgewachsene Fürst mit dem unverkennbaren Stuartgesicht, ernst, edel, vom Mund her belebt, mit einem Blick, der bald herrisch, bald melancholisch ihn sogleich verraten mußte.

So sparsam Cromwell war, auf den Kopf seines Widersachers hatte er doch einen hohen Preis gesetzt, und Karl bezweifelte nicht, daß die Schotten, die seinen Vater gegen Geld an die Engländer ausgeliefert hatten, es mit dem Sohn genauso halten würden.

Dennoch gelang das Wunderbare, gelang vermutlich, weil das ganze Volk in einem fort an Wunder glaubte, sich von Heiligen umgeben wähnte, den Teufel überall witterte und die irdischen Erscheinungen ohnedies nur für sündigen Trug hielt. Karl, der Weltmann, ging unerkannt durch jene Welt des Glaubens, des Schreckens und der Verzückungen, weil die Menschen das Sehen und Denken verlernt hatten und dem Handeln mißtrauten. Er verkleidete sich als Holzfäller oder als Bauer; er schwamm durch Flüsse, wenn die Brücken bewacht waren; er nächtigte in hohlen Bäumen, weil niemand ihn verbergen durfte. Geheimnis und Geheimhaltung waren die Schotten seit Jahrzehnten gewöhnt, durften sie doch nicht einmal ihre eigenen Kinder bei sich aufnehmen, wenn diese exkommuniziert worden waren, und dank dieser allgemeinen Heimlichkeiten und Verängstigung gelang Karl das dreiste Komödienspiel.

Als Freigeist unter Puritanern, als Weltmann unter Kirchspielhonoratioren, als Fürst unter Soldaten traf er dennoch immer den richtigen Ton, fand er immer den einzigen Ausweg. Kein Stuart hat deutlicher als Karl II. gezeigt, daß dieses Königsgeschlecht noch eine zweite Fähigkeit besaß, nämlich den Schwung der großen Abenteurer. Man mußte schon die Désinvolture vieler Herrschergenerationen in sich haben, um quer durch Cromwells Rundköpfe hindurch den besten Gasthof eines Ortes anzusteuern, und wenn man etwa einen Ludwig XVIII. in gleicher Lage sehen könnte, jene jammernde Podagraleiche, die ein Napoleon verachtungsvoll nicht einmal verfolgte, dann hätte man schon vom Bild her die Erklärung dafür, warum die Bourbonen stets sofort aufgaben, die Stuarts aber immer erst dann, wenn ihnen die Pferde unter dem Leib weggeschossen worden waren. Trotz aller kontinentalen Einsprengsel waren sie zähe Hochländer und klammerten sich an ihr Ziel, und trotz aller

Hochland-Primitivität hatten sie französisches Blut genug, um sich mit Souveränität zu schlagen.

Quer durch Feindesland gelangte Karl erst nach Bristol und von dort schließlich nach Brighton, bis nach bangem Warten wieder einmal ein Schiff die Flucht beendete, das Schiff nach Frankreich.

Als er, man schrieb den 16. Oktober 1651, in Fécamp an Land ging, das heute ein großes Seebad ist, damals aber ein Fischerdorf war, da hatte er wenig Königliches an sich, wenig Hoffnung in sich und vor sich eine Reihe dunkler Jahre voll Armut und Demütigungen, die es ihm schwer machten, das Erlebte zu überwinden.

Karl war gescheitert, geflohen und gerettet und offensichtlich zunächst nicht geneigt, das Abenteuer von vorne zu beginnen. Nach den ersten Monaten der Not fand er Anschluß an reichere Briten, die in Frankreich gut lebten, und denen es Vergnügen bereitete, einen König, ihren König, in allzumenschliche Bereiche zurückzuholen. Nach der ersten Phase der Ausschweifungen auf Jersey, die diesen Namen kaum verdient, war das, was Karl nun an der Seite des zweiten Herzogs von Buckingham erlebte, eine verständliche Reaktion auf das Muckertum, zu dem die schottischen Covenanters ihn gezwungen hatten. Und man kann es ihm nicht verdenken, daß er, der bei Worcester tatsächlich nur mit knapper Not dem Tod entronnen war, nun an der Seite eines geistvollen Mannes ein paar Jahre jenes unkomplizierten Genußlebens nachzuholen suchte, das ihm die frühen Prüfungen verwehrt hatten.

Die Phase dieses von manchen Biographen aufgebauschten »Lotterlebens« war relativ kurz. 1654 finden wir Karl auf der Wanderschaft durch Europa, vornehmlich durch Deutschland, weniger mit dem Ziel, Geld und Truppen für eine Invasion zusammenzubringen, als in der Hoffnung, eine akzeptable Bleibe zu finden. Aber Deutschland hatte seinen schwersten und längsten Krieg hinter sich; eine Notzeit, wie sie Europa vorher und nachher kaum gekannt hat, machte schlechtes Wetter für große Herren, die man ja, soferne man sie aufnahm, nicht wie Haushofmeister halten konnte. Es spricht für Karl, daß er auch in dieser schweren Zeit keinen Verrat beging, auf keine Einflüsterung hörte und keinen von jenen ans Messer lieferte, die ihm bei der Flucht geholfen hatten. Dieses Schweigen und Verschweigen aber hat ihm ihre Namen und Taten so eingeprägt, daß er keinen Mann und keine Handlung vergaß, als die Stunde der Rückkehr auf den Thron herannahte.

Hoffnungen und Erwartungen verdichteten sich von jenem 3. September 1658 an, der als Todestag Cromwells abermals eine Wende brachte. Am 3. September 1650 hatte Cromwell bei Dunbar über die Schotten gesiegt, am 3. September 1651 bei Worcester über Karl Stuart, sieben Jahre später aber siegte der Stuart, ohne daß es eines der vielen Attentate bedurft hätte, zu denen seine Getreuen sich ihm angetragen hatten.

Der Mann, der für Karl den Thron erstritt, war George Monck, zweiter Sohn eines Landedelmanns aus Devonshire, später zum ersten Herzog von Albemarle erhoben, einer der wenigen britischen Generale, die man mit Moltke verglichen hat, ein Berufssoldat, der es verstanden hat, seine Stunde wahrzunehmen.

Cromwells Tod hatte eine Lücke gerissen, die der Sohn des eisernen Mannes nicht auszufüllen vermochte. Gegen die ehrgeizige Offiziersclique, die unter dem eleganten General John Lambert in London nach der Macht strebte, hatte George Monck im Norden, wo er die letzten Jahre kommandiert hatte, seine Armee zusammengezogen und auf Verläßlichkeit durchgeprüft. Es war eine Situation wie im alten Rom, wenn der Kaiser gestorben war, und Black George, wie die Soldaten General Monck nannten, hätte gewiß als Nachfolger Cromwells die Macht an sich reißen können. Aber das lag dem zurückhaltenden, bescheidenen und klar denkenden Mann nicht. Er verhandelte mit London nur eben so lange, wie er brauchte, um alle unsicheren Offiziere aus seiner Armee zu entfernen und durch treue Leute zu ersetzen. Dann marschierte er auf die Hauptstadt zu, schloß sie ein und demonstrierte seine Macht so überzeugend, daß so gut wie kein Blut vergossen wurde.

Während dieser Vorgänge im Winter 1659/60 unterhandelte Monck bereits insgeheim mit Karl II. und veranlaßte ihn zu einer Reihe von Zusagen und Verpflichtungen, die zwar längst nicht so weit gingen wie jene, welche die Covenanters verlangt hatten, die aber deutlich genug waren, Monck über die Zukunft zu beruhigen, die Englands unter einem zurückkehrenden Stuart harrte. Die Verhandlungen fanden, wie die Gespräche mit den Covenanters zehn Jahre zuvor, in dem niederländischen Städtchen Breda statt.

Monck, dem Karl II. seinen Thron verdankte, wurde später vor allen anderen Getreuen ausgezeichnet und geehrt, zum Herzog von Albemarle erhoben und durch eine Jahresrente von 7.000 Pfund aller Sorgen enthoben. Ob Karl II. den rechtschaffenen Mann absichtlich ein wenig in Distanz hielt, oder ob Monck von sich aus dem Hof fernblieb und keine politische Rolle anstrebte, wird sich heute kaum mehr klären lassen. Militärisch trat Monck noch einige Male, wenn auch mit wechselndem Glück, in Erscheinung. Sein großes Verdienst blieb jedoch der unblutige Staatsstreich, durch den er Karl II. auf den Thron brachte - was er zweifellos nicht so sehr für die Stuarts tat als für sein Land, das zwischen rivalisierenden Gruppen von Offizieren und Parlamentariern noch viele Jahre blutiger Bürgerkriege hätte erleben müssen, wenn es anders gekommen wäre.

Da die Chronisten gegen Könige duldsamer sind als gegen Generale, kommt Karl II. trotz seiner Schwächen bei ihnen im allgemeinen besser weg als General Monck, dem vorgeworfen wird, nicht vorausgesehen zu haben, was der zurückgerufene Monarch alles anstellen würde. Aber die einzige mit Sicherheit voraussehbare Handlung Karls II. war die Verfolgung der Königsmörder, also jener Männer, die an dem Prozeß und der Verurteilung Karls I. beteiligt gewesen waren. Monck hatte Karl natürlich nicht zu einem Generalpardon bewegen können, aber immerhin Zusicherungen der Milde erhalten, sofern es sich nicht um die Engstbeteiligten handeln würde. Und da Monck nicht, wie Karls II. allmächtiger Minister Hyde, in der Emigration gelebt, sondern als Offizier seinen Dienst getan hatte, waren unter den Männern, die nun die Rache des Königs zu spüren bekamen, naturgemäß auch einige, mit denen Monck in den Jahren der Republik kameradschaftliche Kontakte gepflegt hatte. Monck war eben kein Royalist, kein Verschwörer, und er hätte seine Macht ebenso gut wie an Karl II. etwa an den Herzog von York oder an das Haus Oranien weitergegeben, wenn er darin die beste und friedlichste Lösung erblickt hätte. Statt von Karl, nach nunmehr elf Jahren, Milde und Vergebung zu verlangen - so die Kritik der zeitgenössischen Historiker - hätte Monck sich vor seine einstigen Kameraden stellen sollen; weil er dies nicht tat, weil er ungerührt und leidenschaftslos, wie es seine Art war, nun dem König diente wie vordem Cromwell, hat er die guten Zensuren verspielt, die ihm sein unblutiger Staatsstreich eingetragen hatte:

»Alles stand bei der Armee«, schreibt Charles James Fox, »und diese Armee war, durch eine solche Verkettung zufälliger Umstände, über welche die Geschichte uns lehrt, uns nicht zu verwundern, in die Hände eines Menschen gefallen, der an Niederträchtigkeit seinesgleichen nicht unter den gemeinsten Soldaten fand. Persönlicher Mut scheint die einzige Tugend gewesen zu sein, die Monck besaß. Sein ganzer Vorrat von Weisheit bestand in Verschlossenheit und Verstellung.«

Und der maßvolle Macaulay, der sonst ein Meister der Charakterisierung ist, scheitert ebenso an der Unzugänglichkeit dieses rätselhaften Individualisten im Waffenrock, wenn er sagt: »George Monck war selbst das gerade Gegenteil von einem Zeloten. Er hatte beim Beginn des Bürgerkriegs die Waffen für den König [Karl I] getragen, war von den Rundköpfen [Parlamentstruppen] gefangengenommen worden, hatte dann ein Kommando vom Parlament erhalten und sich mit sehr geringen Ansprüchen auf Heiligkeit durch seinen Mut und seine militärische Geschicklichkeit zu hohen Posten emporgeschwungen ... Wohin er [auf seinem Marsch gegen London] kam, sammelte sich die Gentry um ihn, bat ihn, seine Gewalt zu verwenden, um der zerrissenen Nation Frieden und Freiheit wiederzugeben. Der General, kaltblütig, schweigsam, ohne Eifer für irgendeine Staatsverfassung oder Religion, beobachtete eine undurchdringliche Zurückhaltung; welchen Plan er um diese Zeit hatte, und ob er überhaupt einen hatte, darüber kann man zweifeln.«

Der wirkliche Grund für das Schweigen Moncks ist jedoch darin zu erblicken, daß er während seines Marsches und während der Machtergreifung in London in ständigem Kontakt mit Karl II. stand. Während ganz England auf die Entscheidung des verschlossenen Mannes wartete, wartete er selbst auf Karls Zusagen über seine künftige Zusammenarbeit mit dem Parlament. Als Monck sich dann für Neuwahlen aussprach - von denen klar war, daß sie zugunsten der Stuarts ausfallen würden -, da wurde er zwar umjubelt, wie es die kühlen Londoner kaum je zuvor getan hatten; aber niemand wußte, daß er in diesen Tagen der Unsicherheit und des Abwartens einen heimlichen Kampf für die Freiheiten der Nation gekämpft hatte.

Mit dem zurückkehrenden Monarchen kam sein Berater Edward Hyde, der den Prinzen schon nach Jersey und nach Frankreich begleitet hatte. Hyde war ein fähiger Mann von großer Rechtschaffenheit, aber er hatte beinahe eineinhalb Jahrzehnte im Ausland gelebt und die Entwicklung in England nur aus Berichten kennengelernt. Karl machte ihn nach der Restauration zum Grafen von Clarendon, und da Hydes Tochter mit dem Bruder des Königs, dem Herzog von York, verheiratet war, durfte man annehmen, daß Hydes Enkel eines Tages über England herrschen würden, was mit den Königinnen Anna und Maria dann auch tatsächlich der Fall war. Diese Tatsache hob den frischgebackenen Earl of Clarendon über das Parlament und über den britischen Adel hinaus in eine besondere Position, die ihre Wirkungen selbst auf Karl II. nicht verfehlte: In seiner ein wenig unerwartet zutage tretenden Unlust, sich mit Regierungsgeschäften abzugeben, beruhigte er sich mit der Erwägung, daß Clarendon schließlich zur Familie gehöre. Der König legte bei Sitzungen des Rates und bei Besprechungen aller Art jene an ihm so oft gerügte Ungeduld an den Tag, zeigte sich gelangweilt und überließ dem Mann, der schon so lange an seiner Seite war, in den entscheidenden Jahren unmittelbar nach der Rückkehr nach England die gesamte Verantwortung für die Innen- und Außenpolitik.

Clarendon war ein Mann von großen Gaben; seine Darstellungen über die Zeiten des Bürgerkriegs und die Schicksale der drei Königreiche im siebzehnten Jahrhundert bestimmten die Auffassungen der Historiker bis an die Schwelle unserer Zeit und sind noch heute unentbehrlich. Aber da Clarendon rings um sich nur wenige Männer sah, deren Urteil er vertrauen zu dürfen glaubte, war er schwer zu beeinflussen und wenig geneigt, sich belehren zu lassen - am allerwenigsten von jenen, die in London geblieben waren und aus eigener Erfahrung wußten, was er und sein Souverän in Frankreich und Holland nur durch Mittelsmänner hatten erfahren können. Und da beide in der Emigration kaum etwas anderes hatten treiben können als die traditionelle Politik der Stuarts, so war Clarendon trotz aller persönlichen Bedeutung doch ein sehr ungünstiger Helfer für den König, der eines echten Partners bedurft hätte, eines Mannes, dessen Ansichten aus ganz andersartigen Erfahrungen resultierten. Wenn man Karl II. vorwirft, daß er in der »den Stuarts eigentümlichen Verblendung« wieder dort angeknüpft habe, wo sein Vater gescheitert war, so treffen diese Vorwürfe in erster Linie Clarendon, den treuen Paladin des vertriebenen Thronfolgers, der um eben dieser Treue willen so manchen schweren Fehler begangen hat.

Wenn Karl II. diesem Mann das Feld überließ, so waren daran zum guten Teil jene Versuchungen schuld, denen vertriebene Fürsten offensichtlich leichter erliegen als ihre im Amt und in der höfischen Umgebung verbliebenen Kollegen. Karl hatte sich im Exil nach schweren Jahren in Armut und Abhängigkeit als ein Mann erwiesen, der den Genüssen des Lebens in hohem Maße zugewandt war, und wer darin nur eine Ablenkung der Verbannungsjahre gesehen hatte oder eine Trotzreaktion auf den schottischen Puritanismus, der wurde nun, nach der Rückkehr Karls, bitter enttäuscht: Der glückliche Heimkehrer, der vom Volk frenetisch begrüßte Stuart, nutzte die Energien, die er den Staatsgeschäften hätte widmen sollen, so gut wie ausschließlich dafür, möglichst hohe Einnahmen zu erhalten, um über große Summen frei verfügen zu können und endlich, zum ersten Mal in seinem Leben, der finanziellen Enge zu entrinnen, die ihn offenbar schlimmer getroffen hatte als die Tatsache der Verbannung selbst.

Clarendons erste Aufgabe war es, dem Parlament hohe Einkünfte für den König abzutrotzen, und da dieses Parlament aus neuen Wahlen hervorgegangen und ohnedies für Karl eingenommen war, gab es kaum einen Kampf, ja Karl erhielt so viel Geld, daß jeder andere spielend damit ausgekommen wäre. Aber er war nun einmal »über alles Maß dem Sinnengenuß ergeben«, wie es so schön heißt, und dieses Übermaß verschlang eben ein Übermaß an Geld. Ehe wir uns im einzelnen mit den Damen beschäftigen, denen es zufloß, muß noch gesagt werden, daß Karl für dieses Geld seine guten Vorsätze und hohen Ziele verkaufte. Er war damit zwar nicht schlechter als jene, die ihn finanziell erpreßten, aber während die Erpresser Abgeordnete waren und diese Art des Machtkampfes als tägliches Brot verstanden, war er der König, der Gesalbte, der Stuart, und man durfte von ihm die Größe erwarten, die Bewilligung seiner Toleranzgesetze durch das Parlament über die Bettfreuden zu stellen. »Mehr als ein gutmütiger Herrscher hat ganze Provinzen dem Raub und der Unterdrückung preisgegeben, lediglich weil er wünschte, nur glücklichen Gesichtern an seiner Tafel und auf seinen Spaziergängen zu begegnen. Keiner ist fähig, große Staaten zu regieren, welcher Bedenken trägt, die Wenigen, welche Zugang zu ihm haben, zu kränken, um der Vielen willen, die er niemals sieht« (Macaulay) .

Mit drei religiösen Gruppen hatte es Karl II. zu tun: den kalvinistischen Puritanern, die er nur allzugut kennengelernt hatte; den Anglikanern, die das Parlament beherrschten; den Katholiken, denen Karl aus eigener Neigung zu Erleichterungen verhelfen wollte. Da er mitangesehen hatte, welches Unheil die Religionskriege in Kontinentaleuropa angerichtet hatten, war er entschlossen, Toleranzgesetze durchzudrücken, und er war mit diesem Bestreben seinem Parlament so weit voraus, daß er das, was jedem Volk nur Nutzen bringt, gegen die Vertreter dieses Volkes mühsam erkämpfen und immer wieder verwässern mußte.

Könige sind keine Ideen-Träger, keine Parteiführer und oft auch keine Politiker, die einer bestimmten Anschauung um jeden Preis zum Sieg verhelfen wollen. Karl II. tat so lange sein möglichstes, das als richtig Erkannte durchzusetzen, als er sich noch Hoffnungen machen konnte. Aber er entwickelte eben nicht den Eifer, den ein Parteiführer entwickelt hätte, und er erlahmte schnell, weil er die Toleranzgesetze nicht als seinen politisch-historischen Auftrag ansah. Er war der König und blieb es auch dann mit dem gleichen Recht, wenn er nur einen Teil seiner Vorsätze verwirklichte. Dadurch wurde »die Regierung Karls des Zweiten eine von den sonderbarsten und zugleich von den wichtigsten Perioden unserer Geschichte«, sagt Fox. »Sie ist der Zeitpunkt guter Gesetze und einer schlechten Staatsverwaltung.« Und William Murray, erster Earl of Mansfield und Vater des britischen Handelsrechts, sagt von 1679, dem Jahre der Habeas-Corpus-Akte, es sei der Zeitpunkt, da die englische Verfassung ihre größte theoretische Vollkommenheit erlangt habe. Seine Toleranzgesetze mußte Karl zurücknehmen, das Gesetz über den Schutz des Einzelnen vor richterlicher und obrigkeitlicher Willkür aber, die berühmte Habeas-Corpus-Akte, trägt seine Unterschrift.

Es hätte eines energischen, kräftigen und zu allem entschlossenen Herrschers bedurft, um diesem vom Hader zerrissenen Volk zu seinem Heil zu verhelfen. Karl reagierte als Edelmann und wählte eine arrogante Sonderposition, die in vielen Punkten einer Isolierung gleichkam. Er war bekanntermaßen für Schmeicheleien unempfindlich, war ein Menschenverächter und entschlossen, nicht einen Tag seiner Regierungszeit ohne Amüsement zuzubringen, und da er ein glänzender Causeur und ein Mann von Geist war, gingen bald jene bei ihm ein und aus, von denen England wenig, der König jedoch um so mehr zu erwarten hatte: schöne Frauen, moralisch bedenkliche, aber unterhaltsame Männer, Schöngeister und Spötter, die ihm mit ihren Bonmots über die Niederlagen hinweghalfen, die er in der Politik hatte hinnehmen müssen. Es war ein Hof, der Männer von Geist und glänzende Kavaliere an sich zog: neben Briten viele Franzosen und an Deutschen unter anderen den Grafen Königsmarck, einem düsteren Schicksal bestimmt.

Während Karl II. sein Leben lang neiderfüllt nach Paris und Versailles blickte, wo Ludwig XIV. das erreicht hatte, was in England nicht mehr zu erreichen war, während Karl sich nach der Rolle und der Machtfülle eines Sonnenkönigs sehnte, verglich ihn die Geschichte mit dem schwachen, den Frauen ergebenen Nachfolger des Roi soleil, mit Ludwig XV., dem Vielgeliebten. Aber dieser Vergleich ist ausschließlich auf Äußerlichkeiten gegründet, denn es gibt keine Klassifikation der Monarchen nach der Zahl der Mätressen oder der unehelichen Kinder, die praktischen Wert beanspruchen könnte.

Karl II. war zum Unterschied von Ludwig XV. hochintelligent und von den besten Absichten erfüllt, sah sich ganz anderen inneren Schwierigkeiten gegenüber als ein absolutistischer Monarch im Ancien régime und war auch kein Erotomane, sondern lediglich leichtlebig und für die Rolle eines konstitutionellen Monarchen mit zuviel Temperament begabt. Er spielte neben keiner Mätresse die klägliche Rolle, die Ludwig XV. neben der Marquise de Pompadour einnahm, und ging auch im Alter nie so weit wie Louis le bienaimé im Fall der Dubarry, als diesen das Schwinden seiner Manneskräfte in die Arme einer versierten Dirne trieb.

Im übrigen aber hat der fröhliche Monarch seinem Volk allerlei an königlichen Unsitten vorgeführt, was vor allem die Puritaner aufs äußerste reizen mußte, und wenn es etwas gab, was ihm noch mehr Freude bereitete, als eine hübsche Frau im Bett zu haben, dann war es der Gedanke, daß Hunderttausende von Presbyterianern, Puritanern und Covenanters ihm gerade das besonders verübeln würden.

Die erste - den Historikern - bekannte Liaison Karls machte ihn schon mit neunzehn Jahren zum Vater. Lucie Walter(s), »ein walliser Fräulein von sehr zweifelhaftem Rufe in Betreff ihres Geistes und ihrer Sitten« (Bülau), gebar ihm am 19. April 1649, drei Monate nach der Hinrichtung Karls I., einen Sohn, den späteren Herzog von Monmouth (vgl. S. 199). Gerüchte, die während der Regierungszeit der letzten Stuarts nie wirklich verstummten, wollten wissen, daß Karl II. und die schöne Lucie heimlich miteinander verheiratet gewesen seien; doch ist nicht einzusehen, warum Karl, der unablässig an seiner Rückkehr nach England und an der Restauration der Stuarts arbeitete, solch einen ruinösen Schritt getan haben sollte.

Lucie, die nicht einmal dreißig Jahre alt wurde, hatte den Ernst des Lebens sehr früh kennengelernt. Roch Castle bei Haverfordwest in Wales, woher sie stammte, wurde 1644, als sie noch ein Mädchen war, von Parlamentstruppen niedergebrannt, und sie flüchtete erst nach London, dann nach Den Haag. Hier traf sie 1648 den damaligen Prinzen von Wales und nahm die vermutlich in London entstandene Bekanntschaft wieder auf. Bis zum Herbst 1651 lebte sie dann mit Unterbrechungen an seiner Seite, scheint aber nach seinem schottischen Abenteuer nicht mehr zu ihm zurückgekehrt zu sein. Sie starb 1658, also zwei Jahre vor der Restauration, und soll die Papiere, die ein Eheversprechen oder eine Eheurkunde enthielten, in einem schwarzen Kästchen stets mit sich geführt haben. In den historischen Romanzen rings um Karl und Lucie spielte dieses Kästchen naturgemäß eine bedeutende Rolle und wurde zu einer Legende wie die Kassettenbriefe oder das Testament der Königin Anna, blieb aber ebenso unauffindbar wie jene Dokumente.

Die kurze Verbindung mit Lucie ging in die Geschichte wohl nur ein, weil Jakob Fitzroy, Herzog von Monmouth, standhaft behauptete, aus einer legitimen, wenn auch heimlichen Ehe zu stammen, und seine Thronansprüche in dem unglücklichen Aufstand von 1685 durchzusetzen trachtete. Die nächste Liaison Karls II. hingegen wurde um ihrer selbst willen Gegenstand der Geschichtsschreibung und begründete erst wirklich seinen Ruf als galanter König: die zehn Jahre währende Gemeinschaft mit Barbara Palmer, Tochter des zweiten Viscount Grandison. Sie hatte als Achtzehnjährige Roger Palmer geheiratet, der zwei Jahre später, als die Untreue seiner jungen Frau offenbar wurde, zum Trost den Titel eines Earl of Castlemaine erhielt. Die schöne Barbara erscheint also unter dem Namen einer Gräfin Castlemaine und später einer Herzogin von Cleveland in den Tagebüchern und Briefen der Epoche, und sie war die beherrschende weibliche Erscheinung in den ersten Jahren nach der Restauration. Beim Einzug der Königin, einer portugiesischen Prinzessin, in London, stand Barbara bereits im Zentrum aller Blicke, und sie war die eigentliche Augenweide für die Teilnehmer des großen Festes.

»Wir mußten uns zu Fuß nach Whitehall begeben«, schreibt Samuel Pepys unter dem 23. August 1662 in sein Tagebuch. »Dort stiegen wir zu der neuen Salle des Festins hoch über der Themse hinauf. Man konnte sich keinen besseren Platz denken, um das große Schauspiel mitanzusehen. Der König und die Königin kamen auf einem großen Boot, das von einem Zeltdach überwölbt war. Rund um sie herum wimmelte es von großen und kleinen Booten, es müssen an die zehntausend gewesen sein, denn vom Wasser der Themse war so gut wie gar nichts zu sehen, und es war sogar schwierig, das Königspaar zu entdekken. Als die Souveräne im Angesicht von Whitehall an Land gingen, begannen die großen Geschütze Salut zu schießen. Was mir jedoch am meisten Vergnügen bereitete, das war der Umstand, daß ich Lady Castlemaine beobachten konnte, die unweit von uns an eine der kleinen Kanonen gelehnt stand. Ich konnte ihren Anblick in aller Ruhe genießen. Zu meiner größten Überraschung war auch ihr Gatte erschienen, ging aber auf und ab und schien von ihr keine Notiz zu nehmen. Nur als er ankam, hatte er den Hut gezogen, sie hatte sehr höflich für den Gruß gedankt, das war alles. Dann jedoch trat bald er, bald sie zu dem Kind, das auf dem Arm seiner Nurse ebenfalls dabei war, um den Kleinen zu unterhalten. Dann trat ein Edelmann mit Stiefeln und Sporen auf, mit dem sie sich längere Zeit unterhielt. Sie war barhaupt, nahm dann jedoch den Hut ihres Gefährten an, um sich gegen den Wind zu schützen. Er war ein durchaus alltäglicher Hut, aber er stand ihr prächtig, wie übrigens alles, was sie trägt. Als die Zeremonien beendet waren, ging ich, ohne daß ich müde geworden wäre, sie unausgesetzt anzustarren ...«

Pepys war - er hat es uns wiederholt gestanden - kein Kostverächter, und man darf ihm glauben, daß Lady Castlemaine eine aufsehenerregende Schönheit war. Das Kind, von dem Pepys spricht, war an jenem Augusttag erst wenige Monate alt und wurde später Earl of Chichester und nach dem Tod seiner Mutter Herzog von Cleveland, ohne sich je in irgendeiner Weise hervorgetan zu haben. Eine vorher geborene Tochter der Lady, genau neun Monate nach der Restauration zur Welt gekommen, hat Karl II. später als sein Kind anerkannt und damit der Anekdote entsprochen, die behauptete, er habe bereits die erste Londoner Nacht im Bett der schönen Barbara verbracht. Seine Tochter war diese vierzehn Jahre später einem Earl of Sussex angetraute Anna Palmer aber wohl ebensowenig, wie sie eine Tochter Roger Palmers war, der sie als erster legitimierte. Die heißblütige Barbara hatte nämlich schon als Sechzehnjährige ein vielbesprochenes Verhältnis mit einem Lord Chesterfield, der mit ihr und einer Lady Hamilton in einem höchst glücklichen Dreiecksverhältnis lebte.

Von den weiteren Söhnen, die Barbara gebar, wurde nur der dritte sogleich von Karl II. anerkannt, den zweiten weigerte er sich jahrelang als sein Blut zu akzeptieren. Aber eben dieser, der 1663 geborene Henry Fitzroy, späterer Herzog von Grafton, erwies sich als der bedeutendste von Karls Nachkommen, nämlich als tüchtiger Feldherr, der seinen Halbbruder Monmouth besiegte und später in Irland den Tod in der Schlacht fand.

Die politische Rolle der Herzogin von Cleveland war so unheilvoll, daß man der Charakteristik älterer Autoren, die sie als »ein gutmütiges, aber höchst leichtsinniges Weib« bezeichnen, nicht beipflichten kann. Sie war zwar am Liebesspiel so stark interessiert, daß sie neben Karl stets noch andere Liebhaber hatte und in späteren Jahren, als diese sich nicht mehr von selbst einstellten, attraktive junge Herren vom Hofe zu diesem Zweck aushielt; aber sie begnügte sich nicht wie andere Frauen solchen Temperaments mit der Liebe, sondern spielte mit großem Einsatz am Roulettetisch der Politik. Ihr Haus wurde der Treffpunkt aller Gegner des mächtigen Kanzlers Clarendon, und als dieser verdiente Mann 1667 endlich ihren Intrigen erlag, hielt sie es nicht für notwendig, ihre Freude über seinen Sturz zu verbergen oder zu bemänteln. Ihr Triumph war aufschlußreich und sollte es sein.

Die Jahre, die dem Sturz Clarendons vorangingen, waren nicht nur wegen der politischen Spannungen die schwersten Regierungsjahre Karls II. London wurde auch von Seuchen und Feuersbrünsten so schwer heimgesucht, daß man geneigt war, den Verwünschungen und Lamentationen der Puritaner zu glauben, die dem sündigen König einen Untergang in Pest und Brand vorhersagten und androhten.

Epidemien waren im Mittelalter und in der frühen Neuzeit keineswegs selten, hatten meist in den schlechten sanitären Verhältnissen ihren Ursprung und ließen sich mit den Mitteln der Zeit kaum eindämmen, so daß sie praktisch ungehindert um sich griffen, bis sie von selbst erloschen. Die frühesten Seuchennachrichten aus England stammen aus dem Jahr 430. In Schottland starben 954 an die vierzigtausend Menschen an der Pest - das war etwa ein Achtel der Bevölkerung! -, London hatte seine erste große Seuche 1094. Die große Pest des vierzehnten Jahrhunderts, die Boccaccio für Florenz beschrieben hat, erreichte London 1348/49. Damals starben täglich etwa zweihundert Menschen, im Pestjahr 1407 noch einmal dreißigtausend und hundert Jahre später, 1603/04, abermals etwa die gleiche Anzahl.

Alle diese Ziffern wurden jedoch weit übertroffen durch die große Pest von London, the great Plague, die große Heimsuchung genannt, die im Dezember 1664 die ersten Opfer forderte und erst erlosch, nachdem siebzigtausend (nach manchen Quellen hunderttausend) Menschen den Tod gefunden hatten. Ihre Schrecken hat Daniel Defoe festgehalten. Der Verfasser des Robinson Crusoe hat bei allem Bemühen um Sachlichkeit und Erkenntnis der Tatsachen ein erschütterndes Journal of the Plague-Year geschrieben, aus dem man, um ein Zeit- und Sittenbild zu geben, am liebsten hundert Seiten zitieren möchte. Das zutiefst Packende des Buches aber ließe sich auch damit noch nicht wiedergeben, denn es schildert auf seinen 350 Seiten den Angriff der Pest auf eine große Stadt romanhaft wie eine einzige große Aktion, von den ersten, gerüchtweise und durch Kaufleute bekanntgewordenen Pestfällen in Holland bis zum Sprung der Seuche über den Kanal, vom Anwachsen der Beerdigungszahlen in den Gemeinden Saint Giles, Saint Bride und Saint James bis zum scheinbaren Erlöschen der Seuche in den klirrend kalten Wintermonaten, vom bangen Beobachten der Frühjahrsziffern, der vierhundert Toten im April bis zum Ausbrechen der ersten Fluchtwelle in der Bevölkerung in den Monaten Mai und Juni.

»Die reicheren Leute, vor allem der Hochadel und der Adel aus dem Westteil der Altstadt, zogen in Scharen mit ihren Familien und Bediensteten aus der Stadt, ein ungewöhnlicher Anblick; das war besonders gut in Whitechapel zu beobachten, das heißt auf der Broad Street, in der ich wohnte. Man konnte wahrhaftig nur noch Wagen und Karren mit Besitztümern, Frauen, Kindern und Dienern sehen ..., und alle flüchteten sie! Dann erschienen leere Wagen und Karren und unberittene Pferde mit Bediensteten, die offensichtlich vom Lande zurückgeschickt worden waren, um weitere Menschen zu holen.«

Defoe blieb in London nach langem Schwanken, obwohl seine Brüder die Stadt verließen und auch er bei Verwandten auf dem Lande gut hätte unterkommen können. Er mußte mitansehen, wie die Seuche, in der sommerlichen Wärme aufflammend, Stadtviertel um Stadtviertel eroberte, manchmal einen Umweg machte, so daß ein Quartier sich verschont wähnen durfte, bis die Pest dann um so schlimmer zuschlug.

»Nun [Ende Juli 1665] begann auch die Altstadt innerhalb der Mauern heimgesucht zu werden; aber die Einwohnerzahl war dort außerordentlich verringert, da ja ein Großteil von ihnen aufs Land hinaus geflohen war ... Wenn ich von der Flucht aus der Altstadt berichte, sollte ich erwähnen, daß der Hof frühzeitig die Stadt verließ, nämlich im Juni, und nach Oxford ging, wo er durch Gottes Gnade bewahrt blieb; ja die Seuche berührte sie [die Hofgesellschaft] auch nicht im geringsten, ich kann aber nicht sagen, daß ich sie je auch nur die geringste Dankbarkeit dafür und kaum irgendeine Besserung zeigen sah, wenn man ihnen auch oft genug sagte, daß ihre zum Himmel schreienden Laster viel dazu beigetragen hätten, dieses schreckliche Gericht über das Land zu bringen, was man sagen darf, ohne das Gebot der Nächstenliebe zu übertreten.«

Dieser zwischen Wagnis und Scheu in beinahe komischer Weise schwankende Satz legt die Vermutung nahe, daß Defoe, der im Pestjahr noch ein Knabe war, nicht nur die bekannten geschichtlichen und medizinischen Quellen für seine Darstellung benützte, sondern auch ein Tagebuch seines Onkels Henry Foe, der, wie der Erzähler des Pestbuches, in der Nähe von Whitechapel mit einer Haushälterin und zwei Lehrlingen wohnte. Diesem Tagebuch mögen die vielen, zum Teil schaurigen Einzelheiten entstammen, die Defoe als Kind kaum selbst beobachtet und in der Erinnerung bewahrt haben kann, vor allem die nächtlichen Ereignisse, der Abtransport der Leichen, die Neugier, die Wahnsinnstaten der von Schmerzen geplagten Menschen. Die pausenlos brennenden riesigen Kohlenfeuer, welche die Luft reinigen sollten, und manche Verzweiflungsszene in den verschlossenen Pesthäusern aber mögen sich dem Jungen unauslöschlich eingeprägt haben und lebendig geblieben sein, bis er sich im hohen Alter, als 1720/21 in Marseille die Pest wütete, zur Abfassung seines großen Berichts entschloß.

Die Londoner Pest erreichte ihren Höhepunkt im August und September 1665. Damals starben in fünf Wochen annähernd vierzigtausend Menschen, so daß die Schätzung von insgesamt hunderttausend Toten in diesem Pestjahr nicht unwahrscheinlich genannt werden kann. Das Erlöschen der Seuche ist besonders packend geschildert, und Defoe läßt die ersten Anzeichen dieser glücklichen Wende seinen Freund Dr. Heath erkennen, hinter dem sich der berühmte Londoner Arzt Dr. Nathanael Hodges verbirgt, dessen Arbeiten Defoe benützte: Heath-Hodges macht den Erzähler, der ob der großen Zahl der Neuerkrankungen verzweifelt ist, darauf aufmerksam, daß zwar mehr Menschen erkranken, aber weniger sterben, daß also die Seuche selbst an tödlicher Kraft verloren habe.

Der Londoner Stadtverwaltung stellte Defoes Bericht ein hervorragendes Zeugnis aus. Die Straßen seien trotz der Seuche stets sauber gewesen, nirgends seien unbegrabene Tote herumgelegen, die Preise der Lebensmittel hätten sich nur unwesentlich erhöht, ohne daß es je zu Knappheit gekommen sei. Um so merkwürdiger erscheint die Fassungslosigkeit der Behörden, als ein Jahr nach der großen Pest der große Brand von London ausbrach. Es scheint keine Feuerwache, ja nicht einmal eine Feuermeldung gegeben zu haben; der stets wache und interessierte Samuel Pepys war der erste Unglücksbote im Königspalast:

»2. September 1666: Unsere Dienstboten waren gestern lange aufgeblieben, um das Festmahl des heutigen Tages vorzubereiten. Gegen drei Uhr morgens kam Jane und weckte uns, um uns zu sagen, daß man in der City eine große Feuersbrunst sehe. Ich stand auf und trat ans Fenster und gewann den Eindruck, daß das Feuer weiter entfernt als Park Lane sein müsse, auf jeden Fall also so weit weg, daß es für uns keine Gefahr bedeute, und legte mich wieder zu Bett.

Um sieben Uhr, als ich aufstand und mich ankleidete, sah ich, daß sich das Feuer offenbar beruhigt hatte, es schien weiter entfernt zu sein als in der Nacht. So begann ich also, in meinem Arbeitszimmer Ordnung zu machen, weil man gestern, bei der Großreinigung, alles auf den Kopf gestellt hatte. Dann kam Jane und erzählte, daß seit der Nacht dreihundert Häuser in Flammen stünden und daß sich das Feuer in Richtung auf London Bridge weiter ausbreite. Ich machte mich fertig und begab mich in den Tower. Von seiner Brüstung aus sah ich die Häuser an dieser Brückenseite ganz in Flammen und Rauch gehüllt und eine ungeheure Feuersbrunst, die sich dahinter ausdehnte. Tief betroffen stieg ich hinunter, und der Leutnant der Wache erzählte mir, daß das Feuer in den ersten Morgenstunden bei dem königlichen Bäcker in der Pudding Lane ausgebrochen sei und inzwischen die St.-Magnus-Kirche zerstört habe.

Am Kai mietete ich ein Boot und fuhr unter der Brücke durch. Auf der Themse spielten sich erschütternde Szenen ab. Die Menschen versuchten, ihre Habe zu retten, und warfen, was sie besaßen, auf die Uferböschung oder stapelten sie in Booten auf. Arme Tauben, die sich nicht entschließen konnten, ihre Heimstätten zu verlassen, flatterten um Fenster und Balkone so lange, bis sie mit versengten Flügeln zu Boden stürzten. Nach einer Stunde war klar zu erkennen, daß das Feuer mit steigender Intensität nach allen Seiten an Raum gewann, und daß niemand, soviel ich sah, irgendwelche Anstrengungen unternahm, es zu löschen oder einzudämmen. Die Menschen dachten nur daran, ihren Besitz zu retten, und wenn dies geschehen war, ließen sie die Häuser abbrennen. Der Wind wehte mit großer Kraft und trieb die Flammen in Richtung auf die Altstadt. Nach so langer Trockenheit war alles brennbar, selbst die Mauern der Kirchen ...

Ich begab mich dann nach Whitehall, zum König. Im Vorzimmer drängte sich alles um mich, und der Bericht, den ich gab, wirkte sehr niederdrückend. Man brachte dem König die Nachricht und dieser ließ mich rufen. Ich trug seiner Majestät und dem Herzog von York [dem späteren Jakob II.] vor, was ich gesehen hatte, und äußerte die Ansicht, daß nichts das Feuer aufhalten könne, wenn seine Majestät nicht befehlen würden, Häuser abzureißen. Der König und sein Bruder schienen tief bewegt, und seine Majestät befahl mir, den Lord-Major aufzusuchen und ihm von seiten des Königs zu befehlen, an allen Grenzen der Feuersbrunst Häuser niederzureißen. Der Herzog von York fügte hinzu, daß man dem Bürgermeister zu diesem Zweck soviel Soldaten zur Verfügung stellen würde, wie er nur brauche.

Ich traf den Kapitän Cocke, der mir seine Karosse lieh, um nach Saint-Paul zu fahren. Watling-Street war bereits völlig verstopft mit Menschen, die sich mit allerlei Gegenständen und Hausrat beladen hatten. Sogar Kranke sah ich, die man in ihrem Bett durch die Straßen trug. Schließlich fand ich auch den Lord-Mayor, der völlig erschöpft wirkte und sich ein Taschentuch um den Hals gebunden hatte. Als ich ihm die Botschaft des Königs bestellte, begann er zu stöhnen wie eine Frau, die sich in den ersten Wehen windet. ›Mein Gott‹, sagte er, ›was kann ich denn tun? Ich bin am Ende. Niemand gehorcht mir. Natürlich habe ich ein paar Häuser niederreißen lassen, aber das Feuer ist viel schneller und springt über diese Schneisen hinweg!‹ Er fügte hinzu, daß er noch mehr Soldaten brauche und daß er, was ihn selbst betreffe, sich nun zur Ruhe begebe, denn er habe die ganze Nacht kein Auge zugetan. Dann ging er nach der einen Seite, ich nach der anderen.

Die Menschen betrugen sich wie die Verrückten. Niemand machte auch nur den geringsten Versuch, das Feuer selbst zu bekämpfen. Allerdings muß man sagen, daß in dem betroffenen Viertel die Häuser sehr nahe beisammen stehen und voll mit leicht brennbaren Materialien wie Pech und Teer sind, ganz zu schweigen von den vielen Ölhändlern und den Lagerhäusern mit Branntwein oder Wein an der Themse.«

Schließlich brachte der rücksichtslose Abbruch von Häusern das Feuer aber doch zum Stillstand, aber erst, als bereits die ganze Altstadt ein Raub der Flammen geworden war. Pepys, der all seine Habe und sein Gold bereits verpackt hatte, begann wieder aufzuatmen, Vergnügen am Essen und - am 12. September 1666 - auch an Madame Martin zu empfinden (»Je fis tout ce que je voudrais avec elle«, notiert er, vorsichtshalber französisch, in sein Tagebuch). Das Volk hingegen drängte sich in den Kirchen, es handelte sich dabei, wie Pepys festhält, um die »kleinen Leute« ...

Es war eine Sitte der Zeit, sogenannte Pensionen von ausländischen Höfen zu beziehen: Bestechungs- oder Schmiergelder, die kurioserweise nur ausnahmsweise verheimlicht oder als Ehrengaben getarnt wurden. Karl II. selbst erhielt im Rahmen seines Bündnisses mit Frankreich hohe Zuwendungen aus Versailles; daneben aber gab es immer wieder Damen, die sich ihren faktischen oder angeblichen Einfluß auf den Monarchen von Ludwig XIV. und von anderen honorieren ließen. Auch Barbara

Palmer bezog Gelder aus Frankreich, die ganz offiziell über den französischen Gesandten in London liefen, und vermutlich hing ihr Übertritt zur katholischen Kirche im Jahr 1663 mehr mit diesen Subsidien zusammen als mit ihrer Rolle als Hofdame bei der katholischen Königin, die das schöne Geschöpf ohnedies nur widerwillig an ihrer Seite duldete.

Barbaras bedeutendste Liebhaber neben Karl waren John Churchill, der spätere Herzog von Marlborough, und William Wycherley, einer der geistvollsten Komödienschreiber der Zeit, der mit einem Intrigenstück vor der Kulisse vom Saint-James-Park die Zuneigung der schönen Frau gewonnen hatte. Churchill wurde eines Tages vom König im Bett Barbaras gefunden. Während John Churchill durch das Fenster enteilte, rief Karl ihm gutmütig nach: »Bleib doch, ich weiß ja, daß du dir damit deinen Lebensunterhalt verdienst.«

Ihre eigenen frühen Erfahrungen mit Lord Chesterfield, der sie zugleich mit einer anderen liebte, brachten Barbara auf den Gedanken, den König dadurch wieder stärker an sich zu fesseln, daß sie ihm selbst eine neue und sehr junge Geliebte zuführte. Ihre Wahl fiel auf Frances Stuart, die nicht nur schön war, sondern vielleicht sogar eine entfernte Verwandte des Königs aus einer Linie, die sich schon im fünfzehnten Jahrhundert abgespalten hatte.

Zunächst schien Barbara mit ihrer Spekulation recht zu behalten. Aber Frances, obwohl erst fünfzehn, war eine Stuart; sie war kein Emporkömmling, sie war von der Aussicht, die Geliebte eines Königs zu werden, keineswegs geblendet und verweigerte sich Karl mit erstaunlicher Konsequenz.

Das frühreife Mädchen war schön, elegant und verfügte über jenen aristokratischen Charme, den sonst erst die fertige Dame ins Treffen zu führen weiß. Sie galt allen, die sie kannten, als ein Wunder an graziösen Formen und dennoch erregender Ausstrahlung, und die erfahrene Herzogin von Cleveland zauderte nicht, dem König die Reize seiner Cousine vor Augen zu führen. Frances Stuart schlief bei Barbara; das war eine verbreitete Gepflogenheit, die Betten waren groß, die Wohnungen geräumig.

Kam Karl zur Morgenvisite, so schlummerte Frances noch tief, mit aufgelösten Haaren, die sich über die Kissen breiteten, und wenn die Decken nicht von selbst verrutschten, so half Barbara kupplerisch nach. Aber bei diesen morgendlichen Betrachtungen der ahnungslosen Schönheit blieb es. Frances ließ sich jahrelang verwöhnen, beschenken und vom König hofieren; sie saß mit solcher Anmut zu Pferd, daß sie Karl immer wieder den Kopf verdrehte. Aber sie erhörte ihn nicht.

Das Geheimnis ihrer Widerstandskraft war ihre Neigung zu Charles Stuart, dem dritten Herzog von Richmond und sechsten Herzog von Lennox, mit dem Karl sie eines Tages ertappte. Der im allgemeinen höfliche, zurückhaltende und für seine ausgezeichneten Manieren bekannte Monarch hatte bei dieser Gelegenheit einen seiner seltenen Wutausbrüche und verwies Richmond vom Hof. Der Herzog, ein Stuart wie der König und ebenso stolz, kehrte jedoch wieder, entführte die schöne Frances und vermählte sich heimlich mit ihr.

Frances Stuart war zweifellos die tiefste Neigung Karls II.; die erstaunliche Tatsache, daß er kaum je eine Mätresse verstieß, sondern sie in gewissem Sinn alle nebeneinander beibehielt, findet ihre Erklärung in dieser jahrelangen und offensichtlich unglücklichen Zuneigung zu dem schönen, spröden Mädchen. Um Frances zu erringen, war er bereit, seine Ehe mit Katharina von Braganza aufzulösen und ihr die Hand zu reichen, die sie auf den Thron erhob. Im Jahr 1667 sah es ganz so aus, als würde dieses Vorhaben in die Tat umgesetzt, weil Frances wieder einmal gedroht hatte, wenn Karl sich nicht mäßige, werde sie den Hof verlassen und nach Frankreich gehen, woher sie gekommen war. Die kriegerischen Zeiten, die für England unglücklichen Auseinandersetzungen mit Holland und der Sturz Clarendons nahmen Karl dann so in Anspruch, daß er seine Politik nicht noch mit den Erschütterungen einer Scheidung und Neuvermählung belasten konnte.

In seinem Zorn über den Trotz der jungen Hofdame, die dem König einen anderen vorgezogen hatte, soll Karl II. Frances Stuart verwünscht haben: Es werde der Augenblick kommen, wo sie häßlich und zu allem bereit an den Hof zurückkehren werde. Tatsächlich wurde Frances wenige Jahre später das Opfer einer Krankheit, die damals grassierte, ohne Widerstand zu finden: Sie bekam die Windpocken, war zumindest im Gesicht nicht mehr schön zu nennen und kehrte als Herzogin von Richmond und Lennox an den Hof zurück. Karl II. nahm sie mit Freuden wieder auf und bewahrte ihr eine herzliche Freundschaft bis zu seinem Tod.

Frances Teresa Stuart, die den König um siebzehn Jahre überlebte und 1702 starb, ging als La Belle Stuart in die Geschichte ein, ohne daß bis heute mit Sicherheit feststeht, daß sie eine Stuart aus dem alten schottischen Königsgeschlecht war. Eine zweite Überlieferung will in ihr die Tochter eines Arztes sehen, der zum Hofstaat von Karls Mutter Henrietta Maria gehört habe und mit ihr nach Frankreich gegangen sei. Dort sei Frances 1648 zur Welt gekommen ... Ob es so war oder anders: keine Prinzessin von Geblüt hätte sich an dem Hof der leichten Muse, zu dem Whitehall unter Karl II. geworden war, mit mehr Anstand und Geist aus der Affäre ziehen können. Ob sie nun Karl tatsächlich ein Leben lang widerstand, oder seinem Drängen und seinen Huldigungen schließlich doch nachgab, ist nicht sonderlich wichtig angesichts der unleugbaren Tatsache, daß sie ihm nie hörig wurde, daß sie sich ihm nie unterwarf und daß sie es, ob seine Mätresse oder nicht, auch am Hof und im unmittelbaren Machtbereich der königlichen Launen stets verstand, ein freier Mensch zu bleiben und ihren eigenen Neigungen zu leben.

Dies ist so bemerkenswert, weil vom König und vom Hof im siebzehnten und auch noch im achtzehnten Jahrhundert ungleich stärkere Einflüsse auf den Charakter der Untertanen ausgingen als heute etwa vom Betragen der Regierungsmitglieder. Während niemand mehr auf den Gedanken käme, in einem Minister eine moralische Institution zu sehen, war der König, der gesalbte, legitime Monarch, verbindliches Vorbild. Selbst wenn man in London nicht soweit ging wie jene Höflinge von Versailles, die nach der Darmfistel-Operation des Sonnenkönigs einen gleichen Eingriff an sich vornehmen ließen, so stand doch zumindest die ganze Stadt seit der Restauration unter dem dominierenden Einfluß eines genußsüchtigen Königs und seines glanzvollen Hofes, und selbst durchaus rechtschaffenen Bürgern und Beamten gelang es nur schwer, sich dem Sog dieses allerhöchsten Lotterlebens zu entziehen.

Die Restauration hat eine ganz bestimmte und in der Gesamtwirkung durchaus glückliche Einstellung zu den Gütern und Genüssen des irdischen Daseins hervorgebracht, die nur darum bei so vielen Briten Gewissensbisse erzeugte, weil man noch kurz vorher, unter Cromwell, gar so fromm und bescheiden gewesen war. Den köstlichen Spiegel dieser Seelenkämpfe, die in den Männern und Familienvätern offenbar heftiger tobten als in den Frauenherzen, liefert uns der schon zitierte Samuel Pepys, der just am 1. Januar 1660, also am ersten Tag des Restaurationsjahres, sein Tagebuch begann und es bis zum 31. Mai 1669 auf nicht weniger als sechs unschätzbare Bände brachte (in der nun vollständigen wissenschaftlichen Ausgabe von Latham und Matthews mit allen Kommentaren eine unerschöpfliche Fundgrube von elf Bänden, London 1970-83).

»14. Oktober 1660: In der Kapelle von Whitehall, wo ein gewisser Doktor Croft einen äußerst banalen Sermon hielt; darauf folgte ein Wechselgesang, bei dem so sehr gestümpert wurde, daß der König sich das Lachen nicht verkneifen konnte. Bei dieser Gelegenheit sah ich zum erstenmal die Princesse Royale (Henriette von England, die Lieblingsschwester Karls II). Ich konnte auch mit ansehen, mit welcher Ungeniertheit sich der Herzog von York und Mrs. Barbara Palmer durch den Vorhang hindurch unterhielten, der die Loge des Königs von jener der Damen trennt ...«

Der König, sein Bruder, seine Schwester - wo sonst sollte man hinblicken, wenn man mit so hochgestellten Persönlichkeiten in der Kirche war? Ihr Betragen mußte auf die Untertanen abfärben. Nicht minder anregend wirkten die ungeheuer prompten Rache-Edikte Karls II. Nur einen Tag vor jenem Kirchgang in Whitehall notiert Pepys:

»Morgens zu Mylord [Sandwich, seinem Vorgesetzten in der Admiralität], und, da er noch nicht auf war, nach Charing Cross, wo ich zusah, wie man den Major Harrison hängte, vierteilte und endlich vollends zerstückelte. Als man seinen Kopf und das herausgerissene Herz der Volksmenge zeigte, brach diese in lautes Freudengeheul aus. Das Schicksal hat es also gewollt, daß ich die Hinrichtung Karls I. in Whitehall mit ansah und heute nun das erste Blut, das vergossen wird, um diese Untat zu rächen. Ich begab mich danach zu Mylord, wo ich den Kapitän Cuttance und Mr. Sheply antraf. Wir gingen alle zum Austernessen in die Taverne zur Sonne ...

4. Dezember: Nach dem Dinner mit Sir Thomas Crew ins Theater, um ›Die schweigsame Frau‹ [von Ben Jonson] zu sehen. Auf der Themse nachhause, dann noch zu Sir W. Batten, um ihm Papiere zu bringen. Ich fand einige Herren bei ihm, die Karten spielten, unter ihnen Sir W. Pen [Vater des berühmten Kolonialpioniers] in schon recht ramponierter Verfassung. Ich blieb bis ein Uhr morgens, dann gingen Pen und ich als erste. Das Parlament beschloß heute ein Edikt, demzufolge die Leichname von Oliver Cromwell, Ireton, Bradshaw und anderen aus ihren Gräbern in Westmister gerissen, zum Galgen geschleift und dort aufgehängt werden sollen, ehe man sie wieder verscharren will. Ich finde es peinlich, einem Mann von so großer Tapferkeit derlei anzutun, selbst wenn man bedenkt, daß er in mancher anderen Hinsicht solch eine Behandlung verdient hat.«

Ist es der innere Zwiespalt, die Unsicherheit im eigenen Urteil über die Zeit und die Einstellung zu ihr, die Pepys und seine Landsleute dem Vergnügen in die Arme trieb? Mußten sie nicht, nach Jahren offiziellen Trübsinns und beinahe pausenlosen Bürgerkriegs, unter dem zurückgekehrten König einen durchaus natürlichen und entschuldbaren Hang zum Lebensgenuß entwikkeln, da ohnedies in den Bereichen der höheren, der ewigen Werte eine so offensichtliche Verwirrung herrschte?

Man wandte sich mit einer gewissen Naivität dem Nächstliegenden zu: der Kleidung, den Gaumenfreuden, den Frauen. »20. April 1661: Mein Diener teilt mir mit, daß der Herzog von

York die wichtigeren Beamten der Admiralität zu sehen wünsche. Als man uns zu ihm führte, war er noch im Begriff, sich anzukleiden. Im Nachtgewand sah er recht alltäglich aus. Wir warteten dann in einem Vorraum, wo wir zwei prachtvolle, goldbeschlagene Kisten aus lackiertem Holz sahen, die ihm die Holländische Ostindien-Kompanie zum Geschenk gemacht hatte. Als der Herzog eintrat, teilte er uns mit, daß die Flotte nach Algier geschickt werde (was man uns bis zu diesem Augenblick verschwiegen hatte). Wir berieten über tausend Dinge, die Ausrüstung betreffend, und verabschiedeten uns dann.

Ein Mr. Bowman nahm mich abends mit zur Vorstellung; man gab vor dem König »Der freundliche Leutnant« [eine Komödie von Beaumont und Fletcher]. Ich sah den König, den Herzog von York und die Herzogin, die man nicht schön nennen kann, weil sie ihrer Mutter, der Gattin des Kanzlers [Clarendon] ähnelt. Es wurde nicht sehr gut gespielt, aber es bereitete mir großes Vergnügen, den ganzen Rahmen der Aufführung zu betrachten und all die berühmten Schönheiten, die erschienen waren. Vor allem mit Mrs. Barbara Palmer betrug sich der König höchst vertraut und ungeniert ...

Ich brachte Mylady [Sandwich] heim und fand Mylord in größtem Zorn über seinen Pagen, durch dessen Unachtsamkeit der neue Castor-Hut seiner Lordschaft gegen einen alten ausgetauscht worden war.

22. April (1661): Der Festzug bewegte sich vom Tower in Richtung Whitehall. Ich war früh aufgestanden und hatte mich so schön herausgeputzt wie nur irgend möglich. Es war das erstemal, daß ich mein Samt-Habit trug, obwohl es mir schon vor sechs Monaten geliefert wurde. Mit Sir W. Batten und seiner Familie und Sir W. Pen und dessen Sohn begaben wir uns zu Mr. Young, dem Fahnenhändler von Cornhill, wo man uns Wein und Kuchen servierte und wir aus den Fenstern einen prächtigen Blick auf den Festzug hatten. Es war ein unbeschreiblich glanzvolles Ereignis. Die Kostüme der Reiter, das Sattelzeug der Pferde, alles war mit Spitzen und Stickereien und Diamanten geschmückt. Gleich hinter den Baronen ritten die Bischöfe. Gene-

ral Monck kam zu Pferd unmittelbar hinter dem König und führte ein zweites Pferd am Zügel mit, zum Zeichen seiner Würde als Oberstallmeister. Der König trug Habit und Mantel reich bestickt und saß sehr vornehm zu Pferde ... Die Straßen waren mit Sand sauber bestreut, die Fassaden der Häuser geschmückt. In den Fenstern gewahrte man sehr viele Frauen ... Abends begab ich mich auf der Themse zu Mylord. Er erzählte mir, daß sein Krönungsgewand in Frankreich gefertigt wurde und zweihundert Pfund gekostet habe ...«

Edward Montagu, später Lord Sandwich, ein Verwandter und Protektor unseres Samuel Pepys, erscheint uns mit seiner Wut über den vertauschten Hut und seinem Stolz auf das Zweihundert-Pfund-Gewand wie das Urbild jenes Lord Foppington, den John Vanbrugh in einer der letzten, aber köstlichsten Komödien aus der Zeit der Restauration auf die Bühne gestellt hat, den Helden des Rückfalls (so der Titel) eines Reuigen in die Untreue, der für die gesamte weltzugewandte Gesellschaft jener Zeit typisch genannt werden darf. Was bei Karl II. und in seiner unmittelbaren Umgebung noch höfisch vornehm, allenfalls aber als adelige Laune oder harmlos-verspielter Unsinn aufgefaßt werden konnte, wurde bei den Nachäffern zur verpflichtenden Mode, zum obligaten Gestus, ja zur gesellschaftlichen Doktrin, und sie benahmen sich in dieser neuen Welt um so lächerlicher, gezwungener und ungeschickter, als sie ja alle im Herzen noch Puritaner waren.

Sieht Pepys ein hübsches Dienstmädchen, so notiert er brav, wenn auch in seiner hermetischen Kurzschrift, daß er wahnsinnige Lust auf ein Schäferstündchen hatte; er vergißt aber nie, Gott sogleich um Verzeihung zu bitten. Und trifft er Betty Lane, die pikante Inhaberin eines kleinen Damenmodesalons, in dem auch die Herren auf ihre Rechnung kamen, dann folgen stets ein paar Zeilen bis heute nicht entzifferter Chiffre-Darstellung - Pepys hatte sich nun einmal geschworen, alles zu sagen, aber offenbar nur zu sich selbst. Am 18. Juni 1667 schreibt er: »Heute morgen mit Nell geschäkert und es anschließend bedauert. Den ganzen Vormittag über im Amt. Peggy Pen kam mich abholen, und ich hatte die Absicht, sie mir nachmittags zu Gemüte zu führen, aber dann kam ein blöder Schwätzer ins Zimmer und ließ uns nicht mehr allein, so daß meine Erwartungen enttäuscht wurden. Ich erfahre, daß der Kommissar Pett in den Tower gebracht wurde und dort gefangensitzt. Der Gedanke, daß es mir ähnlich ergehen könnte, versetzt mich in Schrecken, und ich lege die Papiere zurecht, die ich bei einer eventuellen Verteidigung brauchen könnte ... Noch viele Briefe geschrieben, dann im Bett gelesen, um einzuschlafen. Die große Neuigkeit des Abends war die Nachricht, daß eines der schönsten holländischen Schiffe in dem Augenblick in die Luft geflogen ist, als gerade Kriegsrat darauf abgehalten wurde. Die Nachricht soll wahr sein.«

Kann man diese einzigartige Epoche besser resümieren als mit der Eintragung dieses einen Tages? Liebe, Schuldgefühle, Angst vor königlicher Willkür, Siegesnachricht aus dem holländischen Krieg und geheime Zweifel an ihr, alles auf einer Seite, an einem Tag. Ein Volk, das lange Zeit hinter dem übrigen Europa zurückgeblieben war, erwachte unter einem vielgeschmähten Souverän, und für dieses Erwachen zum Lebensgenuß und zum vollen Glanz der Künste ist es zweifellos nur ein Vorteil gewesen, daß Karl II. es sich und seinem Hof an nichts fehlen ließ.

Es fällt auf, daß in den Dokumenten der Epoche, in Gesandtschaftsberichten wie Tagebüchern und Briefen, der König stets die besseren Zensuren hat als sein Bruder, der gläubige Katholik, Herzog von York und spätere Jakob II. Wenn Karl sich mit Barbara Palmer abgibt, findet Pepys dies offensichtlich in Ordnung; wenn es der Herzog von York tut, ist es ein Ärgernis. Der König ist vornehm, der Herzog recht alltäglich. Macaulay nennt den Bruder des Königs kurz und strikt einen Wollüstling, Karl II. hingegen einen sinnenfrohen Monarchen. Man mag es für simple Ungerechtigkeit halten, oder zu dem alten Wort Zuflucht nehmen, daß es nicht immer dasselbe sei, wenn zwei das gleiche tun. Vermutlich ist es aber ganz einfach so, daß Beobachter und Berichterstatter genauso empfanden wie das kleine Volk von London: »Quod licet jovi, non licet bovi.« Ein

Stuart war eben nicht wie der andere. Der König war willkommen gewesen; um den Herzog von York und seine Thronfolge tobte jahrelang der Kampf, weil die Ausschließungs-Bill ihn als Katholiken an der Thronbesteigung hindern sollte.

Der offen in seinen verbotenen Freuden dahinlebende König, von dem niemand so recht wußte, welcher Religion er anhing, brachte niemanden auf den Gedanken, daß er unwürdig sei, auf dem Thron zu sitzen, was immer er auch anstellte. Dem bigotten Bruder des Königs aber verzieh man nichts und am allerwenigsten seine Religion.

Einer der Gründe für diese Duldsamkeit des Volkes gegenüber den allzu zahlreichen Amouren seines Königs muß darin gesehen werden, daß sich Karls Interesse keineswegs - wie bei seinem reichen Schwager auf dem Kontinent - auf hochadelige Damen beschränkte. War schon die vornehme Herkunft der schönen Stuart nicht als gesichert zu bezeichnen, so kamen einige andere, sehr bekannte Mätressen Karls II. aus einer Welt, die in jenem Jahrhundert noch einen außerordentlich fragwürdigen Ruf hatte: aus der Welt des Theaters und der Schauspieltruppen. Und war Miß Stuart in ihrem Benehmen und ihrem Äußeren über jedes Lob erhaben und allen Hofdamen oder Herzoginnen von Geblüt unbedingt ebenbürtig, so konnte man von einigen Amouren Karls absolut nicht behaupten, daß es sich um besonders vornehme Erscheinungen oder wohlerzogene Damen handelte.

Relativ kurz, aber außerordentlich folgenreich war Karls Verbindung mit Mary Davies, einer hervorragenden Schauspielerin, die eine große Gemeinde von Enthusiasten allabendlich zu ihren Füßen sah. Moll Davies, wie sie zärtlich genannt wurde, gebar dem Monarchen eine Tochter, die sogleich zur Lady Mary Tudor geadelt wurde. Eine passende Partie fand sich für sie jedoch erst 1687, nach Karls Tod, in Edward Radclyffe, der einer seit dem frühen fünfzehnten Jahrhundert reich begüterten Familie entstammte. Für seine Zustimmung zu dieser Heirat erhielt Edwards Vater den Grafentitel: Die Radclyffes wurden Earls of Derwentwater und zählten fortan zu

Karl II. Gemälde von G. Kneller

Nell Gwynn. Gemälde aus der Schule von P. Lely

Ludwig XIV. empfängt Jakob II. in Saint-Germain-en-Laye

Anna von England. Gemälde von M. Dahl

den treuesten und rechtschaffensten Anhängern der Stuarts - allerdings ohne daß ihnen dies Glück gebracht hätte. Jakob und Karl Radclyffe, Söhne der Marie Tudor und folglich Enkel König Karls II., wurden nach der Vertreibung Jakobs II. ebenfalls nach Frankreich gebracht, dort mit dem Sohn des abgesetzten Monarchen aufgezogen und waren später die treuen Paladine der beiden Prätendenten, des älteren wie des jüngeren. Doch während die Prätendenten bei ihren wiederholten Versuchen, den Thron zurückzuerobern, stets unversehrt wieder auf den Kontinent zurückkehren konnten, mußten die Radclyffes, nun Earls of Derwentwater, das Blutgerüst besteigen: der eine am 24. Februar 1716, nach einem unglücklichen Aufstand des älteren Prätendenten, der andere am 19. Dezember 1746, als der zunächst erfolgverheißende Vormarsch des jüngeren Prätendenten zum Stehen gebracht worden war. Während alle Welt das Schicksal des Herzogs von Monmouth kennt, der als natürlicher Sohn Karls II. in einer Rebellion gegen die Stuarts den Tod fand, sind die Earls of Derwentwater vergessen, denen eine Heirat mit einer illegitimen Königstochter das Unheil in die Familie brachte. Anthony James, Enkel des zweiten hingerichteten Derwentwater, starb als letzter seines Namens im Jahr 1814, genau vierhundert Jahre nach jener glücklichen Heirat, welche den Radclyffes die reichen Derwentwater-Besitzungen zugebracht hatte.

Die stärkste Rivalin der Moll Davies in der Gunst des Publikums und auch bald in der des Königs war Eleanor Gwynne. Natürlich nannte sie niemand so, dazu war sie viel zu munter, zu fröhlich, zu beliebt und das Londoner Publikum zu zärtlich gestimmt. Aus Eleanor wurde Nell oder Nelly, aus Gwynne einfach Gwynn. Ihr Leben ist eine einzige Romanze, und wenn man bei einer der großen Mätressen dieses reichen siebzehnten Jahrhunderts wirklich bedauert, sie nicht mehr zum Leben erwecken zu können, so nicht bei der stolzen Montespan oder der blassen Kerouaille, nicht bei der gemeinen Dubarry oder der arroganten Castlemaine, sondern bei Nell Gwynn, diesem unvergleichlichen Kind aus dem Volk, dem nicht nur die größten Dichter der Epoche, wie etwa Dryden, zu Füßen lagen, sondern auch der König, dessen Persönlichkeit diese Zeit prägte.

Nell hatte ganz unten anfangen müssen, denn ihre Mutter war Fischhändlerin, und das flinke Mädchen mußte schon als Kind mitverdienen. Zunächst waren es Fische, die sie verkaufte, aber dann wurde die Kleine so hübsch und zeigte so köstlichen Hausverstand, daß Mutter Gwynne beschloß, Nell ihren Handel mit den vornehmen Theaterbesuchern machen zu lassen. Das Mädchen bot nun im Royal Theatre Orangen und Süßigkeiten feil, ein an sich noch anständiger Beruf, wenngleich ihr Erfolg weniger in der Qualität der Orangen als in jenen appetitlichen Äpfelchen begründet war, die das lockere Busentuch der Kleinen allabendlich sehen ließ.

Aus den Memoiren der Epoche wissen wir, daß es beim Betrachten nicht bloß blieb. Die Herren Kavaliere kannten keine Scheu, und eine Fischhändlerstochter durfte sich nicht zieren. Mutter Gwynne tat nach den ersten Amouren für Trinkgelder das in ihren Augen einzig Richtige und entschied, wenn Nell schon diesen Weg beschritt, so sollte sie dieses Metier auch richtig erlernen, damit sie genug Geld nach Hause bringe und mit den reichen Herren umzugehen wisse. Nell Gwynn kam, wie jung wissen wir nicht, zu Mother Ross, der übelsten, aber auch gerissensten Kupplerin von London, was einiges heißen will. Glücklicherweise fiel Nell selbst in dieser Umgebung durch Jugend, Liebreiz und Temperament auf, und der Schauspieler Charles Hart nahm sie in seine Obhut.

Mit etwa fünfzehn Jahren stand sie schon auf den Brettern, und zwar in »The Indian Queen«, einem Stück, das zwar Sir Robert Howard geschrieben, aber John Dryden für die Aufführung bearbeitet hatte. Sechs Jahre spielte sie nun vor allem in Stücken Drydens, der ihr zuliebe manche Rolle anders arrangierte oder ausgestaltete und ihr als unvergleichlicher Handwerker immer wieder die besten Pointen zuschob. Samuel Pepys sah Nell in Drydens »The Secret Love or the Maiden Queen« (Geheime Liebe oder Die jungfräuliche Königin) und schrieb in sein Tagebuch: »In diesem Stück gibt es die komische Rolle des

Florinel, von der ich nie erwarten darf, sie je wieder so gut gespielt zu sehen wie von Nell Gwynn, und zwar sowohl im ersten Teil, wo sie als weiblicher Wildfang auftritt, als auch im zweiten, wo sie in einer Hosenrolle einen jungen Stutzer spielt. Sie gibt Haltung und Manieren eines jungen Fants so großartig wieder, daß sie darin kein anderer Schauspieler übertreffen könnte.«

Unser guter Pepys war für weibliche Reize so empfänglich, daß das raffinierte Arrangement Drydens seine volle Wirkung tat. Eine junge, hübsche Schauspielerin erst als Wildfang zu zeigen und all die wilde Weiblichkeit dann in enge Hosen zu pressen, das hätte auch bei einer schlechteren Komödiantin zum Erfolg reichen müssen. Nell Gwynn aber war offenbar ein hervorragendes Naturtalent.

Sobald sie richtig zu sprechen gelernt hatte, vertraute man ihr wegen ihres naiven Gehabens und hübschen Aussehens mit Vorliebe die Epiloge an. Das waren gereimte Nachreden zu den Stücken, die von schlüpfrigen Anspielungen, ja Obszönitäten strotzten, und die Orangenverkäuferin aus der Schule der Mother Ross servierte all diese Ungeheuerlichkeiten ebenso naiv wie lasziv, wie es der Text eben verlangte, und sorgte für den letzten, heftigsten Applaus.

Als der König zum erstenmal einen dieser Epiloge hörte, war der verwöhnte Frauenkenner von Nells Reizen überwältigt. Er soll ihr gar nicht mehr gestattet haben, nach dem Theater nach Hause zu gehen. Das war 1669, und die enge Beziehung zwischen dem König und dem Mädchen aus dem Volk währte ungetrübt bis zum letzten Augenblick des Monarchen, bis zu dem berühmten Abschiedswort, das Burnet uns überliefert: »Let not poor Nelly starve« - Laßt die arme Nell nicht in Not geraten.

Nun, diese Not wünschte ihr niemand, ausgenommen vielleicht die Rivalinnen bei Hof. Das Volk jedenfalls wußte, daß loves of the theatre, die Theaterliebchen, den König und den Staat nur geringe Summen kosteten im Vergleich zu dem Aufwand, den die hochgeborenen Mätressen trieben und verlangten. Und da Karl seine Mätressen hegte und pflegte und gegeneinander ausspielte, gab es der Vergleichsmöglichkeiten ja stets genug.

Da sich die Herzogin von Cleveland freiwillig, lediglich aus Sorge um ihren Besitz, nach Frankreich zurückgezogen hatte, Frances Stuart sich aber standhaft weigerte, die Maitresse en titre zu werden, war Karl nach den Gepflogenheiten seines Hofes für eine Bindung frei, als ihn seine Schwester Henriette mit einem Gefolge von zweihundert Damen und Herren besuchte. Sie war als Gemahlin Monsieurs, des Bruders Ludwigs XIV., die zweite Dame am Hof von Versailles und hatte durch ihren Charme und ihre geistvolle Konversation trotz eines kleinen Körperfehlers die besondere Zuneigung des Sonnenkönigs errungen. Ludwig wußte nicht nur, daß sein Bruder homosexuell war, er wußte auch, daß er sich mit üblen Kumpanen abgab, und tat alles, um die reizende Schwägerin für ihr Unglück zu entschädigen und mit dem Leben in Versailles zu versöhnen.

Henriettes Reise nach London hatte hochpolitische Zwecke. Es ging um eine französisch-britische Allianz, um die Überbrückung alter Gegensätze und um einen Geheimvertrag, der Ludwig XIV. bei seinen Plänen gegen die Niederlande freie Hand geben, ja den Rücken decken sollte.

England war nicht in der Lage, sich diesen Wünschen zu verschließen. Der Krieg gegen Holland hatte sehr viel Geld gekostet, so daß man die eigenen Ansprüche dort nur schwer hätte weiterverfolgen können. Die Pestjahre hatten die Bevölkerung dezimiert, und die große Feuersbrunst vom 1. bis zum 6. September 1666 hatte vierhundert Straßen mit über dreizehntausend Häusern zerstört, ganz London zwischen Tower, Temple-Church und Holborn-Bridge. Ludwig brauchte eine friedliche Küste, Karl brauchte französisches Geld.

Im Mai 1670 schiffte sich Henriette, Herzogin von Orléans, in Dünkirchen ein. Karl II. war ihr voll Ungeduld ein Stück entgegengefahren, und dann begannen im Schloß von Dover die Besprechungen zwischen den Ministern Karls und den Abgesandten des Sonnenkönigs. Karl II. selbst aber erfreute sich in diesen Tagen vor allem der Gesellschaft seiner Schwester, die er lange nicht gesehen hatte und die er zum letztenmal sehen sollte. Nur vierzehn Tage nach ihrer Rückkehr an den Hof von Versailles wurde sie das Opfer eines Giftanschlags, für den sie selbst und wohl auch ihre ganze Umgebung den Herzog von Lothringen verantwortlich machte, einen jener Männer, mit denen Monsieur, Henriettes Gatte, sich eingelassen hatte.

In Dover aber waren noch alle glücklich. Henriette, die ihren Bruder und seine Vorlieben kannte, hatte in ihrem Gefolge eine junge Bretonin aus alter, aber verarmter Familie mitgebracht. Sie hieß Louise de Kerouaille und hatte sich auf der Fahrt mit Henriette besonders angefreundet. Als Karl erkennen ließ, daß das schöne, wenn auch etwas verschlossene Mädchen ihm gefalle, verzichtete Henriette darauf, die Freundin wieder mit nach Frankreich zu nehmen. Sie tat es wohl für Louise, die in Versailles wenig Chancen hatte. Die Bretoninnen galten damals als etwas zu linkisch für das höfische Parkett, Louise war auch zu arm, um dies mit glanzvollen Auftritten oder einem glänzenden Pariser Haushalt wettzumachen. In England hingegen, an einem Hof, wo es trotz Karl bei weitem nicht so geziert zuging wie in Versailles, dort hatte Louise echte Chancen - und sie nahm sie wahr.

Nach einer anderen zeitgenössischen Version soll Louise de Kerouaille zunächst mit Henriette nach Frankreich zurückgekehrt sein, weil die Herzogin ihrem Bruder erklärt habe, auch wenn er noch so dringend bitte, sei sie nicht bereit, das ihr anvertraute junge Mädchen an einem so sittenlosen Hof wie dem englischen seinem Schicksal zu überlassen. Erst unter dem Eindruck von Henriettes Tod, vierzehn Tage später, habe Karl II. dann seine Bitte erneut vorgebracht, mit der Begründung, die Nähe der jungen Dame, die in den letzten Wochen seiner Schwester Gesellschafterin gewesen sei, würde ihn ein wenig trösten, zumal da er mit ihr von der teuren Toten sprechen könne. Erst daraufhin sei Louise de Kerouaille an den Londoner Hof gekommen.

Urteilt man nach dem Temperament des Monarchen, so hat die zweite Version nur wenig für sich. Man reiste im siebzehnten Jahrhundert nicht so flink von Paris nach London wie heute, und der Entflammte hätte bei bestem Willen aller Beteiligten mit monatelanger Trennung rechnen müssen, ehe Louise ihm, als offizielle Gabe aus Versailles, abermals in die Arme gesunken wäre. Sicher ist indes nur, daß Ludwig XIV. es durchaus begrüßte, wenn nach den sieben Jahren, in denen die Herzogin von Cleveland in England ihren Einfluß zugunsten Frankreichs geltend gemacht hatte, nun, im zweiten Dezennium Karls II., abermals eine schöne Frau in London für Frankreich wirkte.

Um diese Tatsache zu verwischen, wohnte Louise de Kerouaille in London zunächst nicht in der französischen Botschaft, sondern bei Lord Arlington, einem der katholischen Minister des Königs. Die ersten gemeinsamen Abende mit Karl II. waren tatsächlich dem Gedenken der Verstorbenen gewidmet. Der König entspannte sich in der Gesellschaft des stillen und ein wenig zu ernsten Mädchens und soll an ihrer Schulter um Henriette geweint haben. Diese Vertrautheit und die Tatsache, daß Louise fremd in London und bei Hofe war, ließ ein Band besonderer Art entstehen. Karl wußte sich neben ihr fern von allen Intrigen, er wußte sie jung und ohne Arg und kehrte mit ihr, die sich sehr nach Frankreich sehnte, zumindest im Geist in das Land seiner Jugendjahre zurück.

Da Louise de Kerouaille als Hofdame der Königin nicht allzuviel zu tun hatte, gab es Tage, an denen Karl sie nicht weniger als dreimal aufsuchte, morgens, nachmittags und spät abends, und bald wußte der ganze Hof, daß ein neuer Stern aufgegangen war. Es konnte nicht ausbleiben, daß sich nun die Höflinge um die Gunst der schönen Bretonin bemühten, die zunächst dies alles ungerührt über sich ergehen ließ. Zumindest sah man es ihr nicht an, denn ihre ein wenig kindliche Schönheit - Evelyn nennt sie in seinen Tagebüchern »Baby-Face« - erweckte den Eindruck der Naivität und der Harmlosigkeit.

Dieser Eindruck und die Tatsache, daß sie ihren Einfluß erst walten ließ, als sie sich der Gunst des Königs ganz sicher wußte, haben manchen Beobachter getäuscht. Die vornehme und gebildete Französin erhielt inmitten des Lasterhofes von Whitehall mit seinen freien Manieren erstaunlich gute Zensuren, und noch der deutsche Vielwisser Friedrich Bülau bescheinigt ihr, sie sei »diejenige unter allen Mätressen Karls II. [gewesen], die es am ersten verdiente, von ihm geliebt zu werden«. Aber schon der Luxus, mit dem sie sich umgab, weckte den ersten Verdacht: »Ihre Gemächer hatte der König nicht weniger als dreimal niederreißen und aufs Neue erbauen lassen, um ihren Launen zu willfahren«, schreibt Macaulay, und kommt dann zur Detailschilderung: »Selbst das Feuergerät war aus massivem Silber gefertigt. Mehrere schöne Gemälde, die eigentlich der Königin gehörten, hatte man in den Gemächern der Mätresse aufgehängt. Die Seitentische waren mit kunstvollem Gerät aus getriebenem Silber versehen. In den Nischen standen Meisterwerke ostasiatischer Tischler, so unter anderem ein Schreibkästchen aus Japan. Sämtliche Behänge waren aus französischen Tapisserien bezogen worden und zeigten in Farben, welche keine englische Manufaktur zu erreichen imstande war, Vögel mit prächtigem Gefieder, Landschaften, Jagdpartien, die herrliche Terrasse von Saint-Germain-en-Laye und die Statuen und Fontainen des Parks von Versailles. Inmitten dieses durch Schuld und Schande erkauften Glanzes überließ sich das unglückliche Weib einer Agonie des Kummers, die, um ihr Gerechtigkeit widerfahren zu lassen, im Grunde durchaus aufrichtig war.«

Die Bretonin, die dem Glanz des französischen Hoflebens in wenigen Jahren völlig verfallen war, betrug sich also in Whitehall so wie jene chinesischen Kaiserstöchter, die man um des lieben Friedens willen an die kriegerischen Nachbarn, die Nomaden vom Siebenstromland, verheiratet hatte. Aber Whitehall war nun einmal keine Yurte, Karl II. kein Khan - und Louise keine Kaiserstochter. Die affichierte Trauer, das unstillbare Heimweh der schönen Frau wurden Waffen ihrer Herrschaft über den weichen Monarchen, so wie kurz zuvor die Sprödigkeit der schönen Stuart ihn völlig unterjocht hatte.

Unglückliche Frauen sind unzufrieden, und unzufriedene Frauen sind teuer. Karl spürte es, machte sich aber nichts draus.

Das Volk spürte es nicht, nahm es der Fremden aber sehr übel. In dem Kampf, der heimlich zwischen der fröhlichen Nell Gwynn und der hoheitsvoll-traurigen Louise de Kerouaille angehoben hatte, stand der Hof naturgemäß auf seiten der offiziellen Mätresse, das Volk von London aber auf seiten Nells, und da diese nicht mundfaul war, hatte sie bei Begegnungen stets die Lacher auf ihrer Seite.

Es kam vor, daß Hofkarossen mit Steinen beworfen wurden, wenn die Londoner die vornehme Louise darin vermuteten. Aber einmal steckte, mitten im Steinhagel, die kleine Nell Gwynn ihr lustiges Gesicht aus dem Wagenfenster und schrie mit ihrer Bühnenstimme: »Was wollt ihr denn? Ihr irrt euch, ich bin es, die protestantische Hure ...« Und da damit gesagt war, daß die andere auch nichts Besseres sei, verwandelte sich die Wut der Londoner sogleich in lauten Jubel.

Als Frankreich um einen Bourbonenprinzen trauerte, legte Louise de Kerouaille, die weder mit ihm noch mit seiner Gemahlin verwandt war, aus Anhänglichkeit an den französischen Hof tiefste Trauer an. Nell Gwynn sah sich das einige Wochen lang an; bis London die Nachricht erreichte, irgendein Tatarenkhan habe das Zeitliche gesegnet. Sogleich hüllte sich die fröhliche Nelly in Trauer und erklärte jedem, der sie nach der Ursache fragte, sie trage um jenen asiatischen Fürsten mit dem gleichen Recht Trauer wie Louise de Kerouaille um den französischen Prinzen.

Man kann sich denken, daß es die schwermütige Bretonin aufs tiefste schmerzte, bei Karl nicht die Verstoßung der Schauspielerin bewirken zu können, und sie haderte mit ihm wegen seiner »Vorliebe für den Plebs«, wie sie das nannte, was nichts anderes war als die natürliche Gegenliebe eines Monarchen, der die Sympathien seines Volkes registrierte und dankbar hinnahm.

Diese besondere Neigung Karls für seine Untertanen, gleichgültig, woher sie kamen und was sie angestellt hatten, entsprang zu einem gut Teil auch seinem Interesse für alles Handgreifliche. Er war kein Träumer, sondern ein Genießer, keiner jener Menschen, die sich mit Selbstvorwürfen zerfleischen, sondern stets seiner Umwelt zugewandt und begierig, von ihr zu lernen. Man weiß, daß er sich auf den Schiffsbau so gut verstand wie sein Zeitgenosse, Peter der Große von Rußland, und es war einer seiner glücklichsten Tage, als der Lord-Major von London ihm den Meisterbrief überreichte und ihn in die Innung der Schiffbauer aufnahm.

Natürlich führte diese fürstliche Neigung auch zu unverständlichen oder doch falsch zu verstehenden Handlungen und Begegnungen. 1671 hatte ein Mann namens Blud, den man heute einen Gangster von Format nennen würde, aus dem Tower die Königskrone, das Zepter, den Reichsapfel und noch andere Kleinodien gestohlen. Er und seine drei Kumpane waren erst verhaftet worden, als sie mit ihrem Raub bereits glücklich aus dem Tower und auf die Straße gelangt waren. Blud hatte schon vorher wegen einer privaten Rache den Herzog von Ormond entführt; außerdem hatte er eine Reihe von Überfällen und Mordtaten auf dem Kerbholz. Karl II. aber ließ den Mann vor sich bringen, unterhielt sich mit ihm lange, obwohl der Übeltäter kein Blatt vor den Mund nahm, und begnadigte ihn anschließend gegen das Versprechen, nicht nur selbst ehrlich zu werden, sondern auch seine Kumpane dazu anzuhalten. Blud erhielt ein Stück Land in Irland, wo er mit seinen Freunden unbehelligt leben durfte, und er scheint sein Versprechen nicht gebrochen zu haben. Louise de Kerouaille mußte sich sagen, daß sie diesen König nie wirklich verstehen würde, wenn es auch scheint, daß sie sich im Lauf der Jahre ihm wirklich zuneigte und auf seine Wünsche einging, so seltsam und schockierend diese mitunter auch waren. Aufschlußreich ist ein Bericht von John Evelyn, dem kuriosen Polyhistor und ersten Diagnostiker der gefährlichen Londoner Luftverschmutzung, dessen Tagebücher allerlei bezeichnende Histörchen über die moralische Verschmutzung bei Hofe enthalten: Er sei eines Tages mit dem König durch die Galerie von Whitehall gegangen und aufgefordert worden, ihn zu Louise de Kerouaille zu begleiten. Die schöne Frau sei, nur mit einem durchsichtigen Negligé »bekleidet«, so wie sie aus dem Bett gestiegen war, in der Mitte des Zimmers gestanden und frisiert worden. Eine Gruppe von Herren und Damen habe sie mit Konversation unterhalten. - Die Bretonin hatte sich auf die Unsitten des Hofes also ebensogut eingestellt wie die schöne Stuart, die jetzt alles mitmachte, um ihre Position neben Nell Gwynn und der Maitresse en titre zu halten: Sie war nach dem frühen Tod ihres Gatten, des Herzogs von Richmond und Lennox, just in dem Augenblick an den Hof zurückgekehrt, da der Stern der Kerouaille aufging, und, als Witwe von vierundzwanzig Lenzen, durchaus nicht bereit, der jungen Dame aus der Bretagne das Feld zu überlassen. Über ihr Comeback schreibt Anthony Graf Hamilton in den berüchtigten Memoiren des Grafen Gramont: »Seit der Hof unterwegs ist, habe ich tausend Gelegenheiten gehabt, sie zu sehen, die sich vorher nicht ergaben. Ihr wißt, daß das Bade-Negligé den Damen mehr als genug Gelegenheit bietet, ihre Reize zu zeigen, ohne den Anstand zu verletzen. Die junge Herzogin, einst eine simple Miß Stewart, ist von der Überlegenheit ihrer körperlichen Vorzüge so sehr überzeugt, daß man nur eine andere Hofdame wegen ihres schönen Beines oder ihrer schönen Arme zu loben braucht, um sie sogleich zu einer augenscheinlichen Demonstration zu veranlassen; ich bin überzeugt, daß es nur eine Frage der Gelegenheit und der Gewandtheit ist, sie auf diese Weise dazu zu bringen, daß sie sich, ohne den Braten zu riechen, coram publico in voller Nacktheit präsentiert.«

Wir verdanken dem Grafen Anthony zwar einige besonders hübsche Kunstmärchen, aber was er in den fiktiven Memoiren seines Schwagers Grammont über den Hof Karls II. berichtet, hat sich als unwiderlegbar und wertvolles Zeugnis erwiesen. Er ist auch einer der wenigen, die in diesem Wettkampf der Mätressen der unglücklichen Katharina von Braganza gedenken:

»Von gewisser Seite betrachtet, war das Los der Königin ziemlich traurig. Äußerlich blieb das Benehmen des Königs gegen sie zwar rücksichtsvoll, aber das war auch alles. Sie fühlte nur zu gut, daß mit dem wachsenden Einfluß ihrer Rivalinnen das eigene Ansehen schwinde, und daß ihr Gemahl sich um legitime Kinder wenig bemühen werde, so lange seine reizenden

Mätressen darin wetteiferten, ihm die hübschesten Söhne zu schenken. Da aber von solchem Segen ihr ganzes Lebensheil abhing und sie sich fortwährend schmeichelte, der König werde, wenn nur der Himmel ihr diese Gnade schenken wolle, mit geneigterem Auge auf sie blicken, so nahm sie zu allen Zeiten die gegen Unfruchtbarkeit gebräuchlichen Mittel und suchte Zuflucht bei Ärzten. Aber sie tat auch im übrigen alles, um dem Monarchen Kinder zu gebären, sie leistete Gelübde, nahm langes Fasten auf sich und brachte alle möglichen Opfer, und alles war vergeblich.«

Nach Lucie Walter, Moll Davies und der Herzogin von Cleveland hatten auch Nell Gwynn und Louise de Kerouaille dem König Kinder geschenkt. Nell brachte am 8. März 1670 einen Knaben zur Welt, der den Namen Charles Beauclair, Herzog von Saint-Albans, erhielt. Aus seiner Verbindung mit Diana Vere, einer Tochter des letzten Earl von Oxford, erhielt König Karl II. nicht weniger als sieben Enkelkinder!

Louise de Kerouaille gebar 1672 einen Knaben, der im Alter von drei Jahren zu seinem Namen Charles die Titel Herzog von Richmond, Earl von March und Baron Settrington erhielt (der uralte Titel der Herzöge von Richmond war 1672 durch den frühen Tod seines letzten Trägers, des Gatten der schönen Stuart, erloschen).

Louise wurde bald nach der Geburt des Kindes zur Herzogin von Portsmouth erhoben, konnte dieses Titels aber nicht recht froh werden, weil sie den britischen Adel als barbarisch ansah, weil Nell Gwynn, wenn auch nicht Herzogin, so immerhin Hofdame wurde (nur dem Titel nach: de facto wäre eine ehemalige Pensionärin der Mother Ross niemals hoffähig geworden), und schließlich, weil Karl selbst jetzt, da sie ihm einen Sohn geboren hatte, nicht daran dachte, Louise eindeutig über alle anderen zu stellen und die Rivalinnen beiseitezuschieben.

»Die Herzogin von Portsmouth konnte nicht voraussehen«, schreibt die Marquise de Sévigné, »daß ihr eine Schauspielerin solche Schwierigkeiten machen würde. Inzwischen ist jene Actrice so stolz geworden wie die Herzogin selbst. Sie beleidigt sie, schneidet ihr Gesichter, raubt ihr häufig den Fürsten und rühmt sich jedesmal, wenn er ihr den Vorzug gibt. Sie ist jung, indiskret, wild und von fröhlicher Gemütsart. Sie singt, tanzt und spielt ihre Rollen mit besonderer Anmut. Sie hat vom König einen Sohn und hofft, ihn anerkannt zu sehen. Von der Herzogin [von Portsmouth] sagt sie: ›Diese Person behauptet, sie sei eine Frau von Stande und mit den ersten Familien in Frankreich verwandt; wenn dem so ist, warum erniedrigt sie sich zur Kurtisane? Sie sollte vor Scham vergehen. Was mich betrifft, so ist es mein Beruf. Ich will nichts Besseres sein ...‹ «

Die schlimmsten Wochen und Monate mögen für die stolze Louise jene gewesen sein, in denen bei Hofe und wohl mit der Absicht, sie zu kränken, das Gerücht umging, Karl wolle sich von der unfruchtbaren Portugiesin scheiden lassen und Hortense Mancini ehelichen, eine Nichte des Kardinals Mazarin. Karl hätte sich mit diesem Vorsatz in glanzvoller Gesellschaft befunden: War doch bekannt, daß sich Ludwig XIV. einst eine eheliche Verbindung mit Hortenses Schwester Marie in den Kopf gesetzt hatte. Eine Ehe mit Hortense wäre angesichts der illegitimen Verflechtungen am Stuart-Hof keineswegs unmöglich gewesen. Aber so schön Hortense war, soviel Temperament und Geist sie in ihrem Londoner Salon auch entfaltete, es mochte Karl II. doch gestört haben, daß sie jahrelang die Mätresse des Herzogs von Savoyen gewesen war, die man nach seinem Tod schimpflich aus dem Haus gejagt hatte. Ein junges Mädchen von einfacher Herkunft hätte Karl eher auf den Thron erheben können als die Nichte Mazarins, der man eine lange Liste spektakulärer Amouren nachsagte.

So blieb denn Louise de Kerouaille, Herzogin von Portsmouth und von des Sonnenkönigs Gnaden auch Duchesse d'Aubigné, in Amt und Würden - wenn auch nicht gerade in Ehren - bei Hofe und hatte Gelegenheit, sich auf ihre große Stunde vorzubereiten, auf die Bekehrung des anglikanischen Königs. Burnet und Macaulay stimmen darin überein, daß es nicht Jakob, dem Herzog von York, sondern einzig und allein der Initiative der wachsamen Bretonin zu danken war, daß diese Konversion im letzten Augenblick noch gelang.

Im Februar 1685, in seinem fünfundfünfzigsten Lebensjahr, erkrankte Karl II. so schwer, daß man für ihn, nach dem Wissen der Ärzte jener Zeit, keine Hoffnung mehr hatte. In den letzten Jahren seines Lebens hatte er ein gut Teil seiner Kraft und seiner Macht darauf verwenden müssen, die Thronfolge seines katholischen Bruders zu sichern, und hätte es - trotz aller heimlichen Sympathien für die katholische Kirche zweifellos lieber gesehen, wenn Jakob seinen Glauben nicht so provokant zur Schau gestellt hätte. Indes verdankte er Jakob auch viel, der als tüchtiger Kriegsmann eben dort eingesprungen war, wo Karl II. allein zu schwach gewesen wäre; und nur Louise de Kerouaille und einige Vertraute wußten, daß Karl selbst der katholischen Religion zuneigte, dies aber aus politischen Gründen öffentlich nie bekennen würde.

Die Bretagne ist jene Landschaft Frankreichs, wo sich die glühende keltische Gläubigkeit aus den Zeiten der Druiden fast ohne Übergang in das junge Christentum ergossen hat. Auf einigen bretonischen Inseln geschah es erst im siebzehnten und achtzehnten Jahrhundert, daß die letzten Heiden das Christentum annahmen. Die rauhe Halbinsel mit ihren geheimnisvollen kleinen Kirchen, die sich vor den Stürmen in die Heide ducken, hat in ihrer langen Geschichte nie eine Phase des Skeptizismus oder der Aufklärung gekannt. Louise war ihrem Glauben mit einer ganz anderen Kraft und Inbrunst ergeben als die frommen Damen des Hofes von Versailles. Sie war eine Bekennerin und hoffte vielleicht auch, ihr Leben in Sünde noch im letzten Augenblick rechtfertigen zu können.

Als der französische Botschafter nach Whitehall kam, um sich nach dem Befinden des Königs zu erkundigen, nahm sie ihn beiseite und weihte ihn hastig ein: Karl wolle, ihrer Meinung nach, die Absolution nach katholischem Ritus empfangen, aber das Zimmer sei voll von protestantischen Geistlichen, und einzig der Herzog von York habe die Autorität, alle hinauszuschicken, damit der König insgeheim beichten und kommunizieren könne.

Der Botschafter sprach mit dem Herzog. »Jakob fuhr empor, als wäre er aus dem Schlaf geweckt worden«, schreibt Macaulay, »und erklärte, daß nichts ihn daran hindern solle, die heilige Pflicht zu erfüllen.« Doch es zeigte sich, daß man sehr lange, vielleicht allzulange gewartet hatte. Es währte Stunden, ehe ein katholischer Priester zur Stelle war, denn noch immer war es strafbar, einen katholischen Geistlichen bei sich aufzunehmen. Der portugiesische Graf von Castel Melhor, der als politischer Flüchtling eine Sonderstellung genoß, wurde ins Vertrauen gezogen, aber die geistlichen Herren seiner Umgebung verstanden weder Französisch noch Englisch, und der König konnte nicht auf portugiesisch beichten.

Im Augenblick der größten Ratlosigkeit erinnerte sich jemand an den Benediktinerpater John Huddleston. Er hatte nach der unglücklichen Schlacht von Worcester unter eigener Lebensgefahr den König gerettet und genoß seitdem Sonderrechte bei Hofe. Es zeigte sich, daß er in Whitehall anwesend war, und Jakob schob ihn, nachdem er alle Anwesenden aus dem Zimmer gebeten hatte, an das Bett des Königs.

»Sir«, sagte der Herzog von York nach dem Zeugnis Macaulays, »dieser gute Mann rettete einst Ihr Leben. Jetzt kommt er, Ihre Seele zu retten.« Der König antwortete: »Er ist willkommen.«

Huddleston nahm dem Sterbenden die Beichte ab. Die Hostie konnte Karl nur noch mit Mühe schlucken, dann folgte die Letzte Ölung. »Die ganze Zeremonie hatte etwa drei Viertelstunden in Anspruch genommen, und während dieser Zeit hatten die Höflinge, die das Außenzimmer füllten, einander ihren Verdacht durch Flüstern und beredte Blicke mitgeteilt. Endlich ward die Türe wieder aufgemacht, und der Haufen füllte wieder die Kammer des Todes.«

Am 6. Februar 1685 starb Karl II. Er hatte in seinen letzten Minuten gerecht und mit königlicher Großzügigkeit aller gedacht, die ihm nahestanden, ob nach dem Gesetz oder nach dem Herzen, ob hochgeboren oder aus der Gosse gekommen. Er hatte viel geliebt, den Staatssäckel mit einer zahlreichen illegitimen

Nachkommenschaft belastet, dafür aber keine legitimen Nachfahren gezeugt, die England auch einiges gekostet hätten.

Louise de Kerouaille, die zuletzt in einem Jahr annähernd 28.000 Pfund des damals reichlich knappen Geldes verbraucht hatte, machte gar keinen Versuch, nach dem Tod des Königs ihre Position als Herzogin von Portsmouth zu halten. Sie ging nach Frankreich und lebte, von Ludwig XIV. geehrt und gegen ihre Gläubiger geschützt, noch bis zum November 1734. Erst nach dem Tod des Sonnenkönigs, während der Regentschaft, war sie in Bedrängnis geraten, weil sie eben nicht, wie Nell Gwynn, so vorsichtig gewesen war, in der Blüte ihrer Jahre von der Bühne dieser Welt abzugehen.

Sie starb in der festen Überzeugung, Karl II., den Höllenflammen entrissen zu haben, womit sie ihn wenigstens im Jenseits der armen Nelly abgewonnen hätte, die ihrer vielen Sünden wegen offensichtlich keine Chancen hatte, die ewige Seligkeit zu erlangen. Das war gewiß fein gesponnen - aber es ist nun einmal so, sagen die Bretonen, daß niemand weiß, wie weit solch irdisches Garn reicht: Bis zur Haustüre? bis zur Kirche? oder nur dreimal ums Bett herum ...?

# Der letzte König

Als Karl II. die Augen schloß, war sein Bruder und Thronfolger immerhin schon zweiundfünfzig Jahre alt. Es hat Prinzen von Wales in diesem Alter gegeben, und es gab Prinzen, die den Zeitpunkt ihrer Erhebung auf den Thron gar nicht erlebten. Jakob, siebenter seines Namens in Schottland und James II., als englischer König, gilt nach der klugen Deutung Leopold von Rankes als jener Thronfolger, der auch als König nicht aufhörte, wie ein Prinz zu denken - obwohl er nicht Prinz von Wales, sondern Herzog von York gewesen war, ehe das Jahr 1685 ihn an die Macht rief.

Zu den immer wiederkehrenden Rührszenen der Geschichte gehört der Umstand, daß der neue König vom Volk mit Begeisterung, Vertrauen und mit den Versicherungen leidenschaftlicher Ergebenheit empfangen wird, selbst dann, wenn sein Vorgänger ein unzweifelhaft großer Monarch gewesen ist. Nach dem Tod des Sonnenkönigs und nach dem Ableben Friedrichs des Großen atmeten die Franzosen beziehungsweise die Preußen »höchst undankbar« auf; ihnen war all der kriegerische Ruhm und die historische Größe recht unbequem, ja drückend gewesen. Und so offensichtliche Kretins wie Ferdinand VII. von

Spanien wurden mit wahrer Inbrunst, mit religiösen Begeisterungsstürmen empfangen, als sie stieren Blicks und mit hängender Lippe zum erstenmal durch ihr Land fuhren.

Jakob II. befand sich in der Zeit seiner Anwartschaft in einer schwierigen Lage. Sein älterer Bruder war geistvoll, lebenslustig, populär und dabei kein schlechter Politiker, während man dem Thronfolger die schwärzesten Laster nachsagte. Das Volk kannte die Mätressen Karls II., es liebte Nell Gwynn und verabscheute die Herzogin von Portsmouth, und da alles in größter Öffentlichkeit vor sich ging, hatte niemand Veranlassung, besondere Erwägungen oder Grübeleien damit zu verbinden. Des Herzogs von York Lebenswandel hingegen schien düstere Geheimnisse zu verbergen. Er besuchte heimlich die Messe, huldigte also einer als feindselig empfundenen Religion, die sich der allgemeinen Auffassung nach mit Sinnenlust nicht vertrug. Und seine Geliebte war so häßlich, daß Karl II. einmal boshaft bemerkte, sein Bruder lasse sich seine Mätressen wohl von seinem Beichtvater, und zwar zur Buße aussuchen. Was ein Monarch mit einer hübschen Frau wie der munteren Nell Gwynn treibt, war allen Londonern klar. Was aber mochte der ernste Katholik Jakob mit Katherine Sedley wohl tun, wenn die beiden miteinander allein waren? Das mußten doch geradezu abstoßende Absonderlichkeiten sein, irgend etwas Unverständliches, was den Herzog von York gerade an diese Dame band.

Vielleicht waren es gerade die Unterschiede zu Karl II., die nach der ersten Begeisterung für den neuen Fürsten zu Bedenken und Befürchtungen Anlaß gaben und zu mancher Ungerechtigkeit. Katherine Sedley zum Beispiel war klug, geistreich und immer witzig, die Tochter des Dramatikers Sir Charles Sedley und Enkelin von Sir Henry Savile, dem hervorragenden Altphilologen und Rektor von Eton. Ihr Umgang war für Jakob wichtiger als alle anderen menschlichen Kontakte, weil dieses kluge und gebildete Mädchen vermutlich als einzige imstande war, ihn mit seinem Schicksal, mit seiner widerwillig hingenommenen Rolle als Zweiter, als Jüngerer, auszusöhnen. Jakob war nämlich ein guter Truppenführer gewesen, er hatte unter

Turenne gefochten und bei dieser Gelegenheit wohl etwas zuviel kriegerische Rauheit, Gleichgültigkeit gegenüber den Leiden anderer, Härte gegenüber dem Landvolk und andere Untugenden des Jahrhunderts entwickelt. Aber er hatte erkannt, daß dieses Leben im Feld und unter Männern seinem strengen und unbeugsamen Charakter, seinem Eigensinn und seinem Geltungstrieb besser entsprach als das Warten auf eine Nebenrolle in der britischen Geschichte, und er hat es darum seinem Bruder nie verziehen, daß er ihn durch einen schroffen Befehl daran gehindert hatte, schlicht und geradezu französischer General zu werden.

Diese Flucht an die immer unruhigen Fronten hatten in der zweiten Hälfte des siebzehnten Jahrhunderts viele Männer einem Leben in Abhängigkeit vorgezogen; der Prinz Eugen wurde der berühmteste unter ihnen. Aber das Haus Stuart durfte das Leben des Thronfolgers nicht aufs Spiel setzen, und darum hatte Jakob ein nicht sehr glückliches Wanderdasein zwischen London - wo man ihn nicht liebte - und Schottland, wo man ihm absichtsvoll huldigte, führen müssen, ehe er mit zweiundfünfzig Jahren König wurde.

Selten hat eine kurze Regierungszeit soviel Widersprüche hervorgerufen wie die Jakobs II. von England. Was immer er tat, erfuhr unterschiedliche und fast stets gegensätzliche Auslegungen, von der ersten Regierungserklärung angefangen, bei der er angeblich vor der Drucklegung ein paar Toleranzformeln gestrichen haben soll, bis zu jenen ungleich gravierenderen Entscheidungen, bei denen es um Leben oder Tod ging, wobei Jakob fast stets das Todesurteil bestätigte.

»Wir können daraus bemerken«, sagte Charles James Fox in seiner Geschichte der früheren Regierungszeit James des Zweiten, die 1810 deutsch erschien, »daß sein Ehrgeiz einzig und allein gegen seine Unterthanen gerichtet war, indeß er sich nicht im geringsten darum bekümmerte, welche Figur er oder sie in den gemeinschaftlichen Angelegenheiten von Europa machten; und daß seine Begierde zu herrschen mehr untermischt war mit der Liebe zum Ruhm, als die Herrschsucht irgendeines anderen Menschen, dessen die Geschichte gedenkt; daß er unsittlich, undankbar, niederträchtig, tückisch, und man kann noch hinzusetzen, daß er rachsüchtig und grausam war.«

An diesen Vorwürfen ist vieles emotional, aber eine Feststellung, die Fox trifft, ist bis heute nicht widerlegt worden und spricht vor allem für uns Menschen des zwanzigsten Jahrhunderts gegen diesen letzten Stuart auf dem englischen Thron: »Ich glaube kaum, daß man ein einziges Beyspiel anführen kann, wo er das Leben irgend eines Menschen verschont hat, welchen hinzuopfern ihn entweder politische oder rachsüchtige Absichten reizten.«

Das sind harte Worte, aber sie erscheinen uns noch logischer und besser begründet als die Erwägung Rankes, »Jakob II. hätte sich eine ruhige und vielleicht glorreiche Regierung gesichert, hätte er sich entschließen können, seine Religion als Privatsache zu behandeln«. Denn die auf den Kontinent emigrierten Schotten und andere Unzufriedene, die unter Argyll und Monmouth Invasionen versuchten, hätte Jakob II. auf jeden Fall zurückschlagen müssen, und zu einer glorreichen Regierung brachte dieser König nur eine einzige Voraussetzung mit: Er war ein guter Feldherr - wenn er nicht gerade, wie bei der Schlacht um London gegen Wilhelm von Oranien, unter Nasenbluten zu leiden hatte.

Der Anfang wurde Jakob II. jedenfalls so leicht gemacht wie den meisten Thronfolgern, die nach einer langen Regierungszeit des Vorgängers, schon um der Abwechslung willen, mit dem naiven Optimismus der braven Staatsbürger begrüßt werden. Die Thronrede, vor dem Geheimen Rat gehalten und bald darauf veröffentlicht, wurde gut aufgenommen. Jakob II. sagte unter anderem (und war zu diesem Zeitpunkt zweifellos gewillt, sich an seine Zusagen zu halten):

»Da ich jetzt einem so guten und gnädigen König sowohl als einem sosehr liebreichen Bruder nachfolgen soll, so halte ich es für dienlich, euch zu erklären, daß ich mich bestreben will, seinem Beispiel zu folgen, und zwar vornehmlich in Betracht seiner Gnade und Zärtlichkeit für sein Volk. Man hat von mir gesagt, daß ich ein Mann wäre, der nach willkürlicher Gewalt strebte; aber das ist nicht die einzige Unwahrheit, die man mir nachgesagt hat, und ich werde mich bemühen, die jetzige Regierungsform sowohl in der Kirche als auch im Staat so zu erhalten, wie sie jetzt durch die Gesetze verordnet ist. Ich weiß, die Grundsätze der englischen Kirche sind der Monarchie günstig und die Mitglieder der Kirche haben sich als gute und getreue Untertanen erwiesen; deswegen werde ich die englische Kirche und diese Verbindung zu ihr stets verteidigen. Ich weiß auch, daß die Gesetze dieses Landes dem König hinreichend Spielraum lassen, ein großer Monarch zu werden, und so wie ich niemals von diesen Rechten und Vorzügen der Krone etwas abgeben werde, so werde ich andererseits auch nie einen meiner Untertanen in seinem Eigentum beeinträchtigen. Ich habe ehemals so oft mein Leben für die Verteidigung dieser Nation gewagt, daß ich nun entschlossen bin, weiter zu gehen als irgend ein Mensch, um dieses Volk in allen seinen gebührenden Rechten und Freiheiten zu erhalten.«

Das waren schöne und stolze Worte, und das gläubige Volk hörte sie gerne. Der Katholik auf dem Thron hatte sich ausdrücklich auf ein positives und friedliches Verhältnis zur anglikanischen Kirche festgelegt, und es war noch nie geschehen, daß ein englischer König solch ein Versprechen der ersten Stunde gebrochen hatte. Aber Jakob II. war ein Stuart, vielleicht der typischste aller Stuarts, deren Handlungen wir gut genug kennen, um sie beurteilen zu können. Sie alle hatten die lautersten Absichten und waren im Grund edle Naturen und für das hohe Amt geschaffen. Aber es war stets, als erlahme dieser Schwung sehr bald, als fehle die volle Energie, die wirkliche Härte gegen fremde Einflüsse und der eigene Weitblick. Aus diesen Schwächen müssen bei Königen Irrtümer erwachsen und aus diesen Irrtümern unter Umständen Verbrechen ...

Es war am 15. Februar 1685, noch keine zwei Wochen nach der Thronbesteigung, daß Jakob II. beim sonntäglichen Gottesdienst in der Kapelle des Palastes die Türen weit öffnen ließ, so daß alle Würdenträger und Hofbeamten, die im großen Saal warteten, König und Königin beim Empfang des Sakraments sehen konnten und sehen mußten. Die im Saal anwesenden Katholiken knieten nieder, als der Priester die Monstranz erhob und blieben schließlich allein zurück, da die Protestanten, besorgt, empört und untereinander uneins, gegangen waren.

Jakob II. erläuterte dieses Heraustreten aus der Reserve nachher (er hätte es besser vorher getan): Der König stehe über dem Gesetz und könne darum einem katholischen Gottesdienst beiwohnen, obwohl dies durch Gesetz allen anderen Katholiken verboten sei. Dem französischen Gesandten aber vertraute Jakob an, sein Ziel sei, den Katholiken das Recht der freien Religionsausübung in England und Schottland zu verschaffen, und die öffentliche Messe im königlichen Palast sei der Beginn dieses Kampfes.

So schnell, nämlich binnen zehn Tagen, kann weder ein jesuitischer Beichtvater Einfluß nehmen noch ein unerwarteter Sinneswandel sich einstellen. Diese frühe und verblüffende Kampfansage, die am Hof und im Parlament sogleich tiefe Unruhe hervorrief, ist nicht das Werk des Paters Edward Petre, sondern Ergebnis eines Planes, den Jakob II. zweifellos schon seit geraumer Zeit gehegt hatte.

Sir Edward Petre, Jakobs II. Beichtvater, war 1685, als er sein Amt übernahm, vierundvierzig Jahre alt. Er war in Paris geboren und hatte seine Ausbildung in der berühmten Jesuitenschule von Saint-Omer erhalten, die am Pas de Calais unweit Arras lag und für viele englische Theologen zur Zuflucht geworden war, als die bedeutenden Universitäten des eigenen Landes sich der anglikanischen Kirche unterwarfen. 1671 war Petre nach England zurückgekehrt, hatte bald darauf, nach dem Tod seines älteren Bruders, den väterlichen Titel eines Baronets geerbt und stand später, als Beichtvater englischen Blutes, aber französischer Bildung, dem Herzen des Königs näher als irgendein anderer seiner Ratgeber.

Sir Petre war einer jener Eiferer, die sich selbst dem päpstlichen Gebot der Mäßigung nicht unterwarfen. Der Papst war im Fall des für ihn ohnedies verlorenen England nur um Toleranz, um einen Frieden ohne Katholikenverfolgung bemüht. Mit dem

Weitblick, der so viele Inhaber des Heiligen Stuhles gegenüber ihren weltlichen Mit- und Gegenspielern auszeichnet, riet Innozenz immer wieder zur Mäßigung. Er wußte, daß Jakob II. ein König war, den man seines Glaubens wegen von der Thronfolge hatte ausschließen wollen und der die Sympathien, die man ihm entgegenbrachte, sehr schnell verscherzen konnte.

Jakob II. und Petre aber wollten mitten im protestantischen England katholischer sein als der Papst. Der König ließ bald keine Gelegenheit mehr vorübergehen, die anglikanischen Bischöfe herauszufordern. Vor dem Parlament, das ihm gutwillig die beträchtlichen Einkünfte Karls II. bestätigt hatte, sprach er von »eurer Religion«, und die braven Abgeordneten verabschiedeten seine unbotmäßige Majestät dennoch mit dem traditionellen »Vive le Roi !«

Vielleicht wäre Jakobs Einstellung zur Landesreligion auf kräftigere und rechtzeitige Abwehr gestoßen, hätten nicht die zwei Invasionsversuche der Emigranten Ausnahmeverhältnisse geschaffen, in denen das Parlament den König nicht im Stich lassen konnte, ja ihm sogar ein großes Heer zubilligen mußte.

Die eine Invasion stand unter dem Kommando von Archibald Campbell, dem neunten Earl of Argyll. Die Führerrolle der Herzöge von Argyll in der schottischen Politik war seit Generationen Tradition. Eine feste Bindung an die Stuarts bestand nicht; sie hatten gegen Maria von Lothringen, die Mutter der Maria Stuart, Stellung genommen, dann aber für Maria Stuart selbst Partei ergriffen und im siebzehnten Jahrhundert jahrzehntelang gegen die Stuarts gekämpft. Archibald Campbell war 1681 vor einer unberechtigten Anklage wegen Hochverrats nach Holland geflohen, in Abwesenheit zum Tod verurteilt worden und unternahm nun, im ersten Regierungsjahr Jakobs II., den Versuch einer Invasion in Schottland. Aber die wenigen Männer und Waffen, die er auf einer Fregatte hatte nach Schottland bringen können, erwiesen sich als völlig unzureichend. Archibald Campbell wurde bei Inchinnan am Clyde-Fluß gefangengenommen und zwölf Tage später, am 30. Juni, in Edinburgh enthauptet.

Folgte der Argyll der Tradition seines Clans, so war der andere Rebell dieses Jahres, James Scott, Herzog von Monmouth, ein tragisches Opfer und der bekannteste unter den zahlreichen, ja zahllosen Toten; die immer gegen Jakob II. zeugen werden. Monmouth, am 19. April 1649 in Rotterdam geboren, entstammte der Verbindung Karls II. mit Lucie Walter, jener Frau, die dem damaligen Prinzen die Jahre des Exils verschönt hatte. Monmouth war in Gestalt und Wesen, in seinen Gesichtszügen und seinem Benehmen der Inbegriff des englischen Ritters, eine prachtvolle, strahlende Erscheinung, der bei aller Schönheit keiner der männlichen Vorzüge fehlte, denn er war tapfer, leicht zu entflammen, ritterlich, grundehrlich und großzügig. Daß er keine scharfe Intelligenz besaß und in seinem Urteil unbedacht, ja unreif blieb, wußten nur jene, die ihn näher kannten.

Karl II. hatte zeitlebens an diesem natürlichen Sohn gutzumachen versucht, daß er seiner Mutter das Eheversprechen - oder die Ehe selbst - gebrochen hatte. Noch als Knabe war er mit der reichsten schottischen Erbin verlobt worden und hatte wenige Wochen vor der Hochzeit den Titel eines Herzogs von Monmouth empfangen, zu dem sich nach der Heirat noch der Titel der Brauteltern, des Herzogspaares von Buccleugh, gesellte. Der Jüngling war nun also reich, war Peer von Schottland und als Protestant in bester Position für die Thronfolge, als Jakob, der Bruder des Königs, 1673 eine katholische Prinzessin heiratete. Monmouth wurde von Karl II. nicht nur mit Ehren überhäuft, sondern erwies sich ihrer auch würdig. Er focht in Holland mutig und erfolgreich, siegte 1679 in der berühmten Schlacht von Bothwell Bridge über die Armee der schottischen Rebellen und erwarb sich die Liebe des ganzen Volkes durch seine menschliche und großzügige Haltung gegenüber den geschlagenen Covenanters.

Aber gerade in diesem Jahr versagte sein Vater ihm zum erstenmal die Treue und die Unterstützung und gab vor dem Geheimen Rat die feierliche Erklärung ab, mit Lucie Walter niemals verheiratet gewesen zu sein. Von diesem Augenblick an gewannen jene Ratgeber Einfluß auf Monmouth, die ihn gegen seinen Vater und dessen Thronfolgepläne einzunehmen suchten. Eine unbedachte Verschwörung (The Rye House plot) schlug fehl, ohne Monmouth eindeutig zu kompromittieren; aber es waren nun alle Chancen vertan, Karl II. zu versöhnen. Als sein Vater starb, floh Monmouth nach Holland, wo alle beisammensaßen, die mit Jakobs Thronfolge nicht einverstanden waren: Argyll, Jakobs Tochter Mary aus seiner ersten Ehe, mit ihrem Gatten, Wilhelm von Oranien, und dessen Anhang an Hugenotten und emigrierten Engländern.

Wilhelm von Oranien ermutigte Monmouth im ungünstigsten Augenblick zu der Invasion. Drei Monate nach der Thronbesteigung Jakobs II. konnte es noch nicht genügend Unzufriedene, noch keine formierte Opposition gegen ihn geben. Jakob hatte noch Kredit, genoß Vertrauen, man erwartete noch Gutes von ihm und hatte naturgemäß Geduld. Jeder Angriff von außen mußte auf die geschlossene Abwehr eines mit seinem König übereinstimmenden Volkes stoßen, ja die Herrschaft sogar festigen. Wilhelm von Oranien muß dies gewußt haben; er war ein kluger Staatsmann, ein erprobter Feldherr und erkannte natürlich auch die Mittel Argylls und Monmouths als unzureichend. Der Stuart-Sproß hatte die Juwelen verkauft, die seine Mutter einst von Karl II. als Geschenk erhalten hatte, und Argyll hatte eine ihm ergebene reiche Witwe in Amsterdam um nicht weniger als zehntausend Pfund erleichtert. Damit zogen die Männer gegen England, die Wilhelms von Oranien eigenen Absichten auf den englischen Thron gefährlicher hätten werden können als der katholische Jakob, den das Volk ohnedies nur auf Zeit zu dulden gewillt war.

Jakob II. spielte das blutige Spiel mit. Statt sich mit Monmouth zu versöhnen, der seine beste Waffe gegen Wilhelm von Oranien gewesen wäre, vernichtete er den Mann, der an seiner Seite, als sein designierter Thronfolger, seine eigene Herrschaft, aber auch die der Stuarts besser hätte sichern können als jeder andere.

Monmouth landete mit nur zweiundachtzig Getreuen bei Lyme Regis (Dorset) im westlichen England. Er wurde vom

Volk jubelnd begrüßt. »Man streute Blumen auf seinen Weg; die Fenster waren gedrängt voll von Zuschauern, die sich emsig bemühten, Anteil an demjenigen zu nehmen, was die lebhaften Gefühle des Augenblicks sie als einen Triumph betrachten ließen. Männer zeigten ihren Frauen, Mütter ihren Kindern den tapferen, liebenswürdigen Helden, der bestimmt wäre, der Befreier seines Vaterlandes zu werden« (Charles James Fox).

Man muß staunen, wie tief sich diese wenigen Tage eines vergleichsweise unbedeutenden Triumphzuges durch ein paar Flecken und Städtchen dem Bewußtsein einer Nation einprägen konnten. Der Dichter Dryden singt von diesem glückhaften Beginn:

*»Thee, Saviour, thee, the nations vows confess*
*And never satisfied with seeing, bless*
*Swift unbespoken pomps thy steps proclaim*
*And stammering babes are taught to lisp thy name.*

*Dich, Heiland, dich bekennt der Wunsch des Volks*
*Nie wird's, dich segnend, deines Anblicks satt.*
*Schnell verkünden unbefohlene Prachtzüge deine Schritte,*
*und stammelnde Säuglinge lernen deinen Namen lispeln.«*

In den kleinen Städten verehrten Bürgerstöchter dem Helden in Eile gestickte Fahnen, und Monmouth nahm die Gelegenheit wahr, auf die Bibel den Eid zu schwören, daß er das Evangelium schützen und achten und die Gesetze des heiligen Buches in seinem Vaterland verwirklichen wolle.

Tatsächlich verhieß das Unternehmen zunächst Erfolg. Das kleine Volk strömte Monmouth relativ zahlreich zu. Es kamen so viele Männer, die unter seinen Fahnen kämpfen wollten, daß der nur an reguläre Truppen gewöhnte Herzog den verhängnisvollen Fehler beging, einige Rasttage einzuschieben, um die unerfahrenen Anhänger einzuexerzieren. Er bedachte nicht, daß sie den britischen Königstruppen ja doch unterlegen sein würden und daß die Verzögerung Jakob II. in Vorteil setzte.

Aber noch ein anderer Umstand ließ Monmouth zaudern. Es beunruhigte ihn, daß nicht einer der wirklich einflußreichen Männer, nicht eines jener Oberhäupter einer Clique, zu ihm stieß, ohne deren Hilfe man nun einmal in England als Rebell nicht erfolgreich sein konnte. Während Argyll eigensinnig um ganz Schottland herumgefahren war, um mit seinem Schiff in der Heimat zu landen, wo ihm ein gewisser Anhang absolut sicher war, hatte Monmouth sich auf gut Glück gegen ein ganzes Land gewandt, und dieses Land schickte ihm nun nur das Fußvolk. Ein einziger guter Kopf aus den Kreisen der oppositionellen Whigs hätte ihn vor den Fehlern bewahren können, in die er sich hineinrennen fühlte. Denn kein Aufstand ist ein rein militärisches Ereignis, kein Aufstand ist ausschließlich mit den Waffen zum Sieg zu führen.

Die blutige englische Geschichte ist reich an tragischen Helden, aber an einigen von ihnen hängt das Volk in besonderem Maße. In dem jungen Herzog, der da gegen seinen mächtigen Oheim auszog, sah es einen zweiten Robin Hood, einen Habenichts aus dem Geusenland, einen Bastard, der gegen die Legitimität und ihren Anspruch kämpfte und damit auch für die vielen Namen- und Machtlosen.

James Monmouth konnte zu dem Zeitpunkt, in dem er antrat, kein Erfolg beschieden sein. Er scheiterte nicht an dem Wassergraben, den seine Kundschafter nicht gesehen hatten oder nicht hatten sehen wollen, und er scheiterte auch nicht daran, daß der Führer seiner Reiterei zwar ein Lord, aber ein Feigling war. Hätte Monmouth am 1. Juni 1685 bei Sedgemoor die viertausend Mann regulärer Königstruppen geschlagen, so hätte er sich zehn oder vierzehn Tage später der dreifachen Anzahl von Soldaten gegenübergesehen. Denn was die militärische Macht anlangte, hatte Jakob II. nun einmal die Oberhand. Es ging um England, um die Nation, um die Großen, und die hatten zu diesem Zeitpunkt von Jakob II. immerhin feierliche Verpflichtungen in der Hand, die sie zunächst beruhigten, während Monmouth in den hektischen Tagen seines Vormarsches nichts anderes hatte verlauten lassen als reichlich wirre Versicherungen nach der einen und reichlich haltlose Drohungen nach der anderen Seite. Und als der junge Herzog sich schließlich auch noch zum König ausrufen ließ und Jakob II. als einen Thronräuber bezeichnete - was ja nun tatsächlich nicht stimmte -, da zogen sich die echten Lords und echten Grafen auch innerlich von jenem falschen Prinzen zurück, den sein Vater noch im Ausland gezeugt und den eine Mätresse noch im Ausland zur Welt gebracht hatte.

Die unglückliche nächtliche Schlacht bei Sedgemoor wurde zur Niederlage, und Monmouth wurde ein paar Tage später, als Bauer verkleidet, halb verhungert in einem Graben gefunden, wo er sich unter Farnkraut und Nesseln zu verbergen gesucht hatte.

Zwei Söhne Karls II. hatten gegeneinander gekämpft, denn auf der Seite der Königlichen hatte Heinrich Fitzroy, Herzog von Grafton, der dritte Sohn der Gräfin Castlemaine, den Oberbefehl geführt. Zwei illegitime Stuarts hatten einander eine blutige Schlacht geliefert, um den einen legitimen König, der dem Geschlecht noch vergönnt war, ein paar Jahre länger an der Macht zu halten.

Aus der Gefangenschaft schrieb Monmouth einen Brief an Jakob II., in dem er ihn vor allem um eine Unterredung bat. Er wisse wichtige Dinge, die er einem Brief nicht anvertrauen könne, Dinge, die für Jakobs Herrschaft von entscheidender Bedeutung seien. Es ist wenig zweifelhaft, daß Monmouth damit auf Wilhelm von Oranien anspielte, auf den Mann, der zweifellos schon 1685 den Plan für eine Invasion erwog, den er dann drei Jahre später realisieren sollte.

Der König war denn auch neugierig genug, den abtrünnigen Neffen und Hochverräter zu empfangen, obwohl ihm klar war, daß es nach einem Fußfall des Verwandten keinen schicklichen Weg geben würde, ihm eine Begnadigung zu verweigern. Monmouth erschien also vor Jakob II., bezeugte seine Reue und gelobte, sich zu unterwerfen.

Jakob tat auch zunächst so, als wolle er Gnade walten lassen. Er ließ Monmouth eine Erklärung unterzeichnen, des Inhalts, daß Karl II. ihm, seinem natürlichen Sohn, stets versichert habe, er sei mit Lucie Walter nie verheiratet gewesen. Monmouth begann zu hoffen, denn welchen Sinn konnte diese Erklärung haben, wenn man ihn ohnedies hinrichtete? Sie war nur notwendig, wenn er weiterleben sollte. Aber kaum hatte der König das Papier in Händen, so erklärte er seinem Neffen trocken, die Tat sei zu sündig und zu böse gewesen, sie müsse ihre Sühne finden.

Erst im Kerker gewann Monmouth nach dieser Enttäuschung seine Selbstbeherrschung wieder. Er widersetzte sich entschlossen den Geistlichen, die ihn wie Fliegen belästigten und immer neue, immer unterwürfigere Erklärungen von ihm verlangten und ihn bis zum letzten Augenblick, bis zur Hinrichtung, bedrängten. Als sei ihm der Henker lieber, besprach sich Monmouth mit diesem, prüfte das Beil, fand es zuwenig scharf und bewies eben jene Ruhe und Festigkeit, die auch Karls I. letzten Augenblicken besondere Würde gegeben hatte. Keine Klage, nur ein vorwurfsvoller Blick war seine Antwort auf den ersten schlechten Schlag des Henkers, der nach dem dritten Schlag aufgeben wollte, weil Monmouth immer noch lebte, und erst nach Drohungen einen vierten und fünften Schlag führte, ehe der Gemarterte endlich verschied.

(Die Hinrichtung hatte ein makabres Nachspiel, und zwar dreihundert Jahre später, als bei Ausschachtungsarbeiten in London im Hause Downingstreet 10 in einer halbvermauerten Nische ein Schädel gefunden wurde, der die Kennzeichen dieser stümperhaften Beilschläge aufwies und als der des James Monmouth identifiziert wurde. Offenbar hatte man sich, wie bei Karl I., gescheut, einen Mann königlichen Geblüts durch einen gewöhnlichen Henker zum Tode zu befördern und das Beil einem Edelmann anvertraut, der natürlich maskiert war, um die Schande dieser Handlung nicht büßen zu müssen.)

Argyll war vor seiner Hinrichtung noch gefoltert worden, obwohl seine Familie in Schottland mindestens den gleichen Ruhm und die gleiche Geltung beanspruchen durfte wie die der Stuarts, und Monmouth hatte man hingerichtet, trotz seines königlichen

Blutes und seiner Unterwerfung. Damit hatte Jakob II. gezeigt, daß er einen jener Wesenszüge, die jedes Volk am liebsten an seinem König feststellt, ganz und gar nicht besaß: die Güte.

An den Monarchen haben ihre Untertanen stets andere Eigenschaften geschätzt, als der Staatsbürger sie von den Politikern erwartet. Man war durchaus bereit, einem gütigen und wohlwollenden, rechtschaffenen und bemühten Monarchen selbst den Mangel von Intelligenz nachzusehen, und mancher, den man heute schlicht als Halbidioten bezeichnen würde, lebt im Gedächtnis seines Volkes als »der Gütige« durchaus achtungsvoll weiter. Jakob II. aber hatte sich binnen weniger Monate als eine tiefe und beunruhigende Enttäuschung erwiesen. Er war offensichtlich entschlossen, sich über die Test-Akte hinwegzusetzen und Katholiken wieder in wichtige Ämter einrükken zu lassen; er machte kein Hehl mehr aus seiner Absicht, den katholischen Gottesdienst in seiner öffentlichen Form wieder einzuführen; und er ließ die Anhänger Argylls und des Herzogs von Monmouth mit einer Grausamkeit verfolgen, die vor allem auf ihn zurückfällt.

Jakob II. nämlich kannte den Mann, dem er die »Befriedung« der Rebellengegend übertrug, sehr genau. Baron Jeffreys of Wem hatte sich durch rücksichtslose Energie, Härte und Grausamkeit aus einer langen Ahnenreihe wohlanständiger Juristen zu höchsten Ehren emporgearbeitet, war Mitglied des Geheimen Rates geworden, Sir und 1685 schließlich erster Baron von Wem, eine Ehre, die nie zuvor einem Richter während seiner Amtszeit zuteil geworden war. Schon zu Lebzeiten Karls II. aufs engste mit dem damaligen Herzog von York verbunden, entfaltete er seine volle Energie in dem Augenblick, da Jakob an die Regierung kam, und wütete im Sommer 1685 gegen die Dörfer und Städte, die Monmouth unterstützt hatten, mit einer Grausamkeit, die ein so besonnener Historiker wie Trevelyan krankhaft nennt.

Wie viele Menschen unter furchtbaren Martern den Tod fanden, weil Jeffreys ihre naive Begeisterung für den jungen Herzog als bewußten Hochverrat auslegte, läßt sich heute nicht mehr ermitteln. Die niedrigsten Schätzungen sprechen von 150 bis 200, Macaulay von 320, andere Autoren von 600 bis 700. In diesen Ziffern sind aber die Männer nicht mit enthalten, die als Sklavenarbeiter in die Kolonien geschickt wurden, und keine Quelle verzeichnet die Frauen und Kinder, die zugrunde gingen, weil man die Familien gnadenlos auseinanderriß. »Selbst in einer Zeit, in der die Gerichtshöfe im Dienste der königlichen Macht als ein Instrument der Unterdrückung dienten, sind Jeffreys' Verhalten und seine Laufbahn Spiegelbilder der scheußlichsten Tendenzen dieser Zeit«, sagt Francis Alfred Allen in einer sorgfältig abwägenden Studie. Jeffreys' Vater soll, die Natur seines Sohnes richtig einschätzend, ihn davor gewarnt haben, die juristische Laufbahn einzuschlagen, weil dies nur Gewalt und Untaten nach sich ziehen würde. Jeffreys starb am 18. April 1689, nach dem Sieg des Oraniers, im Londoner Tower, noch ehe sein Prozeß begonnen hatte.

Zur gleichen Zeit, als Jakob II. durch seine Haltung sein Regime um allen Kredit brachte, zerstörte ein viel bedeutenderer Monarch das Bild, das seine Nation sich in Jahrzehnten von ihm gemacht hatte. Ludwig XIV. begann, von Gewissensbissen ob seiner Mätressenwirtschaft geplagt, in eine Frömmelei zu verfallen, die sehr viel mehr Unheil anrichtete als alle Aufmerksamkeiten, die er den Damen erwiesen hatte. Sein Beichtvater trug den ominösen Namen Pere La Chaise und war einer der lasterhaftesten Mönche, die je bei Hofe auftraten; er hatte sich mit Ludwigs heimlich angetrauter Gemahlin, der Maintenon, zusammengetan, um dem König die Aufhebung des Toleranzedikts von Nantes einzureden. In ganz Frankreich begannen Hugenottenverfolgungen mit den berüchtigten Dragonnaden, Drangsalen aller Art für jene, die protestantisch bleiben wollten: Verschikkung, Galeere, Tod, in den mildesten Fällen noch Verarmung.

Fest überzeugt, sein Seelenheil zu retten, wenn er nicht mehr mit jungen Mädchen schlafe (wie die unschätzbare Liselotte von der Pfalz sich ausdrückt), hatte Ludwig XIV. den Anstoß zum Niedergang seines Landes gegeben. Die fleißigen Hugenotten, die nach England und Preußen auswanderten, brachten diesen

Ländern ihre Erfahrungen in zahlreichen Gewerben. »Die Übersiedlung vieler dieser Menschen nach England trug ganz wesentlich dazu bei, daß Britannien den großen Nachbarn an kaufmännischem und gewerblichem Unternehmungsgeist bald so weit hinter sich ließ.« (Trevelyan)

Für Jakob II. aber waren die in Scharen nach England kommenden, einer brutalen Verfolgung entronnenen Hugenotten Gegner, und mehr noch: sie waren entschlossen auftretende Zeugen gegen die königliche Willkür und gegen Jakobs II. großen Bundesgenossen, den Sonnenkönig. Damit gewann Wilhelm von Oranien naturgemäß an Sympathien, denn er war der Mann, von dem ganz Europa wußte, daß er sich um eine Koalition gegen Ludwig bemühte.

Vermutlich wäre Jakob nicht einmal auf eine dreijährige Regierungszeit gekommen, hätte sich nicht die Gruppe seiner Gegner immer wieder gesagt, daß seine zweite Ehe kinderlos sei und er nicht mehr der Jüngste, und daß es folglich geraten sei, in Frieden zu warten, bis Maria und Wilhelm von Oranien durch die Erbfolge nach England kämen. Wegen einiger Jahre brauchte man schließlich keine blutige Revolte anzuzetteln, die womöglich Ludwig XIV. einen Vorwand zur Intervention geben würde.

Aber in dieses echt britische Zuwarten hinein platzte die Nachricht, die Königin habe am 10. Juni 1688 einem Knaben das Leben gegeben. Nun hatte England neben einem katholischen König noch einen katholischen Kronprinzen, von dem übrigens in jenen ersten Tagen und Monaten die meisten glaubten, er sei ein untergeschobenes Kind. Diese Geburt eines Thronerben war es, die den kurz zuvor ausgebrochenen Konflikt zwischen dem König und der protestantischen Geistlichkeit auf den Siedepunkt brachte. Jakob hatte die Test-Akte aufgehoben und eine Verordnung erlassen, die den Katholiken wieder den Zutritt zu allen hohen Ämtern freigab. Man hätte diese Maßnahme vielleicht hingenommen, hätte Jakob nicht verlangt, daß just die protestantische Geistlichkeit die Verordnung von den Kanzeln zu verkünden habe. Gegen diese offensichtliche Demütigung erhoben sich Erzbischof Sancroft von Canterbury und sechs andere Bischöfe. Jakob II. ließ ihnen den Prozeß machen. Noch ehe dieser zu einem Urteil geführt hatte, wurde der Thronerbe geboren, und zwanzig Tage nach diesem Ereignis, das die Sachlage so sehr veränderte, sprach ein Geschworenengericht die sieben Kirchenfürsten frei. Dieses Urteil zeigt bereits deutlich den Sinneswandel der Briten gegenüber Jakob II., und um jeden Zweifel auszuschließen, sandten am gleichen Tag, am Abend des 30. Juni 1688, sieben Führer der regierenden Tory- und der oppositionellen Whig-Partei eine schriftliche Einladung nach Holland, an Wilhelm von Oranien.

Dennoch bleibt es erstaunlich, daß die Invasion gelingen konnte, war doch die mächtigste Kontinentalmacht mit Jakob II. verbündet. Indessen war wohl der Handstreich Wilhelms von Oranien nicht im militärischen Sinn eine Invasion zu nennen; er fand nämlich in England mehr Hilfe als jeder andere, der vom Kontinent kam, gefunden hätte. Die wirksamste Hilfe aber hat in seiner stolzen Verblendung Jakob II. selbst geleistet: Um den Anhängern Wilhelms von Oranien im eigenen Land die Zähne zu zeigen, ließ er ganze zwanzig Kriegsschiffe im Kanal kreuzen, eine Demonstration, nicht mehr, gegen eine etwaige Landung des Oraniers. Als Ludwig XIV. seine Schiffe anbot, damit die Demonstration zu einer ständigen Blockade der holländischen Küsten ausgedehnt werden könne, lehnte Jakob hochfahrend, ja beinahe beleidigend ab: Sein Lieblingskind, die Flotte, werde zumindest in diesem Jahr wohl keiner Hilfe bedürfen.

Beinahe hätte Jakob II. mit seiner Prophezeiung recht behalten, denn der Oktober verstrich, ohne daß sich etwas ereignete, und im November den Kanal zu überqueren, ist noch heute kein Vergnügen. Für große Verbände von Kriegsschiffen und Truppentransportern war es jetzt offensichtlich zu spät.

Aber Wilhelm von Oranien vertraute auf die Seemannskunst der Geusen: Er stach am 1. November mit annähernd fünfhundert Schiffen und Hilfsfahrzeugen in See. Gilbert Burnet, dessen »History of my own time« die beste und eine heute noch lesenswerte Quelle zu diesen Ereignissen ist, schreibt:

»Am 1. November 1688 segelten wir mit der Abendebbe aus, liefen aber dieselbe Nacht nicht weit, damit uns die große Flotte folgen und wir dabei in guter Ordnung bleiben möchten. Wir versuchten des folgenden Tags, nordwärts anzuschiffen; aber der Wind war so stark und stickost, daß wir nicht von der Stelle kommen konnten. Gegen Mittag wurde das Zeichen gegeben, nach Westen zu segeln. Der Wind verhinderte die englische Flotte, aus der Themse herauszukommen. So hatten wir eine freie See und eine sichere Schiffahrt.«

Wer weiß, wie selten Ostwind im Kanalbereich ist, wird wieder an die Sage vom protestantischen Wind denken, der in diesem Fall allerdings nicht England, jedenfalls nicht den König, sondern Wilhelm von Oranien begünstigte.

»Am 3. November segelten wir zwischen Dover und Calais durch und kamen des Abends in Sicht der Insel Wight. Da nun auf den nächsten Tag des Prinzen (Wilhelms) Geburts- und Hochzeitstag fiel, bildete er sich ein, wenn er an eben dem Tag landete, würde es der Armee glückverheißend erscheinen und die Soldaten anfeuern. Wir alle aber, bedenkend, daß am 5. November der Jahrestag der Pulververschwörung [vgl. S. 85] sein würde, erachteten, es würde sich dieser besser nach dem Sinn der Engländer schicken und waren froh, daß unsere Landung nicht eher geschehen konnte. Torbay hielt man für den besten Ort zum Aufenthalt der großen Flotte, und also beschloß man, die Armee so nahe als möglich bei Torbay ans Land zu setzen. Dieses war so weit von London entfernt, daß wir uns mit Pferden versehen und alles in Ordnung bringen konnten, ehe sich uns der König mit seiner Armee näherte.

Ich war mit des Prinzen anderen Bedienten in einem Schiff, das die Avantgarde der ganzen Flotte führte, und um den Mittag kam Russel zu uns an Bord mit dem besten englischen Lotsen ... Der Lotse dachte, sich in seiner Rechnung nicht zu irren und sich der Ordre gemäß zu verhalten, bis wir am Morgen erkannten, daß wir an Torbay vorbeigesegelt waren. Der Wind war zwar nicht mehr so stark, wehte aber noch immer geradenwegs aus Osten, und es schien unvermeidlich, bis nach Plymouth fortzusegeln, wodurch wir in eine lange und verdrießliche Winterkampagne geraten wären, und zwar in einem sehr schlecht bestellten Lande ... Schon ließ der bestürzte Russel ein Boot für den Prinzen fertigmachen, als zu unserer Verwunderung Windstille eintrat und gleich darauf der Wind nach Süden umschlug und mit einem sanften und glückhaften Blasen die ganze Flotte innerhalb vier Stunden in die Bucht von Torbay brachte.

Man begann sofort mit der Landung. Sobald der Prinz mit dem Marschall Schomberg* ans Ufer trat, wurden ihnen Pferde gebracht, so gut sie in dem Flecken Broxholm zu finden waren. Sie ritten gleich auf eine Anhöhe und betrachteten die Gegend, die für das Fußvolk durchaus günstig war. Die Nacht war nicht kalt, sonst würden die Soldaten, die an Bord zurückgeblieben waren, einiges Ungemach erlitten haben.

Sobald ich aus dem Schiff war, eilte ich so geschwind wie möglich zu dem Prinzen, der treuherzig meine Hand ergriff und mich fragte, ob ich nun noch immer nicht an die Vorsehung glauben wolle. Der Prinz war munterer, als er zu sein pflegte, doch kam er bald wieder zu seiner gewohnten Ernsthaftigkeit. Er ließ alle Fischer zu sich fordern und fragte nach dem besten Ort für die Ausschiffung der Reiterei. Des folgenden Tages wies man ihm eine Stelle, wo die Schiffe sehr nahe zu einem guten, festen Ufer gebracht werden konnten, so daß die Pferde nicht weit zu schwimmen brauchten. Es war desselbigen Morgens völlig windstill, und binnen drei Stunden kamen alle Pferde heil ans Land, mit soviel leichter Bagage, als wir bis Exeter brauchen würden. Das Geschütz und die schwere Bagage blieben an Bord, und die Schiffe erhielten Order, nach Topsham, in den Hafen von Exeter, zu segeln. Alles, was zu uns gehörte, kam so bald

---

* Friedrich Freiherr von Schomberg (1615-1690) diente lange unter französischen Fahnen und wurde trotz seines protestantischen Glaubens Marschall von Frankreich. Er hatte dem Prinzen von Oranien nicht nur fünfhundert französische Freiwillige zugeführt, sondern beriet ihn auch während der ganzen komplizierten militärischen Aktion. Schomberg fiel am 11.7.1690 in der für ihn siegreichen Schlacht am Boyne (Irland) gegen Jakob II.

und so glücklich an Land, daß wir des nächsten Mittags bereits in vollem Marsch begriffen waren.

Unterdessen gewahrten wir ein neues und unvermutetes Zeichen der über uns waltenden göttlichen Gnade und Vorsehung. Wir hatten uns kaum von unserer Flotte entfernt, als sich ein neuer großer Sturm aus dem Westen erhob, der jedoch unseren Schiffen, weil sie in der Bucht geschützt vor Anker lagen, keinen Schaden zufügen konnte. Aber des Königs [Jakobs II.] Flotte, die sich noch bei Windstille auf die hohe See begeben hatte und gegen uns bis zur Insel Wight gefahren war, wurde von diesem Sturm überfallen. Das Unwetter zerzauste die Schiffe einige Tage lang dermaßen, daß sie zu Portsmouth einlaufen mußten und das Jahr über keinen Dienst mehr tun konnten.

Also waren wir nun durch die unmittelbare Hand des Höchsten ohne Schwertstreich Meister der See. Ich habe bei mir nie den geringsten Hang zum Aberglauben bemerkt, sondern bin vielmehr bei jeder Gelegenheit der Vernunft treu geblieben. Dennoch muß ich bekennen, daß diese seltsamen Veränderungen des Windes und des Wetters, die sich just so einstellten, wie wir sie benötigten, mir und allen, die sich davon Rechenschaft gaben, gar sonderbare und tiefe Gedanken verursacht haben.«

Während sich Burnet wider Willen zu der Mär vom protestantischen Wind bekennen mußte, erkannte Jakob II. noch immer nicht, woher diesmal der Wind wehte. Mit Argyll und Monmouth waren seine Truppen so schnell fertig geworden, daß er es erst nach vierzehn Tagen für nötig befand, sich zu seiner Armee zu begeben, die, seit Beginn seiner Regierungszeit annähernd dreißigtausend Mann stark, in der Nähe Londons in Bereitschaftsquartieren lag. Während die Flotte - hätte der Sturm sie nicht daran gehindert - zweifellos entschlossen gegen den Oranier gekämpft hätte, machten sich in der Armee Auflösungstendenzen bemerkbar. Jakob hatte versucht, durch Einsetzung von Katholiken in die entscheidenden Positionen dieses Machtinstrument fest in die Hand zu bekommen. Aber da ihm Wilhelm von Oranien nicht die Zeit gegönnt hatte, diese Durchsetzung mit Katholiken konsequent weiterzuführen, war im Augenblick, da die Armee gebraucht wurde, eine Lage entstanden, die für Jakob ungünstiger war als eine rein protestantische, aber geschlossene Streitmacht. Eine einheitliche Armee hätte zumindest gehorcht. In der gespaltenen Armee fühlten sich nur noch die Katholiken zum Gehorsam aufgerufen, während die anderen von vornherein und wegen der ihnen vor die Nase gesetzten katholischen und französischen Offiziere mit Oranien sympathisierten, ehe noch der erste Schuß gefallen war.

Jakobs Versuch, die Armee auch noch durch Irländer zu katholisieren, und seine offensichtliche Neigung, Katholiken zu bevorzugen, hatte nicht nur den Baron John Churchill, neugebackenen Generalleutnant der Armee, gegen den König aufgebracht, sondern auch Grafton, den natürlichen Sohn Karls II. Damit standen die beiden Heerführer, die den Aufruhr des Herzogs von Monmouth mühelos niedergeworfen hatten, in diesen entscheidenden Wochen innerlich bereits auf der Seite des Eindringlings. Zumindest für John Churchill ist bewiesen, daß er heimliche Botschaften mit dem Invasionsheer austauschte.

Jakob II. hatte John Churchill zum Baron von Sandridge gemacht. Als er am 25. November, drei Wochen nach Wilhelms Landung, zu diesem überging, erhielt er von dem Usurpator den Titel eines Grafen von Marlborough. Noch einmal versuchte der gewandte Churchill die Seiten zu wechseln, als er 1690 sehen mußte, daß zunächst Schomberg und nach dessen Tod abermals ein Ausländer, nämlich der Holländer Godbert de Ginkell, den Oberbefehl in Irland erhielt. Seine Geheimverhandlungen mit Jakob II. brachten ihn zwar in den Tower, aber nur für kurze Zeit. Wilhelm, nun der III. von England genannt, konnte auf diesen bedenkenlosen, hochintelligenten Heerführer nicht verzichten.

Churchills Übertritt zu dem Oranier besiegelte das Schicksal der königlichen Armee, und die Flucht von Jakobs zweiter Tochter Anna und ihrem Gatten, Georg von Dänemark, ins Lager der Holländer zeigte dem Stuart, daß auch sein unstreitig beschränkter Schwiegersohn endlich erkannt hatte, die Sache Jakobs habe keine Chance mehr. Es mußte also offenbar sein, daß er verloren hatte!

Da es im ganzen Land gärte und keines seiner Machtmittel vollkommen sicher zur Hand war, entsandte der König - es mag seinem Stolz nicht leicht gefallen sein - eine Verhandlungsdelegation zu Wilhelm von Oranien. Daß unter den Männern, die seine Interessen vertreten sollten, sich kein einziger als sicherer Freund erwies, zeigt Jakobs Unkenntnis seiner nächsten Umgebung. Der Historiker Burnet hat an den Verhandlungen teilgenommen, die unter diesen Umständen ja nichts anderes waren als eine Absprache. Jakobs Gesandte boten, nur dürftig verhüllend, an, dem Oranier die Person des Königs auszuliefern. Burnet antwortete für Wilhelm, daß daran niemandem etwas liege. Also, fragte Halifax, das Haupt der Delegation, solle man nichts gegen eine eventuelle Flucht Jakobs unternehmen? Im Gegenteil, versicherte Burnet, sie sei durchaus erwünscht.

Dieses Gespräch fand in Oraniens Lager zu Hungerford und in größter Heimlichkeit statt, denn Wilhelm hatte alle inoffiziellen Kontakte mit den Gesandten Jakobs verboten. Es spricht aber für die Geschicklichkeit sowohl Gilbert Burnets als auch des Viscounts von Halifax, daß es dennoch zu dieser Entrevue kam, von der für die Folgezeit mehr Wirkungen ausgingen als von den offiziellen Verhandlungen. Pater Petre, Jakobs Beichtvater, glaubte eine wunderbare Intrige ins Werk zu setzen, als er im Hinblick auf den erst wenige Monate alten Prinzen von Wales zur Flucht nach Frankreich riet; er spielte damit aber das Spiel Oraniens.

In der Nacht vom 9. zum 10. Dezember 1688 stieg Maria von Modena, die Königin, mit dem kleinen Prinzen eine Geheimtreppe in Whitehall hinunter zur Themse, setzte über den Strom und gelangte mit einem bereitgehaltenen Wagen nach dem Fischerdorf Gravesend. Ihr Begleiter bei dieser nächtlichen Flucht war der Comte de Lauzun, einer der glänzendsten Kavaliere und besten Fechter Frankreichs. Die Flüchtlinge hatten Glück und erreichten schon am nächsten Tag in Calais französischen Boden.

Der König soll seiner Frau nicht nur versprochen, sondern geradezu geschworen haben, daß er vierundzwanzig Stunden später nachfolgen werde, und betrat tatsächlich, als ein Mann von Ehre, am darauffolgenden Abend das schicksalhafte Treppchen. Aber vierundzwanzig Stunden können in bewegten Zeiten die Lage sehr verändern: Seine Flucht ging über Vauxhall nach Ernsley-Ferry, wo ein Zollboot bereitlag. Die Nacht war unruhig, die Erregung war bis in die kleinsten Flecken an der Küste gedrungen, wo die seit Generationen auf Strandraub spezialisierten armen Dorfbewohner Ausschau nach begüterten Flüchtlingen hielten. Es mögen bange Minuten für Jakob II. gewesen sein, warten zu müssen, bis das leichte Boot genug Ballast geladen hatte für die Fahrt über den bewegten Kanal, während abschätzende Blicke ihn maßen, Neugierige um ihn herumstrichen. Als er die Planken des Fahrzeugs betreten wollte, faßten sich die Fischer ein Herz und hielten ihn zurück, durchsuchten ihn, noch ohne zu wissen, wen sie vor sich hatten, und erkannten ihn erst, als sie ihn in eine erleuchtete Gaststube brachten.

Die Verwirrung, die nun ausbrach, die Bestürzung der Leute, sich an ihrem König vergriffen zu haben, gestatteten Jakob zu entkommen, zwar nicht nach Frankreich, aber immerhin zurück nach London, wo er noch Anhänger hatte und den französischen Gesandten. Vierzehn fruchtlose Tage vergingen, er war König und doch auch nicht mehr. Man machte ihm allerlei Vorschriften, wagte aber doch nicht, Hand an ihn zu legen. Seine Befehle führte niemand mehr aus. Hilflos wie ein Verschwörer ohne Anhang unternahm Jakob II. in den Weihnachtstagen einen zweiten Fluchtversuch und erreichte am 25. Dezember denn auch glücklich die französische Küste. In Ambleteuse, etwa auf halbem Wege zwischen dem großen Seehafen Boulogne und dem hochaufragenden Cap Gris Nez, ging Jakob an Land. Die Regierungszeit des letzten Stuart-Herrschers hatte nicht einmal vier Jahre gewährt.

Die Geschichte verzeichnet noch ein kurzes Nachspiel, nämlich den Fortgang der militärischen Auseinandersetzungen auf irischem Boden. Dort konnten die Stuarts sich auf eine breite katholische Bevölkerung stützen und hatten also bessere Chancen als in England selbst, wo das Volk für Oranien war. Wilhelm von Oranien hatte sich der Hilfe dänischer und preußischer Söldnertruppen versichert, auf der anderen Seite standen der zurückgekehrte Jakob und die französische Expeditionsarmee.

Jakob hatte seine besten Truppen in wirkungslosem Widerstand gegen Wilhelm aufgerieben, darunter auch sehr gute irische Regimenter. Als er sich von Frankreich aus zu neuem Widerstand in Irland aufmachte, mußte er, wie seinerzeit sein Widersacher Monmouth, auf die Landbevölkerung zurückgreifen und seine Kerntruppe mit ungeübten Hilfswilligen verstärken. Die Kerntruppe - siebentausend Franzosen und die irische Reiterei - war dem Aufgebot, das der Freiherr von Schomberg am Boyne-Fluß gegen Jakob ins Treffen führen konnte, hoffnungslos unterlegen: Da hatten sich französische Hugenotten, Schweizer, preußische, dänische und sogar finnische Söldner, englische Truppen und die Blaue Garde des Prinzen von Oranien, insgesamt etwa fünfunddreißigtausend Mann stark, zusammengefunden. Sie überschritten den Boyne-Fluß zur Linken wie zur Rechten Jakobs, und er konnte sich der drohenden Umklammerung nur durch schnelle Flucht entziehen.

Durch diesen geschickten Rückzug erhielt sich Jakob II. die Möglichkeit, mehr als ein Jahr lang weiteren Widerstand zu leisten und die von ihrem Brückenkopf Ulster aus operierenden Truppen Wilhelms nachhaltig zu beunruhigen. Die heute unversehens politisch wieder wirksam gewordene Teilung Irlands in einen kleinen protestantischen und einen großen katholischen Teil prägte schon den Ereignissen zu Ende des siebzehnten Jahrhunderts ihren Stempel auf, einer der vielen Beweise für die Stabilität der Traditionen und der historischen Gegebenheiten auf den Britischen Inseln.

Endlich, am 12. Juli 1691, gelang es den Truppen der protestantischen Allianz, die Jakobiten wieder in einer großen Schlacht zu stellen. Den Oberbefehl über Wilhelms Armee hatte der holländische General Ginkel. Die Armee Jakobs stand unter dem Befehl des Marquis von Saint-Ruth; sie hatte sich hinter einem sumpfigen Vorfeld außerordentlich gut verschanzt. Jakob und seine Generale verhielten sich, wie man sieht, in beiden Schlachten durchaus kundig; der Gegner hatte am Boyne zwei Flußübergänge im Angesicht des jakobitischen Heeres durchführen müssen und hatte nun, beim Dorf Aughrim, die wenig beneidenswerte Aufgabe, über einen Sumpf hinweg zu stürmen.

Die Iren und Franzosen leisteten zunächst hartnäckigen Widerstand, und es sah ganz so aus, als würden die Soldaten des holländischen Generals nicht viel erreichen. Dann aber hatte Ginkel Glück: In dem Augenblick, da ihm ein erster Einbruch in die Linien Jakobs gelungen war und der Marquis von Saint-Ruth die Deckung verließ, um die Lage wiederherzustellen, traf ihn eine Kanonenkugel, und die bis dahin wirkungsvolle und geschlossene Abwehr der holländischen Angriffe erlahmte. Die in ihren Befestigungen umgangenen Iren und Franzosen hatten keine Gelegenheit zur Flucht und verloren über siebentausend Mann an Toten und die gesamte Ausrüstung.

Dieser schrecklichen Niederlage in der Grafschaft Galway westlich von Dublin folgte wenige Monate später die vollständige Unterwerfung des irischen Volkes unter den neuen Herrscher Großbritanniens; sie war aber auch der Beginn eines bis heute nicht beendeten harten und heimlichen Krieges zwischen dem katholischen Irland und dem übermächtigen protestantischen Nachbarn, der noch immer seinen kleinen Brückenkopf, Ulster, auf der grünen Insel festhält.

Während Jakob II. in seinem Exil, Schloß Saint-Germain-en-Laye bei Paris, untätig und unglücklich alterte, wurden seine Töchter nacheinander Königinnen von England. Die erste war Mary, die Gemahlin des Oraniers, von der man zunächst angenommen hatte, daß sie gekrönt, Wilhelm aber nur Prinzgemahl werden würde. Sir Charles Sedley, der englische Poet, Parteigänger Oraniens und Vater von Jakobs Mätresse Katherine Sedley, hatte 1688 das vielzitierte Wort gesprochen: »König Jakob und ich sind nun endlich quitt; er hat meine Tochter zur

Gräfin gemacht, und ich habe mitgeholfen, daß seine Tochter Königin wird.«

Wilhelm hatte England nicht erobert, um sich mit einer Nebenrolle zu begnügen; er drohte Parlament und Geheimem Rat mit seiner sofortigen Rückkehr nach Holland, wenn man nicht auch ihn kröne, und so gab es nicht nur einen zweiten »William the Conqueror«, sondern einen William III., King of Great Britain and Ireland, neben dem Königin Mary eine relativ bescheidene Rolle spielte. Ihre freundliche und lebhafte Art und ihr Interesse für Innenpolitik halfen ihrem Gatten jedoch in mancher Hinsicht. Denn er war verschlossen, unnahbar und in erster Linie an der Außenpolitik und am militärischen Geschehen interessiert. In England blieb er zeitlebens ein Fremder. Die Königin verdankte ihr gesellschaftliches Geschick zweifellos nicht ihrem Vater, dem oft verdüsterten und fanatischen Jakob II., sondern ihrer Mutter Anna Hyde aus der Familie der so plötzlich zu höchsten Ämtern aufgestiegenen klugen und wendigen Earls of Clarendon und Rochester. Aber sie konnte diese Talente nur noch wenige Jahre zum Nutzen der Glorreichen Revolution und der neuen Regierung einsetzen. Jakobs Kinder von Anna Hyde hatten alle nur einen relativ schwachen Lebensfunken. Mary II. starb 1694, nur zweiunddreißig Jahre alt, und ihre Schwester Anne, die von allen am längsten lebte, erreichte nicht einmal das fünfzigste Lebensjahr.

Nach acht Jahren, in denen Wilhelm III. allein regiert hatte, kam noch einmal, ein letztes Mal, das Haus Stuart zum Zug, und Jakobs II. Tochter Anna bestieg 1702, als Erste ihres Namens, den englischen Thron. Es war ein merkwürdiger Abgesang, eine Regierungszeit, die deutlich zeigte, daß Englands eigene Familien schon zu kräftig und mächtig geworden waren, um sich noch von einem schottischen Königshaus gouvernieren zu lassen.

»Die Königin Anna«, schreibt Burnet in der Geschichte seines Zeitalters, »läßt gerne jedermann vor sich und hört alles sehr gütig an, eröffnet aber ihre Gedanken so wenig, ist dabei so kalt und allgemein in ihren Antworten, daß man bald findet, wer etwas zu suchen hat, müsse sich hauptsächlich an ihre Minister und Günstlinge wenden, welche alles gelten und völlige Macht bei ihr haben; sie hat den Glanz des Hoflebens allzusehr verdunkelt und hält keine offene Tafel, sondern ißt immer allein: so daß, ausgenommen des Sonntags und ein paar Stunden zwei- bis dreimal die Woche, wenn des Abends im königlichen Vorgemach Gesellschaft ist, sie sich so wenig sehen läßt, daß ihr Hof verlassen zu sein scheint.«

Diese Günstlingswirtschaft ist der schwerste Vorwurf, den die Geschichtsschreibung gegen Queen Anne erhebt, und sie ist zweifellos das Ergebnis jener Lebensschwäche, wie sie die Kinder Jakobs II. allgemein zeigen. Anna hatte sich schon sehr früh an die schöne, hochintelligente, aber offensichtlich herrschsüchtige Hofdame Sarah Jennings angeschlossen, die seit ihrer Verehelichung mit John Churchill, Herzog von Marlborough, bei Hofe noch mehr galt. Marlborough, dem wir bereits begegneten, und Sarah waren das Ehepaar en vogue, war er doch schon als einer der ersten Liebhaber der Herzogin von Cleveland Nebenbuhler Karls II. gewesen und somit beinahe näher an den Mechanismen des Hoflebens und der Regierungsmaschinerie als der spätere König Jakob.

Die unsichere Anna unterwarf sich Sarah Churchill vollkommen. Obwohl die Briefe der beiden Freundinnen nach der Mode der Zeit verschlüsselt sind, sprechen sie eine überdeutliche Sprache. »Ich bin«, schreibt Anna einmal, »so ganz und gar die Ihre, daß - wenn man mir auch die ganze Welt geben würde - ich nicht glücklich sein könnte ohne Ihre Liebe.«

Als diese Zeilen geschrieben wurden, war Anna noch durch ihren Vater und durch ihre Schwester von der Thronfolge getrennt. Vom Jahre 1702 an war Anna die Königin und die Hofdame ihre Untergebene. Die Beziehung der beiden ungleichen Frauen entbehrte nicht jener typischen Spannungen und Krisen, die in der Regel nur bekannt werden, wenn einer der beiden Partner eine Krone trägt. Nach der kurzen Schilderung, die uns Burnet von Anna gibt, kann es keinem Zweifel unterliegen, daß die Entscheidungen, die die Königin zu fällen hatte, von einer beherrschten, unterlegenen, ja hörigen Frau getroffen wurden. Und es war dabei ein ausgesprochener Glücksfall, daß der Gatte der Sarah Jennings, der Herzog von Marlborough, ein hervorragender Feldherr war. Man stelle sich die Folgen vor, wenn Sarah Jennings in der konkurrenzlosen geheimen Herrscherinnenrolle, die sie spielte, einen Unwürdigen gefördert oder die hohen Kommandostellen und Verwendungen für eine militärische Null erlangt hätte.

Gleichermaßen unterstützt durch die Freundschaft seiner Frau mit der Königin und durch die eigenen, nach langen Wartejahren nun voll durchbrechenden Energien, wurde Marlborough zum Führer der britischen Politik um die Wende zum neuen Jahrhundert und zum Herrn über die militärische Macht des Inselreichs.

Während der zärtliche Krieg zwischen Sarah Jennings und Anna Stuart tobte, ein Krieg, von dem nur sehr wenige Genaueres zu berichten wissen, kämpfte Marlborough so erfolgreich im Spanischen Erbfolgekrieg; daß das bekannteste Kriegslied der Zeit - »Marlbrough s'en va-t-en guerre« -, obwohl französischen Ursprungs, ihn, den britischen Herzog, anspricht, so wie das deutsche Lied von Eugenius, dem edlen Ritter, einen Prinzen aus Savoyen.

Den Herzogstitel errang sich John Churchill mit seinen Siegen in Holland im Jahr 1702, als er die Franzosen aus Geldern, Venloo, Roermonde und Lüttich hinauswarf. Zwei Jahre darauf kämpften Eugen von Savoyen, Sohn der koketten Olympia Mancini, und der Emporkömmling aus England Schulter an Schulter gegen Bayern und Franzosen. Das britische Parlament schenkte dem erfolgreichen Heerführer die Domäne Woodstock, eine traditionsreiche Besitzung, die einst Fair Rosamond, der schönen blonden Geliebten Heinrichs II. Plantagenet, gehört hatte; der deutsche Kaiser aber machte Marlborough zum Reichsfürsten und verlieh ihm die Herrschaft Mindelheim in Oberschwaben.

Ludwigs XIV. Stern vermochte nichts gegen die vereinten Genien der größten Feldherrn dieser Wende, und Jakob II. bat den alten und verbitterten Sonnenkönig, doch seinetwegen nichts mehr zu unternehmen, die Lage sei auch ohne stuartische Komplikationen ernst genug. Bald nach der Schlacht von Malplaquet (11. September 1709) wurde Marlborough jedoch ein Opfer der Position seiner Gattin:

Sarah Jennings hatte sich im Lauf der Jahre an ihre Herrschaft über die Königin so sehr gewöhnt, daß sie an die Möglichkeit einer Konkurrenz, eines Sinneswandels und einer Entmachtung gar nicht mehr dachte. Wie sollte sie auch in einer jungen Hofdame namens Abigail Hill, einem Mädchen ohne Beziehungen und ohne Energie, eine Gefahr wittern?

Sie selbst, die allmächtige Herzogin, war es, die der Königin das sanfte Wesen mit den schönen Augen empfahl, und siehe da, Anna Stuart, die ein Leben lang zwischen ihrer eigenen Herrscherinnenrolle und der Unterwürfigkeit gegenüber Sarah hin- und hergerissene Frau, begriff plötzlich, daß dieses schöne Mädchen mit dem zärtlichen Blick eine Umkehr aller Verhältnisse herbeiführen könnte. Gegenüber der jungen Abigail war sie, die Königin, die Natürlich-Überlegene. Alles, was sie gegeben hatte in den erregten Jahren mit Sarah, würde sie nun selbst empfangen.

Aber sie empfing nicht nur von Abigail Hill, sie nahm auch Sarah weg, was sie ihr nur nehmen konnte, und das ist, trotz allem, eine wenig königliche Handlungsweise. Denn der Herzog von Marlborough hatte seine Verdienste; sie waren unbestritten, die Welt hatte sie anerkannt. Marlborough war zu stolz und zu groß für diese Weiberintrigen. Er wußte, worum es ging, als er einem Obersten Hill, dem Bruder der neuen Favoritin, ein Regiment verleihen sollte. Er tat es nicht, und es gereicht ihm zur Ehre, daß er es nicht tat.

Der Bruch war unvermeidlich und wäre auch gekommen, wenn Marlborough in diesem Fall nachgegeben hätte. Die Whig-Minister mußten gehen, Abigail wurde die Verwalterin der königlichen Privatschatulle, und Marlborough machte man den Prozeß.

Es wurde beinahe ein zweiter Fall Wallenstein, nur daß man im achtzehnten Jahrhundert doch schon zu zivileren Formen gelangt war. »Marlborough hat niemals aufgehört«, schreibt Macaulay, »dem Hof von Saint-Germain zu versichern, daß das große, von ihm begangene Verbrechen [gemeint ist der Verrat von 1688] ihn stets verfolge, und daß er nur lebe, um Buße zu tun und wieder gutzumachen ...« Nach zwei Jahrzehnten voll beispielloser Erfolge und einem schwindelerregenden Aufstieg zum Abgott der ganzen Nation war es zweifellos Heuchelei, von Buße für jenen Verrat zu sprechen, der am Beginn seiner Laufbahn stand. Marlborough war, wie viele Emporkömmlinge, habgierig, auf seinen materiellen Vorteil bedacht und fest entschlossen, es an Besitz und Vermögen den ältesten Geschlechtern gleichzutun. Seine Schwester war die Mätresse des Herzogs von York gewesen, seine Frau die Karls II. und der Königin Anna; das waren Hintergründe einer Karriere, die Marlborough vergessen machen wollte und die er aus seiner eigenen Erinnerung nur durch Reichtum und Sicherheit verdrängen konnte.

Die Vorwürfe, die ihm das neue Ministerium, vor allem aber die Königin machte, zielten in zwei Richtungen. Man beschuldigte ihn der Unterschlagung öffentlicher Gelder, aber auch des geheimen Einverständnisses mit Johann Wenzel Grafen Gallas, dem österreichischen Botschafter am britischen Hof. Da Österreich eine Hauptstütze der Koalition war, konnte der zweite Vorwurf nicht so schwer wiegen wie der erste, aber schließlich gelang es der Autorität des Prinzen Eugen von Savoyen, dem die Königin tief verpflichtet war, und der Geschicklichkeit des Grafen Gallas, den Prozeß beizulegen. Der Herzog war während all dieser Intrigen auf dem Kontinent geblieben und kehrte erst nach dem Tod der Königin nach England zurück.

In einem Vierteljahrhundert, in den bewegten Jahren zwischen 1688 und 1714, entschied sich das Schicksal des Hauses Stuart und erhielt der englische Thron eine neue Königsfamilie. Die dynastische Ordnung erwies noch einmal ihre Kraft, Menschen, Leidenschaften, ja die Natur der Dinge zu zwingen, zu verändern, auszulöschen oder von der Bildfläche verschwinden zu lassen. Was sich in London begeben hatte, der Aufruhr des Parlaments gegen das Ungeschick und die konfessionelle Engstirnigkeit Jakobs II., die Eroberung des Throns durch Wilhelm von Oranien, die Günstlingswirtschaft der Königin Anna, das alles war nur die eine Seite, war nur der eine Akt des großen Sukzessionsdramas, das in Wahrheit eine Ablösungstragödie wurde. Der zweite Akt ging auf dem Kontinent vor sich, in dem bis dahin wenig beachteten Ländchen an Aller und Leine. Die Akteure, die das Haus Stuart noch zu stellen vermochte, gehörten fortan zu jenem im Geschichtsunterricht stets ein wenig abschätzig behandelten genre de personnages, dem die Gegenkönige, die Gegenpäpste und andere umstrittene Figuren zugerechnet werden, bis hin zu Demetrius oder gar zu Kaspar Hauser ...

# Zwischenspiel

Das englische Parlament hatte es nicht leicht, einen Schatten von Legitimität in der Thronfolge zu wahren und zugleich katholische Fürsten von ihr auszuschließen. Aber es steht uns nicht zu, die damit verbundenen gesetzgeberischen Eiertänze zu belächeln, verzeichnen wir doch noch mitten im zwanzigsten Jahrhundert die erstaunlichsten Intrigen und raffiniertesten Überrumpelungsmaßnahmen, mit dem Ziel, den Konfessionalismus zum Beispiel im Schulwesen aufrechtzuerhalten. Die Briten, die unter katholischen Königinnen und Königen einiges zu leiden gehabt hatten, konnten wenigstens auf ihre düsteren Erfahrungen hinweisen, während sich die moderne Politik mit den Konfessionen nur noch ziert, weil sie ein so prächtiges Instrument für die parteiische Behandlung von Personalfragen liefern.

Als nach Wilhelm III. auch noch seine Schwägerin Anna gestorben war, ohne Erben zu hinterlassen, standen die Engländer wieder einmal vor der Notwendigkeit, einen König zu importieren.

Nach einer sehr reichlichen Sendung von Königin Annas Lieblings-Champagner, die Ludwig XIV. als versöhnliche Geste dem britischen Hof hatte überreichen lassen, war Anna am 12. August 1714 gestorben. Das Parlament hatte ursprünglich für diesen vorauszusehenden Fall die Kurfürstin Sophie von Hannover als Queen in der Hinterhand, eine Enkelin König Jakobs I. von England. Sie war eine Protestantin, eine energische und kluge Frau und wäre gewiß eine der besten Königinnen Englands geworden - aber sie war, als Anna das Zeitliche segnete, gerade seit acht Wochen tot ...

Man mußte also an Sophies Stelle ihren Sohn, den Kurfürsten Georg von Hannover, zum König von England proklamieren, und so begann England auf der Flucht vor den katholischen Stuarts die Personalunion mit einem Kontinentalstaat, eine Konstruktion, die uns heute merkwürdig vorkommt, die dem dynastischen Denken jener Zeiten aber keineswegs als absurd galt.

Kurz bevor es soweit kam, hatte Königin Anna noch einen Versuch unternommen, anstelle der Hannoveraner ihren Bruder, den älteren Prätendenten, als ihren Nachfolger einzusetzen. Das bloße Gerücht hatte das britische Parlament alarmiert, denn Annas Bruder Jakob (III.) war streng katholisch. Das Parlament hatte daraufhin angeregt, ein Sohn Sophies von Hannover möge als künftiger Thronfolger bereits zu Lebzeiten Königin Annas nach England kommen und der alten Dame zur Seite stehen. Wieweit Sophie selbst ihre Hand dabei im Spiele hatte, ist bis heute nicht ganz klar geworden. Daß sie den Wunsch hatte, ihren Sohn auf dem englischen Thron zu sehen, war nur natürlich.

Königin Anna war durch diesen Wunsch, von wem immer er ausgegangen sein mochte, dennoch aufs tiefste beleidigt: Man wolle ihr den Sarg vor die Nase stellen, meinte sie, und hatte damit insofern unrecht, als schließlich jeder König von einem gewissen Zeitpunkt an seinen Nachfolger vor sich sieht, an der Seite hat und ihn sogar für das hohe Amt ausbilden muß.

»Meine Frau Schwester und Tante!« schrieb Königin Anna Stuart am 19. Mai 1714 im Palast von Saint James an Sophie von Hannover, »seitdem erklärt ist, daß das Sukzessions-Recht meiner Königreiche Ihnen und Ihrer Familie gehören solle, haben sich immer wieder übel gesinnte Leute gefunden, die aus besonderen Absichten für ihr eigenes Interesse sich in Maßnahmen eingelassen haben, um noch während meines Lebens einen Prinzen Ihres Geblüts in meine Staaten zu ziehen. Ich habe mir bis jetzt nicht vorstellen können, daß dieser Plan soweit gediehen sei, und daß er auch nur den geringsten Eindruck auf Sie habe machen können; aber da ich seit kurzem durch öffentliche Gerüchte, die sich mit großer Schnelligkeit verbreiten, erfahren habe, daß Ew. Kurfürstliche Hoheit ebenfalls dieser Ansicht sind, so ist es wichtig für die Sukzession Ihrer Familie, daß ich Ihnen sage, ein solches Verhalten könnte sicherlich nachteilige Folgen für diese Sukzession haben. Denn diese kann nur solange mit Sicherheit bestehen, als der Souverän, der gegenwärtig die Krone trägt (d.h. die Königin Anna selbst) diese Abmachung verteidigt. Es gibt hier (und das ist es, was unseren Kummer verursacht) eine Menge unruhiger Köpfe; ich überlasse es Ihnen, sich auszumalen, welche Unruhen sie zu erregen fähig wären, wenn sie einen Vorwand hätten, einen Aufstand ins Werk zu setzen. So schmeichle ich mir, daß Sie nichts gutheißen werden, das meine oder meiner Untertanen Ruhe stören könnte.

Lassen Sie mich mit derselben Aufrichtigkeit, mit der ich gegen Sie gehandelt habe, wissen, was Sie glauben, daß man tun solle, um diese Sukzession noch mehr zu sichern; ich werde dazu mit Eifer behilflich sein, vorausgesetzt, daß es nicht zum Schaden meiner Würde ist, die aufrechtzuerhalten ich entschlossen bin ...«

Bedenkt man, wer zu wem spricht und wie höflich man im Ancien régime im allgemeinen zu korrespondieren pflegte, so ist das ein reichlich massiver Brief, und die im vierundachtzigsten Lebensjahr stehende, durch viel Familienunglück gebeugte Sophie reagierte denn auch auf die Anwürfe und Drohungen aus dem Saint-James-Palast mit einer schweren Erkrankung, der nach einer kurzen Phase der Besserung im Sommer 1714 der tödliche Schlaganfall folgte. »Das wird mein Tod sein«, hatte sie geäußert; als sie den Brief gelesen hatte, »aber ich werde diesen liebenswürdigen Brief drucken lassen, um aller Welt zu zeigen, daß es nicht meine Schuld ist, wenn meine Kinder die drei Kronen verlieren.«

In diesen letzten Tagen und Stunden ihres Lebens weilte Leibniz, der treue Freund, Korrespondent und Berater, nicht an der Seite der Kurfürstin Sophie. Böse Zungen haben behauptet, sie hätte ihn als Nachschlagewerk benützt, aber es war wohl etwas anderes als bloße Konsultation, wenn sie ihn in ihren Briefen über naturwissenschaftliche und vor allem geographische Dinge befragte: Es war die natürliche weibliche Unsicherheit in einer Zeit, in der die Wissenschaften eine Rolle zu spielen begannnen; es waren die Ahnungen einer klugen Frau, die aber, wie alle vornehmen Damen ihrer Epoche, viel zuwenig exaktes Wissen für ihre Laufbahn mitbekommen hatte und dieses Ungenügen empfand. Sehr viele Fürsten, darunter auch einige von Sophies Nachkommen, regierten fröhlich und unbesorgt trotz ihrer Ignoranz. Die Kurfürstin Sophie hingegen begehrte zu wissen; sie war im Lauf ihres langen Lebens mißtrauisch geworden, und da sie nicht das Genie der Maria Stuart hatte, die als junges Mädchen Frankreichs Bildung aufgenommen hatte, sondern an einem kleinen deutschen Hof lebte, wandte sie sich eben immer wieder an den großen Freund.

Leibniz war der Trost ihres Alters, obwohl sie seine Philosophie wohl nur zum geringsten Teil wirklich verstand. Aber auch von halbverstandenen Gedanken kann, wenn man ihren Urheber kennt und schätzt, eine gewisse beruhigende Wirkung ausgehen. »Ich bewundere dieses große Wesen in seinen Werken«, hatte die Kurfürstin zwei Jahre vor ihrem Tode an ihre Enkelin geschrieben und hinzugesetzt: »und ich fürchte mich nicht mehr vor dem Tod.« In einem ihrer zahlreichen Briefe an die Raugräfin Luise zitiert die Kurfürstin einen Leydener Pfarrer, von dem das schöne Gebet stammen soll: »Mon Dieu, je veux mourir de ma propre mort.«

Sophie sorgte für einen Abgang aus dem Leben, der diesem Leben entsprach, mit einer Härte gegen sich selbst und gegen die anderen, die sehr deutlich an die Selbstdisziplin ihres Zeitgenossen und Rivalen, des älteren Prätendenten, gemahnt. Er unbeirrbar katholisch, sie unbeirrbar protestantisch, so prägten sie etwa gleichzeitig die stuartschen Erbeigenschaften in den beiden großen Linien dieses Hauses aus.

Unkritisch wie nur eine Mutter sein kann, versicherte sie ihren unwürdigen Erben, den ausschweifenden und phlegmatischen Georg Ludwig, ihrer ungeteilten Zuneigung und flehte im Testament den Segen des Himmels auf ihn herab, den er auch dringend brauchen sollte. Ihrem Sohn Maximilian Wilhelm vermachte sie nur eine kleine Erinnerungsgabe: vierundzwanzig Diamantknöpfe, obwohl sie in schweren Zeiten ein Herz und eine Seele gewesen waren. Mit dem Legat ihrer französischen Bücher hätte Sophie die Gelegenheit zu einer versöhnlichen Geste gehabt: Eleonore Desmier d'Olbreuse, ihre Schwägerin, wäre die gegebene Empfängerin gewesen. Aber Eleonore hatte den Mann geheiratet, dem Sophie zunächst versprochen gewesen war, den Kurfürsten Georg Wilhelm. Wegen einer galanten Krankheit, die er sich in Venedig geholt, hatte er auf Sophie verzichtet und unebenbürtig geheiratet, damit die Erbfolge nicht kompliziert werde. Diese Unebenbürtige, eben Eleonore d'Olbreuse, hatte sich als eine vornehme, wohltätige, untadelige Landesmutter erwiesen. Aber Sophie, die Kurfürstin, hatte die Schwägerin lebenslang mit ihrem Haß verfolgt und auch im Testament keinen Versöhnungswillen gezeigt. Die französischen Bücher erhielt ein Fräulein von Pöllnitz ...

Am 8. Juni 1714, bei einem Abendspaziergang im Park, hatte Sophie leicht zu schwanken begonnen. Nach einem schwülen Tag hatte ein starker Regen eingesetzt, die Damen und Herren der Suite waren in die Gartenhäuschen geflüchtet. Die Kurfürstin tastete nach dem Arm der Gräfin Bückeburg, die an ihrer Seite geblieben war, aber es war schon eine Sterbende, die an der Hand der Gräfin langsam zu Boden glitt, von einem Kammerherrn auf den Rasen gebettet wurde. »Es war der Tod, den sie sich gewünscht hatte«, sagte Leibniz in seinem Beileidsschreiben an die Kurprinzessin, und setzte hinzu: »Nicht sie hat etwas verloren, sondern Hannover, England, die ganze Welt - und ich.«

Der Triumph der Rivalin, der Königin Anna von England, war nur von kurzer Dauer. Immer wieder hatten die beiden Damen in den Jahren des Kampfes um die Nachfolge der anderen insgeheim den Tod gewünscht. Die Kurfürstin Sophie war zwar beträchtlich älter gewesen, aber zäh, widerstandsfähig und fest entschlossen, Anna zu überleben. Diese wiederum kränkelte viel und hatte in ihrer kurzen Regierungszeit wenig Glück, aber sehr viel Aufregungen erlebt. Sie folgte der soviel Älteren nach zwei Monaten in den Tod, und Georg Ludwig von Hannover wurde 1714 als Georg I. zum König von England proklamiert.

Der Ruf, der den neuen König nach England begleitete, war keineswegs so untadelig wie der Ruf Jakobs, des katholischen Prätendenten, der sich, um den Ereignissen nahe zu sein, an den Hof des Herzogs von Lothringen begeben hatte. Georg hatte mitangesehen, wie sein Vater jahrelang eine skandalöse Verbindung mit Elisabeth von Meysenbug unterhielt, die man durch eine Scheinehe zu einer Gräfin Platen gemacht hatte. Und da sein Vater seine kluge und charaktervolle Gemahlin so schamlos und vor aller Welt betrog, hatte auch er, Georg, nicht gezaudert, als ihm die jüngere Schwester der allmächtigen väterlichen Mätresse schöne Augen machte. Man hatte ihm die geistvolle Tochter der Eleonore d'Olbreuse angetraut, aber die stille, sanfte Schönheit dieses Mädchens hatte den Kampf gegen die Liebeskünste der Henriette von Meysenbug, verehelichten von dem Bussche, nicht gewinnen können.

Tief gekränkt, suchte die Prinzessin Trost bei einem prächtigen Kavalier - wer kann es ihr verdenken? Es war Philipp Christoph Graf Königsmarck, Bruder der schönen Aurora, der Geliebten Augusts des Starken. Die Beziehung zwischen der schönen Prinzessin und dem glänzenden Abenteurer und Kriegshelden ist nicht nur eine der vielen romantischen Liebesgeschichten, an denen dieses Jahrhundert so reich ist; sie barg lange Zeit ein tragisches Rätsel und zeigt, daß die Geschichte der kleinen deutschen Höfe keineswegs frei von jenen blutigen Kabalen ist, wie sie alle Welt vom französischen oder russischen Hof, aus der englischen Geschichte oder aus der Antike kennt. Wenn vielleicht das Fürstenpaar selbst bei dieser Affäre ein Auge zugedrückt hätte, weil doch auch der Erbprinz seine Ehe offensichtlich nicht als hemmende Bindung empfand, so war die alternde Gräfin von Platen, geborene Freiin von Meysenbug, doch keineswegs gewillt, ihren Ruhm als schönste Frau des Hofes von der hereingeschneiten Erbprinzessin verdunkeln zu lassen. Und während Fürsten immer die Möglichkeit haben, einen Schimmer von Legalität zu wahren, müssen Mätressen von vornherein im Trüben fischen, sie haben ja keinen unmittelbaren Zugang zur Macht oder zu deren Dienern.

Zweieinhalb Jahrhunderte lang wußte man nicht viel mehr, als unmittelbar nach dem rätselhaften Verschwinden des Grafen Königsmarck bekannt geworden war: Daß er kurze Zeit hindurch auch der Gräfin Platen den Hof gemacht habe, weil man die herrschsüchtige Mätresse doch nicht völlig übergehen könne, daß er sich dann aber nicht in einen Flirt, sondern in eine unversehens ernst und tief gewordene Liebesbeziehung zu der jungen Prinzessin Sophie Dorothea gestürzt habe.

Königsmarck war kein schwärmerischer Jüngling mehr. Sein Aufenthalt am Hofe Karls II. von England hatte ihm schon früh eine Fülle von Erfahrungen mit dem anderen Geschlecht vermittelt. Dann hatte er sich im Felde bewährt, hatte in Ungarn, in Flandern und am Rhein gekämpft und sich, als er 1690 Sophie Dorothea kennenlernte, bereits den doppelten Ruf eines Kriegshelden und eines Frauenlieblings verdient, Lorbeeren, die nicht allzuoft ein und dasselbe Haupt zieren.

Die weitere Entwicklung läßt sich am eindeutigsten aus den Briefen verfolgen, die Königsmarck seit dem Sommer 1690 an die Prinzessin schrieb. Ihre Antworten sind leider nur zum Teil erhalten, und selbst an der Echtheit seiner Briefe wurde gezweifelt, bis der Historiker Georg Schnath 1952 durch eine kritische Gesamtausgabe des Königsmarck-Briefwechsels alle Zweifel beseitigen konnte.

Durch diese Briefe sind wir in der Lage, die dramatischen fünfundzwanzig Jahre, in denen sich die Weltgeschichte gegen das Haus Stuart entschied, auch aus einem privaten Blickwinkel zu sehen, denn der Mann, der von 1682 bis 1694 mit Sophie Dorothe verheiratet war, bestieg schließlich 1714 den englischen Thron, und ihr Sohn Georg August wurde als Georg II. jener König, der den jüngeren Prätendenten und letzten Stuart, der jemals britischen Boden betrat, außer Landes jagte. Nur die schöne Mär, daß Sophie Dorotheens gleichnamige Tochter, die

Mutter Friedrichs des Großen, ein Kind des Grafen Königsmarck sei, kann leider nicht stimmen: Sie war nämlich längst geboren, ja in ihrer kindlichen Entwicklung schon bis zu den ersten Schrittchen gediehen, als Graf Philipp von Königsmarck im Karneval 1688 zum erstenmal in Hannover in Erscheinung trat. Sophie Dorothea, die später als lebenslänglich inhaftierte Prinzessin von Ahlden das Mitleid ganz Europas erregte, hatte ihre zwei Kinder von dem ihr angetrauten Vetter Georg Ludwig empfangen; das blutsverwandte Paar steht am Beginn jener Doppelreihe von Königen, die in England so wenig und in Preußen so viel Glanz auf sich vereinigte.

Der Briefwechsel ist schwer zu lesen, weil man sich mit Decknamen und Anspielungen schützen mußte. Es bereitet uns heute Schwierigkeiten, wenn der Gatte der Prinzessin »l'incommode« oder »le reformeur« genannt ist, der Vater der Prinzessin als »le grondeur« bezeichnet wird, ihr Schwager Prinz Maximilian als »barbouilleur«. Die gefährlichste aller Gegnerinnen, die Gräfin Platen, die jedes Billett zwischen den Liebenden in die Hand bekam, las und wieder verschloß, war durch Decknamen allerdings nicht zu täuschen.

Blind, wie nur die Liebe machen kann, rannten beide in ihr Unglück. Die kluge Eleonore d'Olbreuse, die Mutter der Prinzessin, unternahm einen letzten, verzweifelten Rettungsversuch, indem sie ihre Tochter in die Arme des Schwagers Maximilian zu treiben versuchte, eines ohnedies kompromittierten Prinzen, bei dem es auf einen Streich mehr oder weniger nicht mehr ankam. Königsmarck hoffte, daß »l'incommode«, der unbequeme Gatte, in einem der zahlreichen Kriegszüge jener Jahre sein Leben lassen würde. Derlei ereignete sich aber bei Fürstlichkeiten nicht allzuoft. Also nahm das Unglück seinen Lauf, und es kam so, wie es Königsmarck schon 1691 geahnt haben mochte, als er in einem Brief an seine Angebetete ein paar Verse des späteren ansbachischen Prinzenerziehers Benjamin Neukirch zitierte:

»Und also liebe ich mein Verderben
und hege ein Feuer in meiner Brust,

daran ich doch zuletzt muß sterben.
Mein Untergang ist mir gar wohl bewußt;
das macht: ich habe lieben wollen,
was ich vielmehr anbeten sollen.«

Es spricht für den Grafen, daß er den damals noch jungen schlesischen Dichter schon kannte und daß er gerade diese schlichten Zeilen wählte. Denn selbst wenn Sophie Dorothea noch ledig gewesen wäre, so hätten die lediglich in Schweden begüterten, nirgends regierenden Königsmarcks, ein tapferes und berühmtes Soldatengeschlecht, keine Chance gehabt, eine legitime Verbindung mit der reichen Erbin von Celle und Hannover zustande zu bringen.

Es war in der Nacht vom 11. auf den 12. Juli 1694, daß Christoph Philipp Graf Königsmarck nach einem Besuch bei der Prinzessin Sophie Dorothea verschwand. Nach Mitternacht verlieren sich die Spuren des Offiziers. »Heute aber weiß man«, schreibt Mathilde Knoop in ihrer Biographie der Kurfürstin Sophie von Hannover, »mit einer an Gewißheit grenzenden Wahrscheinlichkeit, daß in jener Sommernacht vier bewaffnete Kavaliere den Grafen bei der Rückkehr aus den Gemächern der Geliebten stellten und töteten, seine Leiche alsdann, mit Steinen beschwert, in die Leine versenkten. Der Verdacht der eigentlichen Urheberschaft dieser tückischen Tat fiel schon damals auf die Gräfin Platen und den Grafen Montalban, der wohl auch den tödlichen Stoß gegen den Unbewaffneten führte ...«

Wenige Jahre nach dem Erscheinen dieser Biographie ist die Wahrscheinlichkeit dieser Annahme unwiderlegbar bewiesen. Die um die Mitte unseres Jahrhunderts durch neue Funde unversehens wiederbelebte Forschung über die Kabalen, die der Sukzession des Hauses Hannover auf dem englischen Thron vorangingen, hat auch das Rätsel Königsmarck völlig geklärt. Denn die höfische Bürokratie war auch an der Wende zum achtzehnten Jahrhundert schon hinreichend entwickelt, um allen fürstlichen Verschleierungsbefehlen ihre eigenen zähen Grundsätze entgegenzusetzen, und die Ziffern sprachen auch damals schon eine deutliche Sprache:

In eben jenem Jahr 1694, da Königsmarck auf rätselhafte Weise verschwand, wird von Graf Nicolò Montalban, einem davongelaufenen Priester, der mit einem winzigen Gehalt am kurfürstlichen Hof lebte, verzeichnet, daß er Großkapitalist und Anleihengeber war: Er lieh der hannoverschen Kammer in zwei Teilbeträgen zusammen 15.000 Taler, nach heutigem Geldwert an die 400.000 DM. Sein Hofkavaliers-Gehalt von ganzen 200 Talern war seit vier Jahren zur Schuldentilgung an den Hofjuden Lefmann Berens gegangen (bei dem auch Graf Königsmarck und sehr viele andere tief in der Kreide steckten). Von nichterhaltenen 200 Talern monatlich kann man beim besten Willen nicht 15.000 abzweigen, um sie in Staatsanleihen anzulegen. Es war eine Mordprämie, verbunden mit dem Schweigegeld, die auf diese Weise diskret, durch Eintragung einer Forderung an den Staat, vom Kurfürsten bezahlt wurde. Hätte man dem italienischen Grafen das Geld auf einmal gegeben, so wäre das erstens der Staatskasse gewiß schwergefallen, zweitens aber hätte die Gefahr bestanden, daß der verdächtige Edelmann das Weite suchte und aus sicherem Port dann plauderte oder erpresserische Forderungen stellte. Die Gräfin Platen und Ernst August wußten ja sehr genau, mit wem sie sich eingelassen hatten. Verzinste man dem Grafen Montalban jedoch seine Forderung, zahlte ihm vielleicht auch gelegentlich Teilbeträge aus, so hatte man ihn stets an der Kandare ...

Um ihm vollends den Mund zu stopfen, verschaffte ihm Ernst August die ersehnten Pfründe, die gut dotierte Stelle eines Archidiakons am Kapitel zu Mantua, und man war in Hannover endgültig aller Sorgen ledig, als Montalban schon wenige Monate später unerwartet verstarb.

Der Mörder aus der alten venezianischen Familie würde eine düstere Komödienfigur abgeben: wegen Schulden und Weibergeschichten beinahe aus dem geistlichen Stand ausgestoßen, ein Pseudopriester in Kavalierstracht, der stets den Degen an der Seite hatte, ein Rauhbein mit großen Allüren und ausgestopften

Waden. Königsmarck haßte die »Bande«, wie man die in Hannover tätigen Italiener nannte, diese gewandten und unbedenklich handelnden, vollkommen undurchsichtigen Figuren der Intrige. Immerhin muß Nicolò Montalban ein Mann von Geist gewesen sein. Er war der Librettist der ersten Opern, die in Hannover aufgeführt wurden, und er leitete eine Reihe öffentlicher Bauten, darunter den des Schlosses von Osnabrück. Als Reisebegleiter schätzten ihn der Fürst wie die Damen, und wenn Ernst August besonders schlechter Laune war, hatte niemand Zutritt als eben Nicolò Montalban.

Königsmarck hatte den Auftritt miterlebt, in dem Montalban, um der Kurfürstin von Brandenburg die Echtheit seiner Waden zu beweisen, seinen Fuß im Salon auf einen Tisch gestellt und die hochgeborene Dame zur Prüfung seiner Waden aufgefordert hatte. Eine Hofdame - ein Fräulein von Krosigk -, die den Kekken zurechtweisen wollte, war unsanft beiseite geschubst worden. Der Zwischenfall wurde beigelegt, aber der Haß zwischen Montalban und Königsmarck schwelte weiter, und es dürfte die Gräfin Platen nur geringe Mühe gekostet haben, den ohnedies gewalttätigen Italiener, der bei jeder Gelegenheit zum Degen griff, für den Mordplan zu gewinnen.

Dynastisch gesehen, brachte dieser Mord alles wieder ins Lot. Die schöne Kurprinzessin war ihres Beschützers und Geliebten beraubt, der Untreue überführt und folglich entmachtet. Sie beschloß ihre Tage als Gefangene auf dem Schloß Ahlden, und vielleicht war ihr Wissen um die näheren Umstände des Königsmarck-Mordes der Grund dafür, daß sie auch nach Jahren noch nicht begnadigt wurde. Der Kurfürst hatte Bedenken, sie wieder in die Welt hinaus zu lassen. Was sie wußte, hätte das Haus Hannover so kompromittieren können, daß, wenn schon nicht in Deutschland, so doch bestimmt im Londoner Parlament gefährliche Gegenströmungen Nahrung gefunden hätten. Nur von ihrer Mutter, der standhaften Eleonore d'Olbreuse, regelmäßig besucht, lebte Sophie Dorothea mehr als dreißig Jahre auf Schloß Ahlden an der Aller, während ihr geschiedener Mann als Georg I. den englischen Thron bestiegen hatte. Nicht einmal ihr

Vater, Georg Wilhelm, Herzog von Braunschweig-Lüneburg-Celle, wagte etwas gegen diese Haft zu unternehmen, obwohl Schloß Ahlden auf seinem Territorium lag.

Mit gleichem Recht wie Sophie von der Pfalz kann man die unglückliche Prinzessin von Ahlden eine Mutter der Könige nennen, denn sie war die Mutter König Georgs II. von England und die Schwiegermutter Friedrich Wilhelms I., des Soldatenkönigs, und somit Großmutter Friedrichs des Großen.

# 2. Buch

# Prätendenten

# Von Paris nach Rom

Mit den Niederlagen Jakobs II. in Irland hatte das Exil der Familie Stuart begonnen, ein Exil, das nur noch für Monate unterbrochen werden sollte und das praktisch gar kein Exil mehr war, keine zeitlich begrenzte Existenz in der Fremde, sondern ein Warten mit schwindender Hoffnung und schließlich sogar Resignation. Für eine königliche Familie ist eine Entwicklung dieser Art der große Niedergang, das geschichtliche Ende. Betrachtet man die Stuarts aber nicht nur als königliches Geschlecht, so wird der Blick frei für eine ganz andere Wertung: Im Exil wurden sie zu einer wahrhaft internationalen Familie. Während die anderen großen schottischen Familien in ihrem eigenartigen, rauhen Land im Norden der Britischen Insel durch Jahrhunderte recht abgeschlossen lebten, nahmen die Stuarts schon relativ früh englisches, dänisches, französisches, holländisches und italienisches Blut auf und verzweigte die Familie sich in alle diese Länder. Trotz ihrer politischen Irrtümer und der Schwierigkeiten, die sie mit den britischen Parteien hatten, stellten sie zwischen den Tudors und dem Haus Hannover doch die glänzendste Herrscher-Reihe, die Souveräne, die sich neben den Römisch-Deutschen Kaisern und den Königen des französischen Grand Siècle ebenbürtig behaupteten, von denen Europa sprach und deren europäische Kultur niemals in Zweifel gezogen werden konnte. Ihre Vorgänger wirken gegen sie halbbarbarisch oder, wenn man es höflicher sagen will, mittelalterlich; ihre Nachfolger, die ersten drei George aus dem Haus Hannover, reichen weder intellektuell noch in ihrer Bildung und am allerwenigsten im persönlichen Format an Karl I. und II. oder auch an Jakob II. heran.

Niemand weiß, ob Ludwig XIV. dies erkannt hat. Die Ansprüche der Stuarts und die entschlossene Gegenwirkung Wilhelms III. waren nicht zuletzt Ursachen jenes deutlichen Rückschlags, den die französische Machtpolitik in den letzten Regierungsjahren des Sonnenkönigs hinnehmen mußte. Aber wenn etwas sicher ist, so ist es die Tatsache, daß Ludwig XIV. es Jakob II., niemals entgelten ließ, wie viele Soldaten und wieviel Geld er für ihn geopfert hatte. Er hielt dem abgesetzten und vertriebenen Stuart die Treue in einer Weise, die mit vertraglichen Verpflichtungen nichts mehr zu tun hatte und sich auch durch persönliche Neigungen zu dem Exkönig nicht erklären läßt. Ludwig zeigte von 1688 bis zum Tod Jakobs II. im Jahr 1701 eine deutliche und achtungsvolle Verbundenheit, wie er sie sonst kaum jemandem entgegenbrachte, eine Verbundenheit, wie sie nur zwischen Ebenbürtigen so lange währen kann. Sie beruhte nicht allein auf der Wertschätzung Jakobs, sondern auf einer generationenlangen Verbundenheit, die sich seit Maria Stuart und ihrer französischen Mutter immer wieder bestätigt hatte. Am engsten war sie zweifellos gewesen, so lange die strahlendgeistvolle Henriette Anna Stuart am Versailler Hof geweilt hatte. Ihr früher und rätselhafter Tod mit nur sechsundzwanzig Jahren hatte Ludwig XIV. sehr getroffen, und es kann sehr gut sein, daß er an Henriettes Bruder Jakob II. manches von dem gut machen wollte, was er vor allem in den späten Jahren der Einkehr als Schuld empfand - wenn auch nicht als seine eigene Schuld, so doch als die seines Bruders, der durch seine Veranlagung Henriette die Ehe zur Hölle gemacht hatte.

Als Jakob II. nach Frankreich kam, war sich Ludwig XIV. längst darüber im klaren, daß die Stuarts während der ihm verbleibenden Lebenszeit keine Chance mehr hatten, auf den englischen Thron zurückzukehren Das war eine Überlegung, aus der in gewissem Maße die Verpflichtung erwuchs, eine Verständigung mit dem neuen Herrn Englands zu suchen, denn die Freundschaft mit dem Inselreich hatte ein halbes Jahrhundert lang Ludwigs europäischer Politik den Rücken gedeckt. Dennoch scheint Ludwig nicht einen Augenblick gezaudert zu haben, Jakob II. und seine Gemahlin als verwandte Souveräne in seine nächste Umgebung zu ziehen, und er stellte ihnen Schloß Saint-Germain-en-Laye zur Verfügung.

Heinrich II., Karl IX. und der Sonnenkönig selbst waren in Saint-Germain zur Welt gekommen, Maria Stuart hatte dort von ihrem sechsten bis zu ihrem sechzehnten Lebensjahr die glücklichsten Jahre zugebracht, die ihr vergönnt waren, und dann ihren Spielkameraden, den Dauphin, geheiratet. Bis 1682 hatte der französische Hof noch Saint-Germain bewohnt, bis das Riesenschloß von Versailles fertig wurde, und unter den Augen des Sonnenkönigs hatten Jules Hardouin-Mansart und Le Nôtre jahrelang daran gearbeitet, Saint-Germain zu erweitern, zu verschönern und bewohnbar zu erhalten.

Jakob II. lebte mit seiner Frau nun zwar im Exil, aber es war ein Exil nahe einer Metropole und in einem Land, das ihm beinahe mehr Heimat war als England oder Schottland. Da Ludwig ihn in jeder Hinsicht auszeichnete, wurde Saint-Germain bald zu einem zweiten Brennpunkt des politischen Lebens, wo Jakob ungehindert jeden empfangen konnte, der sich aus England oder Irland, aus Holland oder anderswoher bei ihm einfinden wollte. Ludwig und Jakob waren »les rois«, die Könige.

Nur sechs Jahre nach der letzten blutigen Schlacht in Irland hatte Ludwig XIV., wenn auch mit einigem Widerstreben, Wilhelm von Oranien als König von England anerkannt und mit ihm den Frieden von Ryswijk unterzeichnet. Die Unterhändler, die den Sonnenkönig in diese Lage hineinmanövriert hatten, waren der Marschall von Boufflers und der Graf von Portland gewesen. Louis François Herzog von Boufflers war der beste französische Feldherr in Ludwigs letzten Regierungsjahren; William Bentinck, Graf von Portland, war einer jener holländischen Günstlinge, die Wilhelm III. nicht nur den Ruf homoerotischer Neigungen einbrachten, sondern auch heftige Vorwürfe seiner britischen Ratgeber.

Nach dem Frieden von Ryswijk war es Portland, den Wilhelm III. nach Paris schickte, um dem Sonnenkönig klarzumachen, daß B sagen müsse, wer A gesagt habe: Portland sollte erreichen, daß Jakob II. nicht mehr ungestört und glanzvoll Hof in Saint-Germain-en-Laye halte, sondern womöglich ins Innere Frankreichs abgeschoben werde, irgendwohin, wo ihn nur die Treuesten der Treuen noch zu finden vermöchten und wo der Hauch der Weltpolitik nicht mehr zu verspüren war.

Portland mag es nicht lieb gewesen sein, zu erfahren, sein König wolle ihn mit diesem Auftrag aus seiner Nähe verbannen. In Paris angekommen, erkannte er jedoch bald, daß die Stadt an der Seine dank Monsieurs, des Sonnenkönigs Bruder, den speziellen Neigungen Portlands mehr Spielraum bot als selbst London. Portland machte darum auch aus seiner besonderen Position kein Hehl. Er trat nicht als britischer Gesandter auf, sondern als königlicher Günstling, und der Luxus, mit dem er sich umgab, war nicht der eines Diplomaten, sondern die Prachtentfaltung einer Mätresse auf dem Höhepunkt ihrer Karriere. Während Jakob II. in Saint-Germain-en-Laye ernst und sorgenvoll Exilpolitik trieb und trotz gelegentlicher Versuche, Wilhelm III. ermorden zu lassen, langsam in den Geruch der Heiligkeit kam, mietete Hans Wilhelm Bentinck, der zum Grafen von Portland erhobene Günstling, sich im Palais des Prinzen von Auvergne ein, das auf dem linken Seineufer, am heutigen Boulevard Raspail lag. Weitere fünf Häuser mieteten fünf Lords aus seinem Gefolge, und was die Pariser vollends verwirrte, war das bald bestätigte Gerücht, daß der neue Gesandte der englischen Majestät zwar fließend Französisch spreche, aber kaum ein Wort Englisch.

Portland hatte neunzig Pferde, die in Paris unterzubringen einige Mühe machte, dazu sieben Karossen. In aller Eile, nämlich in drei Wochen, wurde ein Gartensaal für Festivitäten gebaut, da die Räumlichkeiten des Palais d'Auvergne dem prunksüchtigen

Grafen in dieser Hinsicht durchaus unzureichend erschienen. Engländer, die nach Paris kamen, hatten fortan die Qual der Wahl zwischen einem Besuch bei dem eisern als König behandelten Jakob II. im Schloß von Saint-Germain und dem glanzvoll residierenden Holländer, der das offizielle England vertrat.

Dabei war Portland selbst, einem Mann von besten Umgangsformen und großen gesellschaftlichen Talenten, durchaus nicht so wohl in seiner Haut, wie man annehmen sollte. Wilhelm hatte ihn für Paris ausgesucht, weil sein Vorgänger, wiewohl von höchstem Adel, mit der Etikette von Versailles einfach nicht zurechtgekommen war und am Hof des Sonnenkönigs schlechte Figur gemacht hatte. Das war von Portland nicht zu befürchten. Aber es erwies sich als ernsthaftes Hindernis für fruchtbare Aktivität, daß der Günstling mit dem Herzen in Whitehall war, wo ein anderer inzwischen seinen Platz in der Gunst des Königs eingenommen hatte - ein hübscher holländischer Jüngling namens Arnold van Keppel, den Wilhelm III. freigebig zum Lord Albemarle gemacht hatte. Portlands Freunde wußten zu berichten, daß Wilhelm, der schweigsame Oranier, sich nicht scheue, seinem neuen Liebling vor versammelter Hofgesellschaft die Hände zu küssen, daß er zweimal die Woche in größter Intimität mit ihm zu Abend esse, und so weiter.

Portland, ein Mann, der sich um England unzweifelhafte Verdienste erworben hat, ein begabter Diplomat und scharfer Geist, unterlag dieser peinlichen Eifersucht in einem Maße, die seine Position in Paris bald gefährden sollte.

Ludwig XIV. hatte sich schon sehr früh darauf eingestellt, die Stuarts im Lande zu haben. Wir wissen, daß er Lauzun den Auftrag gegeben hatte, Königin Maria, die Gattin Jakobs, und den kleinen Prinzen von Wales, notfalls auch gegen den Willen Jakobs II., nach Frankreich zu bringen. Und er war der Königin, als sie von Calais nach Paris kam, mit einem Zug von hundert Karossen entgegengefahren, wie ihn Frankreich selbst in diesem prunkliebenden Jahrhundert noch nicht gesehen hatte - vielleicht auch, weil die hübsche Maria von Modena mit den Mazarin-

Nichten verwandt war, mit Olympia, Maria und Hortense Mancini, die dem Herzen des Monarchen so nahe gestanden.

Ludwig XIV. hatte Wilhelm III. die Versicherung gegeben, er werde die Rückkehr Jakobs II. auf den englischen Thron nur dann unterstützen, wenn das englische Volk sie selbst wünsche. Das war aufrichtig und dennoch nicht unklug. Ludwigs mächtiger Minister, der vielgewandte Louvois, fand hingegen nichts dabei, den Wünschen des englischen Volkes ein wenig nachzuhelfen. Die Engländer konnten unter diesem Päderasten doch nicht glücklich sein, der seinen holländischen Günstlingen die ältesten britischen Adelsnamen an den Hals hängte!

Will man nicht annehmen, daß der »Heilige von Saint-Germain«, wie man Jakob II. nannte, selbst es war, der den Mordplan gegen den Oranier ausheckte, so bleibt nur Louvois übrig, in dessen Kanzleien zu jener Zeit allerlei gekocht wurde, und Barbezieux, Sohn und Nachfolger des Ministers, scheint den Plan seines Vaters und Gönners weiterverfolgt und zur Reife entwickelt zu haben, als sich in einem Offizier namens Grandval ein geeigneter Mann für die Ausführung des komplizierten Anschlags gefunden zu haben schien.

»Grandval war ohne Zweifel tapfer und voll Eifer für sein Vaterland und seine Religion«, schreibt Macaulay von dem Haupt der Attentätergruppe; »er war freilich auch ein Phantast und von geringem Verstand, aber darum nicht weniger gefährlich. In der Tat ist gerade solch ein Mann in der Regel das Werkzeug, welches verschlagene Politiker wählen, wenn es sich um ein gewagtes Unternehmen handelt. Denn kein kluger Rechenmeister würde sich für ein Geldgeschenk, und sei es noch so groß, dem Schicksal Chatels, Ravaillacs oder Gerarts ausgesetzt haben.«

Die Vorbereitungen trugen noch den Stempel des Ministers Louvois, seiner unübertrefflichen Kenntnis von Personen, Beziehungen und geheimen Machenschaften. Zwei Bravi warteten schon seit geraumer Zeit auf den Wink aus Paris, ein Wallone namens Dumont und ein Holländer, der Leefdale hieß. Beide konnten sich unauffällig in den Niederlanden bewegen und

Grandval zur Hand gehen, sobald Wilhelm III., wie es nicht allzu häufig vorkam, seine Heimat auf dem Kontinent aufsuchen würde.

Die Sache war beinahe modern inszeniert: mit einer Mördergruppe, die, um keinen Verdacht zu erregen, erst unmittelbar vor der Tat zusammentreffen sollte. Lediglich Grandval beging die Unvorsichtigkeit, vor seiner Abreise aus Paris das ständig bespitzelte Schloß von Saint-Germain-en-Laye aufzusuchen und sich von Jakob II. zu verabschieden. Der König und Maria von Modena empfingen ihn huldvoll, und Jakob sagte: »Ich bin von Eurem Vorhaben unterrichtet. Wenn Ihr und Eure Gefährten mir diesen Dienst erweist, so sollt Ihr niemals Mangel leiden.«

Das war für einen Monarchen, der sein Reich religiösen Überzeugungen geopfert hatte, eine späte, aber um so auffälligere Bekehrung zur rücksichtslosen Politik mit allen Mitteln. Grandval war von diesem Königswort so voll, daß ihm der Mund überging und er noch in Paris allerlei Andeutungen über eine wichtige Mission machte, vor allem aber einigen Leuten versicherte, der Oranier werde keinen Monat mehr zu leben haben.

Während ihm dieses Gerede nichts anderes einbrachte als eine aufmerksame Leibwache, die ihn von der Grenze der Niederlande an beschattete, hatten Dumont und Leefdale, die beiden Abenteurer, sich längst abgesichert. Dumont hatte sich dem Herzog von Celle anvertraut, der zu Wilhelms Großer Koalition gehörte; Leefdale hatte über holländische Verwandte so viel von dem Attentatsplan verraten, daß er sicher sein durfte, straflos auszugehen.

Wilhelm III. hatte nicht sogleich Zeit, sich Grandvals anzunehmen. Er führte Krieg im Hennegau und verlor am 1. August 1692 die Schlacht von Steenkerke gegen die Franzosen unter dem Marschall François-Henri de Montmorency-Boutteville, Herzog von Luxembourg, den die Pariser den »Tapissier de Notre-Dame« nannten, weil er so viele Fahnen seiner Siege in die Hauptstadt sandte. Aber so oft der Marschall auch siegte - den armen dummen Grandval konnte er nicht retten. Von Frankreich wie von Jakob verleugnet, stand der idealistische Offizier eine Woche nach Steenkerke in einem aussichtslosen Prozeß den zwei Halunken gegenüber, die ihn um die Wette anschwärzten, um die eigene Haut zu retten.

Wilhelm III., als Politiker glücklicher denn als Feldherr, hatte die Chance dieser Stunde erkannt und beschlossen, durch diesen Prozeß die Siege des Marschalls von Luxembourg zu verdunkeln. Er verbot strikt die Anwendung, ja selbst die Androhung der Folter. Grandval wurde einem auffallend fairen Verhör unterworfen und gestand freimütig, was ohnedies kein Geheimnis mehr war. Höhepunkt seiner Aussage war der Bericht über seine letzte Audienz bei dem Königspaar in Saint-Germain-en-Laye. Im Unterschied zu Dumont bezichtigte Grandval nicht Madame de Maintenon der Urheberschaft, und daß diese im ganzen protestantischen Europa verhaßte Person in Grandvals Geständnis fehlt, ist einer der Beweise dafür, daß es nicht erpreßt, sondern aus freien Stücken abgelegt wurde. Schon bald nach dem Prozeß erschien die ganze Aussage - ohne Verfälschungen - im Druck.

Grandval machte es seinen Richtern also nicht schwer. Auf einen Verteidiger hatte Grandval verzichtet. Das Urteil war - gemessen an anderen Verfahren gegen Attentäter - einigermaßen human, weil auf Tod durch Hängen erkannt wurde. Erst der tote Körper sollte geschleift und gevierteilt werden.

Selbst in den schweren letzten Augenblicken hielt Grandval sich gut. Er zeigte keine Angst und schrieb noch kurz vor der Hinrichtung ein paar Zeilen, in denen er erklärte, daß es Barbezieux gewesen sei, der den Befehl gegeben habe. Er, Grandval, habe lediglich versucht, ihn auszuführen.

Sein in allen europäischen Sprachen herausgegebenes Geständnis verfehlte seine Wirkung nicht, vor allem aber wirkte es in England selbst, wo Wilhelm III. nach seiner Rückkehr in die Hauptstadt mit aufrichtiger Anteilnahme begrüßt wurde. Weder der französische Hof noch die englischen Jakobiten nahmen zu dem Attentat Stellung; die Pariser Gazetten wahrten ein beredtes Schweigen.

Leider kann man zur Entlastung Jakobs II. nicht einmal behaupten, sein Einverständnis mit dem Anschlag auf den Oranier sei eine einmalige Verirrung gewesen. Schon vier Jahre später stützte Jakob einen Invasionsplan auf ein neuerliches Attentat und begab sich sogar nach Calais, um sogleich zum Übersetzen nach England bereit zu sein. Es war geplant, durch eine ganze Gruppe von Jakobiten den König auf seinem gewohnten Jagdausflug im Wald von Richmond zu umzingeln, von seiner Gesellschaft zu trennen und zu töten.

Jakob war diesmal vorsichtiger gewesen und hatte keine unmittelbare Verbindung mit den Attentätern aufgenommen, ja sich sogar der Erklärung Ludwigs XIV. angeschlossen, in der Mordanschläge als Mittel der Politik entrüstet verurteilt wurden. Aber es gab doch eine Deklaration Jakobs, in der er den Krieg gegen Wilhelm III. als einen Kampf gegen einen Thronräuber bezeichnete und ausdrücklich alle aussichtsreichen Methoden als anwendbar erklärte. Schon vor dem Attentat hatte man diese Worte so verstanden, daß damit auch Anschläge auf Wilhelms Leben gutgeheißen würden.

Im Unterschied zur ersten Verschwörung blieb dieser Anschlag, obwohl mehr Personen in ihn verwickelt waren, bis zum letzten Augenblick geheim. Erst am Vorabend des Jagdtages vertraute sich ein Ire namens Pendergras dem Grafen Portland an (der zu dieser Zeit bereits wieder in London lebte). Pendergras wußte so viele Einzelheiten von der Verschwörung, daß Portland die Gefahr erkannte und noch in der Nacht nach Kensington ritt. Er traf ein, als die Jagdgesellschaft sich bereits versammelte, und es gelang ihm nur mit größter Mühe, Wilhelm zur Absage der Jagd zu bewegen. Gegen die Verschwörer ging der Oranier jedoch erst vor, als ihm Jakobs II. Anwesenheit in Calais gemeldet worden und damit das Komplott bestätigt war.

Wenn es etwas gibt, was den Ausspruch »L'etat c'est moi« rechtfertigen kann, dann war es die hohe, auch ihn selbst verpflichtende Auffassung Ludwigs von der Königswürde. Er war der Überzeugung, daß Könige etwas grundsätzlich anderes seien als die anderen Sterblichen. Wie sollte er an seine eigene Sendung glauben, wenn er seinen Verwandten Jakob II. nicht mit jener Auffälligkeit, die nun einmal die Etikette mit sich brachte, an seine Seite zog und neben sich stellte?

Jakob opferte diesem Kult seines mächtigen Freundes die wiederholt geäußerte Absicht, wie weiland Karl V. in ein Kloster zu gehen, und zeigte sich immer wieder bei Theateraufführungen und Hoffesten. Aber insgeheim besuchte er in den letzten Lebensjahren wiederholt das Schloß La Trappe und fühlte sich sichtlich angezogen von dem Frieden, der dort herrschte, von der tätigen Einsamkeit der Mönche, die in strenger Regel schweigend nebeneinander lebten und sich von der Welt völlig abgeschlossen hatten.

Das Spiel der beiden Souveräne, von denen einer kein Land mehr besaß, war nach den Gesetzen des Ancien régime bei weitem nicht so sentimental und nutzlos, wie es uns heute erscheinen mag. Die Politik war von Ansprüchen bestimmt. Verwandtschaftliche Beziehungen, die Erben, dynastische Heiraten waren noch Realitäten des Weltgeschehens und zogen oft welthistorische Konsequenzen nach sich. In dem Augenblick, da Ludwig XIV. die Stuarts vor aller Welt verstoßen und in ein Loireschloß geschickt hätte, wäre er um einen Anspruch, um einen Trumpf, um ein Druckmittel ärmer gewesen. Jakob II. und vielleicht noch mehr der kleine Prinz von Wales waren bedeutende Aktiva der französischen Politik.

Jede der vielen Gesten, die Ludwig XIV. vor aller Augen ausführte, um Jakob II. zu ehren, diente ein wenig auch dem Zweck, dieses Unterpfand zu pflegen, in Glanz und Schönheit zu erhalten. Nur ein König, von dem zumindest Frankreich sich noch etwas versprach, hatte einen Wert. Pensionen für Verstoßene hingegen hätten tatsächlich auf das Verlustkonto gebucht werden müssen.

Nach dem Fehlschlag des zweiten Attentats kümmerte sich Jakob II. mehr um sein Seelenheil als um seine Machtansprüche und zeigte dabei Anwandlungen von tiefer religiöser Versponnenheit. So bat er seinen Beichtvater, für ihn jenes Gebet nicht zu sprechen, durch das die Seelen aus dem Fegefeuer befreit würden - er wolle die Strafe für seine Sünden in ihrer ganzen Härte auf sich nehmen. Im Frühjahr 1701 hatte Jakob einen ersten Schlaganfall. Ein halbes Jahr später, am 2. September, warf ihn ein zweiter Anfall vor aller Augen in der Schloßkapelle von Saint-Germain-en-Laye zu Boden, so daß man ihn schon für tot hielt. Aber er atmete noch und lebte, freilich kaum bei Bewußtseim, noch vier Tage.

Im gleichen Jahr war schon Monsieur gestorben, der Bruder des Sonnenkönigs, der Gatte Liselottes von der Pfalz. Monsieur hatte der Schlag nach einem Streit mit Ludwig XIV. und einem allzureichlichen Mahl ereilt, Jakob II. hatte der Schlag in der Kirche getroffen. Bei Jakob wie bei Monsieur entsprach der Tod der Lebensweise. Monsieur aber wurde weit mehr betrauert, denn niemand hatte es besser als er verstanden, Hoffeste zu arrangieren.

Die Fragen, die Jakobs II. Tod aufwarf, wurden bereits diskutiert, als er noch schwer atmend in der Agonie lag: Sollte nun der Prinz von Wales als Jakob III. von Frankreich anerkannt werden, oder sollte man gar nichts tun, den König begraben und den Prinzen als Prinzen weiter hegen und pflegen ?

Der eifrigste Verfechter einer Anerkennung Jakobs III. war erstaunlicherweise der Dauphin, damals immerhin schon vierzig Jahre alt. Er nannte es ausdrücklich eine Feigheit, die Stuarts, eine königliche, nahverwandte Familie, fallenzulassen, und man darf aus diesen Worten schließen, daß Jakob III. vielleicht mit einem anderen Beinamen als dem des »älteren Prätendenten« in die Historie eingegangen wäre, hätte der Dauphin nicht schon zehn Jahre später von der irdischen Bühne abtreten müssen.

Wenn Ludwig XIV. selbst zauderte, eine Entscheidung zugunsten der Königsproklamation zu treffen, so war das nicht so sehr in außenpolitischen Erwägungen begründet, als in seinem Aberglauben, der immer stärker wurde, je mehr die Jahre ihn drückten. 1701, das Todesjahr Jakobs II., war jenes Jahr, das gleich im Januar mit spektakulären Todesfällen eingesetzt hatte und nacheinander vier namhafte Mitglieder des engsten Kreises um den König hinwegraffte.

Am 5. Januar starb der junge Minister Barbezieux, ein trotz aller Launen und Laster hochbegabter Mann von großer Energie, einer jener Arbeiter, wie sie Ludwig auch dann schätzte, wenn sie ihm nicht sympathisch waren. »Barbezieux«, sagt Saint-Simon, »war eine auffallende, angenehme und männliche Erscheinung mit liebenswürdigem Gesicht und festem Wesen. Er besaß viel Witz, Klugheit, Tatenlust und Gerechtigkeit und eine unglaubliche Leichtigkeit im Arbeiten. Sich hierauf verlassend, gab er sich dem Genusse des Lebens hin, wobei er sich in zwei Stunden mehr und gründlicher betätigte als andere in einem Tage ... Kein anderer war so Weltmann wie er.«

Den Mann zu verlieren, der zehn Jahre lang Kriegsminister gewesen war, nach Vater und Großvater in der gleichen Stellung, war schon ein böses Omen zum Jahresbeginn gewesen. Und vierzehn Tage darauf schied der alte Bontemps aus dem Leben, offiziell nur erster Kammerdiener, faktisch aber der engste Vertraute des Königs, der eine weite Strecke seines Lebens begleitet und stets von allem gewußt hatte, fünfzig Jahre lang. Bontemps hatte die geheime nächtliche Messe vorbereitet, nach der sich der König hatte mit der Maintenon trauen lassen. Bontemps war aber auch Verwalter der Schlösser und Jagden von Versailles und Marly gewesen, hatte jederzeit Zutritt beim König gehabt. - »Kurz, er war in alle Geheimnisse eingeweiht. Abgesehen von den vertraulichen Verrichtungen seiner beiden Ämter, gingen durch ihn alle Geheimbefehle und Verfügungen, alle Briefschaften an den König und von ihm. Bei Empfängen, von denen sonst niemand etwas erfuhr, war er der Einführende ... Das wäre genug gewesen, einen Mann zu verderben, wußte doch jedermann, wie lange er seine Vertrauensstellung innehatte, daß ihm der ganze Hof zu Füßen lag, die Kinder des Königs, die höchsten Staatsbeamten und der Hochadel des Landes. Niemals vergaß er seinen Stand. Niemals tat er etwas Böses oder versuchte, jemandem zu schaden. Immer bediente er sich seines Einflusses nur, um gefällig zu sein. Eine große Anzahl von Leuten, sogar von bedeutenden Persönlichkeiten, verdankte ihm ihre Erfolge ... Man kann von ihm sagen, daß er sein Leben lang der Vater der Armen, die Zuflucht der Betrübten und Unglücklichen und vielleicht ein wahrhaft guter Mensch gewesen ist. Seine Hände waren völlig rein, mehr noch: er war durchaus selbstlos ...!«

Diese Worte Saint-Simons, eines Médisant, vor dem wenige Gnade fanden, machen deutlich, welchen Eindruck der Tod Bontemps' auf den König und auf den ganzen Hof gemacht haben muß. Der Mensch, der inmitten eines einzigartigen Glanzes und der größten Intrigen, die es je gegeben hatte, unbeirrt seinen Weg gegangen war, hatte seinen Platz verlassen. Die Lücke war nicht zu füllen, niemand hielt es für möglich, daß sich in der Atmosphäre von Schmeichelei und Schleicherei noch einmal ein Mann finden würde, dem der König soviel Vertrauen schenken konnte. Und als dann noch Monsieur starb und der weltabgewandte, aber immerhin bedeutende Jakob, als ein König und ein Königsbruder dem wichtigsten Minister und dem langjährigen Vertrauten gefolgt waren, da breitete sich zum erstenmal Untergangsstimmung in Versailles aus. Die Überzeugung, daß das Grand siècle nun unwiderruflich zuende sei, war nicht mehr zu erschüttern.

Ludwig XIV. hatte bei seinen letzten Besuchen in Schloß Saint-Germain-en-Laye den Wagen stets beim äußeren Tor halten lassen und war durch den Schloßhof zu Fuß gegangen, um den um den Tod ringenden König nicht durch Wagenlärm zu erschrecken. Die gleiche bei einem alten und so mächtigen Mann überraschende Fürsorge und Zartheit wandte er nun dem Prinzen von Wales zu, einem Knaben von dreizehn Jahren. Daß Ludwig nicht mehr bereit sein würde, Schiffe und Truppen für die Stuarts aufs Spiel zu setzen, konnte den Jungen, den man umarmte, dem man die Hände küßte und der zum erstenmal Majestät genannt wurde, noch nicht beschäftigen. Er spürte zweifellos die Wärme und den Schutz, die nicht nur Ludwig ihm angedeihen ließ, sondern sogar die kühle Madame de Maintenon, die sich mit Maria von Modena angefreundet hatte.

Wilhelm III. sah sich, alt und verbittert, einem jungen Mann gegenüber, den Frankreich und der Papst als Jakob III. anerkannten. Es muß ihn müde gemacht haben, nach eineinhalb Jahrzehnten des Kampfes die Hartnäckigkeit der Legitimen zu erkennen, und er rief Lord Manchester, seinen Gesandten, aus Paris nach London.

Ein halbes Jahr nach Jakob II. starb Wilhelm III., und die Lage änderte sich abermals. Königin Anna war die Halbschwester Jakobs III., und trotz aller Rivalitäten zwischen Whitehall und Saint-Germain scheint sie im Innersten entschlossen gewesen zu sein, an Jakob III. gutzumachen, was sie ihrem Vater angetan hatte. Ihre Fahnenflucht: ihr und ihrer Schwester Überlaufen zu Wilhelm und zur protestantischen Partei, hatte Anna stets mehr Gewissensbisse bereitet als ihrer Schwester, die streng kalvinistisch dachte. Anna war keine Freundin der komplizierten Konstruktion, die das Haus Hannover auf den englischen Thron bringen sollte, während ein echter Stuart, ein direkter Nachkomme Karls I., des Märtyrerkönigs, in Frankreich im Exil lebte.

Die Frage einer gewaltsamen Invasion in England und einer Entthronung der Schwester stellte sich daher gar nicht, erstens, weil Jakob III. zu dem Zeitpunkt, da der Oranier starb, noch zu jung war, und zweitens, weil die kränkelnde Anna ihre Absichten hinsichtlich Jakobs III. sehr bald durchblicken ließ. Ihr Angebot, Jakob möge nach London kommen, dort die Erziehung eines protestantischen Prinzen genießen und nach ihrem Tod als protestantischer Stuart über die drei Reiche herrschen, war die einzige reale Chance, die sich den Stuarts im Exil seit 1688, seit Wilhelms Landung in Torbay, geboten hat. Jakob III. selbst hätte diesem Plan nicht viel Widerstand entgegensetzen können, denn einen Knaben zum Religionswechsel zu bereden, das hätten die Minister Ludwigs bestimmt zustandegebracht. Aber da war noch die Witwe Jakobs II., Maria Beatrice von Modena, eine nicht sehr klugc, aber hübsche und vor allem charmante Dame, die Ludwig XIV. und die Maintenon ins Herz geschlossen hatten. Gegen den Willen der Maintenon aber einen jungen

Mann an die Ketzer von London ausliefern zu wollen, das war, wie die Dinge beim Tode Wilhelms III. standen, die pure Utopie. Und als 1715 der Sonnenkönig die Augen schloß und der leichtlebige Regent die Maintenon entmachtete, da war es genau ein Jahr zu spät: Königin Anna war gestorben, und Georg I. aus dem Haus Hannover saß auf dem englischen Thron...

Da also das gutgemeinte Angebot der Königin Anna in Paris auf - heute nur noch schwer verständliche - Ablehnung gestoßen war, mußte Jakob der Jüngere sich auf den Kriegspfad begeben. Denn das galt als durchaus honett, auch wenn es mit Täuschungsmanövern aller Art verbunden war, mit Hochverrat in England begann, Spionage voraussetzte, Bestechungen notwendig machte, zwangsläufig zu Blutvergießen führte. Hauptsache, der junge König behielt seine Konfession.

Königinwitwe Maria Beatrice hatte, getreu den Ratschlägen der Maintenon, ihren Sohn sehr streng und beinahe mönchisch erzogen. Er besuchte täglich die Messe in der kleinen Kapelle von Saint-Germain-en-Laye und gab sich den verschiedenen Andachtsübungen und dem Religionsunterricht mit solcher Inbrunst hin, daß selbst die katholischen Jakobiten seiner Mutter in aller Ehrfurcht zu verstehen gaben, daß man den jungen Mann doch zunächst für eine irdische Laufbahn erziehen müsse. Ins Kloster könne er am Ende seines Lebens immer noch gehen.

Das Ergebnis dieser Erziehung waren ein gut entwickelter Verstand, ein fester Charakter und der unerschütterliche Vorsatz, dem Vater nachzueifern, die Sache der Stuarts weiterzuverfolgen, den verlorenen Thron zurückzuerobern. In allem, was Jakob III. zu diesem Zweck unternahm, fehlte es ihm nicht an Mut; er hatte ja nie etwas anderes kennengelernt als diese Aufgabe, er war für sie bestimmt, es konnte jene Zweifel, die den Mut lähmen, gar nicht erst geben. Aber es zeigte sich sehr bald, daß es nicht minder wichtig gewesen wäre, den Prinzen körperlich zu üben, ihn abzuhärten und früh an die Bewegung im Freien, an Nächte auf See, an lange Ritte und andere Strapazen zu gewöhnen.

Die Aussicht, eine hannoversche Provinz zu werden, hatte vor allem in Schottland böses Blut gemacht. Dort sah man das Haus Stuart noch immer als eine primär schottische Familie an; solange die Stuarts herrschten, war man darum mit der Personalunion von England, Schottland und Irland durchaus einverstanden. Was aber sollte werden, wenn ein König aus dem Haus Hannover von London aus die freien Clans und die schottischen Bergstämme unterjochen würde? Dann würde Schottland ruhmlos zur Kolonie absinken!

1707 erreichte eine jener Adressen, für die sich Unterschriften leichter finden lassen als Geld oder Soldaten, Jakob III. in Saint-Germain. Man versprach ihm die allgemeine und geschlossene Erhebung für den Augenblick, da er den Fuß auf den Boden Schottlands setzen würde, und das waren natürlich Zusicherungen, die man einem Neunzehnjährigen nicht zweimal zu geben brauchte.

Da der Sonnenkönig noch lebte, waren auch bald Soldaten zur Stelle, was erstaunlich ist, wenn man bedenkt, daß 1708, als Jakob III. seine Invasion unternehmen wollte, Marlborough und der Prinz Eugen gemeinsam gegen Frankreich zogen. Ludwig XIV. war bereit, sechstausend Mann und zwei Dutzend Kriegsschiffe für die Eröffnung einer zweiten Front im Rücken des Feindes zur Verfügung zu stellen, und tatsächlich wäre dies wohl das einzige gewesen, was einen Marlborough zur Umkehr hätte veranlassen können.

Über den Oberbefehl der Landungstruppen hatte Jakob nie nachdenken müssen. Wann immer er sich in seinen Vorstellungen mit dem großen Augenblick seiner Zukunft befaßt hatte, war an seiner Seite der brüderliche Freund und ausgezeichnete Feldherr gestanden, den Jakob II., als er noch Herzog von York war, vorsorglich mit einer Schwester Marlboroughs gezeugt hatte: James Fitzjames, Herzog von Berwick und Marechal de France.

Berwick wurde von allen illegitimen Stuarts wohl der berühmteste und hatte jahrzehntelang auf den verschiedenen europäischen Kriegsschauplätzen zweifellos mehr Erfolg als die Könige und Prätendenten zusammengenommen.

Wie der Marschall von Luxembourg und der Herzog von Grafton zählt auch Berwick zu jenen Feldherren, von denen uns die Chronisten zunächst einmal versichern, daß es sich bei ihnen um äußerst verabscheuungswürdige Charaktere handle. Sie scheinen sich darüber nicht sonderlich gegrämt zu haben, und wenn Grafton auf die Vorhaltung, daß er keinen Charakter habe, antwortete: »Das stimmt, dafür aber hat die Partei, der ich diene, um so mehr«, so kann dieses Wort in gewissem Sinn für sie alle gelten, die in den häufigen Frontwechseln des siebzehnten und achtzehnten Jahrhunderts nicht viel anderes sein wollten, als es die Condottieri im Italien der Renaissance gewesen waren.

Ganz so schlimm aber kann es um den Charakter Berwicks nicht bestellt gewesen sein, denn er widmete sich, obwohl achtzehn Jahre älter, dem jungen König und legitimen Halbbruder herzlich und ohne Eifersucht und bemühte sich, ihm zu geben, was Jakob II., der Vater, ihm nicht mehr geben konnte. Berwick hatte auch in den schweren irischen Kämpfen treu zu Jakob II. gestanden und war am Boyne-Fluß lebensgefährlich verwundet worden - im gleichen Jahr, da sein Vetter Grafton auf der Gegenseite kämpfte und vor der Stadt Cork fiel. Ein Bastard ohne Familie, wurde Berwick nach 1688 auch noch ein Feldherr ohne Vaterland, worin Macaulay das menschliche Problem dieses hochbegabten Mannes sieht:

»Der ganze Gang seines Lebens wurde durch die Revolution [von 1688], die seinen verblendeten Vater stürzte, umgewandelt. Berwick wurde ein Verbannter, und von dieser Zeit an vertrat ihm das Feldlager das Vaterland, und seine Berufsehre ersetzte ihm den Patriotismus. Er adelte seinen traurigen Beruf. Es lag eine strenge, kalte, brutus-ähnliche Tugend in der Weise, in der er die Pflichten eines Glückssoldaten erfüllte. Seine militärische Treue wurde durch die stärksten Versuchungen geprüft und wurde unbesiegbar gefunden. Zu einer Zeit kämpfte er gegen seinen Oheim [nämlich gegen Marlborough], zu einer anderen gegen die Sache seines Bruders [Jakob III.]; gleichwohl wurde er nie des Verrats oder auch nur der Schlaffheit beargwöhnt.« Macaulay hätte noch hinzusetzen können, daß Berwick, als er 1719 gegen die Sache Jakobs III. kämpfte, auch gegen seinen eigenen Sohn, den jungen Herzog von Liria, im Feld stand, der damals Oberst in der spanischen Armee war.

Während Jakob III. in Saint-Germain zum Mann heranwuchs, vaterlos und Frauen überlassen, führte sein Halbbruder Berwick Krieg für Frankreich, hielt mit zwölftausend Mann die Alliierten in Spanien in Schach, kämpfte 1705 in den Cevennen, eroberte Nizza und wurde 1706, sechsunddreißig Jahre alt, Marschall von Frankreich. 1707, als Jakob III. bereits im Besitz der schottischen Adresse war und seine Landung in Schottland vorzubereiten begann, rettete Berwick die vollkommen verfahrene Lage Frankreichs auf dem schwierigen spanischen Territorium durch die bravouröse Schlacht von Almansa gemeinsam mit Klaudius Franz Bidal von Asfeld.

Wir verstehen, was in dem trotz aller Fürsorge einsamen Jüngling vorging, der in Schloß Saint-Germain-en-Laye saß, während sein Halbbruder achtzehntausend Gefangene machte, dem Gegner hundertundzwanzig Fahnen und die gesamte Bagage abnahm und nur viertausend Waffenlose nach Katalonien entkommen ließ. Philipp V., der Berwick nicht liebte, mußte den glanzvollen Sieg wohl oder übel mit dem Herzogtitel von Liria und mit den Städten Xeria und Liria belohnen. Und wie hätte erst Jakob III. den Halbbruder belohnt, wenn er an der Spitze des Landungskorps von Schottland herab nach London marschiert wäre?

Aber der Herzog von Berwick erwies sich als unabkömmlich, denn Frankreich hatte unter Vendôme am Rhein und in Flandern so schwere Niederlagen hinnehmen müssen, daß nur ein Berwick das Ärgste verhüten und die Folgen der verlorenen Schlacht von Oudenaarde einigermaßen mildern konnte.

Jakob hat es Berwick später verziehen, daß er in dieser entscheidenden Stunde nicht als Stuart, sondern als französischer Marschall handelte; aber das Unternehmen wäre wohl nur unter der Leitung eines Mannes wie Berwick zum guten Ende zu füh-

Sarah Jennings, Duchess of Marlborough

John Churchill, Duke of Marlborough.
Gemälde von C. E. Weidemann

Jakob III., der
ältere Prätendent.
Gemälde von
A. R. Mengs

James Fitzjames,
Duke of Berwick.
Kupferstich
von Drevet nach
einem Gemälde
von Genaro

Karl Eduard Stuart, der jüngere Prätendent.
Gemälde von A. David

ren gewesen. Am Anfang stand, wie bei allen vorangegangenen Invasionsversuchen, das endlose Warten auf günstigen Wind, diesmal in Dünkirchen. Als das erste Ostlüftchen sich regte und der französische Admiral auslaufen wollte, erkrankte Jakob III. an Masern. Vom Fieber geschüttelt, wankte er eine Woche später dennoch an Bord, in Decken gehüllt, blaß, seiner Sinne kaum mächtig. Die Seebären aus den alten Piratenhäfen an der französischen Kanalküste sahen sich nur stumm an. Sie waren an prinzlichen Jammergestalten allerlei gewöhnt, was sie aber nun nach Schottland bringen sollten, das übertraf ihre schlimmsten Erwartungen.

Das Wetter im Kanal war nicht das günstigste. Die hochbordigen Schiffe tanzten auf kurzen Wellen und rüttelten Jakob erbarmungslos durch, so daß sich zu den Nachwehen der Masern bald auch noch die Seekrankheit einstellte, die ihn völlig entkräftete. Dennoch ließ er sich immer wieder an Deck tragen und starrte ungeduldig in die Richtung jener Nebelstreifen, hinter denen Schottland lag. All seine Sehnsucht und Ungeduld aber konnte der Flotte nicht den Lotsen ersetzen, den man mitzunehmen vergessen hatte. Als auch noch drei Schiffe wegen Sturmschäden umkehren mußten, da war der Admiral drauf und dran, das ganze Unternehmen abzublasen und nach Frankreich zurückzukehren, ehe die Briten Wind von der Anwesenheit eines Transporterverbands in der Nordsee bekamen und den Franzosen den Rückweg verlegten.

Nun aber zeigte Jakob III., der sich inzwischen ein wenig an das Schlingern und die Seeluft gewöhnt hatte, seinen Eigensinn. Er verlangte, wenigstens mit seiner persönlichen Begleitung, wenn schon nicht mit allen Soldaten, in einem Boot an Land gesetzt zu werden. Dann sei die Bedingung der Schotten erfüllt und sie würden sich, wie sie es in der Adresse versprochen hatten, für ihn erheben.

Aber der französische Admiral kannte die Schotten besser als ihr eigener König, der Schottland noch nie im Leben betreten hatte. Alle Seeleute wußten, wenn es nun auch mehr als hundert Jahre her war, wie die schottischen Küstenbewohner mit den

Schiffbrüchigen der Armada umgesprungen waren. Jakob mochte toben, schreien und befehlen, es half ihm nichts. Kräftige Seeleute wickelten ihn wieder in seine Decken und trugen ihn in die Kajüte, und das ganze Geschwader ging auf Heimatkurs.

Der Herzog von Berwick hat später diesen Landungsversuch des Frühjahrs 1708 als die einzige echte Chance auf einen militärischen Erfolg gegen England bezeichnet. Marlborough stand in schweren, wenn auch siegreichen Kämpfen in den Niederlanden und im Raum des heutigen Belgien, und Königin Anna hätte ihrem Halbbruder kaum sehr energischen Widerstand entgegengesetzt, um so mehr, als er ja der von ihr insgeheim gewünschte Nachfolger war und niemand ihr einen Vorwurf hätte machen können, wenn ihr die Entscheidung über die Thronfolge auf diese Weise entwunden worden wäre.

Die Flotte erreichte wohlbehalten den Ausgangshafen Dünkirchen, aber die Chance war vertan, und Jakob, der zum ersten Mal erfahren hatte, wie wenig ein König von fremden Gnaden im Grunde ausrichten kann, erklärte trotzig, keinesfalls wieder in die klösterliche Gouvernantenatmosphäre von Saint-Germain zurückkehren zu wollen. Er hatte auf dem kurzen Ausflug in die Nordsee immerhin erkannt, worauf es in seinem Leben ankommen würde, und da er sich nicht gut zum Lotsen ausbilden lassen konnte, erbat er die Erlaubnis, sich der französischen Armee in Flandern anzuschließen.

Nach einigen Beratungen entschied der Sonnenkönig, daß diesem männlichen Wunsch eines jungen Königs entsprochen werden müsse, und man vertraute ihn dem bourbonischen Hausregiment an, das den Ehrennamen »Maison du Roi« führte. Jakob hatte in Saint-Germain immer wieder hören müssen, wie ausgezeichnet sein Vater 1665 und 1672, als Herzog von York, gegen die Holländer Krieg zu Wasser und zu Lande geführt habe, wie souverän er Flotten und Truppen zu bewegen verstand, wie er mitten in der Schlacht wiederholt das Schiff gewechselt, aber nie die Flagge gestrichen habe, um die Seinen nicht zu entmutigen. Dieses Ideal schwebte ihm vor, aber da sich Seeschlachten nun einmal leichter auf britischen als auf französischen Schiffen gewinnen ließen, mußte er sich damit begnügen, bei dem damals noch recht prächtigen und umständlichen Schauspiel des Krieges an Land mitzuwirken.

Es ging dabei zwar nicht so gemütlich und genüßlich zu, wie es uns etwa die parodistisch-historischen Filme von Christian-Jacque weismachen wollen; andererseits aber auch nicht so gefährlich, daß man um das Leben des jungen Königs und letzten Stuart ernstliche Besorgnisse hegen mußte. Die Reichweite der Geschütze war gering, die Truppenbewegungen waren langsam, Einwirkungen aus der Luft gab es überhaupt nicht. Hielt man sich vornehm im Kugelschatten oder auf einem Hügelchen, das ein wenig abseits lag, so konnte nur eine verirrte Vollkugel die Pferde scheu machen; vor allem aber kannte man die Sprengmunition noch nicht, so daß auch die Artillerie sich meist auf direkten Schuß in die stürmenden Reihen einstellte und die Ränder des Schlachtbereichs nur ausnahmsweise bestrichen wurden.

Dafür gab es chevalereske Kontakte über die Front hinweg, man verstand sich ja zu benehmen und fühlte sich dazu um so mehr veranlaßt, als auf beiden Seiten englische Herzöge kommandierten, auf der einen Marlborough, auf der anderen Berwick. Als die englischen Offiziere, unter denen nicht wenige Tories waren, von der Anwesenheit Jakobs III. an der Front erfuhren, sandten sie ihm höflich ihre Grüße. Jakob erwiderte sie begeistert und hätte ein persönliches Zusammentreffen mit einer Gruppe von Offizieren tatsächlich riskiert, wenn er nicht wieder einmal zur Unzeit - diesmal zur Erleichterung seiner Beschützer - erkrankt wäre.

Immerhin stellten Berwick, Marlborough, Vendôme, Berry und andere Heerführer dem jungen König und seiner Tapferkeit ein gutes Zeugnis aus. Sehr zum Mißbehagen der unteren Chargen, denen man seinen persönlichen Schutz anvertraut hatte, erwies er sich in der Schlacht jeweils als ebenso kaltblütig wie sein Vater und wurde auch bei den Rückzügen, zu denen in diesen Jahren die Franzosen nur allzuoft genötigt waren, nicht nervös. Jakob wohnte auf diese Weise der mörderischen Schlacht von Oudenaarde im Sommer 1708 bei, die ihm alles vorführte, was die damalige Kriegskunst einschloß: Eine befestigte Stadt in Feindeshand, Flußübergang des Gegners, Vernichtung der französischen Vorhuten, Gegenschlag der Franzosen und endlich Sieg Marlboroughs und des Prinzen Eugen, obwohl sie entgegen allen Grundregeln der Kriegsführung mit dem Rücken zum Fluß hatten kämpfen müssen. Zwei große Feldherren hatten, aus ungünstiger Ausgangsposition genial improvisierend, den Franzosen sechstausend Mann getötet oder verwundet und neuntausend gefangengenommen.

Malplaquet, im September 1709, war die größte Schlacht des ganzen Spanischen Erbfolgekrieges, und wenn man bedenkt, wie kurz Jakob an der Front war, so muß man sagen, daß er mit Oudenaarde und Malplaquet gut gewählt hatte.

Nicht weniger als neunzigtausend Mann waren auf jeder Seite aufmarschiert, und da jeder wußte, daß es diesmal ums Ganze ging, hatten auch die eifersüchtigsten Generale alle Rivalitäten zurückgestellt. Auf französischer Seite hatte Boufflers wegen seines Alters den Oberbefehl an Villars abgegeben und sich mit der zweiten Position begnügt, weil man Marlborough und dem Savoyer einen unverbrauchten, elastischen und schnell reagierenden Feldherrn entgegenstellen mußte. Marlborough hatte den rechten, der Prinz Eugen den linken Flügel übernommen; das Zentrum, das zuwarten sollte, bis sich eine Entscheidung abzeichnete, stand unter dem Oberbefehl des Herzogs von Orkney.

Das Artillerieduell begann um neun Uhr morgens, dann griffen Preußen und Österreicher das Wäldchen von Taisnières an, wo Regimenter aus der Picardie und der Champagne wütenden Widerstand leisteten. Westlich davon kamen die Truppen unter Schulenburg besser voran, aber der Prinz von Oranien wurde unter enormen Verlusten von Boufflers zurückgeworfen. Die Schlacht wogte erbittert hin und her, die Franzosen warfen alle Truppen in den Kampf, die sie zur Verfügung hatten, die Alliierten zogen Verstärkungen heran, die eben in jenem krisenhaften Augenblick auf dem Schlachtfeld eintrafen, als der französische Oberkommandierende Villars schwerverletzt und ohne Bewußtsein abtransportiert werden mußte.

Auch der Prinz Eugen hatte eine Verletzung hinnehmen müssen, sich aber geweigert, den Kommandostand zu verlassen. Ihm und Marlborough stand nun doch wieder der alte Marschall von Boufflers gegenüber, und vielleicht war es dieser Umstand, der die Franzosen vor einer vollständigen Niederlage rettete. Villars hätte den Kampf gewiß nicht abgebrochen. Boufflers aber befahl den Rückzug, sobald er die Unmöglichkeit eines Sieges erkannte, und die Truppen, die noch nicht erschöpft und durcheinandergeraten waren, wichen in guter Disziplin dem Gegner aus, der nicht mehr Kraft genug hatte, zu einer Verfolgung anzusetzen. Hatte Boufflers auch den Alliierten das Schlachtfeld überlassen, so sprachen doch die Verlustzahlen für seine Entscheidung: Während Marlborough und Eugen etwa zwanzigtausend Mann verloren hatten (die holländischen Regimenter waren beinahe aufgerieben worden), beliefen sich die französischen Verluste nur auf zwölftausend Mann. Die Armee als solche war gerettet.

Noch nicht zwanzigjährig diese Schlacht mitzuerleben, den gewaltigen Einsatz zu erkennen, ging es doch um das Lebenswerk eines großen Königs und um die Vormachtstellung Frankreichs, das alles war für den sensiblen Jakob III. zuviel und vor allem zuviel auf einmal. Er begann zu fiebern, beharrte hartnäkkig darauf, auch als Kranker in der Nähe des Getümmels zu bleiben, ließ sich aber endlich doch bereden, nun, da die große Schlacht geschlagen war, der Front den Rücken zu kehren und sich nach Saint-Germain-en-Laye bringen zu lassen.

Für Frankreich und damit auch für die Stuarts kamen schwere Zeiten. Das Jahr von Malplaquet wird in den Chroniken als »année terrible« geführt, das Land litt Not nach den gewaltigen militärischen Anstrengungen, und Ludwig XIV., der stolzeste aller Monarchen, mußte sich mit einem Aufruf an sein Volk wenden, weil die Alliierten von ihm verlangten, daß er selbst die spanischen Bourbonen ihres Thrones entsetze! Die Franzosen halfen ihrem alten König, das Gesicht zu wahren, und Vendôme siegte in Villaviciosa für Philipp V. von Spanien.

Jakob aber hatte wieder einmal Grund, die englischen Ereignisse und Hofintrigen mit Aufmerksamkeit zu verfolgen. Es war nicht ganz leicht, sich von Frankreich aus ein Bild über die Vorgänge zu machen, die dazu geführt hatten, daß der Herzog von Marlborough, Sieger in so vielen Schlachten, die Gnade der Königin Anna verloren, ja offensichtlich sogar ihre Rache herausgefordert hatte. Große Feldherren neigen ja dazu, den Bogen ihrer Forderungen zu überspannen und im Besitz der faktischen Macht fürstliche oder gar souveräne Besitzungen für sich zu fordern, wie einst die Sforza oder Wallenstein. Aber rund um Marlborough wurde anderes gespielt, und es war gewiß schwierig, dem fromm erzogenen jungen König klarzumachen, welcher Art die Beziehung gewesen war, die bis zum Jahre 1711 die Königin Anna mit der Herzogin von Marlborough verbunden hatte - so lange, bis eben eine junge, hübsche, zärtliche und ergebene Hofdame an die Stelle der herrschsüchtigen Geliebten getreten war.

Frankreich war zu schwach, um aus der Tatsache Kapital zu schlagen, daß dieser große Gegner von der politischen Bildfläche verschwand. Vor allem aber war Ludwig XIV. durch eine Reihe von Schicksalsschlägen schon schwer getroffen: Im Jahr 1711, dem Jahr, in dem Marlborough in Ungnade fiel, starb Le Grand Dauphin, Ludwigs Sohn und Thronfolger, ein aufrichtiger Freund Jakobs III. Die Umstände dieses Todes waren besonders düster: Monseigneur, wie man den Dauphin nannte, war am Mittwoch vor Ostern auf der Fahrt nach Meudon einem Priester begegnet, der einem Kranken das Abendmahl spendete. »Monseigneur und die Herzogin von Burgund stiegen aus und knieten vor dem Allerheiligsten nieder, und der Fürst erkundigte sich nach dem Kranken. Der Priester entgegnete, der Mann habe die Blattern, wie damals viele Leute in der Umgegend. Als Kind hatte Monseigneur einen leichten Anfall dieser Krankheit überstanden [offenbar die Windpocken] und fürchtete sie seither sehr. Des Priesters Worte flößten ihm daher großen Schrecken ein.«

Nach anfänglich günstigem Verlauf der Krankheit verschlimmerte sich der Zustand des Dauphins so plötzlich, daß ihm Pater Tellier nicht mehr rechtzeitig die Absolution erteilen konnte. Ludwig XIV. erlitt einen Schwächeanfall, zürnte sichtlich dem Leibarzt Fagon, setzte aber (da er sich an seinem strengen Hofreglement immer wieder aufrichtete) gleich für den nächsten Morgen eine Sitzung des Staatsrates an.

Schon ein Jahr darauf, 1712, setzte sich die Reihe der Todesfälle, die dem Sonnenkönig den Lebensabend verdunkelten, auf besonders rätselhafte Weise fort. Die Gemahlin des jetzigen Dauphins erkrankte an einem fiebrigen Ausschlag und starb nach wenigen Tagen, und der Dauphin der nicht von ihrem Krankenlager gewichen war, folgte ihr mit derselben Erkrankung wenige Tage später in den Tod.

Daß innerhalb eines Jahres zwei Thronfolger, nämlich Sohn und Enkel des Königs, vom Tod dahingerafft worden waren, gab naturgemäß zu zahlreichen Gerüchten Anlaß. Am Versailler Hof hatten Giftmordaffären schon in früheren Jahren viel Staub aufgewirbelt, und diesmal fehlte es nicht an Stimmen, die dem Herzog von Orleans die Schuld an den Todesfällen in die Schuhe schoben. Denn nun würde beim Tode des Sonnenkönigs er die ganze Macht erhalten, wenn auch vermutlich nur als Sachwalter eines Urenkels.

Ludwig XIV. hatte besonders die Gemahlin des zweiten Dauphins herzlich geliebt, eine Prinzessin aus Savoyen, deren munteres und liebenswürdiges Wesen dem alten Mann wohlgetan hatte. Eine andere, ihm ebenso liebe Gesellschafterin war Jakobs III. Schwester Louise, die allen Charme der Stuart-Frauen hatte, den klaren Verstand, der in diesem Geschlecht keine Generation übersprungen hat, und dazu einen besonderen Liebreiz. Als Jakob III. an Pocken erkrankte, hatte die furchtbare Seuche auch auf Louise übergegriffen, und während Jakob nach langem Krankenlager gesundete, starb Louise, erst zwanzig Jahre alt, wie im Jahr zuvor der ältere Dauphin. Der König trauerte um sie wie um eines seiner eigenen Kinder.

Es waren dunkle Jahre für alle; der Tod schlug zu und kümmerte sich nicht um Rang, Namen oder Schönheit. Er holte seine Opfer aus der Mitte der glanzvollen Hofgesellschaften von Versailles, wie einst in den Pestjahren, und Ludwig XIV. trachtete, durch all diese Schicksalsschläge in seinem Lebensmut gebrochen, nur noch danach, den langen Krieg zu beenden, ehe der Tod auch ihn ereilte.

So kam es, daß Jakob III., von Frankreich stets als König von England, Schottland und Irland anerkannt und behandelt, bei seiner Genesung von der langen Krankheit eine völlig neue Situation vorfand. Daß seine Schwester tot war, hatte die Sache der Stuarts sehr geschwächt, denn das verbindliche, freundliche Wesen der Prinzessin hatte in vielen Engländern die Hoffnung reifen lassen, daß wenn schon nicht Jakob, so doch vielleicht Louise auf einen Kompromiß eingehen würde und England eine liebenswerte protestantische Königin aus dem Hause Stuart bekommen könnte.

Nicht minder schwer traf es Jakob, daß der sich anbahnende und am 13. März 1713 unterzeichnete Friedensschluß von Utrecht den Sonnenkönig verpflichtete, Jakob nicht weiter Asyl zu gewähren. Ludwig XIV. hatte, trotz vieler Niederlagen, erreicht, daß die spanischen Bourbonen den Thron behalten durften, und niemand konnte es ihm verdenken, daß er dafür die ohnedies nicht sehr aussichtsreichen Ansprüche der Stuarts geopfert hatte.

Jakob erfuhr rechtzeitig, daß diese Bedingung im Gespräch sei, und wartete den Utrechter Frieden, der ihm die Ausweisung bringen mußte, gar nicht erst ab. Schon im September 1712 verließ er Saint-Germain-en-Laye, zunächst mit der Absicht, sich nach Savoyen zu begeben, wo seine Base Anne Marie mit Herzog Victor Amadeus II. verheiratet war. Das heute zu Frankreich gehörende Land war damals noch ein souveräner Staat, zu dem überdies Sizilien und Sardinien geschlagen wurden, so daß Jakob III. tatsächlich eine sichere Zuflucht gefunden hätte - nur war der Weg von Savoyen nach England, ja der Weg in die Welt der Entscheidungen überhaupt, von Turin aus sehr weit.

Da Königin Anna von England zwar noch nicht alt war, aber von Krankheiten geschwächt und sichtlich dem Tode nahe, beschloß Jakob, sich nicht hinter den Seealpen zu vergraben, sondern lieber in einem weniger glänzenden Exil, nämlich in Lothringen, die Entwicklung der Dinge abzuwarten. Mit kleinem Gefolge und beschränkten Mitteln lebte er etwa drei Jahre lang in verschiedenen Orten des Herzogtums. Es war keine wirkliche Abgeschiedenheit, in der alten Kulturlandschaft am Rhein zu leben, aber es war natürlich ein ganz anderes Dasein als in Paris oder in London. Er erhielt Besuche und schrieb viele Briefe, und er reifte zum Mann; aber politisch kam er nicht einen Schritt weiter.

Lediglich die Tatsache, daß sich seine Züge nun ausprägten und die Besucher das echte Stuart-Gesicht, ja eine große Ähnlichkeit mit dem Onkel Karl II. - weniger mit seinem Vater - feststellen konnten, half ihm. Die Gerüchte, er sei in einem Wärmebecken ins Bett der Maria von Modena eingeschmuggelt worden, weil die Königin ein Mädchen geboren habe, diese Gerüchte begannen nach zwei Jahrzehnten nun langsam zu verstummen; das war aber auch alles. In der Thronfolge hatte der Tod Annas, kurz nach dem Utrechter Frieden, die Lage nur verschlechtert, denn das Haus Hannover hatte schnell gehandelt: Unmittelbar vor Annas Tod hatte die hannoversche Partei in London die Regierungsgewalt an sich gerissen. Als drei Tage darauf, am 12. August 1714, die Königin die Augen schloß, waren die Anhänger einer Rückkehr Jakobs bereits entmachtet. Niemand war mehr da, der das Testament der Königin gesichert oder gar publiziert hätte, so daß man bis heute nicht sicher weiß, ob die verschlossene und mißtrauische Frau Jakob zum Erben ihrer Würde eingesetzt hat oder tatsächlich das Haus Hannover.

Während Georg von Hannover sich flink nach London aufmachte und von seinen Parteigängern als Georg I. inthronisiert wurde, mußte Jakob III. sich aus Lothringen davonstehlen. Ludwig XIV. war am 1. September 1715 gestorben, und der Regent - Herzog Philipp von Orléans - konnte es so kurz nach Utrecht noch nicht wagen, Jakob offen zu unterstützen. Verkleidet mußte sich Jakob mit einigen wenigen Getreuen in Dünkirchen einschiffen, um zu seinen Anhängern zu stoßen, die im Herbst 1715 mit Erhebungen in Schottland begonnen hatten. Noch ehe er einen Fuß auf den Boden der Heimat setzen konnte, war Jakob bereits wieder krank, als werfe ihn immer wieder die Aufregung solcher Stunden nieder. In einem Winter von besonderer Rauheit und Kälte setzte sich der blasse, schwache und schwermütig wirkende Fürst an die Spitze seiner viel zu kleinen Truppe, und zwei Monate später, im Februar 1716, war alles wieder vorbei: Die schwache Streitmacht der Jakobiten war zerstreut, er selbst nach kurzem Besuch bei seiner Mutter in Paris sogleich wieder aufgefordert worden, Frankreich zu verlassen.

Noch resignierte er nicht, wählte nicht Zweibrücken als Wohnsitz, wo ihm der König von Schweden ein Schloß anbot, und blieb auch in Avignon, wo ihm der Papst den herrlichen Palast und eine Pension offeriert hatte, nur eben lange genug, um wieder einmal eine Krankheit zu überwinden. Während sich seine Getreuen, soweit Georg I. sie nicht hatte hinrichten oder gefangensetzen lassen, nach und nach in Avignon sammelten, ging die Geschichte über Jakob III. hinweg. Weder der Regent noch der Herzog von Berwick waren zu weiterem Einsatz für ihn bereit, und als England offiziell um Entfernung Jakobs III. ersuchte, inoffiziell aber ein paar Mordbuben nach Avignon schickte, da entschloß sich Jakob, Frankreich endgültig zu verlassen und dort Zuflucht zu suchen, wo seine Person und sein Glauben am willkommensten sein mußten - in den Ländern des Papstes.

Der Papst der bewegten ersten beiden Jahrzehnte dieses Jahrhunderts war Clemens XI., Gian Francesco Albani. In seinem strengen und rechtlichen Denken hatte er mit dem Nepotismus früherer Päpste radikal gebrochen, aus seinem Privatvermögen große Summen für die Armen gespendet und in den kriegerischen Wirren seiner Zeit ein letztes Mal die Macht des Papstes gegen die des Kaisers gesetzt. Dieser bedeutende Kirchenfürst hatte seit Jahren so viele Schwierigkeiten zu meistern, daß sein Eintreten für die Stuarts ihm besonders hoch anzurechnen ist. Und es war gewiß nicht Mißachtung, sondern Vorsicht, wenn er Jakob III. bat, seinen Wohnsitz nicht in Rom, sondern in Urbino zu nehmen.

Jakob konnte nicht gut ablehnen, war Urbino doch der Geburtsort des Papstes. Bald aber gelangten bewegte Klagen über die Abgeschiedenheit und Kälte dieser alten Bergstadt nach Rom, und schließlich willigte Clemens ein, Jakob, nun häufig »der Prätendent« genannt, in Rom selbst zu dulden.

Als habe Jakob gewußt, daß Rom die letzte Station seines Lebens sein würde, zugleich aber auch Heimat und Sicherheit, nahm er seine Bemühungen wieder auf, eine Frau zu finden. Bisher war er auf diesem Gebiet nicht viel glücklicher gewesen als in seinen Versuchen, auf den Thron zu gelangen. Eine hübsche Cousine in Modena hatte ihm ihr Vater verweigert, eine deutsche Prinzessin hatte Jakob nicht gefallen, andere aus Italien, Schweden und Österreich hatten entweder ihn zuwenig entflammiert oder ihrerseits keine Neigung gezeigt, das abenteuerliche Leben an der Seite eines Prätendenten auf sich zu nehmen.

Nun aber wurde eine Verbindung angeknüpft, die alles versprach, was Jakob erhoffen konnte: Eine der drei hübschen Enkelinnen des Polenkönigs Sobieski, Clementina, erwärmte sich für den melancholischen Stuart. Sie war erst fünfzehn, ebenso schwärmerisch wie mutig veranlagt und gleich bereit, ihrem Bräutigam bis Bologna entgegenzureisen - selbstverständlich in Begleitung ihrer Mutter.

Warum die Engländer ihrem unglücklichen König nicht einmal diese frische Unschuld aus Polen gönnten, ist nicht recht klar. Jedenfalls protestierte Georg I. beim Kaiser gegen die Heirat, und Karl VI. handelte ausnahmsweise so schnell, daß Mutter und Tochter kurz vor Überschreitung der Grenze, nämlich in Innsbruck, höflich aber bestimmt an der Weiterreise gehindert wurden. Unter den mehr drohenden als bewundernden Blicken einiger Tiroler Burgknechte sehnte sich Clementina ihrem verhinderten König entgegen, während dieser, längst in Bologna angekommen, auf die Nachricht von dem kaiserlichen Veto durchaus unerwartet reagierte: Er interessierte sich urplötzlich für Maria Vittoria Caprara, ein schönes Mädchen aus einer angesehenen Familie, aus der einer der berühmtesten österreichischen Feldherrn, ein Rivale des Prinzen Eugen, hervorgegangen war.

Die Fünfzehnjährige in Innsbruck aber war entschlossen, ihren König zu bekommen, und wenn die Jakobiten auch nicht imstande waren, Jakob III. zu seinem Thron zu verhelfen, eine Frau wollten sie ihm doch verschaffen. Sie befreiten mit einer durchaus romantischen Bravour Clementina mit Mutter aus der Tiroler Haft. Während die vierschrötigen Burgknechte sich noch den Schlaf aus den Augen rieben, strebte die kleine Gruppe der Damen und ihrer Retter bereits auf den Brennerpaß zu. Im Schloß war anstelle der Sobieska eine Dienerin aus England zurückgeblieben, die in dieser galanten Kabale immerhin ein paar Jahre Haft riskierte, um Jakob III. und seine Braut zusammenzubringen.

Die Einzelheiten dieser Flucht, Abstürze in Schneewächten, Ärger mit Kutschen und Pferden und andere Mißhelligkeiten, würden in eine Komödie passen. Die Herren Jakobiten erwiesen sich als ebenso geschickt wie einfallsreich bei der Beseitigung all dieser Schwierigkeiten und auch als grundehrliche Kavaliere, denn einmal ging es sogar darum, Jakobs III. Brautgabe zu retten, ein Säckchen Juwelen aus dem englischen Kronschatz, das Clementina in einem Gasthof vergessen hatte, wo sie sich nach einem Sturz in den Schnee am Kaminfeuer getrocknet hatte ...

Als die kleine Gruppe, heldisch und erwartungsvoll gestimmt, endlich in Bologna Einzug hielt, mußte sie erfahren, daß Seine Majestät bereits abgereist war. Der Ungeduldige hatte en attendant eine Chance wahrgenommen, an der Spitze spanischer Truppen nach England zu gelangen. Aber da der protestantische Wind mit unverminderter Stärke wehte, war Jakob zwar zweimal an die französische Küste, aber nicht nach Schottland gekommen. Nach Spanien zurückgekehrt, wartete er dort noch bis Ende August 1719 auf einen Erfolg der wenigen, glücklich in

Schottland gelandeten Spanier. Aber obwohl die Vereinigung mit Jakobs Anhängern aus dem schottischen Hochland gelang, kam es zu keiner wirkungsvollen Erhebung. Schotten und Spanier im gemeinsamen Kampf für einen katholischen Fürsten, das war eine Kombination, der von vornherein kein Erfolg beschieden sein konnte. In der Schlacht bei Bridge of Shiel am Glenshiel-Paß unterlagen Jakobiten und Spanier, vom Earl von Seaforth geführt, dem britischen General Joseph Wightman.

Jakob, der in Spanien sehr gefeiert wurde, ließ sich in Madrid ausgiebig trösten, ehe er sich wieder nach Italien begab, wo seine Braut auf ihn wartete. In Viterbo trafen die beiden einander; die putzige Altstadt wurde die Kulisse einer beinahe unwirklichen Begegnung zweier junger Menschen mit berühmten Großvätern, aber ohne eigene Chancen. Mit dieser inzwischen per prokurationem geschlossenen, in den Wochen von Montefiascone verwirklichten Ehe begann ein neuer Abschnitt im Leben Jakobs III. Seine Mutter war 1718 gestorben, so daß nun er das Oberhaupt der Familie und der Jakobiten in Großbritannien und auf dem Kontinent war. An die Stelle der hohen französischen Pension, die Maria von Modena genossen hatte, trat nach und nach das Vermögen, das der kriegstüchtige Johann Sobieski in seine Familie gebracht hatte. Es waren nicht nur die Rubine, von denen ganz Europa damals wie von einer Legende sprach, sondern auch manches Kleinod, das noch aus der Beute im Türkenlager vor Wien stammte, wo die Polen das erste Plünderungsrecht gehabt hatten.

Am 28. August 1719 hatten Jakob und Clementina ihre stürmischen Flitterwochen begonnen, und am letzten Tag des nächsten Jahres, am 31. Dezember 1720, erblickte der Thronfolger ohne Thron, Prinz Karl Eduard, das Licht der Welt. Die Familie hatte wieder einen Erben; Jakob III., der Prätendent, würde eines Tages der ältere Prätendent heißen, weil seinem Erstgeborenen kein besseres Schicksal beschieden war als ihm selbst ...

# Bonnie Prince Charlie

Im August 1740 reisten zwei junge und wohlerzogene Engländer von Rom nach Florenz. Der eine hieß Horace Walpole und war der Sohn des britischen Premierministers, der andere hieß Thomas Gray und war der Sohn eines reichgewordenen Vielschreibers. Beide waren in Eton erzogen worden, hatten im Herbst 1739 die übliche Kavalierstour begonnen, im Winter die Alpen überschritten und sich 1740 größtenteils in Rom aufgehalten, jener italienischen Stadt, die im achtzehnten Jahrhundert noch anziehender war als das schon ein wenig greisenhaft wirkende Venedig.

Thomas Gray hatte nicht versäumt, an der Piazza SS. Apostoli zu Rom, in dem etwas baufälligen und halbleeren Palazzo Muti, den Mann zu besuchen, für den sich England damals beinahe mehr interessierte als für seinen König: Jakob Eduard, den Prätendenten, der von einigen Unentwegten noch immer Jakob III. genannt wurde. In Florenz angekommen, schrieb Thomas Gray verschiedene Briefe über seine römischen Eindrücke, und in einem von ihnen berichtet er auch über diese Entrevue: »Er persönlich ist ein magerer, sehlecht gewachsener Mann, außerordentlich lang und linkisch, der nicht sehr vielversprechend aussieht. Er gleicht König Jakob II. außerordentlich und hat im hohen Grade das Aussehen und den Blick eines Idioten, besonders wenn er lacht oder betet; das erstere geschieht selten, das andere unausgesetzt.«

Da Thomas Gray erst fünfzehn Jahre nach dem Tod König Jakobs II. geboren wurde und den Monarchen nur von Bildern kannte, kommt diesem Zeugnis keine sonderliche Bedeutung zu. Es hat die Jahrhunderte wohl nur überdauert, weil Gray schon zehn Jahre später der berühmteste englische Dichter seiner Zeit war und weil seine »Elegy written in a country Churchyard« bis heute eines der beliebtesten englischen Gedichte geblieben ist. Aber auch andere Besucher, die den einsamen und längst verstummten Mann in den dunklen Räumen seines Palastes gesehen haben, den er niemals hätte bezahlen können, berichten ein wenig fröstelnd, der Prätendent sei das getreue Abbild seines Vaters. Ein englischer König sitze im fernen Rom über seinen Briefen und Dokumenten und lebe von einer französischen und einer spanischen Rente, während England selbst von deutschen Fürsten beherrscht werde, die der Landessprache entweder gar nicht oder doch nur unzureichend mächtig seien.

Es war die Zeit vieler Kriege, und man kann mit einer gewissen Berechtigung sagen, daß sich ein von Stuarts regiertes England aus ihnen hätte heraushalten können, während die hannoverschen Verflechtungen das Land in jahrelange und verlustreiche Kämpfe zwangen.

Die Konflikte mit Spanien und mit Frankreich brachten viele Engländer, vor allem aber sehr viele Schotten auf den Gedanken, daß ein geistig nicht sehr regsamer Monarch noch nicht das schlimmste aller Übel sei. Mochte jener Prätendent im fernen Rom auch aussehen wie ein Idiot, immerzu beten und im übrigen die alten Untugenden der männlichen Stuarts in schöner Vielfalt vereinen, so würde er dem Land doch den Frieden mit Spanien und Frankreich bringen und die Fortsetzung der immerhin drei Jahrhunderte alten königlichen Linie aus dem Blute der Stuarts.

Da viele Schotten und einige Engländer so dachten, braucht es uns nicht zu verwundern, daß die sogenannten Reisenden von Distinktion, also das urteilsfähige Publikum des reisefreudigen achtzehnten Jahrhunderts, Jakob III., obwohl er nie auf dem Thron gesessen, kurz als den König von England bezeichneten. Das achtzehnte Jahrhundert war naiv. Die Französische Revolution stand ja noch bevor. Das Prinzip der Legitimität hatte bisher eine einzige Niederlage, durch Cromwell, erlitten, und man huldigte mit einem gewissen Recht dem Grundsatz, daß einmal keinmal sei: schließlich waren die Stuarts ja mit Karl II. auf den Thron Englands zurückgerufen worden.

Es ist darum weder Ignoranz noch das Festhalten an einer engstirnigen Sprachregelung, wenn de Brosses in einem seiner Briefe aus Rom sagt: »Ich schließe die Reihe unserer wichtigen Besuche mit dem, den wir beim König von England gemacht haben.«

Charles de Brosses ist nach Boswell der geistvollste und unterhaltsamste Reiseschriftsteller des Jahrhunderts, und das will etwas heißen. Er stammte aus Dijon, einer Stadt, in der sich für Frankreich alles typisch Provinzielle inkarniert, wie für die Österreicher in Sankt Pölten oder für die Deutschen in Bielefeld. - Wahrhaftig ein Grund, in die Welt hinaus zu reisen! Seine Briefe an die Zurückgebliebenen unterhalten uns mit jener angenehmen Ausführlichkeit, zu der sich ein Autor durch die Tatsache ermutigt fühlt, daß er mit jedem Satz Darbende erquickt. Der Freundeskreis lechzte selbst nach dem Abglanz und begehrte immer noch mehr, stellte Fragen nach bestimmten Milieus und Abenteuern, und de Brosses schrieb und schrieb ...

»Man behandelt ihn [Jakob III.] hier mit all der Rücksicht, die einer anerkannten, gekrönten Majestät zukommt«, berichtet de Brosses. »Er bewohnt an der Piazza Santi Apostoli einen Palast, der zwar groß, aber nicht weiter schön ist. Päpstliche Truppen ziehen hier wie auf dem Monte Cavallo auf Wache und geleiten ihn, wenn er den Palast verläßt, was freilich nur sehr selten vorkommt. Sein Hofstaat ist recht zahlreich, da noch ein paar große Herren seines Volkes, die ihm treu blieben, bei ihm wohnen. Der vornehmste von diesen ist der Schotte Mylord Dunbar, ein gescheiter und angenehmer Mensch. Der König hat ihm die Erziehung seiner Kinder anvertraut, obgleich Mylord Dunbar sich zur anglikanischen Religion bekennt: vielleicht ein politischer Schachzug! Der Prätendent ist nach seinem ganzen Aussehen leicht als Stuart kenntlich: groß und schlank, und sein Gesicht ähnelt den Bildern Jakobs II., seines verstorbenen Vaters, ja sogar seinem natürlichen Bruder, dem verstorbenen Marschall von Berwick. Nur sah dieser mehr traurig und streng aus, während der Prätendent traurig und läppisch aussieht. Seine Art, sich zu geben, entbehrt nicht der Würde. Ich sah noch keinen Fürsten mit soviel Anmut und Würde großen Cercle halten. Manchmal muß er das wohl oder übel tun, so zurückgezogen er im allgemeinen lebt, denn er hat weder das schickliche Alter, noch die Mittel mehr, einen Prunk zu entfalten, wie er eigentlich Fürsten zukommt. Da er aber begreiflicherweise wünscht, sich der Stadt, gegen die er so viele Verpflichtungen hat, erkenntlich zu erweisen, läßt er seine ganzen Repräsentationsausgaben darin bestehen, daß er von Zeit zu Zeit den römischen Damen durch seine Söhne ein öffentliches Fest gibt, bei dem dann auch er selbst eine Stunde lang in Erscheinung tritt. Er ist übertrieben fromm und pflegt den ganzen Vormittag im Gebet am Grabe seiner Frau zu verbringen. Von seinen geistigen Fähigkeiten möchte ich nichts sagen, da ich ihn nicht genug kenne. Dem Anschein nach ist er nicht sehr bedeutend, doch ist sein Benehmen verständig und seiner Rangstellung entsprechend. Ich hatte recht oft die Ehre, ihn zu sehen: Er erscheint stets nur auf einen Augenblick, wenn er aus der Kirche kommt, und geht dann in sein Arbeitszimmer, das er nur verläßt, um sich zur Tafel zu setzen. Er spricht nicht viel, aber mit Sanftheit und Güte und zieht sich rasch wieder zurück. Zu der kleinen Abendtafel der Prinzen erscheint der König, der nicht zu Nacht speist, niemals. Seine Hoftafel besteht Mittag für Mittag aus elf Gedecken für ihn und die Zehn, die mit ihm speisen. Wenn römische oder auswärtige Edelleute ihm ihre Aufwartung machen, läßt er sie gewöhnlich durch einen seiner Hausbeamten bitten, zur Tafel zu bleiben. Soviele die Einladung annehmen, soviele seines Gefolges essen an einer anderen Tafel. Ich ward jenes einzige Mal, das ich dort war, auch zu Tische gebeten. Da aber die Zahl derer, die er da behalten kann, beschränkt ist, so nehmen wir die Rücksicht, nie mehr als zwei auf einmal zu kommen. Seine Tafel ist in keiner Weise üppig, aber doch anständig. Diese Mittagessen sind an sich nicht danach angetan, heiter zu sein, geht es jedoch einmal etwas vergnügt zu, so scheint ihm das sehr zu gefallen. Die jungen Prinzen lieben ganz besonders Legouz, seine heitere Laune freut sie ungeheuer und mißfällt auch dem König durchaus nicht. Wenn er zu Tisch geht, knien seine beiden Söhne vor ihm nieder und erbitten seinen Segen. Mit ihnen spricht er meist englisch, mit den anderen italienisch und französisch. Die Flasche, aus der man ihm einschenkt, steht immer auf dem Tisch unter Obhut eines seiner Hausbeamten. Es gehört zur Etikette, daß niemand zu trinken verlangt, bevor der König getrunken hat, ich glaubte einmal, ich bekäme den Pips, als er eines Tages vergaß, sich rechtzeitig einschenken zu lassen. Der Fürst wird kräftig von Frankreich unterstützt, ebenso von Spanien, besonders aber von der Apostolischen Kammer. Von ihr muß er recht bedeutende Summen beziehen, denn ich hörte neulich, man sei beim Konsistorium vorstellig geworden, ihm die hohen Einkünfte des Herzogtums Urbino zu überlassen. Ludwig XIV. hatte dem König Jakob 200.000 Livres Stadthausrenten zugesichert und versprochen, diese Rente solle unter keinen Umständen verkürzt werden. Sie wurden ihm aber trotzdem in jüngster Zeit auf zweieinhalb Prozent herabgesetzt. Darauf ließ der Prätendent durch Tencin, Erzbischof von Embrun, beim französischen Hofe Schritte tun, und dieser erlangte denn auch, daß sie wieder auf fünf Prozent heraufgesetzt wurden. Zum Dank dafür soll dann der Prätendent Tencin seine Ernennung zum Kardinal überreicht haben. Das wird wenigstens öffentlich behauptet, man munkelt sogar, der Kardinal habe noch 500.000 Livres von seinem eigenen Geld als Geschenk für den König von England draufgelegt. Ich selbst habe den Kardinal über dies Gerücht sich sehr gereizt äußern hören. Man behauptet, ich hätte meinen Kardinalshut gekauft, sagte er mal zu mir, hätte ich auf die Art einen haben wollen, als ich zu Zeiten Benedikt XIII. in Rom war, wäre mich das nicht so teuer gekommen, vielleicht nicht teuerer als gewissen anderen Leuten. Damit zielte er auf den Borghese, dessen Vater, wenn man dem Stadtgerede glaubt, zehntausend römische Taler bezahlt hatte, damit sein Sohn, der damals erst sechs- oder siebenundzwanzig Jahre zählte, den Hut erhielte.

Zweifellos bezieht übrigens der Prätendent auch von seinen heimlichen Anhängern in England beträchtliche Summen und verteilt dann selbst an seine Geschöpfe noch größere. Das ist wohl überhaupt sein bedeutendster Ausgabeposten, und der ist so wichtig, daß er ihm zuliebe alle anderen Ausgaben einschränkt. Denn natürlich ist es für ihn unmöglich, die Hoffnung aufzugeben, seine Krone in einem Lande wieder zu bekommen, in dem Umwälzungen so häufig sind, und bei einem Volke, das käuflicher ist, als irgendeins in Europa, bei allem Republikanerstolz, mit dem es sich brüstet. Ob diese Hoffnung wirklich Grund hat, steht freilich auf einem anderen Blatt. Ich habe wenigstens Leute, die die inneren Verhältnisse Englands kannten, stets urteilen hören, die Partei der Jakobiten sei nur noch ein Popanz, und alle darauf sich gründenden Hoffnungen würden zu Rauch werden. Im Charakter der englischen Nation liege es gewiß, den König, der sie gerade beherrscht, zu hassen, er sei, wer er wolle; das sei aber doch noch etwas ganz anderes als Anhänglichkeit und Liebe für die Stuarts. Natürlich seien es die im gegnerischen Lager, das heißt diejenigen, die sich vom Hofe erst kaufen lassen wollen, recht zufrieden, daß eine schwache Partei zugunsten des entthronten Hauses bestehen bleibt, gerade stark genug, um ihnen gelegentlich bei Erreichung ihrer Absichten zu helfen, aber außerstande, weiter zu gehen. Das sei auch der Grund, daß so viele die Partei heimlich unterstützen, nicht um sie zu stärken, sondern einzig um ihren gänzlichen Verfall zu hindern. Denn es würde ihnen schlecht passen, wenn das Haus Stuart verlöschen sollte, und sie nicht mehr die Möglichkeit hätten, das regierende Haus vielbedeutend darauf hinzuweisen. Etwas ehrlicher sind, versichert man, Jakobs Anhänger in Schottland, und Irland sei ihm im Grunde sehr ergeben. Doch Macht haben die Irländer nicht, sondern sind Sklaven des übrigen Volkes. Offen gesagt, die richtige Haltung, besonders in religiösen Dingen, zu finden, ist für dies unglückliche Haus peinlich unbequem. Der Katholizismus wäre ein unüberwindliches Hindernis für seine Wiedereinsetzung, und doch könnte es ihn nicht im Augenblick seiner Thronbesteigung mit Anstand vor ganz Europa aufgeben, falls die Dinge einmal wieder bis dahin gedeihen sollten. Und wenn etwa künftighin einer der Prinzen in der Lage, in der sie heute sind, zur anglikanischen Kirche überträte, würden ihn am Ende die katholischen Herrscher fallen lassen, und deren Hilfe kann er einfach nicht entbehren; unbedingt aber würde ihm der Papst die Unterstützung entziehen, der ihm zur Zeit den stärksten Halt gibt.«

De Brosses hat zweifellos nichts Besonderes unternommen, um all diese Dinge zu erfahren. Was er weiß, weiß ganz Rom; es ist Stadtgespräch und kennzeichnet die Atmosphäre, in der der ältere Prätendent, wie man ihn bald nennen wird, und seine Söhne leben. De Brosses mokiert sich ein wenig über das alles, aber vor allem genießt er es, er sieht ja ganz Italien wie ein Gourmet, rücksichtslos auswählend, was ihm eben gefällt, wobei die Landschaften schlecht wegkommen, weil sie ihn nicht interessieren, die Gotik unter den Tisch fällt, weil er sie nicht versteht, und Menschen den ersten Rang in der Schilderung beanspruchen dürfen, weil sie ihn amüsieren. Aber eben diese genüßliche Darstellung und Beschreibung gibt uns - aus dem gleichen Jahr 1740 - das ausführlichere Pendant zu dem ironischen Porträt des jungen Gray.

»Von den beiden Söhnen des Prätendenten«, fährt de Brosses fort, »ist der Älteste zwanzig, der Jüngere fünfzehn Jahre alt. Sie wissen ja, daß man sie hier nur unter dem Namen des Prinzen von Wales und des Herzogs von York kennt. Alle beide haben das Familiengesicht, und der Jüngere hat bis jetzt noch ein recht hübsches Knabenantlitz. Alle beide sind liebenswürdig, höflich und voll Anmut, haben einen Durchschnittsverstand, sind aber übrigens weniger gebildet als sonst Prinzen in dem Alter sein dürften. Der Jüngere ist in der Stadt hochbeliebt wegen seiner hübschen Gestalt und seiner anmutigen Art, sich zu geben. Die Engländer - und Rom ist voll von ihnen - drängen sich auf alle

Art dazu, sie zu sehen, wiewohl das englische Staatsgesetz ihnen bei Todesstrafe verbietet, den Palast der Stuarts zu betreten oder irgendwie sonst mit ihnen zu verkehren. Wir aber verkehren mit beiden Parteien, und so erkundigen sie sich gern bei uns, an welchen öffentlichen Plätzen sie die Prinzen sehen könnten, und bitten, mit uns zusammen dorthin gehen zu dürfen. Man merkt, daß sie besonders gern von dem Zweiten sprechen. Ich höre aber von denen, die sie gründlich kennen, daß der Ältere der Wertvollere ist und auch in seinem Kreise beliebter. Er habe Herzensgüte und viel Mut, empfinde tief seine Lage, und wenn er ihr nicht eines schönen Tages ein Ende machte: an Kühnheit dazu soll es ihm nicht fehlen. Man erzählte mir, daß man ihn, als er noch ganz jung war, zur Belagerung von Gaëta mitgenommen habe; im Sommer 1734, während der Überfahrt, wehte ihm sein Hut ins Wasser. Man wollte ihn wieder herausfischen. Nein, sagte er, es lohnt wirklich nicht: ich muß ihn schon eines Tages mir selber wieder holen gehn, wenn die Dinge sich nicht ändern.

Da die Prinzen nie in eine Privatgesellschaft gehen, wo sich fast stets Engländer befinden, habe ich nicht beobachten können, welche Haltung man beiderseits gegeneinander einnehmen würde, zum Karneval aber wird sich das vielleicht machen, unser Botschafter hat nämlich angekündigt, er werde den Maskenzug und die Rennen vom Palais de France aus ansehen und dort ein großes Fest geben, und hat bei Mylord Stafford und einigen anderen angefragt, ob sie nicht kommen wollten, doch wäre der König von England und seine Söhne auch da. Worauf ihm Stafford zur Antwort gab: Der Name sei ihm in Rom nicht bekannt, es sei ihm aber stets eine Ehre, im Hause des Botschafters zu sein und allen Leuten, die Achtung verdienten, wo es auch sei, mit pflichtschuldiger Ehrfurcht zu begegnen.

Die jungen Prinzen lieben Musik leidenschaftlich und musizieren in der Vollendung. Der Ältere spielt trefflich Cello, der Jüngere singt mit seiner hübschen Knabenstimme italienische Arien mit feinem Ausdruck; einmal wöchentlich geben sie ein erlesenes Konzert, wo die beste Musik von ganz Rom gemacht wird. Ich bin stets dazu da. Gestern kam ich gerade hinein, während man ›La Notte di Natale‹ von Corelli aufführte. Ich bedauerte, nicht eher gekommen zu sein, und als man damit zu Ende war und ein neues Stück beginnen wollte, sagte der Prinz von Wales: ›Nein, warten Sie, wir wollen das Konzert noch einmal von vorn spielen. Ich hörte eben Herrn de Brosses sagen, er würde recht gern das ganze Konzert hören.‹ Es macht mir Freude, Ihnen diesen kleinen Zug zu berichten: er beweist feine Höflichkeit und Güte.«

Weder Jakob III. noch Ludwig XVIII. waren dazu geschaffen, sich einen Thron zurückzuerobern, den sie nie bestiegen hatten, und der knochige Beter fügte sich in diesen vermeintlichen Auftrag noch mit mehr Anstand als der dicke Bourbone. Auf den sogenannten Prinzen von Wales, auf Karl Eduard, auch zärtlich Bonnie Prince Charlie genannt, wartete nur eine einzige Aufgabe: auf die Insel zurückzukehren und König zu werden. Gerade das dynastische Prinzip, durch das so viele Prinzen auf den Thron gelangten, ohne sich anstrengen zu müssen, war es, was Karl Eduard seine Aufgabe erschwerte: Er durfte sich nicht damit bescheiden, in Schottland zu landen, die Häuptlinge der Clans um sich zu sammeln und dann so zu tun, als hätte es nie Stuarts auf dem englischen Thron gegeben. Er mußte seine Person und seine Familie einem Volk aufzwingen, das von den Schotten viel verschiedener war als etwa von den Dänen und Holländern, und dessen Adel, aus französischen Ursprüngen kommend, mit den Hochlandclans der schottischen Barone und Lords keine nennenswerten Berührungspunkte hatte. Kein englischer König hatte sich je um die Schotten bemüht. Der schottische Prinz Karl Eduard aber sollte das Unmögliche möglich machen und über die Engländer und die Schotten herrschen, die auch nach tausend Jahren schicksalhaften Nebeneinanderlebens auf einer Insel keine einige Nation geworden waren. Man hätte das Stigma eines Harold, eines gottgesandten Jünglings, haben müssen, um sie alle zu einen und zu überzeugen.

Man kann nicht sagen, Karl Eduard hätte von sich aus den Entschluß gefaßt, seinen Thron zurückzuerobern, denn der Prinz war in diese Aufgabe hineingeboren worden. Niemand hätte es verstanden, wenn der Prinz sich ihr entzogen hätte. Daß er eine musische Natur war, daß er wie alle Monarchen ohne Thron die besten Vorsätze hatte und mit jener absoluten Güte und Lauterkeit regieren wollte, die dann doch keiner in die Tat umsetzte, läßt Karl Eduard nicht von vornherein als für seine Verpflichtung ungeeignet erscheinen. Sein großer Zeitgenosse, der preußische Kronprinz, spielte zwar die Flöte statt des Cellos, und der Rheinsberger Kreis war von dem Dutzend düster-höflicher Tischgäste im Palazzo Muti zweifellos sehr verschieden. Aber es waren zwei Prinzen, die um ihre Thronfolge erst kämpfen mußten, die ihren bigotten Vätern zu freisinnig waren und auf die alle aufgeklärten Geister des Jahrhunderts ihre Hoffnung setzten.

Drei Jahre, nachdem Friedrich den preußischen Thron bestiegen hatte, sah es so aus, als würden auch die Träume Karl Eduards reifen. Die französische Regierung hielt den Zeitpunkt für gekommen, den Krieg, der in Europa hin und her wogte, auf die britischen Inseln zu tragen und Georg II., der durch seine hohen Geldforderungen unbeliebt geworden war, einen Rivalen aus dem Hause Stuart entgegenzustellen. Seit Ludwig XIV. hatten die Franzosen treu zu den Entthronten gehalten, Pensionen gezahlt, den älteren Prätendenten als König behandelt und in dieser Einstellung eine bemerkenswerte Konsequenz bewiesen, die sich nun lohnen sollte.

Jakob III. hatte einen Vertrauensmann in Paris, jenen Kardinal Tencin, der ihm angeblich den Purpur verdankte und der es immerhin zum Minister ohne Portefeuille gebracht hatte. Tencin war sich klar darüber, daß es nicht die beste Lösung sein würde, Jakob III. zum englischen Thron zu verhelfen. Der alte Prätendent war zu streng in seinem Katholizismus, zu steif in seiner ganzen Persönlichkeit, ein Mann, den man nicht einmal inthronisieren konnte, geschweige denn an die Spitze einer Eroberungsarmee stellen. Aber Jakob III. hatte schließlich zwei Söhne. Der jüngere wäre für das Abenteuer einer Landung in Schottland oder England und die Kämpfe bis zur Eroberung

Londons vermutlich geeigneter gewesen. Er war hart, energisch und soldatischer als sein Bruder Karl Eduard, der zur Reflexion neigte, wenn auch nicht gerade zu Träumereien, der Ideale und Pläne hatte und jene Weite des geistigen Horizonts, die schon mancher konzentrierten Aktion gefährlich geworden war. Aber es ging um die Wiederherstellung der Legitimität in der Thronfolge, und da konnte man nicht schon zu Beginn den älteren Bruder zugunsten des jüngeren übergehen.

Jakob III. erklärte sich nach einigem Zaudern damit einverstanden, seine Ansprüche an seinen Sohn Karl Eduard abzutreten. Er hatte nicht gezögert, weil er auf seiner Rolle bestand; er wußte genau, daß seine Kräfte für das geplante Unternehmen nicht mehr ausreichten, und er hatte seine Söhne schließlich für eben dieses Ziel erzogen. Er hatte gezögert, weil er den Charakter des Kardinals kannte. Tencin, der so gerne ein kleiner Provinzbischof im schönen Durancetal geblieben wäre, weil er sich seiner Grenzen nur allzu bewußt war, verdankte seine Position nur der Energie und dem Ehrgeiz seiner Schwester, die ihn zu einem neuen Mazarin machen wollte. Diesem Mann sollte er, James III., das Schicksal der Stuarts in die Hände geben?

Karl Eduard hingegen fieberte vor Ungeduld. Dieses Leben in Rom widerte ihn an, wie es seinen Bruder, den Prinzen von York, amüsierte - dieses Leben, das ihm jeden Tag spöttische Blicke einbrachte, oder doch Blicke und Anspielungen, die er nicht anders verstehen zu können meinte; fragten sich doch alle, wie lange dieser junge, nun zum Mann herangewachsene Prinz noch zuwarten wolle.

An der Jahreswende 1743/44 bezogen französische Truppen ihre Winterquartiere an der Kanalküste, und es schien an der Zeit, daß Karl Eduard sich nach Frankreich begebe. Der Abschied von seinem Vater war so feierlich, wie es der Stunde entsprach:

Zunächst wurden auf gut Schottisch die Geister beschworen. »Fathers spirit« erschien in Gestalt des Testaments, das Jakob II. als Quintessenz seiner kurzen Regierungszeit niedergeschrieben hatte. Aber da selbst eine kurze Regierungszeit sehr viel mehr ist, als Jakob III. in seinem Leben aufzuweisen hatte, hielt er das Testament seines Vaters für das Wort der Stunde, während Bonnie Prince Charlie, amtlich Karl Eduard, längst von der Reise durch das winterliche Italien träumte, vom Pariser Hof, von der Überfahrt nach Schottland.

»Da die Könige allein Gott Rechenschaft über ihr Tun schuldig sind«, las Jakob aus dem Testament, »müssen sie bei jeder ihrer Unternehmungen ungleich größere Vorsicht walten lassen als Menschen eines niedrigeren Standes.

Sind die Untertanen ihrem König und seinen Gesetzen Gehorsam schuldig, so muß der König seinerseits um ihr Wohl besorgt bleiben und darf ihnen seine Zuneigung nicht versagen. In diesem Sinne glaube ich, gegenüber dir, meinem Sohn, meine Pflicht zu tun, indem ich dir folgende Ratschläge erteile:

Diene Gott dem Allmächtigen als ein würdiges Glied der Heiligen Römischen Kirche. Vergiß in keinem Augenblick deines Lebens, daß von den Menschen, die Geburt und Schicksal über die anderen erhoben haben, viel mehr erwartet wird als von allen anderen, denn das Beispiel, das sie geben, ist von größter Bedeutung. Ein Herrscher kann nur dann glücklich sein, wenn seine Untertanen zufrieden sind. Mit deinen Nachbarn lebe in Frieden und vergiß nicht, daß Könige und Fürsten die gleichen Verbrechen zu begehen imstande sind wie die Schlechtesten unten den Dieben und Räubern.«

Vielleicht horchte Karl Eduard auf bei diesem Satz, einem der wenigen, die man in anderen königlichen Ratschlägen vergeblich suchen wird, ein Satz, der kein Gemeinplatz ist und in dem die Bitterkeit schwelt über das Los der Stuarts in diesen gärenden Jahrhunderten. Vielleicht erschauerte Karl Eduard auch bei diesem Satz, der sich prophetisch anhört, wird doch wenige Monate später auf den letzten ernsthaften Thronbewerber der Stuarts eine Kopfprämie ausgesetzt werden wie auf einen gesuchten Dieb und Mörder, eine Kopfprämie, die so hoch ist, daß man kein Schotte sein muß, um sie sich unbedingt verdienen zu wollen.

»Gib dich nie dem Ehrgeiz hin«, las Jakob leise weiter. Er selbst hatte diesen Rat befolgt, allzu getreu befolgt, wie manche meinen, und er wußte nicht, ob es ein guter Rat war. Um so sicherer aber war er, daß es seinem Sohn frommte, was König Jakob II. weiter zu sagen hatte: »Sei stets Herr deiner selbst und lasse dich nie vom Zorne meistern. Wie kann ein König hoffen, einen anderen zu bezwingen, wenn er außerstande ist, sich selbst zu beherrschen? Eines Königs Worte, und habe er sie auch in Erregung gesprochen, werden niemals vergessen.«

Karl Eduard mochte gefühlt haben, wie dieser Entthronte sich im Exil von Saint-Germain an das einzige klammerte, was ihm noch geblieben war: an seine Auffassung vom Königtum, an jenen Glauben an die Sendung und den göttlichen Auftrag, der ihm das Land ersetzen mußte, über das er nicht mehr gebot. Daß doch die Überzeugung, zu den Auserwählten zu gehören, so oft in jenen am heißesten brannte, die längst zu Verstoßenen geworden waren!

»Meide unmäßige Tafelgenüsse«, las Jakob III. weiter. »Es ist nämlich sehr schwer, einer einmal angenommenen Gewohnheit später wieder zu entsagen. Übermäßiger Genuß des Weines läßt jeden, der sich ihm hingibt, in kurzer Zeit alle edleren Eigenschaften verlieren. Ich verbreite mich nicht weiter über diesen Punkt, da es in den zivilisierten Ländern wenig Herrscher gibt, welche dem gemeinen und niedrigen Laster der Trunksucht frönen.« - Herrscher vielleicht nicht, denn die Trunksucht ist das Laster der Erfolglosen. Hier hat Jakob II. unstreitig prophetische Gaben bewiesen und den Untergang des letzten Stuart in der Liebe zum Alkohol vorausgesagt. Karl Eduard freilich war zu jung und vor allem zu voll von Hoffnungen, um zu ahnen, daß ihm hier ein Spiegel vorgehalten wurde, in dem die Zukunft zu lesen war.

Was danach noch kam, war schon mehr britisch als »stuartlike«, war die Summe der viel zu spät gekommenen Erkenntnisse Jakobs II., des Königs, der die Folgen seiner Irrtümer und Fehler noch am eigenen Leib erlebt hatte:

»Hüte dich vor Angriffskriegen. Dein Gewissen soll dich vor ihnen bewahren, aber auch die Tatsache, daß kein König von England stark genug sein wird, irgendeinen Krieg ohne die Zustimmung seines Volkes zu führen. Die Engländer aber huldigen der Meinung, es liege keineswegs in ihrem Interesse, Opfer zu bringen, damit Kriege auf dem Kontinent geführt werden könnten. Vermeide überhaupt allzugroße Ausgaben und dulde als Minister oder Offiziere keine harten und rücksichtslosen Männer, die dem Volk Lasten auferlegen und es bedrängen; denn was immer sie an Üblem vollbringen, wird man dir, dem König, anlasten.«

Und endlich, nach soviel Moral, kam der erste rein praktische Rat, der wichtigste, kürzeste, klarste: »Begünstige den Handel und bewahre für immer Englands Vorherrschaft auf den Meeren.«

Zu den Meeren gehörte auch der Ärmelkanal, die schmale Wasserstraße mit ihrem unsicheren Wetter, in der fast stets der protestantische Wind wehte, der Wind, der die Invasionsflotten zerstreute. Hatte der Satz von Englands Vorherrschaft auf den Meeren einen Windstoß entfacht? Klirrten die Scheiben des alten Palastes in jener Januarnacht der großen Entscheidung, weil der erste Schritt doch über den Kanal führen mußte? Man darf zweifeln, ob der Vierundzwanzigjährige dem feierlichen Vortrag des Vaters bis zum Ende gelauscht hat. Zuviel war zu bedenken und war zu tun, und zuviel war andererseits in diesen Mauern schon geredet und gelesen worden, ohne daß es zu etwas geführt hätte. Nun aber wartete die Aktion!

Rom - wir haben es gehört - wimmelte von Engländern. Einige unter ihnen waren zweifellos das, was man schon damals Spione nannte. Sie berichteten über die Besucher im Palazzo Muti und über das wenige, was von der Aktivität des älteren Prätendenten übriggeblieben und zu sehen war. Um diese Späher zu täuschen, war ein Jagdausflug inszeniert worden. Selbst Henry, der Herzog von York, war überzeugt, er werde seinen Bruder andern Tags in Cisterna di Roma, einem Flecken an der Via Appia, treffen, um in den Pontinischen Sümpfen Wasservögel zu jagen wie schon manchesmal. Unter diesem Vorwand waren auch die Schlüssel der Porta San Giovanni erbeten worden, durch die Karl Eduard die Stadt verlassen sollte. - Auch das päpstliche Rom dachte an seine Sicherheit und hielt nachts die Tore geschlossen.

Auf der Via Appia rüttelte das Römerpflaster den Prinzen so tüchtig durch, daß er den Augenblick kaum erwarten konnte, in dem er, angeblich um sich zu erwärmen, das Reitpferd besteigen und dem Diener, der es nachgeführt hatte, den leichten Jagdwagen übergeben würde: Er solle ruhig schon vorausfahren nach Cisterna. Mit nur einem Begleiter gewann Karl Eduard dann, in nächtlichem Querfeldeinritt, die Straße nach Norden, nach Florenz.

Es war ein guter Beginn, harte Ritte, Nacht, Einsamkeit. So versuchte einst Child Harold sein Land zu retten; siebenhundert Jahre danach ritt Bonnie Prince Charlie, ein blonder Spätling, seinem Schicksal entgegen. Was ihn so trieb, was ihn im Sattel hielt, während der Gefährte immer wieder einnickte, das war weniger der Auftrag der Stuarts als das Blut der Sobieski, vor allem jenes Krongroßfeldherrn, vor dessen Ungestüm die Tataren und die Türken davongerannt waren, immer wieder, bis man ihn zum König von Polen machte. Karl Eduards dritter Vorname Casimir erinnerte an Casimire, die Gattin jenes tapferen Königs, die sich mit den Großen des Reiches gegen Johann III. Sobieski verbündet hatte.

Mit casimirischer List und sobieskischem Reiterglück also stahl Karl Eduard sich aus dem Gastland Italien in das Gastland Frankreich. Ein Bericht von diesen Parforceritten nennt die Stationen Florenz, Genua und Lerici, was bedeuten würde, daß der Ärmste in aller Eile auch noch einen großen Haken geschlagen hat. Sehr viel wahrscheinlicher ist, daß der Prinz, von Florenz kommend, bei Lerici das Küstenland erreichte und vielleicht eine Schiffsgelegenheit suchte, denn einen anderen Sinn konnte es nicht gehabt haben, die dort hoch über dem Meer dahinführende Straße zu verlassen und den zeitraubenden Abstieg in den kleinen Ort vorzunehmen. In dem Fischerhafen lag aber wohl kein geeignetes Schiff. Karl Eduard ritt weiter, über Genua nach Savona, wo er sich unbemerkt einschiffen konnte, was in dem Welthafen Genua kaum möglich gewesen wäre.

In Antibes ging Karl Eduard an Land, der Prätendent der Stuarts wählte den gleichen Hafen wie siebzig Jahre später Napoleon auf der Rückkehr von Elba. Der junge Prinz reiste so schnell, als hätte auch er nur hundert Tage Zeit: Schon am 20. Januar, nur neun Tage nach seinem Aufbruch aus Rom, traf er in Paris ein, durchfroren, durchnäßt, vom Fieber seiner Erwartungen mehr geschüttelt als wahrhaft erfüllt; denn nun erst zeigte sich, wie lückenlos seine Abschließung gewesen war, wie beinahe klösterlich trotz jungenhafter Vergnügungen das Leben im Palazzo Muti. Wie manche wohlerzogenen Söhne entdeckte er das Leben viel zu spät, um noch Distanz gewinnen zu können. Es war plötzlich da, und er war mitten drin.

Die Minister zwar mit ihrer kühlen Freundlichkeit, die verwirrten ihn nicht. Diesen Ton kannte er von der Geistlichkeit und all den Herren, die sich für Geistliche gaben, um in Rom etwas zu gelten; und wer am Tisch des Kardinals Acquaviva gespeist hatte, den konnte auch ein Graf d'Argenson nicht in die Enge treiben. Bestürzender waren die braven Jakobiten, die treuen Anhänger seines Vaters und Großvaters. Wie alle Emigranten lebten sie in der Vergangenheit und vertauschten die Forderungen des Tages mit den Hoffnungen, die einer im anderen nährte. Karl Eduard ging im Einerlei ihrer Pariser Tage auf wie eine Sonne, wie eine Verheißung, und da half es nur wenig, daß die französische Regierung dem Prinzen empfohlen hatte, seine Wartezeit in Paris in tunlichster Zurückhaltung zuzubringen, der britischen Späher wegen und weil man zwar mit Hannover, nicht aber mit England im Kriege sei: Die Jakobiten ließen sich in ihrer freudig-erlösten Stimmung nicht davon abhalten, Karl Eduard in dem etwas engbrüstigen Haus aufzusuchen, das man ihm auf dem Montmartre eingeräumt hatte, vielleicht in der Annahme, daß man den Stuartprinzen und Thronbewerber dort, auf dem alten Galgenberg der Stadt Paris, gewiß nicht suchen würde.

Einer freilich unter all jenen, die ihn umdrängten und gut Wetter für sich machen wollten, konnte ihm wirklich raten und begehrte auch nichts für sich: George Keith, in dessen Familie die Marschallswürde von Schottland erblich war und den man in späteren Jahren in ganz Europa nur Lord Marishal nannte. Als er so alt war wie Karl Eduard nun, da hatte George Keith am Jakobitenaufstand von 1715 teilgenommen und 1719 noch einmal. Er war geächtet und zum Tod verurteilt worden, seine Güter waren eingezogen worden, und er hatte fliehen müssen. Nach Jahren in spanischen Diensten war er nach Paris geeilt, um den Prinzen zu sehen, der eine neue Hoffnung für die jakobitische Partei bedeutete. Der zehnte Lord Marishal, der Nachfahre jenes Ritters, der von König Robert Bruce das Marschallamt erhalten hatte, stand dem hochaufgeschossenen Karl Eduard gegenüber, dem Jüngling, der das Erbe der schottischen Könige antreten wollte.

Noch gab es keine Zweifel, noch war kein Grund zu schwanken, denn die französische Invasionsarmee lag unter dem Oberbefehl des Marschalls von Sachsen bei Dünkirchen. Man wartete nicht sosehr auf den Stuartprinzen als auf günstigen Wind, aber zumindest an seiner Person wollte Karl Eduard es nicht fehlen lassen und reiste nach kurzem Aufenthalt in Paris mit einer kleinen Suite an die Küste ab.

Der Übergang von Lord Marishal, dem Freund des Vaters, zum Marschall von Sachsen, dem glänzenden und selbstbewußten Feldherrn und Sieger in vielen Schlachten, mag dem jungen Stuart nicht leicht gefallen sein. Der Prätendent aus der alten schottischen Königsfamilie hatte es mit einem Bastard zu tun, wie sein Vater einst mit Berwick. Moritz von Sachsen war der Sohn aus der stürmischen Verbindung Augusts des Starken mit der strahlend schönen und geistvollen Aurora von Königsmarck. Dieser Bastard hielt das Schicksal Karl Eduards, ja das Schicksal Schottlands und Englands in Händen. War Moritz von Sachsen erst einmal auf der Insel, so würde nichts ihn hindern können, sie auch zu erobern, und im Schatten dieses Eroberers würden die Stuarts ihren Thron zurückgewinnen!

Karl Eduard, der alles, was er wußte, seinem knochenharten und frommen Vater verdankte, stand in Dünkirchen dem weltgewandten Marschall Frankreichs gegenüber, von dem man sagte, er habe alles von der wunderschönen Adrienne Lecouvreur gelernt, der genialen Tragödin des Théâtre Français, »außer der Kriegskunst, denn in dieser konnte ihm niemand das Wasser reichen, und der Rechtschreibung, die er zeitlebens nicht erlernte«.

Moritz von Sachsen jedenfalls fand, daß Karl Eduard keine Gesellschaft für ihn sei, und schickte den Prinzen, statt ihm von seinem kriegerischen Wissen etwas mitzuteilen, in das Städtchen Gravelines, halbwegs zwischen Dünkirchen und Calais. Dort saß der Mann, der ausgezogen war, um seinen Thron mit dem Schwert zurückzugewinnen, und starrte zum Himmel oder wanderte durch das sandige Vorland des Städtchens auf das Meer zu. Er prüfte die Wetterlage und litt somit jene Qualen, die sehr viel Größere an dieser Küste schon erlitten hatten, nämlich Cäsar und Wilhelm der Eroberer, denen der britische Wind ebenfalls wochenlang zu schaffen gemacht hatte.

Auch sonst dachte Karl Eduard, wie wir aus seinen Papieren wissen, in diesen Tagen viel an die Normannen; waren sie doch die einzigen, denen je eine Eroberungsfahrt zu den britischen Inseln zum Guten ausgeschlagen war: Die Römer hatten sich zweimal zurückziehen müssen und waren schließlich vertrieben worden, die Angeln und Sachsen hatten sich in England nur niedergelassen, um den normannischen Baronen, die mit Wilhelm kamen, die Pächter und Bauern zu stellen. Wilhelm aber, der Bastard Roberts des Teufels, hatte den Kanal überquert, hatte die Schlacht geschlagen, hatte die alteingesessenen Herren enteignet, das Land geordnet ... Er, Karl Eduard aber, wollte es ganz anders machen, wenn er erst soweit war, er wollte gütig und gerecht sein, so wenig Blut vergießen wie irgend möglich, ein Herrscher werden, den das Volk liebt.

In die Spaziergänge und Meditationen von Gravelines sprengte der Bote aus Dünkirchen: Admiral de Roquefeuil habe auf einer Erkundungsfahrt den Ärmelkanal frei von englischen

Schiffen gefunden. Er vermute die feindliche Flotte in Portsmouth und wolle diesen günstigen Umstand nützen, um die Armee und den Prinzen nach England überzusetzen. In Dünkirchen würden bereits die Vorräte und die Waffen verladen.

Diesmal waren es nur wenige Meilen, die Karl Eduard zu reiten hatte, aber die Ungeduld, sie hinter sich zu bringen, mag größer gewesen sein als auf dem heimlichen Ritt durch Italien. In Dünkirchen angekommen, fand er den Marschall von Sachsen in seinem Element, und da es etwas zu tun gab, da es ans Handeln ging, war der Comte de Saxe nun besserer Stimmung. Er lud den Prinzen ein, die Überfahrt auf dem gleichen Schiff zu machen wie er, der Oberkommandierende, bekundete zugleich aber seine Unzufriedenheit mit dem Wetter.

Der Admiral de Roquefeuil hatte weder das Wetter noch die Briten richtig eingeschätzt, denn als die französische Flotte sich versammelte, um die Transportschiffe zu schützen, segelten die Engländer plötzlich von Osten heran, wo sie niemand vermutet hatte. Bedächtig, wie man zu jener Zeit auf See noch verfuhr, ankerten die Flotten im sinkenden Tageslicht wenige Meilen voneinander.

Aber Graf Aymar de Roquefeuil hatte nicht Order, den Briten eine Schlacht zu liefern, sondern die Transportschiffe sicher nach Dungeneß zu geleiten, dem Landvorsprung, der in die schmale Straße van Dover hereinragt und den der Marschall von Sachsen für die Landung der Truppen ausersehen hatte. So, wie die britische Flotte lag, konnte sie den Transportweg nicht mehr gefährden, sie war zuweit vom Schuß. Also zog sich der Admiral mit seinen Schiffen zurück und vermied die Schlacht.

Während sich die Flotten im Kanal voneinander lösten, ohne daß es nennenswerte Gefechte gegeben hätte, verrichtete der protestantische Wind an der normannischen Küste ganze Arbeit: Die Transporter wurden gegen die schlecht geschützten Kaimauern geworfen, der unzureichende Ausbau der Kanalhäfen forderte seine Opfer wie schon ein halbes Jahrhundert zuvor am schwarzen Tag von La Hogue.

Der Marschall von Sachsen und Prinz Karl Eduard sahen von der Brücke ihres Schiffes, das gar nicht auslaufen konnte, die Soldaten in den Wogen sterben. Die See war mit Wrackteilen bedeckt, an dem langen Strand lagen die Leichen wie nach einer schweren, verlustreichen Schlacht. Achselzuckend befahl der Generalissimus die Ausschiffung. Mit diesem Befehl verlor Karl Eduard die Armee, auf die er alle Hoffnung gesetzt hatte, und einen Feldherrn, wie nie einer den Stuarts zur Verfügung gestanden hatte.

Der Marschall aber hat später seine Erinnerungen diktiert, die, wie sollte es anders sein, den Untertitel »Mémoires sur l'art de la guerre« führen. Darin sind ein paar mokante Sätze den amphibischen Operationen gewidmet, für die der Mensch offensichtlich nicht geschaffen sei. Der Marschall aus dem Binnenland mag dabei an Dünkirchen und den protestantischen Wind gedacht haben und an die Wogen, in denen ihm gar nicht wohl war.

Die Hoffnung von Gravelines und die Enttäuschung von Dünkirchen müssen zusammengehalten werden, um den Entschluß verständlich zu machen, durch den Karl Eduard die Sache seines Hauses bis hart an den Sieg heranführte, letztlich aber auch vernichtete und aller Chancen beraubte. Der Mann, der ihm das Scheitern voraussagte, war Lord Marishal, der treue, erfahrene Paladin, und mancher andere warnte mit ähnlichen Worten, als Karl Eduard, enttäuscht und tief verletzt, wieder in Paris eingetroffen war. Es hat darum wenig Sinn, das Pariser Jahr nach Sündenböcken zu durchforschen, den Mephisto und Großmeister der bösen Einflüsterungen zu suchen. Allenfalls kann man dem einen oder anderen der Jakobiten vorwerfen, die Stimme ermutigt zu haben, die im Innern des Prinzen ohnedies laut genug sprach, oder ihm durch tatkräftige Hilfe vorgegaukelt zu haben, daß er drüben auf der Insel ähnlichen Beistand finden werde.

Umgeben von sehr unterschiedlichen Charakteren, die aber allesamt treue Jakobiten waren, mußte Karl Eduard zu der Überzeugung gelangen, daß seine Landung an der Küste Schottlands das entscheidende Ereignis sein würde und zugleich das auslösende Moment. Alle Botschaften aus Schottland klangen vorsichtig, abratend, denn sie kamen ja nicht von Unglücklichen, die nach Hause wollten, sie kamen von jenen, die eine mühsam errungene Ruhe nicht aufs Spiel setzen durften, wenn Land und Leben ungefährdet bleiben sollten.

Ohne seinen Vater um Rat zu fragen oder gar seine Erlaubnis zu erbitten, nahm Karl Eduard große Kredite bei dem schottischen Bankhaus Waters in Paris auf, veräußerte zudem einige Landgüter und andere Besitzungen, die ihm über seine polnische Mutter zugekommen waren, und vermochte nur die Juwelen nicht zu Geld zu machen, weil sein Vater sie aufzubewahren wünschte. In der richtigen Erkenntnis, daß seine Hochländer Waffen brauchen würden, füllte er ein ganzes Schiff, die Fregatte Elisabeth, mit Waffen, lud auch noch auf die Du Teillay, was dieser kleine Schnellsegler fassen konnte, und stach am 5. Juli 1745 von der Insel Belle Isle, die der bretonischen Küste südlich vorgelagert ist und von englischen Schiffen nicht überwacht werden konnte, in See.

Das Wetter war diesem zweiten Versuch günstiger gesinnt, aber eines der im Hochsommer emsig im Kanal kreuzenden Britenschiffe machte die beiden französischen Flaggen aus und stellte die Elisabeth. Das hätte, wenige Tage nach der Ausfahrt, bereits das Ende sein können, aber die französische Fregatte wehrte sich tapfer, und die Du Teillay entrann dem Kampfplatz. Auf die starke Begleiterin wartete man danach freilich vergeblich: Die beiden Duellanten hatten einander so schwere Beschädigungen zugefügt, daß jedes Schiff einen Heimathafen aufsuchen mußte. Für Karl Eduard bedeutete dies den Verlust des größten Teils seiner Vorräte und Waffen mit den kostbaren Feldschlangen. Seine Hochländer würden also im wesentlichen wieder auf ihre Schwerter angewiesen sein, denn die kleine Du Teillay hatte nur sehr wenig von diesen wertvollen Dingen an Bord nehmen können.

Die zweite Enttäuschung brachte die Landung auf der Hebrideninsel Eriskay. Man schrieb den 23. Juli, aber der schottische Sommertag hing voll dunkler Wolken; Wind zauste die kargen Büsche am steinigen Strand, darüber ragten abweisend und steil die Felsen auf. Unter Pinien war er aufgewachsen, in den Gärten von Tivoli hatte er als Knabe gespielt, unter den Zypressen von Frascati würde er dereinst ruhen. Aber der karge Strandginster von Eriskay war die erste heimatliche Pflanze, die seine Hände berührten, die Nacht in der Hirtenhütte auf dieser winzigen Insel war die erste Nacht zu Hause. Den ersten Abend, ein wenig gerührt, befangen und heimlich erregt, verbrachte er nur mit den treuen Gefährten, die ihn auf die Du Teillay begleitet hatten; erst am nächsten Tag traf Macdonald of Boisdale ein, ein älterer Verwandter der Clanranalds, mit denen Karl Eduard eigentlich hatte sprechen wollen. Nach einigem Reden und Schweigen schloß der Alte unmutig mit dem Rat: »Fahrt nach Hause, Prinz!« »Ich bin nach Hause gekommen, Sir,« antwortete Karl Eduard.

Es war die erste von vielen guten Antworten. Der Heimatboden gab diesem jugendlichen Antäus Kräfte, die niemand in ihm vermutet hätte, und ließ ihn über sich hinauswachsen. Die kurze große Zeit seines Lebens begann, die paar Monate, in denen er den Versuch machte, das tragische Geschick der Stuarts mit Jugend und Selbstvertrauen und mit dem offensichtlichen Charisma, das ihn trug, doch noch zu wenden ...

Da Eriskay sich so abweisend zeigte, folgte eine zweite Landung hoch im Norden bei Loch-nan-uamh, unweit Inverness. Auch hier blieben Clan-Oberhäupter fern, die ihm Zusagen gemacht hatten. Sie versprachen sich nicht viel von einem Prätendenten, der weniger Getreue um sich hatte als Sankt Brandan, und jeder von ihnen, der fehlte, bedeutete einen Ausfall von zweihundert bis siebenhundert Mann.

Nur bei den Jüngeren hatte Karl Eduard etwas mehr Glück. Sie waren noch nicht verknöchert, noch nicht von Geiz und Interessen zerfressen; sie waren noch empfänglich für den jungenhaften Charme dieses Prinzen aus dem unendlich fernen Italien, der die Sonne der Siebenhügelstadt mit den Regenschauern des Hochlands und den Nebeln auf dem Moray-Firth vertauscht hatte. Die Geschichte hat den Namen jenes jungen Mannes bewahrt, der das Eis brach. Er hieß Ranald, entstammte dem Clan der Kinlochmoidart und schämte sich so offensichtlich für die anderen, daß er offen neben Karl Eduard trat und das Schwert zog. Und da trat das Unerwartete ein, da wurden die kühlen Hochländer auf einmal zornig, und wenige Wochen später, an einem kühlen Septembermorgen, konnte Karl Eduard als Prinzregent für seinen Vater Einzug in der Hauptstadt Edinburgh halten.

Dies ist nun die erste Gelegenheit, Karl Eduard in seiner Herrscherrolle zu beurteilen, einer Rolle, für die man geschaffen sein muß, nicht nur geboren. Schon bei den Verhandlungen um die Übergabe der Hauptstadt hatte er Energie bewiesen, sich nicht hinhalten lassen, und als ihm ein Husarenstreich die Tore öffnete, entschlossen den Einmarsch befohlen. Er war kein Zauderer, er war ganz anders als Jakob II. und Jakob III., Großvater und Vater; er wirkte auch nicht wie eine düstere Institution, wie ein Relikt aus den Zeiten alten Königtums, sondern wie eine Verheißung der Erneuerung, als er im Schottenwams, die weiße Kokarde an der Mütze und mit dem Andreasstern geziert, in die alte Stadt am Firth of Forth einritt und Holyrood-Palace in Besitz nahm, das alte Königsschloß in den Mauern einer Abtei.

Zur Geisterstunde drehte sich eine fröhliche Gesellschaft im Tanz. »The young Pretender«, der jüngere Prätendent, hatte bei seinem Einzug in der Stadt so gute Figur gemacht, daß die Damen der Gesellschaft sich zu seinem Ball drängten. Warum sollte man es auch in der neuen Hauptstadt anders halten als in der alten Hauptstadt Perth, wo Karl Eduard bereits gezeigt hatte, daß er aus einer fröhlichen Welt kam, aus »der Welt« schlechthin, von der Schottland ja noch immer ziemlich abgeschnitten war.

Herolde riefen Jakob III., den englischen König von des Papstes und französischen Gnaden, schon am Tage der Eroberung Edinburghs als Jakob VIII. zum König von Schottland aus und im gleichen Atemzug Karl Eduard zum Regenten an des Vaters Statt. Niemand kümmerte sich um die düstere Proklamation

Georgs II., die einen Preis von 30.000 Pfund auf den Kopf Karl Eduards verhieß. Georg, den die Nachricht von Karl Eduards Landung in Hannover aufstörte, war mit einemmal wieder »der Kurfürst«, und die Königswürde schien über Nacht ins Haus Stuart zurückgekehrt.

Natürlich hatte Karl Eduard Sorgen. Schon in Perth fehlte es an Geld, und hier, in Edinburgh, stand die erste Kraftprobe mit den Hannoveranern bevor, die General Cope heranführte. Schlimmer als Geldnot und Gegner aber waren die Schwierigkeiten im eigenen Lager. Die Lords und Clan-Oberhäupter waren uneins, wie sie es stets waren, und waren sich nur einig, wenn sie dem Prinzen seine Jugend und Unerfahrenheit vor Augen führten. Hundertmal hatte Karl Eduard es inzwischen ingrimmig verwünscht, daß keiner der ewig scharmützelnden italienischen Herren ihn in seinen Stab aufgenommen, ihm das Kriegshandwerk beigebracht hatte. Er wußte einfach zuwenig, um seinen bärtigen Beratern die Stirn bieten zu können.

Am Tag nach dem Ball kam die Nachricht, daß General Cope seine Truppen in Dunbar ausgeschifft habe. Durch den Seetransport hatte er Zeit gewonnen; im Lager der Hochländer wurde Alarm gegeben. Karl Eduard vertauschte Edinburgh mit Duddingston, wo er inmitten seiner Leute kampierte, obwohl die Septembernächte in Schottland kühl sind. Das blanke Schwert lag neben dem jungen Stuart, er wollte es erst wieder in die Scheide stecken, wenn er in London eingezogen war. Aber der Weg von Edinburgh nach London war ungleich länger und schwerer als der von Eriskay nach Edinburgh und zu gewaltig für ein Abenteuer.

Am 19. September 1745 lagen die Hochländer dem Feind so nah gegenüber, daß man die Lagerfeuer sehen konnte. Ein ausgedehnter Morast trennte die Armeen, die diesen Namen allerdings kaum verdienten, zählte doch jede nur etwa zweitausend Mann. Der Morast schaffte Sicherheit für die Hannoveraner und Unbehagen für die Hochländer, die noch im Schwung waren und angreifen wollten. Da ließ sich gegen Mitternacht ein Mann aus der Gegend bei den Lords melden: Er wisse den Weg durch das Moor und sei bereit, das Heer Karl Eduards zu führen.

Seit der Proklamation, die 30.000 Pfund auf den Kopf des Prätendenten setzte, konnte alles eine Falle sein. Das war in dem bitterarmen Schottland so unendlich viel Geld, daß manch einer seinen Vater dafür an den Galgen geliefert hätte, und nun gar einen fremden Prinzen, der zum erstenmal in seinem Leben in Schottland weilte! Die Lords zauderten, die Uhrzeiger rückten vor. Karl Eduard aber wollte die Nacht nicht verstreichen lassen; er wußte, um wieviel besser die Hannoveraner bewaffnet waren, und fürchtete die unbarmherzigen Gewehre bei Tageslicht. Er ließ sich nur dazu bestimmen, erst das zweite Treffen zu kommandieren, weil die Lords ihm klarmachen konnten, daß jeder Sieg wertlos wäre, wenn er, der Regent, ums Leben kam.

Um zwei Uhr nachts begann der lautlose Marsch durch das Moor von Gledsmuir. Der Pfad war schmal und schwankte unter jedem Tritt, an vielen Stellen waren große dunkle Pfützen von Moorwasser zu durchqueren. Nichts war zu hören als die leise patschenden Schritte, bisweilen ein unterdrückter Fluch oder das Wetzen von Metall an Metall. Um vier Uhr, noch vor Sonnenaufgang und geschützt durch die Morgennebel, erreichten die Hochländer das Lager General Copes, gruppierten sich nicht lange, sondern stürmten. Ihr Marschgepäck hatten sie weggeworfen, die meisten auch ihre Plaids, die »Schottenröcke«, die man heute Wickelröcke nennen würde, und der Anblick von zweitausend nacktärschigen Riesen, die brüllend aus dem Nebel über die schlaftrunkenen Hannoveraner herfielen, war zuviel für die Nerven General Copes und seiner Männer.

Es sei »eines der überraschendsten Gefechte, die sich je ereigneten«, würde Karl Eduard bald darauf seinem Vater nach Rom schreiben, »... denn das Schlachtfeld war tatsächlich binnen fünf Minuten vom Feinde gesäubert, und das gesamte gegnerische Fußvolk war entweder tot oder verwundet oder gefangengenommen; nur die Reiter hatten eine Chance, indem sie sich einzeln wie Karnickel durch unsere Reihen stahlen«. Karl

Eduards Verluste betrugen ein paar Dutzend Tote und Verwundete, insgesamt weniger als hundert.

Die ganze Jugend, die Heiterkeit der Ausritte mit dem Bruder, die Unbeschwertheit der römischen Vergnügen war plötzlich wieder da. Während die Lords bramarbasierend die nächsten Schritte besprachen, wollte Karl Eduard sich schier ausschütten vor Lachen über die Hochländer, die bärtig, mit nacktem Hintern, ihre Beutestücke einsammelten. Drei Stunden später waren sie alle fort, die siegreiche Armee hatte sich aufgelöst, denn es galt, die Beute in Sicherheit zu bringen. Es währte eine Woche, ehe die Deserteure sich wieder einfanden, aber sie brachten Zuzug mit, denn wo Beute zu machen ist, da stellen sich auch Krieger ein, lebte das Hochland doch praktisch noch im Mittelalter. So manches, was sie erbeutet hatten, kannten sie überhaupt nicht, Schokolade zum Beispiel. In den Händen wird sie warm und weich, darum nennen sie die Soldaten »General Copes Salbe«. Einer hat eine Uhr an sich gebracht, die ein paar Stunden lustig tickt, am nächsten Tag aber schweigt. Betrübt verrät er den Kameraden, daß das kleine Tier, das er erbeutet habe, über Nacht gestorben sei.

Eduards gute Laune war nicht so ohne weiteres zu erschüttern. Als man ihn drängte, auf die Proklamation Georgs II. zu antworten, schlug der Prinz vor, 30 Pfund für die Ergreifung des »Kurfürsten« auszusetzen. Aber die Lords verstanden den Witz nicht, der darin lag, den mächtigen Gegner so gering einzuschätzen, und bestanden darauf, ebenfalls 30.000 Pfund für die Ergreifung Georgs von Hannover auszuschreiben. Das war nicht nur phantasielos, sondern auch pure Angabe, denn jeder Mensch auf der Insel wußte, daß der Prätendent diese Summe niemals aufgebracht hätte.

Immerhin setzte es der ritterliche Prinz durch, daß unter diesen »Steckbrief« der Satz gedruckt wurde: Er, Karl Eduard, hoffe zuversichtlich, daß keiner seiner Untertanen sich dieses Schandgeld verdienen wolle. Worüber die Lords den Kopf schüttelten, weil sie seit jeher gewöhnt waren, jeden, der ihnen zuwider war, in die tiefsten Verliese werfen zu lassen; weil sie im Hochland, ja in ganz Schottland, so lebten, wie es ihnen paßte, und Maximen, wie sie der junge Prätendent zu befolgen schien, als fürchterlich unpraktisch sich gar nicht erst zu eigen gemacht hatten.

Am wenigsten begriffen sie, daß Karl Eduard die protestantische Geistlichkeit weiter gewähren ließ, daß die Protestanten die Kirchen besuchen und ihre alten Donnerpastoren weiterhin anhören durften. Und es fand sich in Edinburgh auch tatsächlich einer, der von der Kanzel herab ungescheut betete: »Was den jungen Mann betrifft, lieber Gott, jenen jungen Mann, der unter uns erschienen ist, um sich eine irdische Krone zu holen, so flehen wir Dich an, sei gnädig und nimm ihn zu Dir und gib ihm die Krone des Himmels ...«

Über all dem vergaß Karl Eduard nicht, wie wenig Zeit er hatte. Waren erst einmal die hannoverschen Truppen vom Kontinent auf der Insel angelangt, mit dem Herzog von Cumberland an der Spitze, dann ging es um die Entscheidung: Cumberland, der dritte Sohn Georgs II., war so alt wie Karl Eduard Stuart; die Prinzen waren natürliche Rivalen um den Kriegsruhm, und da Cumberland erst im Mai bei Fontenoy fürchterlich geschlagen worden war, würde er alles tun, um gegen Karl Eduard zu siegen, um auf britischem Boden gutzumachen, was ihm auf dem Kontinent widerfahren war.

Wertvolle Zeit verstrich, bis die Armee wieder ihre Kriegsstärke hatte, und leider war Henry Stuart, der jüngere Bruder des Prätendenten, nicht imstande, diese Wochen besser zu nützen. Als endlich am 10. November das Flüßchen Esk überschritten war, war Henry mit den französischen Hilfstruppen noch immer nicht über den Kanal gekommen. Am 3. Dezember wurde die Stadt Derby erreicht, die beinahe tausend Jahre alte Königsburg Egberts. Aber es waren nur fünftausend Mann, die ihren Einzug hielten, und sie sahen längst nicht mehr so frisch und siegesfroh aus wie im September. Der englische Herbst, durch den sie Hunderte von Meilen marschiert waren, hatte seine Spuren an ihnen hinterlassen, und wenn etwas ihre Stimmung hochhielt, dann war es die überraschende Tatsache, daß der junge Prinz den ganzen, unendlich weiten Weg von Schottland nach Süden unter ihnen marschiert war. Nicht etwa, wie sie geglaubt hatten, ein paar Stunden, am Morgen, um ihnen Laune zu machen: nein, Tag für Tag, wie sie alle, unermüdlich, unverdrossen. Er schlief neben ihnen auf den Feldern, er aß, was sie aßen, er lebte wie die rauhen Gesellen, die allesamt kein anderes Leben als das Hirtendasein oder Raub oder Krieg gekannt hatten.

Sie hatten ihm die Fürsorge nicht vergessen, mit der er sich der Verwundeten vom Gledsmuir-Moor angenommen hatte, der Schotten wie der Hannoveraner. Sie wußten sich bei ihm in guten Händen, und sie wären ihm bis London gefolgt, bis in die große, ferne Stadt, die sic nur vom Hörensagen kannten, die aber keiner von ihnen je betreten hatte.

Aber es waren eben nur fünftausend, und England war nicht so menschenleer wie Schottland. Hier bedeuteten Karl Eduards Regimenter, wenn man die Haufen überhaupt so nennen wollte, sehr wenig, und der Zuzug aus den Reihen der englischen Jakobiten war so gering, daß er gar nicht ins Gewicht fiel: Ein paar hundert Mann kamen aus dem stammverwandten Wales, ganze dreihundert aus der volkreichen Stadt Manchester, die den Prinzen mit Jubel und Glockengeläut empfangen hatte, und ein einziges Regiment war aus Frankreich dazugestoßen, ein paar gutgedrillte Kompanien, die ein Parteigänger Karl Eduards tatsächlich über den Kanal gebracht hatte. Die elftausend Mann, die der Herzog von Richelieu mit dem Prinzen Henry Stuart von Dünkirchen aus nach England führen sollte, hätten die Sache der Stuarts entscheiden können. Aber Louis-François-Armand de Vignerot du Plessis, Duc de Richelieu, stand im fünfzigsten Lebensjahr und war nach allzu vielen galanten Abenteuern nicht sonderlich kriegslüstern, und November wie Dezember waren nicht eben die idealen Monate für Fahrten auf dem Ärmelkanal. Also mußte sich Karl Eduard allein an London herankämpfen. Er tat es in einem beispiellosen Zug, schlief keine Nacht länger als fünf Stunden, gönnte sich keine Ruhe und hätte das längst in Panik verfallene London auch genommen.

Hätte, wenn ... Worte, die man in geschichtlichen Darstellungen nicht aussprechen soll, Worte, die allzubillig sind, wenn einmal zweihundert Jahre über die strittigen Entscheidungen hingegangen sind. Karl Eduard wußte ja nichts, und die Lords wußten ebensowenig, und sie kannten allesamt nicht die große, unberechenbare Kraft der Überraschung und des Siegesschwunges und der Angst. Woher sollten sie wissen, daß die Londoner ihre Banken stürmten, ihr Geld abhoben und die Depots in Sicherheit brachten? Woher sollten sie wissen, daß Tag und Nacht eine Yacht vor dem Tower vertäut lag, damit Georg II., den man plötzlich auch in London den Kurfürsten nannte, sich in Sicherheit bringen könne?

Sie wußten durch ihre Späher und die jakobitischen Zuträger aus den Städten nur von den feindlichen Armeen, die sich in ihren Flanken und in ihrem Rücken befanden, drei Armeen zwar, aber doch alle gleich träge wie die Berufssoldaten des Herzogs von Richelieu in Dünkirchen, während die Hochländer die stürmische Siegeszuversicht und einen jungen, heldischen Oberkommandierenden für sich hatten.

In der Nacht, in der die Lords Karl Eduard ihre Entscheidung für den Rückzug unterbreiteten, soll er mit dem Kopf gegen die Wand seines Nachtquartiers gerannt sein und bittere Tränen vergossen haben. Er fluchte ganz unköniglich, daß er lieber zwanzig Fuß unter dem Erdboden liegen als umkehren wolle und daß er allein nach London marschieren werde, mit dem Haufen, der sich ihm freiwillig anschließen werde. Hätte er es getan, so wäre London wohl nicht gefallen, den Prätendenten mit ein paar hundert Hochländern hätte schließlich die Garde fangen können. Aber Karl Eduard hätte die Chance gehabt, am Ziel zu sterben, im Ziel, gleichsam auf den Stufen des Thrones, dem sich so lange kein Stuart mehr genähert hatte. Aber unter den Ratgebern und Rückzugsstrategen waren auch Freunde, und so gab Karl Eduard nach.

Mit der Umkehr am 6. Dezember ging das große Jahr der Stuarts, das Jahr 1745, zu Ende. Was folgte, war noch nicht Flucht. Die Armee war ja, wie man vielleicht schon damals sagte, im Felde unbesiegt, aber ein winterlicher Rückzug kann tiefer demoralisieren als eine kurze, harte, kämpferische Begegnung, die zur Revanche reizt.

Die ganze Stimmung schlug um, denn jeder sieglos heimkehrende Eroberer wird zwangsläufig zum Desperado, und Städte, die vordem gejubelt hatten, zeigten dem Prätendenten nun die kalte Schulter. Nur aus den Highlands war Zuzug gekommen. Dort, wo alles Zeit braucht, bis es sich herumgesprochen hat, hatten sich neue Truppen gesammelt, um mit dem Stuart zu gehen, und auch einzelne der abwartenden, stets berechnenden Clan-Oberhäupter hielten Männer für Karl Eduard bereit.

Dabei hatte der Prinz noch einige private Abenteuer zu bestehen; zwei Attentate, die nur wegen der Unzuverlässigkeit damaliger Schußwaffen nicht zum Erfolg führten, und den Versuch, ihm mit eintausendfünfhundert Hannoveranern einen Hinterhalt zu legen, aus dem er gewiß nicht lebend entronnen wäre. Der Schmied, der mit ein paar Gesellen und sehr viel nächtlichem Lärm die ganze Schwadron in die Flucht schlug, ist vielleicht die legendäre Inkarnation eines Dörfleraufgebots; sicher aber ist, daß Karl Eduard durch diese improvisierte Abwehr die Möglichkeit zu nächtlicher Flucht erhielt, sich in der Winterkälte und ohne zureichende Kleidung eine Lungenentzündung holte, aber immerhin auf freiem Fuße blieb.

Am 17. Januar 1746 schien das Ende nahe, als aus dem längst wieder hannoverschen Edinburgh General Henry Hawlay mit frischen Regimentern dem Prätendenten entgegenmarschierte. Aber der Tag von Falkirk sah noch einmal die Schotten siegreich, wenn auch bei weitem nicht mehr so überzeugend wie im Moor von Gledsmuir. Die Kerntruppe, die wohlausgebildeten Musketiere, hatten den stürmischen Angriffen standgehalten, und da es nicht gelungen war, die siegreichen Hochländer zu sammeln, verrann die Stunde ungenützt: Der Gegner war geschlagen, aber er konnte nicht vernichtet werden, und die Beute reichte nicht aus, um Karl Eduards Truppe besser auszurüsten.

Fünftausend Hochländer mit den Gewehren des Generals Hawlay, ein Frühjahr eisernen Drills und dazu der Mut der Unbotmäßigen, das hätte genügen müssen, um die nicht eben strahlenden Feldherrn-Talente des Herzogs von Cumberland auszugleichen. Aber Cumberland hatte, so jung er war, immerhin Erfahrung, und er ersetzte durch Überlegung, was ihm an Genie und Impetus fehlte. Durch Falkirk noch eindringlicher gewarnt als durch den Überraschungssieg von Gledsmuir, hatte er seine Truppen systematisch auf die Begegnung mit den Hochländern vorbereitet. In Marschpausen waren sie darauf gedrillt worden, nicht den Mann gegenüber, sondern den Kämpfer schräg rechts anzugreifen. Das machte die Schilde der Schotten weitgehend unwirksam. Der junge Herzog übte immer wieder die in den kontinentalen Schlachten gesehene Feuerordnung in drei Gliedern, das Stehen, Knien und Zielen, alles Methoden der kämpferischen Begegnung, die den Schotten vollkommen fremd geblieben waren.

Nach einer Ruhepause in Aberdeen führte der Herzog von Cumberland seine Soldaten am 8. April gegen Karl Eduard, und am 16. kam es zu Karl Eduards vernichtender Niederlage von Culloden, die alle seine Hoffnungen begrub.

Diese Landschaft ist noch heute vielleicht die geheimnisvollste Schottlands, und das will viel heißen. Im Moray-Firth greift der Wellenschlag der Nordsee tief in das Land herein. In Nairn, einem Fischerdorf, das die Hauptstadt der Grafschaft ist, hatte der Herzog von Cumberland seinen fünfundzwanzigsten Geburtstag gefeiert. Er war in Siegerlaune, denn sein Gegner, der Prätendent, saß mit nur hundert Louis d'Or, ohne Verpflegung und mit Truppen, die keinen Sold bekamen, auf dem Landbrückchen von Inverness zwischen sehr viel Wasser und sehr viel Moor. Karl Eduards Truppen konnten nicht beisammen bleiben, weil sie sonst verhungert wären. Sie durchstreiften die Umgebung und das Städtchen selbst, und es kostete manche Mühe, sie zusammenzutrommeln, als der Prinz und seine Berater sich einig geworden waren, daß sie aus der Mausefalle zwischen Wasser und Moor herausmußten, dem Feind entgegen.

Insgeheim lebte in ihnen wohl auch die Hoffnung, durch die Wiederholung eines Wunders siegen zu können, durch einen Nachtangriff, der Cumberland und seine deutschen Regimenter überraschen mußte.

Also brach der Prinz mit den Hochländern, die er hatte greifen können, zu einem Nachtmarsch in Richtung Nairn auf. Aber der Weg war schlecht, Umwege im Finstern kosteten sehr viel Zeit, und um zwei Uhr morgens mußten die Schotten sich klarmachen, daß sie den Herzog und seine ausgeruhten Truppen bei vollem Tageslicht antreffen, ihm also vor die Gewehre laufen würden, und das übernächtig und mit leerem Magen. Karl Eduard - dem ein Kommandorat zur Seite gestellt worden war - befahl die Umkehr. Eine Nacht war vertan. Nebel vom Firth und dünner Regen hatten die Truppen durchnäßt und entkräftet, und als der Gegner stramm heranmarschierte, frische Hessen, die Cumberlands Holländer abgelöst hatten, dazu die alten, erprobten Hannoveraner, da gab es für jeden Hochländer nur ein Biskuit, eilig beschlagnahmte Schiffsverpflegung, eben das, was den Magen ein wenig täuschen konnte, aber kein Quentchen Kraft gab.

Um elf Uhr kam der Gegner heran, die ganze Streitmacht des Herzogs, für die das Londoner Parlament seine Kassen geöffnet hatte, die bestgedrillten Regimenter Europas. Lord Georg Murray übernahm den Oberbefehl im schottischen Heer; Karl Eduard mußte sich auf einem nahen Hügel in Sicherheit bringen, wo er, um den es ging, untätig die Schlacht verfolgte. Müdigkeit und Mißmut der Hochländer waren wie weggeblasen, als die ersten Kugeln durch die Luft pfiffen. Als ahnten sie, was Cumberland mit ihrer Heimat vorhatte, brachen sie mit wildem Kriegsgeschrei auf seine Truppen ein. Karl Eduard sah sie fallen, noch ehe der Feind erreicht war. Es war ein ungewohntes Bild in offener Feldschlacht, man kannte es nur bei Belagerungen. Geübte Schützen wie die Hessen waren so schnell mit Gewehren und Geschützen, daß auch ein stürmischer Angriff wiederholt in Salven geriet. Hundert Hochländer lagen im Moorgras, ehe es zum Handgemenge kam.

Wutbrüllend und mit geschwungenen Schwertern durchbrachen die Hochländer die erste Reihe des Gegners. Die zweite teilte sich wie in Panik, und mit einem Mal standen die Hochländer, nackt und mit erhobenen Waffen, einer dritten Verteidigungsreihe des Herzogs von Cumberland gegenüber, einer Reihe aus drei Gliedern, das erste kniend, das zweite gebückt stehend, das dritte aufgerichtet, und alle feuerten Salve um Salve in die im Schneegestöber vor ihnen herumtanzenden Krieger aus einer anderen Zeit.

Mitte und rechter Flügel der Schotten waren beim Versuch der Umfassung völlig aufgerieben worden. Der linke Flügel, am Drehpunkt der Bewegung, war noch kaum in die Schlacht gekommen und so gut wie unversehrt. Lord David Elcho, so alt wie Karl Eduard und wie der Herzog von Cumberland, ein Heißsporn, der Besitz und Titel in dieser Niederlage verlieren sollte, galoppierte den Hügel hinauf und bot dem Prinzen diese letzten Truppen an. Die Chance war klein, jedoch die beiden jungen Männer waren sich einig, daß der Tod auf dem Drummossier-Moor einem Weiterleben nach der Niederlage vorzuziehen sei.

Aber noch ehe Karl Eduard seinem Pferd die Sporen geben konnte, war der Hauptmann John O'Sullivan heran, ein Ire, der aus Frankreich herübergekommen war, um an der Seite der Jakobiten zu kämpfen. Er ergriff das Pferd des Prinzen am Zügel und ließ es nicht mehr los. Eine verlorene Schlacht dürfte nicht zur verlorenen Sache werden; der Stuartprinz dürfte sein Leben nicht riskieren, selbst wenn er es in der Verzweiflung dieses Tages nicht mehr ertragen zu können meinte.

So sahen die letzten Hochländer, wie der Mann, für den sie kämpften, den Tag verloren gab. Cumberlands Truppen rückten geschlossen heran, die Reihen der Schotten lösten sich auf. Die Verluste unter den Fliehenden, denen die britische Reiterei nachsetzte, waren entsetzlich. Man ahnte, was dem Land bevorstand, nun, da niemand mehr da war, es zu schützen, und zum erstenmal raunten die Einwohner von Inverness furchtsam das Wort »the Butcher«, der Schlächter. Es würde der düstere Beinamen jenes Königssohnes bleiben, der so gar nichts Königliches an sich hatte, der ein Haudegen war und nicht mehr und kein bißchen Zartgefühl oder Menschlichkeit von den beiden vornehmen deutschen Damen geerbt hatte, deren Blut in ihm floß: von seiner unglücklichen Großmutter, der Prinzessin von Ahlden, und seiner frühverstorbenen intelligenten Mutter, Karoline von Ansbach.

Zunächst sah es ganz so aus, als würde auch Karl Eduard ein Opfer des Schlächters werden. Auf der Flucht war der Prinz von den Lords getrennt worden. Ein paar Iren und ein paar Fischer waren seine Gefährten und rieten ihm, die abgelegenen Gebiete von Clanranald aufzusuchen. Wehmütig und gleichgültig folgte ihnen der Prinz, vielleicht auch, weil es dort begonnen hatte und weil diese Rückkehr zum Ausgangspunkt des »heiligen Abenteuers der Stuarts« etwas weniger sinnlos erschien als alles andere. Schottland war groß und zerklüftet, und es mußte schwer halten, einen Mann zu finden, der sich mit wenigen Begleitern in die Weiten dieser Wälder und Hochlandflächen zurückzog. Aber Schottland war auch menschenleer, und darum fiel in seinen kleinen Siedlungen jeder Fremde auf, der sich Lebensmittel beschaffen wollte.

Ein altes Schottenwort sagt: »Hier weiß jedes Stück Brot, wohin es gehört.«

Zwei französische Schiffe, die sich mutig über den Kanal gewagt hatten, nahmen am 3. Mai versprengte Jakobiten auf und deponierten Geld für Karl Eduard. Der Prinz aber hatte von all dem nichts. Er floh von Insel zu Insel - man könnte eine Rundreise durch die Hebriden auf seinen Fersen machen -, und er lernte die Ärmsten der Armen, die Schäfer und Fischer dieser kargen Welt, als die besten Freunde kennen. Der alte Militärmantel, den ihm ein Sergeant gegeben hatte, war längst in Fetzen gegangen; in zahllosen Nächten an der frühlingskalten Erde hatte der Prinz sich die Ruhr zugezogen, diese Krankheit der Verwahrlosten, Umgetriebenen, Unterernährten. Bonnie Prince Charlie, der sonnige Stuartsproß, dem die Damen auf dem römischen Karneval zugelächelt hatten, war schmutzig, unrasiert, krank und verzweifelt; aber es war doch, als gebe die heimatliche Erde ihm besondere Kräfte auch noch in dieser späten, letzten Stunde seines Abenteuers.

Zwar wurde er einmal verraten, ein einziges Mal; das war, als auf der abgelegenen Insel South-Uist, weit draußen und jenseits der Hebriden-Sea, urplötzlich zweitausend Mann landeten. Derlei tut kein Feldherr auf gut Glück, da mußte Cumberland einen Fingerzeig erhalten haben von einem, der sich die 30.000 Pfund verdienen wollte.

Aber diesem einen Verrat standen ungezählte Akte der Treue gegenüber. Kaum Karl Eduard selbst hätte sie alle aufzuzählen vermocht, und manche haben sich zu volkstümlichen Legenden entwickelt und den Stuartprinzen zu einem Helden dieses Landes werden lassen.

Die bekanntesten dieser Geschichten sind naturgemäß jene, die den Prinzen in Gesellschaft von Frauen oder Mädchen zeigen, erstens, weil er ein hübscher Mann war, dem Phantasie und Wirklichkeit immer wieder Damen an die Seite stellten, aber auch, weil er während der Monate des Kampfes eine bemerkenswerte Zurückhaltung gegenüber dem anderen Geschlecht bewiesen hatte, so streng, daß er sogar daraufhin angesprochen worden war. Er hatte geantwortet, seine Liebchen seien die Hochländer, wobei er auf seine kampierende Armee wies.

Zwischen den Kämpfen, während einer durch die Strapazen und die rauhe Landesnatur bedingten längeren Erkältung, wurde Karl Eduard auf Schloß Bannockburn von der Nichte seines Gastgebers, des Barons Hugh Paterson, aufopfernd und zärtlich gepflegt. Sie hieß Clementina Walkinshaw und war nur um ein geringes älter als der Prinz. Es war gewiß nicht die erste und ebensowenig die letzte Herzensbindung, die sich auf diese Weise anbahnte. Karl Eduard mußte nach den harten Märschen und Kämpfen dieses Winters die Pflege einer weiblichen Hand besonders wohltuend empfinden und ließ sich von Clementina versprechen, daß sie an seine Seite eilen würde, wann immer er sie riefe. Daß es dann sieben Jahre währte, ehe die beiden ihr gemeinsames Leben beginnen konnten, spricht eher für als gegen den Prinzen.

Daß der Prinz aber überhaupt in die Lage kam, einen zweiten, friedlicheren Lebensabschnitt an der Seite einer Frau zu beginnen, verdankte er unstreitig Flora Macdonald, einem Mädchen von der Hebriden-Insel Skye. Sie war es, die ihm die Flucht aus der Falle von South-Uist ermöglichte, denn sie verschaffte ihm nicht nur einen falschen Paß auf den Namen einer Magd, sondern sie wagte es auch, die angebliche Betty Burke als ihre Dienerin mit in ihre Heimat zu nehmen, wo Betty als Spinnerin arbeiten sollte.

Karl Eduard mußte sich als Mädchen verkleiden, was angesichts seiner Größe und Schlankheit mehr als riskant war und bei einer Entdeckung auch Flora Macdonalds Ende bedeuten mußte. Beim Anlegen an der Insel zeigte sich, daß auch Skye besetzt worden war. Ein Patrouillenboot verlangte die Pässe, und da jede genauere Untersuchung der Personen den Schwindel hätte auffliegen lassen, machten sich Flora und Karl Eduard unter einem Hagel von Schüssen schleunigst davon. An einer unbewachten Stelle konnten sie später doch noch anlegen und für eine Nacht bei Lady Margaret Macdonald, der Mutter Floras, unterkriechen. Bei der Überquerung der Insel mußte jede Nacht das Quartier gewechselt werden, schließlich auch die Verkleidung, weil Karl Eduard schon Aufsehen erregt hatte, wenn er die Röcke raffte, um schneller ausschreiten oder einen Bach durchqueren zu können, und weil Skye eben eine Kleinwelt war und ist, wo nichts unbeobachtet und unbesprochen bleibt.

In der Maske eines Dieners namens Lewis Caw erreichte der Prinz schließlich die Insel Raasay und danach Schottland, wo er sich von Flora verabschiedete und wieder auf die Suche nach einem Schiff machte, das ihn nach Frankreich bringen könnte.

Flora wurde nach ihrer Rückkehr von einem der sechs Männer ihrer Bootsmannschaft denunziert und nach London in den Tower gebracht, doch ließ man das Mädchen schon 1747, bei der ersten Amnestie, wieder frei. Nach Schottland heimgekehrt, heiratete sie Allen Macdonald of Kingsburgh, einen Verwandten, der ihr und Karl Eduard auf der Flucht behilflich gewesen war, und wanderte mit ihm nach Amerika aus. Vor 1773 kehrte sie auf die Hebriden zurück, wo Dr. Samuel Johnson und James Boswell auf ihrer denkwürdigen Schottlandreise ihre Bekanntschaft machten. Sie starb 1790, bis zu ihrem Tod als Heldin verehrt.

Erst im September endete für Karl Eduard diese Zeit als Outlaw, als Verfolgter, auf dessen Kopf ein Vermögen als Prämie ausgesetzt war. Am 29. September, mehr als fünf Monate nach dem Unglückstag von Culloden, lief die Barke l'Heureux (Der Glückliche) in den kleinen Hafen Roscoff in der Bretagne ein. Gemeinsam mit dem Segler Prince de Conti war sie Wochen zuvor aus Saint-Malo ausgelaufen, um nach dem Prätendenten und anderen verfolgten Jakobiten zu suchen. Die erfahrenen Seeleute aus dem alten Korsarenstädtchen hatten Loch-nan-Uamh erreicht, von wo die Nachricht, daß zwei französische Schiffe auf den Prinzen warteten, über Dutzende von Vertrauensleuten der Jakobiten bis zu Karl Eduards Versteck weitergesagt worden war. In Nachtmärschen, verkleidet, vor Spannung und Hoffnung zitternd, war der Gejagte schließlieh heil an Bord gekommen, und die beiden Schiffe aus Saint-Malo hatten die Anker gelichtet.

Zweimal war er quer durch Schottland geflohen, zweimal hatten die Franzosen die britische Blockade durchbrechen müssen. Dann erst begrüßte ihn Roscoff, das noch hundert Jahre zuvor ein Korsarennest gewesen war und dessen Kirchenmauer Kanonen und Schiffsrümpfe zeigt. Zweihundert Jahre zuvor, 1548, war hier die sechsjährige Maria Stuart an Land gegangen, die dem Dauphin François, dem Sohn Heinrichs II. aus dem Hause Valois, zur Gattin bestimmt war. Ein winziger Hafen; ein paar böse Klippen, von denen man behauptet, sie zeigten die halbe Fluthöhe an; ein kriegerisches Stadtwappen mit lauter silbernen Schiffsschnäbeln - und zwei Begegnungen mit den Stuarts. Aber während es ein halbverfallenes Haus der Maria Stuart gibt und einen Turm an der Stelle, an der sie angeblich den Fuß an Land setzte, erinnert nichts an Karl Eduard, den geretteten Prinzen.

Über Morlaix machte er sich auf den Weg nach Paris. Schon unterwegs, nicht erst in Paris, wie man da und dort lesen kann, traf er seinen Bruder Henry, der ihm entgegengeeilt war, und das Wiedersehen der beiden war gewiß der herzlichste Augenblick, den sie je miteinander hatten. Lange verweilten sie im Gespräch, und es scheint dieses Gespräch gewesen zu sein, das Karl Eduard das Selbstvertrauen und die Zukunftshoffnungen wiedergab.

In Paris wurde er als der Held gefeiert, der er war. Die Chronisten überliefern uns, was er getragen und wie er sich betragen habe; das Wesentliche aber war, daß er, obwohl letztlich erfolglos, doch gekämpft hatte, daß er in Städte eingezogen war, Hof gehalten hatte, daß er monatelang der Herr seines Landes gewesen, wenn auch nicht geblieben war. Als er Ludwig XV. gegenübertrat, der seine Männlichkeit nur in wirklichen und sogenannten Hirschparks bewies, da war er nicht mehr ein jünglingshafter Prinz, dem man gönnerhaft die Hand zum Kuß reichte.

Es wäre falsch, das zu bagatellisieren, was die Bourbonen im Lauf der Jahrhunderte für die unglücklichen Stuarts getan haben, und sie hatten weiß Gott keinen Lohn dafür, keinen Ertrag dieser immer wiederkehrenden Investitionen. Aber es war eine Geste, die Karl Eduard kränken mußte, daß Ludwig XV. ihm und seinen verdientesten Anhängern väterlich Pensionen anbot. Angesichts der reichen Verwandtschaft hätten Henry wie Karl Eduard von den ihnen zugesprochenen Geldern - für jeden 1.000 Livres im Monat - ohne Not leben können. Bei einem standesgemäßen Leben in Paris selbst wäre der Betrag allerdings zu gering gewesen, und vielleicht war das der geheime Zweck: die unruhigen Brüder, die in letzter Zeit soviel von sich reden gemacht hatten, auf Schloß Navarre oder sonstwohin abzuschieben.

Karl Eduard wirkt in keiner Phase seines Lebens sympathischer als in dieser Zeit unmittelbar nach der Rückkehr auf den Kontinent. Zwar geht er - obwohl inkognito - in Samt und Seide und trägt Diamanten und Orden. Aber er macht deutlich, daß er für sich persönlich nichts will, für seine Sache nur Soldaten, und

Geld nur für jene, die aus Schottland fliehen mußten und keine Einkünfte haben. Häuser, Renten und Ehren interessieren ihn nicht, aber um achtzehn- bis zwanzigtausend Mann guter Truppen reist er sogar zu den spanischen Bourbonen. Nachdem Ferdinand VI., über dem schon der Wahnsinn seine Flügel schwang, den Prinzen mitternächtlich empfangen hatte, nachdem nicht einmal der kluge Minister Carjaval ihm zu helfen gewagt, schreibt Karl Eduard bitter an seinen Vater:

»Ich dachte stets, die größten Narren gebe es an Frankreichs Hof, aber ich mußte sehen, daß es in Spanien deren noch viel größere gibt. Mir zu beteuern, daß sie mit Freude jede Gelegenheit ergreifen würden, uns ihre Freundschaft zu beweisen! In alten Märchen liest man, daß diese Beweise darin bestehen, Freunden, wenn sie in Not sind, Hilfe anzubieten; doch dies scheint nicht mehr à la mode zu sein, denn man folgt auch hierin dem französischen Beispiel.«

Das französische Beispiel hatte Karl Eduard noch mehr empört als der klägliche Empfang in Spanien. Der Prätendent hatte Ludwig XV. ein Memorandum eingereicht. Darin heißt es unter anderem:

»Die Lage, in welcher ich Schottland bei meiner Abreise zurückgelassen, verdient die ganze Aufmerksamkeit Ew. Majestät. Dieses Land ist auf dem Punkt, sich zerstört zu sehen, und Englands Regierung scheint entschlossen zu sein, die Untertanen, welche ihr treu geblieben waren, mit denjenigen zu vermengen, welche die Waffen für mich ergriffen haben. Hieraus ist leicht zu schließen, daß die Unzufriedenheit im Volke allgemein ist und daß ich heute für einen Anhänger, den ich damals gefunden, jetzt ihrer drei finden würde.«

Damit spielt Karl Eduard auf die außerordentlich harten Unterdrückungsmaßnahmen an, mit denen der Herzog von Cumberland die Hochlandgebiete Schottlands befriedete, wie der höhnische Fachausdruck lautet. Die Männer in den Dörfern waren zu Hunderten, ja Tausenden kurzerhand getötet worden, den Frauen und Kindern schlachtete man das Vieh und brannte die Scheuern nieder, so daß verhungern mußte, wer nicht durch das

Schwert umkam. Diese Leiden seiner Landsleute setzten Karl Eduard hart zu, schon in Schottland und auf den Hebriden, als er Tag für Tag die fürchterlichsten Tatsachen erfuhr, aber auch noch in Frankreich, wo man ihm weiter über die Greuel in den Hochlanden berichtete. Und es war gewiß nicht zuviel behauptet, wenn er sich jetzt jener Anhängerschaft sicher fühlte, die ihm Schottland zunächst verweigert hatte.

»Es hieße jedoch«, fährt das Schriftstück fort, »Ew. Majestät irreführen zu wollen, wenn ich behauptete, daß ich nochmals Schottlands Aufhebung zu bewerkstelligen imstande wäre, wenn dem Parlament diesen Winter hindurch Zeit gelassen wird, die Strafgesetze in Kraft zu setzen. Ew. Majestät müßte dann für immer auf die Hilfe verzichten, die ihr durch eine Revolution in Schottland erwächst, und ich hätte nur noch meine Zuflucht in den Herzen der Untertanen meines Vaters zu suchen. Die Zahl der Streiter hat mir in Schottland nie gefehlt; was mir nottat, waren zugleich: Geld, Lebensmittel und eine Handvoll geschulter, regulärer Truppen. Mit einer einzigen dieser Hilfsquellen wäre ich heute noch Herr über Schottland und höchstwahrscheinlich auch über England ... Noch können aber die aus diesem Mangel erwachsenen Umstände wieder gutgemacht werden, wenn Ew. Majestät mir ein Korps von 18 - 20.000 Mann anvertrauen möchten. Ew. Majestät allein würde ich mitteilen, wie ich diese Truppen zu verwenden gedächte, und diese Verwendung entspräche Ew. Majestät Interessen sowohl wie den meinen. Diese Interessen sind unzertrennlich und müssen als unzertrennlich betrachtet werden von all denen, welche die Ehre haben, Ew. Majestät nahezukommen ...«

Nun, das sind Töne, die wir kennen. Die Entthronten und die Prätendenten aller Zeiten und Völker haben sich so oder ähnlich geäußert, und es spielte dabei keine entscheidende Rolle, ob sie mit ihren Behauptungen recht hatten oder ob sie sich Selbsttäuschungen hingaben. Einer, der um seinen Thron kämpfen muß, hat naturgemäß kein anderes Ziel als diesen Thron; jene aber, die bereits auf ihren Thronen sitzen, haben eine ganze Reihe von

Zielen, Plänen und Absichten und werden die Monomanen, die um ihr Recht kämpfen, nur in Ausnahmefällen ernst nehmen.

Frankreich hatte sich, gegen die ursprünglichen und durchaus richtigen Bedenken Ludwigs XV., in die zentraleuropäischen Auseinandersetzungen mit hineinziehen lassen; um so weniger gelüstete es nun den reichlich durch sein Liebesleben abgelenkten König, für andere abermals zu den Waffen zu greifen, vor allem, da sein glänzendster Feldherr, der Marschall von Sachsen, nach einer Reihe eindrucksvoller Siege auf Schloß Chambord den Musen lebte. Noch ehe Moritz von Sachsen nach diesem kurzen und eines großen Mannes würdigen Lebensabend vom Tod ereilt wurde, vollzog sich aber innerhalb der Familie Jakobs III. die Wendung, die ganz Europa die Resignation der Stuarts offenbar machte: Henry, der jüngere Bruder Karl Eduards, nahm im Mai 1747 heimlich und ohne Vater oder Bruder zu fragen, den Kardinalshut an, den der Papst ihm anbot.

Henry war, als er diesen Entschluß faßte, erst zweiundzwanzig Jahre alt. Es war zwischen ihm und dem älteren Bruder wiederholt zu Auseinandersetzungen gekommen, wie es ja auch kaum anders sein konnte. Sie standen beide während der Jahre in Frankreich unter starkem Druck und heterogenen Einflüssen. Kardinal Tencin hatte in einem Gespräch mit Karl Eduard angedeutet, daß Frankreich unter Umständen Truppen für eine neue Expedition zur Verfügung stellen könnte, falls Frankreich dafür das katholische Irland zugesichert würde. Schacher dieser Art war in dynastischen Zeiten zwar nicht so unerhört, wie uns dies heute erscheinen will, aber es war doch ein Ansinnen, wie man es eher dem verdorbenen Kardinal Dubois zugetraut hätte als dem tölpischen Tencin. Karl Eduard hatte schroff abgelehnt und damit einen Grund geliefert, ihn als einen Phantasten, einen bettlerstolzen Habenichts beiseitezuschieben. Ärger, Trotz und eine gewisse Neigung zur Prachtentfaltung ließen ihn in Paris ein Leben führen, das man vielleicht nicht gerade ausschweifend nennen kann - man lebte damals an der Seine allgemein recht munter und freizügig -, das aber doch sehr von den Maximen abstach, die der alternde Jakob III. im Palazzo Muti seinen Söhnen gepredigt hatte.

Henry hingegen war jung, ernst und fromm. Er hatte den Marschall Richelieu, einen bekannten Libertin und Frauenhelden, einmal sehr verärgert, weil er wegen einer Messe den ganzen Kriegsrat in Flandern warten ließ, und er stritt sich mit Karl Eduard immer heftiger, was beide Brüder in ihren Briefen nach Rom mit aufrichtig klingenden Worten bedauerten. Mit Heinrichs Entschluß, Kardinal von York zu werden, war nun offenbar, daß der Jüngere eigene Absichten verfolgt hatte, und Karl Eduard, der schließlich schon manches Opfer für die Sache der Stuarts gebracht hatte, verfiel in einen Jahre anhaltenden Zorn gegen ihn. Und da Kardinal Heinrich bald zu Vermögen und reichen Pfründen kam und für den alten Vater sehr viel tun konnte, war es schließlich dieser Bruderzwist, der Karl Eduard auch den Weg in den Palazzo Muti versperrte. Heinrich und Vater Jakob waren dabei stets die Werbenden, die in ihren Briefen um Frieden und Versöhnung Bittenden, ja Heinrich anerkannte ausdrücklich den Älteren als Herrn und Haupt der Sache. Aber Karl Eduard war verletzt und des einzigen wirklichen Haltes, nämlich seiner Familienbindung, beraubt. Mit wenig glücklich gewähltem Gefolge durchzog er, von Jahr zu Jahr dem Alkohol mehr zugewandt, die angenehmeren Landschaften Mitteleuropas.

Als 1748 in dem Frieden von Aachen auf englischen Druck hin vereinbart worden war, daß kein Stuart sich auf französischem Boden aufhalten dürfe, hatte der noch immer väterlich-großzügige Ludwig XV. dem Stuartprinzen das Schweizerstädtchen Fribourg als Residenz angeboten und ihm neben allen Ehren und einer Leibwache auch eine auskömmliche Rente zugesichert. Aber der hochfahrende Prinz hatte alles abgelehnt und sogar Geld zurückgeschickt - was er allerdings in den folgenden Jahren wohl bedauert haben dürfte. Man mußte ihn in Paris, in der Oper, verhaften, nach Avignon abschieben, auch von dort wieder ausweisen und schließlich wirklich wie einen unerwünschten Querulanten behandeln, um ihn loszuwerden. Aber brav, fromm und friedlich, pensions-lüstern und ein honetter Emigrant wurde der Prinz dennoch nicht.

Vom 28. Februar 1749 an, dem Tag seiner Abreise von Avignon, muß man ihn der großen Schar von Abenteurern zuzählen, die dieses charmante Jahrhundert bevölkerten, und wenn der Prinz sich nun Chevalier Douglas oder Doktor Brown nennt und in Verkleidungen und Inkognitos Europa zwischen Preußen und Venedig bereist, dann erinnert er uns an zwei vielberufene Zeitgenossen, die ebenso unstet, im Innersten unglücklich und darum äußerlich hochfahrend waren wie er: an den Grafen von Saint-Germain und an Casanova. Der Graf von Saint-Germain, vermutlich ebenfalls königlichen Geblüts*, war mit dem jüngeren Prätendenten während der Tage von Edinburgh zusammengetroffen, doch ist bis heute nicht klar, welcher Art die Dienste waren, die der Graf damals für ihn leisten wollte. Vielleicht ging es um die Beschaffung von Geld, eine Vermittlerrolle, in der Saint-Germain noch einige Male exzellierte.

Casanova hingegen sah Karl Eduard zum ersten Mal, als der Prinz, von seinem unsteten Leben schon einigermaßen strapaziert, sich um seine Gesundheit kümmern mußte und in den Bädern von Pisa weilte. Casanova nennt ihn ein wenig maliziös »le prétendant en vain«, den vergeblichen Prätendenten.

Neben einigen treuen, wenn auch nicht sehr angesehenen Jakobiten bestand der Kreis um Karl Eduard in der zweiten Hälfte seines Lebens vorwiegend aus Damen der Gesellschaft. Sein Mittelpunkt war zunächst Clementina Walkinshaw, die wir schon kennen und nach der Karl Eduard rief, als sich alle seine Heiratspläne nacheinander zerschlagen hatten: Nach der französischen Absage bezüglich der Prinzessin Anne-Henriette hatte ihm Friedrich der Große die Bitte abgeschlagen, eine preußische Prinzessin heiraten zu dürfen; ja selbst die wesentlich ältere Zarin Elisabeth hatte der Prätendent mit einem Antrag beehrt, nur um zu Truppen zu kommen und Macht für sein Lebensziel zu

---

* Seine Mutter war wahrscheinlich Maria Anna von Pfalz-Neuburg, Witwe König Karls II. von Spanien.

gewinnen. Clementina aber enttäuschte ihn nicht, sie eilte auch nach so vielen Jahren an seine Seite und gebar ihm 1753 seine einzige Tochter, Charlotte, spätere Herzogin von Albany.

Wenn es etwas gibt, was schwerer ist als das Leben eines Gescheiterten, so ist es die Aufgabe, dieses Leben zu teilen. Clementina Walkinshaw, die verwöhnte junge Dame aus bester Familie, hatte ihre Kindheit auf Schlössern und vornehmen Landsitzen verbracht und war später in eines jener Stifte eingetreten, die eigentlich nur einen standesgemäßen Rahmen für Unverheiratete bildeten und die man jederzeit, ohne irgendein Gelübde zu verletzen, wieder verlassen konnte. Aurora von Königsmarck hatte jahrzehntelang zwischen dem Stift Quedlinburg und der großen Welt ein Doppelleben geführt, und für Clementina begann ein ähnliches Schicksal, als Karl Eduard sie aus Gent weg und an seine Seite rief - übrigens ohne sie zu heiraten.

Auch dieser Ruf ist ein Zeichen der Resignation; so wie Henry den Kardinalshut genommen hatte, so war Karl Eduard sich darüber klar geworden, daß keine europäische Großmacht sich durch eine Heirat an seine Pläne würde schmieden lassen. Und ehe er eine der zahllosen Prinzessinnen oder Comtessen heimführte, die damals Europa bevölkerten und nicht wußten, welche Aufgabe ihrer harrte oder welchen Sinn sie ihrem Leben geben sollten, rief Karl Eduard eben Clementina, die ihn schon einmal gesundgepflegt hatte. Sie versuchte es ein zweites Mal, nur daß es diesmal nicht Tage oder Wochen waren, sondern Jahre - zwölf Jahre an der Seite eines neurotischen Trinkers.

Apologeten der Stuarts behaupten gerne, diese Erbschaft sei von den Sobieskis her auf Karl Eduard gekommen; aber die maßlos introvertierten Vorfahren des Prätendenten, Jakob I., Karl I., Jakob II. und sein Vater, bilden eine lückenlose Kette gefährdeter Persönlichkeiten, in der die Flamme pathologischer Reaktionen jederzeit auflodern konnte, wenn die Belastungen außergewöhnlich wurden. Gegen Wahn und Verzweiflung kämpfte Karl Eduard eben mit Alkohol, und alle Freunde - er hatte noch immer viele - vermochten nichts dagegen. 1760 gab Clementina auf und floh nach Paris, wo sie sich und ihr Kind vor dem Wüten des unglücklichen Tyrannen in Sicherheit brachte. Ihre Nachfolgerin wurde die älteste Tochter des Fürsten von Stolberg-Gedern, Louisa Maximilienne Caroline. Als sie den Prätendenten heiratete, war sie noch nicht ganz zwanzig Jahre alt - er hingegen zweiundfünfzig!

Karl Eduard scheint sich zu Beginn dieser neuen Verbindung des Alkohols einigermaßen enthalten zu haben. Er hatte eine adelige Gemahlin, die zwar aus einer völlig verarmten Familie stammte, ihm aber einen legitimen Erben und den Stuarts damit einen fortgesetzten Anspruch auf den englischen Thron bescheren konnte. Als sich jedoch herausstellte, daß es in dieser Ehe zu keinem Kindersegen kommen werde, versank Karl Eduard aufs neue in seine Verzweiflung und damit in den Trunk. Nach acht Jahren, in denen die gebildete und schöne, wenn auch ein wenig kühle und eigensüchtige Dame mancherlei Bizarrerien zu erdulden hatte, gab auch sie auf und floh nach Rom, in den Schutz des Kardinals von York.

Der Entschluß zur Trennung war ihr allerdings dadurch erleichtert worden, daß sie schon in den Florenzer Jahren die Geliebte des Grafen Vittorio Alfieri geworden war, eines der berühmtesten Dichter des Jahrhunderts, und in seinen glühenden Schilderungen hat die Welt denn auch Louisa Maximilienne, die nun offiziell den Titel einer Gräfin Albany trug, kennengelernt: »Seit dem vorigen Sommer«, schreibt Alfieri 1778, »war mir, ohne daß ich es gewollt, mehrmals eine sehr vornehme und schöne Dame vor Augen gekommen, die, da sie ebenfalls Ausländerin und dazu von hohem Rang war, unmöglich ungesehen und unbemerkt bleiben konnte; und noch unmöglicher war's, daß sie, gesehen und bemerkt, nicht jedem aufs höchste gefallen hätte. Aber wiewohl ein großer Teil der Signori von Florenz und alle Ausländer von Geburt bei ihr verkehrten, hatte ich mich dennoch, in meine Studien und in Schwermut versunken und von Charakter zurückhaltend, ... nicht in ihr Haus einführen lassen; dagegen hatte ich sie im Theater und auf Spaziergängen häufig gesehen. Der erste Eindruck war mir auf das süßeste in den Augen und im Herzen geblieben.

Eine bezaubernde Glut in den tiefschwarzen Augen, die, was höchst selten ist, mit der weißesten Haut und blonden Haaren gepaart waren, gaben ihrer Schönheit etwas Auffallendes, daß es schwer war, nicht davon getroffen und besiegt zu werden. Ein Alter von fünfundzwanzig Jahren, viel Neigung zu den schönen Künsten und Wissenschaften, ein goldner Charakter und trotz des Reichtums, den sie im Überfluß besaß, peinliche und unerfreuliche häusliche Verhältnisse, die sie nicht, wie sie es verdiente, glücklich und zufrieden sein ließen: das waren zu viele Vorzüge, um ihnen zu widerstehen.«

Was mit diesem Kennenlernen begann, ist der seit zweihundert Jahren bekannte Liebesroman zwischen Alfieri und der Gräfin Albany, der sich mit dem Schicksal der Stuarts nur am Rande berührt. Auch ist das Zeugnis Alfieris offensichtlich dadurch in seinem Wert gemindert, daß er ja Partei, daß er der Rivale Karl Eduards war.

»Damals«, schreibt Alfieri vom Jahr 1779, »flossen meine Tage in einer fast vollendeten Ruhe dahin, und sie wäre vollkommen gewesen, wenn ich nicht häufig dadurch beängstigt worden wäre, meine Dame von beständigen häuslichen Unannehmlichkeiten gepeinigt zu sehen, die ihr von ihrem zänkischen, unvernünftigen und stets betrunkenen, bejahrten Gatten verursacht wurden. Ihre Leiden waren die meinigen, und ich habe dabei von Zeit zu Zeit Todesqualen ausgestanden. Ich konnte sie nur des Abends und zuweilen an ihrem Mittagstisch sehen; aber immer war der Gatte anwesend oder, wie es die allermeiste Zeit der Fall war, dauernd im Nebenzimmer. Nicht etwa, weil er auf mich mehr Verdacht als auf andere gehabt hätte, sondern weil es einmal so sein System war; und während des mehr als neunjährigen Zusammenlebens dieser beiden Gatten ist er auch nicht ein einziges Mal ohne sie, noch sie ohne ihn, aus dem Hause gegangen; ein ewiges Beisammensein, das am Ende auch Liebenden gleichen Alters lästig werden müßte.«

Zum Jahr 1780, dem Jahr von Louisas Flucht, heißt es dann bei Alfieri: »Ihre häuslichen Mißhelligkeiten nahmen schließlich so sehr zu, und die ständigen Quälereien des Gatten endeten in der St. Andreas-Nacht [4. Februar] in einem so heftigen Bacchanal, daß sie, um einer so fürchterlichen Behandlung nicht zu erliegen, endlich gezwungen war, ein Mittel zu suchen, sich einer solchen Tyrannei zu entziehen.«

Dieses Mittel war - wir wissen es schon - die Abreise der Gräfin nach Rom in den Schutz des Kardinals von York. Er nahm sie zunächst auch freundlich auf; sie war seine Schwägerin, er war reich und verfügte, seit er Kardinalbischof von Frascati geworden war, auch über die großzügigsten Räumlichkeiten. Sosehr er seinen Bruder liebte, so gab er sich über die Lebensweise Karl Eduards doch keinen Illusionen hin und tat alles, um die schöne Gräfin zu trösten und zu beruhigen. Aber auf dem Fuße folgten ihr die Gerüchte und bald die bestätigten Nachrichten über ihre Beziehungen zu Alfieri, die zweifellos der eigentliche Grund der Trennung von Karl Eduard waren. Und auch dieser selbst, der verlassene Gatte, nahm nun Stellung.

Er reagierte auf diesen Treuebruch wesentlich ruhiger als auf die Flucht von Clementina Walkinshaw, die seine Tochter mit sich genommen hatte. Aber er verlangte, und darin gab Bruder Henry ihm unbedingt recht, daß auch Alfieri nicht mit der Gräfin Albany zusammenkommen dürfe. Alfieri behauptet in seinen Memoiren zwar, »daß das Betragen meiner Dame in Rom gegen mich die allgemein geduldeten Sitten dieser Stadt eher noch nicht erreichte, als überschritt«; doch aus dem Munde des Liebhabers kommt diese Wendung eigentlich einem Eingeständnis gleich.

Aber Rom, diese Märchenstadt des achtzehnten Jahrhunderts, von milden Greisen mit einer Weisheit regiert, wie sie weltlichen Fürsten nur sehr selten nachzurühmen ist, glättete alle Wogen. Das ganze Unheil vollzog sich ja in den obersten Rängen der Gesellschaft, so daß zunächst eine Trennung bewilligt und schließlich auf Intervention des Königs von Schweden sogar die Auflösung der Ehe ausgesprochen werden konnte. Vater Jakob III., weilte zudem nicht mehr unter den Lebenden; er, der Unerbittliche, der rechtliche Katholik und fromme Fürst, hätte unter den Kabalen mit Poeten und Salonlöwen sehr gelitten, mehr gewiß als der trotz aller Frömmigkeit weltgewandte Kardinal von York.

Die allzu öffentliche, durch Alfieris Lamento besonders peinliche Angelegenheit hatte die beiden Brüder einander wieder angenähert, und als Karl Eduard bald nach der Trennung von seiner Gattin gefährlich erkrankte, eilte Henry sofort nach Florenz. Aber er traf keinen Sterbenden, sondern Karl Eduard genas rasch und faßte neuen Mut bei dem Gedanken, daß nun seine Tochter alt genug sei, mit ihm zu leben und für ihn zu sorgen. An Charlotte, die er »ma Pouponne« nannte, hatte er stets gehangen. Er legalisierte ihre Geburt, und die allzeit dienstbereiten Franzosen bekräftigten den Vorgang durch eine Parlamentsakte, die Charlotte, die Tochter des Fräuleins Walkinshaw, mit dem alten schottischen Titel einer Herzogin von Albany versah. Als solche wurde Charlotte von Ludwig XVI. bei Hofe empfangen, hatte aber noch mehr Erfolg in Florenz, wo man der anmutigen, wohlerzogenen Tochter des Prätendenten alle Herzlichkeit zuwandte, die man ihm seiner Trunksucht wegen nur noch mit gedämpfter Bereitwilligkeit entgegenbrachte.

Was weder Clementina noch der Prinzessin Stolberg gelungen war, gelang der liebevollen Pflege und Munterkeit Charlottes: Karl Eduard mäßigte sich. In einem Alter, da es sehr schwer fällt, schlechte Gewohnheiten abzulegen, brachte Karl Eduard noch die Kraft auf, sich vor seinem Kind zu beherrschen, ihr den Anblick eines betrunkenen Vaters zu ersparen, ihr ein ordentliches Haus mit angenehmer und ungetrübter Geselligkeit zu bieten.

Dieser neue Prätendent konnte auch seinem purpurgewandeten Bruder keine Schande mehr machen. Henry ließ den Palazzo Muti so gut instand setzen, wie das bei diesem alten Gemäuer eben noch möglich war, und im Dezember 1765 trafen Karl Eduard und seine Tochter in Rom ein. Alle Beteiligten wußten, daß diese Heimkehr in seine Geburtsstadt der letzte Akt im Leben eines Gescheiterten war, ein letzter Akt, den er gar zu gerne vermieden hätte. Ja, vielleicht war er jahrzehntelang so unstet gewesen, weil diese zweite Heimat der Ort war, wo er als kindlicher Prinz und als Jüngling seine hochfliegenden Träume gehegt hatte.

Es war eine Heimkehr, der nichts mehr folgte. Karl Eduard war zu schwach, selbst die kleinen Soupers wieder aufzunehmen, zu denen sein Vater nie mehr als zwölf Personen in den Palast gebeten hatte. Er verbrachte die letzten Lebensjahre mehr friedlich meditierend als wahrhaft dem Leben zugewandt. Nur Charlotte entfaltete auch in Rom mit dem gleichen Glück wie in Florenz ihren Charme und zog noch einmal die Gesellschaft in den alten Palast, der zur Residenz der letzten Stuarts geworden war.

Mit dem Jahrhundert, diesem herrlichen achtzehnten Jahrhundert, das das erste des Lichtes und das letzte des alten Europa war, ging auch diese einzigartige Familie hinunter. Karl Eduard machte den Anfang. Erst nach seinem Tod vergab man ihm die dunklen Punkte: seine heimlichen Besuche in London, seine Kontakte mit der anglikanischen Kirche, seine zornige Forderung, zumindest im päpstlichen Rom als Karl III. anerkannt zu werden. Karl Eduard, einst Bonnie Prince Charlie genannt, starb friedlich in dem alten, stillen Palast an der Piazza Santi Apostoli; man schrieb den 30. Januar 1788. Der Kardinal von York ließ ihn mit königlichen Ehren in Frascati bestatten.

Unerwartet schnell folgte ihm seine Tochter, die Herzogin Charlotte. Sie war krebskrank, wie man heute annimmt, und es scheint, daß die Aufgabe, für den Vater zu sorgen, ihr Leben um ein paar Jahre verlängerte: Erst als diese Pflicht von ihr genommen war, gewann die Krankheit wirklich Gewalt über sie, und als sie 1789 starb, betrauerte sie auch Henry, der letzte Stuart, der lange gezaudert hatte, diese illegitime Nichte, die seinen eigenen Herzogstitel trug, als Mitglied der Familie ans Herz zu nehmen.

Henry selbst, mehr Römer als Schotte, mehr Kardinal als Prinz, Weltmann jener einzigartigen Prägung, die seit der Renaissance den Kirchenfürsten am Tiber vorbehalten zu sein scheint, überraschte die Welt noch im hohen Alter dadurch, daß er nach dem Tode seines Bruders Medaillen schlagen ließ, auf denen er selbst als Heinrich IX. von Großbritannien bezeichnet ist. Zwar waren in früheren Jahrhunderten Kardinäle der Medici und anderer Familien unbedenklich in die Welt zurückgekehrt, wenn es um einen Thron ging. Aber inzwischen war doch beinahe ein Jahrhundert hannoverscher Herrschaft ins Land gegangen, selbst die Päpste bemühten sich inmitten einer wankenden Welt um ein gutes Verhältnis zum Londoner Hof, und gar Ludwig XVI. hatte ganz andere Sorgen als die Restitution der Stuarts.

So ragt denn Heinrich, Kardinal von York, Henry IX. von Großbritannien und letzter Stuart, ein wenig anachronistisch in die nun anbrechende Zeit der Französischen Revolution und der Napoleonischen Kriege hinein. Das neue Frankreich stützte seine Ansprüche nicht. Napoleon vertrieb den Kardinal von York unnachsichtig aus Italien, und der einst so begüterte Kirchenfürst führte um die Wende zum neuen Jahrhundert ein durchaus unstandesgemäßes Wanderleben, lebte vom Verkauf persönlicher Habe und quittierte dankbar die Hilfe in klingenden Pfunden, die ihm - man glaubt es kaum - aus England zukam: Georg III., der von ganz Europa verachtete beschränkte Monarch, bot dem Kardinal aus dem Hause Stuart zunächst 2.000 Pfund und danach sogar eine Leibrente mit so viel Takt an, daß Henry nicht umhin konnte, anzunehmen.

Als Napoleon sich mit dem Papst arrangiert hatte, konnte der Kardinal von York nach Rom und in Besitz und Würden zurückkehren.

Heute schwebt die zeitlose und zeitferne Schönheit eines Grabmals von Canova über den Sarkophagen der drei römischen Stuarts, über Jakob III. und seinen Söhnen Karl Eduard und Heinrich. Die größte Kirche der Christenheit wölbt ihre Kuppel über ihrer Ruhestätte.

# Anhang

# Zeittafel

| | |
|---|---|
| Um 550 | Sankt Samson, Bischof von York, gründet auf dem Druidenfelsen Mont Dol in der Bretagne ein Kloster. Das daraus entstehende Städtchen Dol-de-Bretagne bleibt bis 1801 Bischofssitz. |
| 709 | Eine Sturmflut von ungeheurer Gewalt gibt der Bucht von Saint-Malo ihre heutige Gestalt. Der Wald von Dol versinkt im Meer, der Mont-Saint-Michel wird eine Insel. |
| um 1000 | Für eine Reihe kleinerer Teilreiche kommt der gemeinsame Name Scotia (Schottland) auf. |
| 1066-87 | Wilhelm I., der Eroberer. Geb. 1027 in Falaise als natürlicher Sohn Roberts des Teufels, gest. in Rouen. |
| 1070 | Malcolm III., König von Schottland, heiratet die englische Prinzessin Margaret; Beginn des englischen Einflusses. |

| | |
|---|---|
| vor 1080 | Alan der Ältere als Seneschall von Dol nachgewiesen. |
| 1097 | Alan zieht ins Heilige Land. Sein Bruder Flaald wird sein Nachfolger als Seneschall. |
| 1100-1135 | Heinrich I., »der schöne Scholar«, König von England. Alan der Jüngere, Sohn des Flaald, wandert aus an den Hof Heinrichs I., erhält die Besitzung Mileham und eine Baronie in Norfolk. Er gründet Sporle Priory. |
| 1124-53 | David I. König von Schottland. Er festigt das Reich und ruft anglo-normannische Barone ins Land (Bruce, Corbet, Gifford, Oliphant, Melville, Stewart). Walter, Sohn Alans d. Jüngeren, wird Seneschall (Stewart) des Königs. |
| 1163 | Walter (the) Stewart erhält Land in Renfrewshire und gründet die Abtei Paisley. |
| 1189 | Richard Löwenherz verzichtet auf die Lehnshoheit über Schottland (sie war 1174 im Vertrag von Falaise festgesetzt worden). |
| 1314 | Schlacht von Bannockburn (4 km südl. von Stirling), in der Robert Bruce d. J. über Eduard II. von England siegt. |
| 1370 | Mit dem Tod Davids II. erlischt das Haus Bruce in der männlichen Linie. |
| 1371-90 | Robert II., Sohn Walters, ein Schwestersohn Davids, der erste Stewart auf dem schottischen Thron. |
| 1406-37 | Jakob I., Sohn Roberts III., in England erzogen und gefangengehalten, tritt 1424 die Regierung an, bricht die Macht der Barone, ordnet in dreizehnjähriger Gewaltherrschaft das Land und wird am 20. Februar 1437 ermordet. |
| 1437-60 | Jakob II. Fällt 1456 in Northumberland ein. Er stirbt bei der Belagerung von Schloß Roxburgh. |

| | |
|---|---|
| 1460-88 | Jakob III. wird nach der Schlacht von Sauchieburn bei Stirling auf der Flucht getötet. |
| 1485-1509 | Heinrich VII. König von England. |
| 1488-1513 | Jakob IV. Heiratet 1502 Margaret Tudor, Tochter Heinrichs VII. Fällt in der Schlacht von Flodden Field. |
| 1509-47 | Heinrich VIII. König von England. |
| 1513-42 | Jakob V. Verheiratet mit Maria von Guise. Verliert nach der Schlacht von Solway Moss gegen die Engländer den Verstand und stirbt in Falkland. |
| 1515-47 | Franz I. herrscht in Frankreich (geb. 1494). |
| 1542-68 | Maria Stuart. |
| 1542-60 | Regentschaft der Maria von Guise für ihre Tochter Maria Stuart. Kampf gegen die Reformation, die von John Knox durchgeführt wird. |
| 1547-53 | Eduard VI. in England. |
| 1547-59 | Heinrich II. in Frankreich. |
| 1548-61 | Maria Stuart wird in Frankreich erzogen und heiratet 1558 den Dauphin, den späteren Franz II. |
| 1553-58 | Maria I., die Blutige (auch die Katholische genannt), in England. |
| 1558-1603 | Elisabeth I. (geb. 1533) in England. |
| 1559-60 | Franz II. (geb. 1544) in Frankreich. |
| 1560 | Das schottische Parlament beschließt den Sieg der Reformation, die Aufhebung der Klöster und das Verbot der Messe. Organisation der schottischen Presbyterialkirche. |
| 1565 | Vermählung Maria Stuarts mit Henry Darnley aus dem Hause Lennox. |
| 1566 | Ermordung von Maria Stuarts Günstling Rizzio. |
| 1567 | Ermordung Darnleys. Maria Stuart heiratet Bothwell. |

| | |
|---|---|
| 1578 | Jakob VI. Nominell Herrscher über Schottland. |
| 1580 | Covenant (Bündnis zum Schutz des Glaubens) in Schottland. |
| 1587 | Hinrichtung Maria Stuarts. |
| 1596 | Jakob Vl. schließt Bündnis mit Elisabeth I. und erhält ein Jahrgeld von 4.000 Pfd. |
| 1603-25 | Jakob I. (Jakob Vl. von Schottland), König von England, Irland und Schottland. |
| 1625-49 | Karl I. Nach Scheinverfahren hingerichtet. |
| 1638 | Erneuerung des Covenant-Gelübdes von 1580. |
| 1640-53 | »Langes Parlament« in England. |
| 1643-1715 | Ludwig XIV. in Frankreich. |
| 1653-58 | Oliver Cromwell Lordprotektor von England. |
| 1660-85 | Karl II. Von 1646 bis zur Restauration im Exil. |
| 1664/65 | Die große Pest in London. |
| 1675 | Die Testakte schließt Katholiken und Dissenters von englischen Staatsämtern aus. |
| 1685-1701 | Jakob II. Nach seiner Vertreibung 1688 im Exil in Frankreich. Der Versuch, seinen Thron zurückzuerobern, wird 1690 durch die Niederlage am irischen Fluß Boyne vereitelt. |
| 1685 | Der Herzog von Monmouth unterliegt bei Sedgemoor den Truppen Jakobs II. (bis heute letzte Schlacht auf englischem Boden). |
| 1679 | Die Habeas-Corpus-Akte, englisches Grundgesetz zum Schutze der persönlichen Freiheit, wird erlassen. |
| 1689-1702 | Wilhelm III. von Oranien. |
| 1701-13 | Spanischer Erbfolgekrieg. |
| 1701-66 | Jakob III., der »ältere Prätendent«. Lebt in Frankreich und Italien und gelangt trotz verschiedener Versuche nie auf den Thron. |
| 1702-14 | Anna von England. |
| 1707 | England und Schottland bilden das Vereinigte Königreich Großbritannien. |

| | |
|---|---|
| 1714 | Großbritannien wird in Personalunion mit Hannover vereinigt. |
| 1714-27 | Georg I. Ludwig, Kurfürst von Hannover, König von England. |
| 1715-23 | Philipp II., Herzog von Orleans, Regent für Ludwig XV. (Régence). |
| 1715-74 | Ludwig XV. Regierung seit 1723. |
| 1720-88 | Karl Eduard Stuart, der »jüngere Prätendent«. Der Versuch 1745-46, den Thron zurückzuerobern, scheitert, nach Anfangserfolgen, mit der Niederlage bei Culloden. |
| 1725-1807 | Heinrich Kardinal von York, der letzte Stuart. (Bezeichnet sich seit 1788 als Heinrich IX. von England.) |
| 1760-1820 | Georg III. aus dem Haus Hannover. (Zeitweise geistig umnachtet.) |
| 1824 | Louisa Gräfin Albany, Witwe des »jüngeren Prätendenten«, stirbt in Florenz. |

# Literatur


Alfieri: Leben des Vittorio Alfieri aus Asti, Frankfurt 1924

Archenholtz, J. W. von: England und Italien, 2 Bde. Leipzig 1786

Bassermann, Lujo (Pseudonym für Hermann Schreiber): Die ungekrönte Geliebte, Wien-Düsseldorf 1967, TB-Ausgabe München 1992

Bax, Clifford: The Silver Casket, London 1946

Bodemann, Ed.: Briefwechsel der Herzogin Sophie von Hannover mit ihrem Bruder, dem Kurfürsten Karl Ludwig v. d. Pfalz, Publ. aus den Kgl. Preuß. Staatsarchiven Bd. 26, Leipzig 1885

-: Briefe der Kurfürstin Sophie von Hannover an die Baugräfinnen und Baugrafen zu Pfalz, Publ. aus den Kgl. Preuß. Staatsarchiven Bd. 37, Leipzig 1888

-: Aus den Briefen der Herzogin Elisabeth Charlotte von Orléans (»Liselotte«) an die Kurfürstin Sophie von Hannover, 2 Bde. Hannover 1891

Berneck, Ludwig: Götterspruch und Henkershand, Bergisch-Gladbach 1967, Neuaufl. München 1999

Bourgoing, Dominique: Journal inédit, Paris o. J.

Brantôme: Vie des femmes illustres, Paris 1890

Breßlau, Harry: Die Kassettenbriefe der Maria Stuart, Hist. Zeitschr. Bd. 52

Brosses, Charles de: Des Präsidenten d. B. vertrauliche Briefe aus Italien, 2 Bde. München 1918

Buckle, Henry Thomas: Geschichte der Civilisation in England, 2 Bde, Leipzig 1874

Bülau, Friedrich: Geheime Geschichten und rätselhafte Menschen, 12 Bde. Leipzig 1851ff.

Burnet, Gilbert: History of my own time, 6 Bde. Oxford 1823

Chantelouze, R.: Marie Stuart, son procès et son éxécution d'après le journal inédit de Bourgoing, Paris 1876

Chauviré, Roger: Le secret de Marie Stuart, Paris 1937

Chledowski, Kasimierz von: Die letzten Valois, München 1922

Cromwell, Oliver: Briefe und Reden, hrsg. von Stähelin/Wernle, Zürich o. J.

Delacroix, J, Fr.: Anecdotes angloises, Paris 1769

Doublier, Gerda: Maria Stuart, Graz-Köln 1959

Dubs-Brocher, Lucette: Der Prätendent Charles Edward Stuart, Frauenfeld-Leipzig 1935

Erlanger, Philippe: Amours et secrets de Marie Stuart, Paris 1967

Evan, John: Jakob I. König von Schottland, Hamburg 1939

Evelyn, John: Diary, E. S. de Beer Ed., London 1955

Ferrière, H. de la: Les deux cours de France et d'Angleterre, Paris 1895

Fox, Charles James: Geschichte der frühen Regierungszeit James des Zweiten, Hamburg 1810

Fricke, Waltraut: Leibniz und die englische Sukzession des Hauses Hannover, Quellen und Darst. zur Geschichte Niedersachsens Bd. 56, Hildesheim 1957

Geerds, Robert: Die Mutter der Könige von Preußen und England, Memoiren und Briefe der Kurfürstin Sophie von Hannover, Ebenhausen/Leipzig 1913

Hamilton, Anthony Graf: Die Memoiren des Grafen Gramont, Wien 1928

Harrison, G. B. (Hrsg.): Die Briefe der Königin Elisabeth von England 1533-1603, Wien 1938

Hastier, Louis: Vieilles histoires - étranges énigmes, Paris 1962

Hill, Christopher u. a.: Die englische Revolution von 1640. Aufsätze, Berlin 1952

Hosack, John: Mary, Queen of Scots and her accusers, Edinburgh 1869

Knoop, Mathilde: Kurfürstin Sophie von Hannover, Hildesheim 1964

Köcher, Adolf : Die Memoiren der Herzogin Sophie, nachmals Kurfürstin von Hannover, Publ. aus den Kgl. Preuß. Staatsarchiven Bd. 4, Leipzig 1879

Labanoff, Alexandre: Lettres, instructions et mémoires de Marie Stuart, reine d'Ecosse, London 1852

Laube, Heinrich: Französische Lustschlösser, Mannheim 1840

Lecky, W. E. Hartpole: Geschichte Englands, 4 Bde. Leipzig-Heidelberg 1879

Lerbs, Karl (Hrsg.): England schreibt. Briefe aus sechs Jahrhunderten, Hamburg 1937

Macaulay, Thomas Babington: Geschichte von England, 10 Bde. Braunschweig 1852

Nau, Claude de la Boinelière: Marie Stuart von der Ermordung Rizzios bis zur Flucht nach England 1566-1568, Würzburg 1885

Pepys, Samuel: The Diary, hrsg. von Latham und Matthews, London 1971-83, 11 Bde.

Philippson, Martin: Das Zeitalter Ludwig XIV., Berlin 1879

Quennell, Peter: Bedeutende Engländer des 18. Jahrhunderts, Berlin 1947

Rait, R.: King James secret, London 1927

Ranke, Leopold von: Englische Geschichte, 3 Bde. Wiesbaden-Berlin 1957

Raumer, Friedrich von: Die Königinnen Elisabeth und Maria Stuart, Leipzig 1836

Rieß, Ludwig: Die Lösung des Maria-Stuart-Problems, in: Hist. Zeitschrift 110. Bd., 3. Folge

Ruble, Alphonse de: La Première jeunesse de Marie Stuart, Paris 1891

Saint-Simon, Louis de: Mémoires sur le Siècle de Louis XIV et la Régence. Neue Ausg., hrsg. von Gonzague Truc, 7 Bde. 1953 ff.

Schnath, Georg: Der Königsmarck-Briefwechsel - eine Fälschung? Niedersächs. Jahrb. f. Landesgesch. 7, 1930

-: Der Königsmarck-Briefwechsel bearbeitet in Regestenform, Quellen und Darst. z. Gesch. Niedersachsens Bd. 51, 1952

Schreiber, Hermann: Schottland, die Geschichte eines Landes am Rande Europas, Gernsbach 1990

Schreiber, Hermann: Irland, seine Geschichte, seine Menschen. Gernsbach 1997

Schreiber, Hermann (Text), Wohner, H. (Fotos): Schottland. München 1994

Schücking, Levin L. (Hrsg.): Englische Gedichte aus sieben Jahrhunderten, Leipzig 1956

Scott, Eva: Die Stuarts, München 1936

Sepp, Bernhard: Die Kassettenbriefe, München 1884

Sévigné, Marie de: Correspondance, Paris 1973 (Pléiade, 3 Bde.)

Trevelyan, George Macaulay: Geschichte Englands, 2 Bde. München 1935

-: Kultur- und Sozialgeschichte Englands, Hamburg 1948

Tytler, Patrick: History of Scotland, Edinburgh 1828-43

Voigt-Alastair, H. H. von (Hrsg.): Ich flehe, ich fordere, ich bekenne. Der Königin Briefe, Leipzig-Berlin-Heidelberg 1940

Walter, Gérard: La révolution anglaise, Paris 1963

Wedgwood, C. V.: Tod dem König. Der Prozeß gegen Karl I., München 1968

Whitelocke: Memorials of the English affairs from the beginning of the reign of Charles Ist, London o. J.

Wright, Louis, B.: Shakespeare und seine Zeit, Reutlingen 1965

Zweig, Stefan: Maria Stuart, Wien 1935

# STAMMTAFEL DER STUARTS

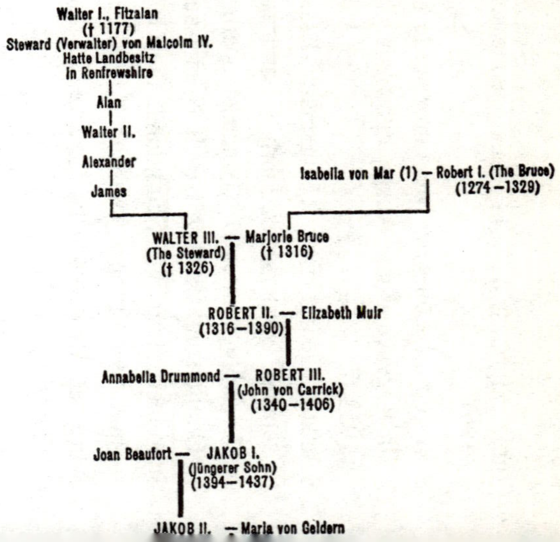

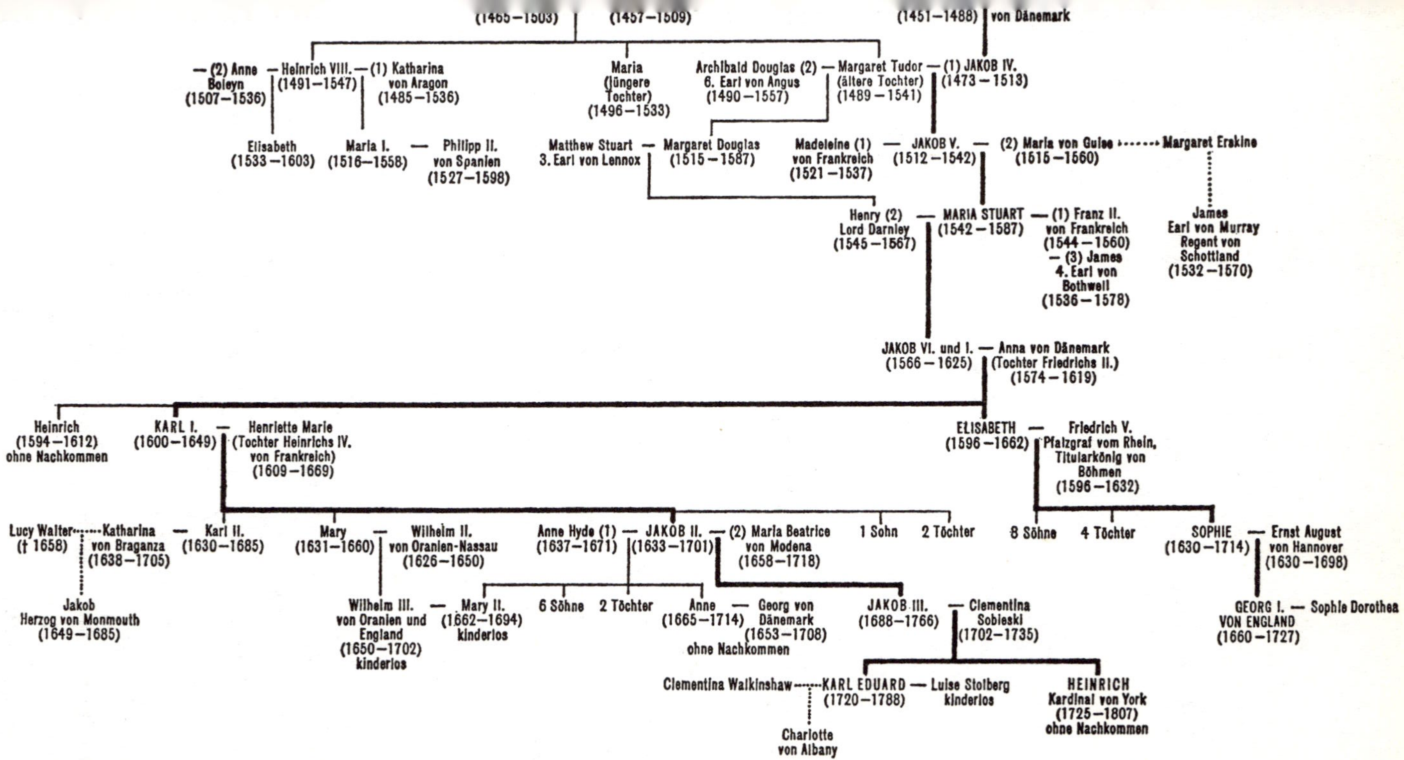
(1465–1503)
(1457–1509)
(1451–1488)
von Dänemark
— (2) Anne Boleyn (1507–1536)
— Heinrich VIII. (1491–1547)
— (1) Katharina von Aragon (1485–1536)
Maria (jüngere Tochter) (1496–1533)
Archibald Douglas (2) 6. Earl von Angus (1490–1557)
— Margaret Tudor (ältere Tochter) (1489–1541)
— (1) JAKOB IV. (1473–1513)
Elisabeth (1533–1603)
Maria I. (1516–1558)
— Philipp II. von Spanien (1527–1598)
Matthew Stuart 3. Earl von Lennox
— Margaret Douglas (1515–1587)
Madeleine (1) von Frankreich (1521–1537)
— JAKOB V. (1512–1542)
— (2) Maria von Guise (1515–1560)
Margaret Erskine
Henry (2) Lord Darnley (1545–1567)
— MARIA STUART (1542–1587)
— (1) Franz II. von Frankreich (1544–1560)
— (3) James 4. Earl von Bothwell (1536–1578)
James Earl von Murray Regent von Schottland (1532–1570)
JAKOB VI. und I. (1566–1625)
— Anna von Dänemark (Tochter Friedrichs II.) (1574–1619)
Heinrich (1594–1612) ohne Nachkommen
KARL I. (1600–1649)
— Henriette Marie (Tochter Heinrichs IV. von Frankreich) (1609–1669)
ELISABETH (1596–1662)
— Friedrich V. Pfalzgraf vom Rhein, Titularkönig von Böhmen (1596–1632)
Lucy Walter († 1658)
Katharina von Braganza (1638–1705)
— Karl II. (1630–1685)
Mary (1631–1660)
— Wilhelm II. von Oranien-Nassau (1626–1650)
Anne Hyde (1) (1637–1671)
— JAKOB II. (1633–1701)
— (2) Maria Beatrice von Modena (1658–1718)
1 Sohn
2 Töchter
8 Söhne
4 Töchter
SOPHIE (1630–1714)
— Ernst August von Hannover (1630–1698)
Jakob Herzog von Monmouth (1649–1685)
Wilhelm III. von Oranien und England (1650–1702) kinderlos
— Mary II. (1662–1694) kinderlos
6 Söhne
2 Töchter
Anne (1665–1714)
— Georg von Dänemark (1653–1708)
ohne Nachkommen
JAKOB III. (1688–1766)
— Clementina Sobieski (1702–1735)
GEORG I. VON ENGLAND (1660–1727)
— Sophie Dorothea
Clementina Walkinshaw
KARL EDUARD (1720–1788)
— Luise Stolberg kinderlos
HEINRICH Kardinal von York (1725–1807) ohne Nachkommen
Charlotte von Albany

# Personenregister

Bildnachweis:
Kunstarchiv Arntz, Haag (Vorsatz); Photographe Bulloz, Paris (Tafel II nach S. 128); National Portrait Gallery, London (Tafel I nach S. 128, Tafel IV nach S. 176, Tafel I nach S. 256, Tafel III oben nach S. 256, Tafel IV nach S. 256); Radio Times Hulton Picture Library (Tafel IV oben nach S. 64, Tafel III nach S. 176, Tafel III unten nach S. 256); Staatsbibliothek Berlin (Tafel IV unten nach S. 64, Tafel II nach S. 256); Ullstein-Bilderdienst (Tafel II unten nach S. 64, Tafel IV nach S. 128, Tafel I nach S. 176); H. Roger Viollet, Paris (Tafel I nach S. 64, Tafel II oben nach S. 64, Tafel III nach S. 64).

Hermann Schreiber

# Schottland

## und seine Geschichte

Die Geschichte eines Landes
am Rande Europas

390 Seiten, zahlreiche
S/W- und Farbabbildungen,
Pappband
ISBN 3-925825-41-X
42,- DM / 21,50 €

Über Ursprünge und Frühgeschichte des abgelegenen Landes im Norden der britischen Insel wissen die meisten Leser nur sehr wenig oder gar nichts. Dem will das Buch von Hermann Schreiber abhelfen, indem es erstmals in deutscher Sprache die neuesten Ergebnisse der Bodenforschung und Ausgrabungen auf den nordschottischen Inseln und alle erreichbaren Quellen über die früheste Besiedelung dieser entlegenen Gegenden auswertet.
Von den ersten Schottlandbewohnern in ihren Erdkammern über die Kelten und die Römer, die gewaltige Wälle erbauten, ist dies ein ungeheurer Stoff, die Geschichte eines Landes, das sich mit europäischen Maßstäben kaum messen läßt. Es bedurfte der Erfahrung eines Sachbuchautors wie Professor Dr. Hermann Schreiber, die Fakten zu ordnen und die Abläufe fesselnd und farbig darzustellen.
Er erzählt von den Pikten, einem nicht indogermanischen Volk, und den aus Irland eingewanderten, keltischen Skoten, die im frühen Mittelalter nebeneinander in Schottland lebten, jedoch oft kriegerische Auseinandersetzungen hatten. Er berichtet von den Raubzügen der Wikinger, den Kämpfen gegen das erstarkende England und der vertraglich verankerten Unabhängigkeit Schottlands (1328).
Kaum ein anderes Land birgt soviel Unbekanntes, Bizarres, Abenteurliches in der Geschichte seiner großen Familien und Sippenverbände.

CASIMIR KATZ VERLAG
Bleichstraße 20-22 · D-76593 Gernsbach
Tel. 07224/9397-34 · Fax 07224/9397-80

# Warrant to Execute Ki

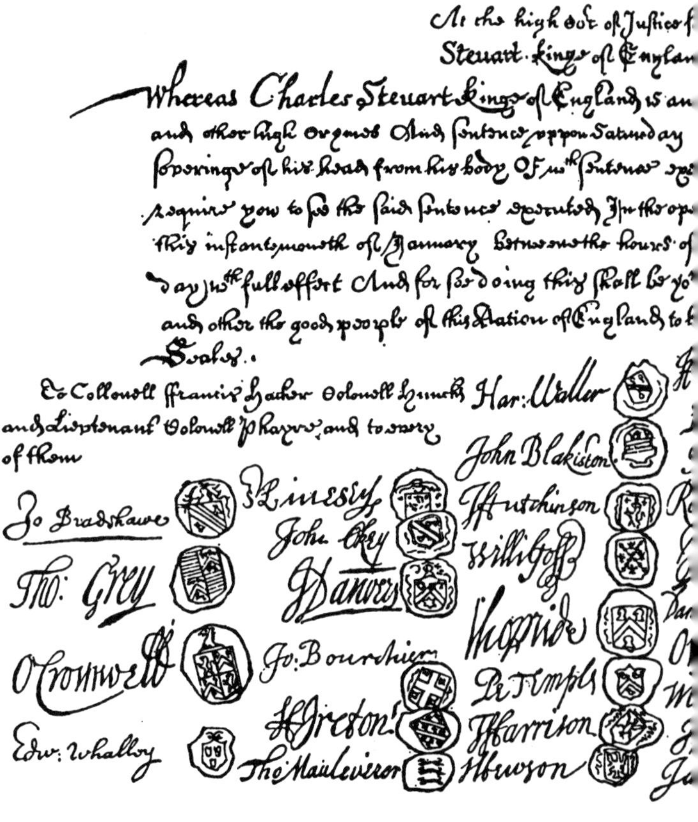

At the high Cot of Justice f
Steuart King of Englan

Whereas Charles Steuart King of England is an
and other high Crymes And sentence uppon Saturday
severinge of his head from his body Of wth sentence exe
require you to see the said sentence executed In the ope
this instant moneth of January betweene the houres of
day wth full effect And for soe doing this shall be yor
and other the good people of this Nation of England to
Seales.

To Collonell ffrancis Hacker Collonell Huncks and Lieutenant Collonell Phayre and to every of them

Jo Bradshawe
Tho: Grey
O Cromwell
Edw: Whalley
M Livesey
John Okey
J Danvers
Jo: Bourchier
H Ireton
Tho Mauleverer
Har: Waller
John Blakiston
J Hutchinson
Willi Goffe
Tho Pride
Pe Temple
T Harrison
J Hewson